間取りとインテリアで幸せを呼び込む

風水・家相

黒門・監修

池田書店

本書を使うにあたって

完璧にこだわらず、できることから取り入れて

「風水」の善し悪しは、家の建つ土地や建物の形など、目に見える形「巒《らん》頭《とう》」によって大部分が決まってしまうといわれています。

ただ、現在の都市部などでは、風水的にパーフェクトな土地を探そうとしても、なかなか難しいのではないでしょうか。最低限、悪い土地・建物を避けると考えるのが現実的です。

とはいえ、持ち家があるという人などは、土地や建物があまり良くないからといって、気軽に引っ越ししたり、家屋を建て直したりするわけにはいきません。

そこで、本書では、みなさんがまず気軽に活用できる、目に見えない気の状態「理気《りき》」から家屋の吉凶方位を割り出し、部屋の間取りやインテリアを変えるという方法を紹介しました。

建物自体のリフォームは難しくても、眠る部屋やベッドの位置を変えたり、リビングのソファの位置を移動するだけでも、運気アップが期待でき

ます。

ただし、家族が同居する家では、自分にとって良くても、ほかの家族にとってはあまり良くない場合もあります。すべての点において完璧に良い家というのはまずありません。1つの結果を気にするあまりに、日々の生活が暗くなってしまうのは本末転倒です。

「風水」にはさまざまな流派の判断法がありますが、本書ではもっとも一般的な「八宅《はったく》風水」、さらには近年、本場の中国や台湾で人気が高い「金鎖《きんさ》玉関《ぎょくかん》」などの方法を取り上げています。

とはいえ、まずは「八宅風水・本命卦《ほんめいけ》」で家の中心（太極《たいきょく》）から見た吉凶を優先します。そのうえで、凶作用を抑えたり（化殺《かさつ》）、部屋の中心（小太《しょうたい》極《きょく》）や「八宅風水・宅卦《たくけ》」の吉凶方位を併用します。「金鎖玉関」を使って家具の移動で対応するのも良いでしょう。

いろんな判断法で診断してみて、もっとも「吉」が重なる、あるいはもっとも「凶」の要素が少ないフロアプラン＆インテリアを採用！　まずはできることから取り入れるよう心がけましょう。

CONTENTS

本書を使うにあたって 002

PART 1
風水の基本
古代中国の世界観を知る

風水 大地の気を読み幸運を呼び込む術 010
陰陽 この世のすべては2つに分類される 011
五行 宇宙のすべては5要素からできている 012
巒頭・理気 地形と気の流れで土地の吉凶を見る 014
COLUMN ① 四神相応 016

PART 2
八宅風水・基本編
理想のインテリア

八宅風水 運気の上がる家を教えてくれる風水 018
本命卦と八卦 本命卦の根拠となる陰陽と八卦 019
本命卦の求め方 自分の本命卦を調べてみよう 020
本命卦と吉凶方位 本命卦別八宅盤で吉凶方位を知ろう 022
八遊星の意味 吉方位 024
八遊星の意味 凶方位 026

部屋別開運インテリア
1 玄関 028
2 寝室 034

3 キッチン 042
4 リビング 048
5 バスルーム 056
6 トイレ 060
7 仕事&勉強部屋 064
番外編・重要アイテムの配置方法 068

五行別開運キーワード

1 木・ラッキーカラー&アイテム 070
2 火・ラッキーカラー&アイテム 072
3 土・ラッキーカラー&アイテム 074
4 金・ラッキーカラー&アイテム 076
5 水・ラッキーカラー&アイテム 078
COLUMN ② 五行を用いた化殺の法則 080

PART 3

八宅風水・本命卦別編

理想のフロアプラン

●乾命 082
●兌命 088
●離命 094
●震命 100
●巽命 106
●坎命 112
●艮命 118
●坤命 124
COLUMN ③ 誰にとっても悪くない家をつくる 130

PART 4
八宅風水・宅卦別編
理想のおうちプラン

家の形にも意味がある 家の形から吉凶を判断してみよう 132
宅卦の意味と求め方 玄関の向きから割り出す宅卦とは？ 138
宅卦で家の吉凶方位を知る 宅卦別八宅盤の使い方 139
●乾宅 140 ●兌宅 142 ●離宅 144 ●震宅 146
●巽宅 148 ●坎宅 150 ●艮宅 152 ●坤宅 154
八宅風水・番外編 集合住宅で使える風水豆知識 156

PART 5
土地と建物の見方
注意すべき形殺

土地・建物の選び方 おすすめの環境と避けるべき環境 160
●天斬殺 162 ●閂門殺 163 ●隔角殺 164
●鎌刀殺 165 ●穿心殺 166 ●丁字路口 167
●露風殺 168 ●反弓直箭 169 ●剪刀殺 170
●割脚殺／探頭殺／反光殺 171 ●火殺／沖天殺／光殺 172
●風殺／孤峯独秀／虎強龍弱 173
COLUMN④ 旺山旺向 174

PART 6

新風水・金鎖玉関

「山」と「水」で簡単模様替え

人気急上昇中の新流派・金鎖玉関 176
金鎖玉関で見る理想の土地とは? 177
金鎖玉関で理想とする部屋の配置 181
●寝室 182
●ワンルーム 183
●仕事部屋・勉強部屋 184
●職場のデスク 185
COLUMN ⑤ 玄空飛星の山と水とは違う 186

PART 7

目的別の開運法

願いをかなえる風水応用術

仕事運・金運 財の気が集まる場所に空間をつくって金運アップ 188
部屋のドアに向かって左側(青龍)に通帳を置く 192
金運 キッチンを五鬼・六殺に配して生気・延年の金運をアップ 193
仕事運 職種に合わせデスクの位置を変えて仕事運アップ 194
健康運 毎日、健康でいるために寝室を天医方位にしよう 196
子宝に恵まれたいなら天喜方位に観葉植物を 197
安眠できる&健康を損なうベッドの置き方 198
方位によって気をつけたい病気やケガがわかる 200

恋愛運
桃花水法で恋人をゲットする！ 202
南東&延年方位を利用して恋愛・結婚運を上げる！ 204
恋人と結婚したいなら紅鸞方位に深紅の花を飾る 205
恋愛運が上がる鏡の置き方 206
六殺を使用&こめかみにピンクのチークでモテ女に 207
総合運
毎朝ベッドから出る方位で目的別に運気アップ！ 208
COLUMN⑥ 八方位の象意表 210

PART 8
流年と択日法
年の吉凶方位と吉日選び

毎年の吉凶方位　流年×本命卦で診断！ 九星の吉凶はみんなに共通 212
流年×本命卦で診断！ 九星の吉凶方位のめぐり方 214
●一白水星 216　●二黒土星 218　●三碧木星 220
●四緑木星 222　●五黄土星 224　●六白金星 226
●七赤金星 228　●八白土星 230　●九紫火星 232
時間の吉凶　黄黒道十二神法で診断！ 今日の時間の吉凶がわかる 234
その日の大凶時間　五不遇時で診断！ 新しく始めると事故や失敗の危険が！ 236
風水との上手なつきあい方 238
巻末付録の使い方 240

PART 1

風水の基本

古代中国の世界観を知る

風水は「大地の気の流れを知り、うまく活用する学問」。その原理を理解するには、古代中国より伝わる世界観を知らなくてはなりません。「陰陽」や「五行」は、風水だけでなく、あらゆる中国占術の基本となっている思想です。当初は完全にマスターできなくても、PART2からの風水を実行することは可能ですので、一度試したあとに基本に戻るのも、より理解度がアップするので良いでしょう。

風水《ふうすい》

大地の気を読み幸運を呼び込む術

気の流れを調整&活用して生活を快適にする「風水」

風水をひと言で表現すると、「大地の気の流れを判断し、それを調整して、うまく活用することにより、人々の生活を改善する学問」といえるでしょう。

気の流れを活用するためには、大地の上を流れる気のルート（龍脈《りゅうみゃく》）を見て、そこを流れてきた気の集まるスポット（龍《りゅう》穴《けつ》）を探り、それらを利用します。龍穴は人間でいうところの「ツボ」のようなものなので、うまく使えば、多大な効果が期待できるのです。

古代中国では、皇帝一族の繁栄や国の発展のために風水が使われ、その効果は絶大だったそうです。そのため、風水は門外不出の学問だったのですが、現代では誰でも手軽に取り入れることができるようになりました。

また、風水にはいろいろな種類があり、主に広範囲の地形を見る「地理風水」、死者を埋葬する場所を見る「陰宅《いんたく》風水」、我々が住む家に良い気を招き入れ、悪い気を払うための「陽宅《ようたく》風水」と、大きく3種類に分けられます。

今回、紹介する風水は、中国伝統の風水をもとに、より使いやすく改良したものなので、「陽宅風水」を基本にしています。中国の風水をベースにしているため、独自の発展を遂げた日本の風水との違いに、迷うこともあるかもしれません。でも、あまり考えすぎずに、まずは試してみてください。そうすれば、きっと良い変化が訪れるはずです。

陰陽《いんよう》

この世のすべては2つに分類される

昼と夜、男と女、生と死…
陰陽は風水の基礎となる考え方

風水の基礎となる考え方に、「陰陽」があります。古代中国では、宇宙の始まりは混沌とした状態（太極《たいきょく》）で、やがて太極が陰と陽に分かれ、宇宙のあらゆる事物が生まれたとしています。陰と陽は、互いに対立する属性を持った2つのエネルギー（気）で、生成消滅といったすべての変化を起こすとされています。

ところが実際は、夏と冬の間に春と秋があるように、はっきり陰陽に区別できないものもあります。また、陰陽の気は常に変動しているので、完全な陰や完全な陽も存在しません。陰陽は、陽の陽、陽の陰、陰の陰、陰の陽の四象に分けられ、それをさらに陰と陽に分けて8種類にしたものが八卦《はっけ》（19ページ）です。

太極図

陰陽を象徴的に表した図

陰陽対称表

陽	陰
天	地
男	女
昼	夜
光	闇
夏	冬
太陽	月
奇数	偶数
プラス	マイナス
生	死
外	内
剛	柔
動	静

五行《ごぎょう》

宇宙のすべては5要素からできている

風水の大きな柱となるもう一つの考え方「五行」

古代中国では、あらゆるものが「木《もく》・火《か》・土《ど》・金《ごん》・水《すい》」の五元素から構成されると考えました。五元素は互いに影響を与え合い、それにより万物が生まれ、消えるという変化が起こり、循環していくとされています。この考え方を五行説《ごぎょうせつ》といい、風水はもちろん、中国のあらゆる占い、中国医学に用いられています。

五行はそれぞれ相互関係があり、その関係は左ページに表したとおりです。風水ではこの五行の相生《そうしょう》、相剋《そうこく》関係を使い、方位の気を弱めたり強めたりして開運します。

具体的にどの方位にどの五行を使えば良いかは、PART3「八宅風水・本命卦別編」を参照してください。また、PART2で紹介する「部屋別開運インテリア」や「五行別開運キーワード」を参考に、それぞれ適した方位と組み合わせて使えば、開運につながります。

五行象意表

五行	木	火	土	金	水
五方	東	南	中央	西	北
五季	春	夏	土用	秋	冬
五色	青	赤	黄	白	黒
五常	仁	礼	信	義	智
五情	怒	喜	思	哀	恐
五臓	肝臓	心臓	脾臓	肺臓	腎臓
五感	視	触	味	嗅	聴
八卦	震・巽	離	坤・艮	乾・兌	坎

同じ五行同士の関係は「比和（ひわ）」といい、その五行の働きが強まるとされています

五行の相生の関係

ある五行が特定の五行を強める関係。例えば、木は燃えると火になるので、生じられる五行（火）が強くなり、生じる五行（木）は弱くなると考える

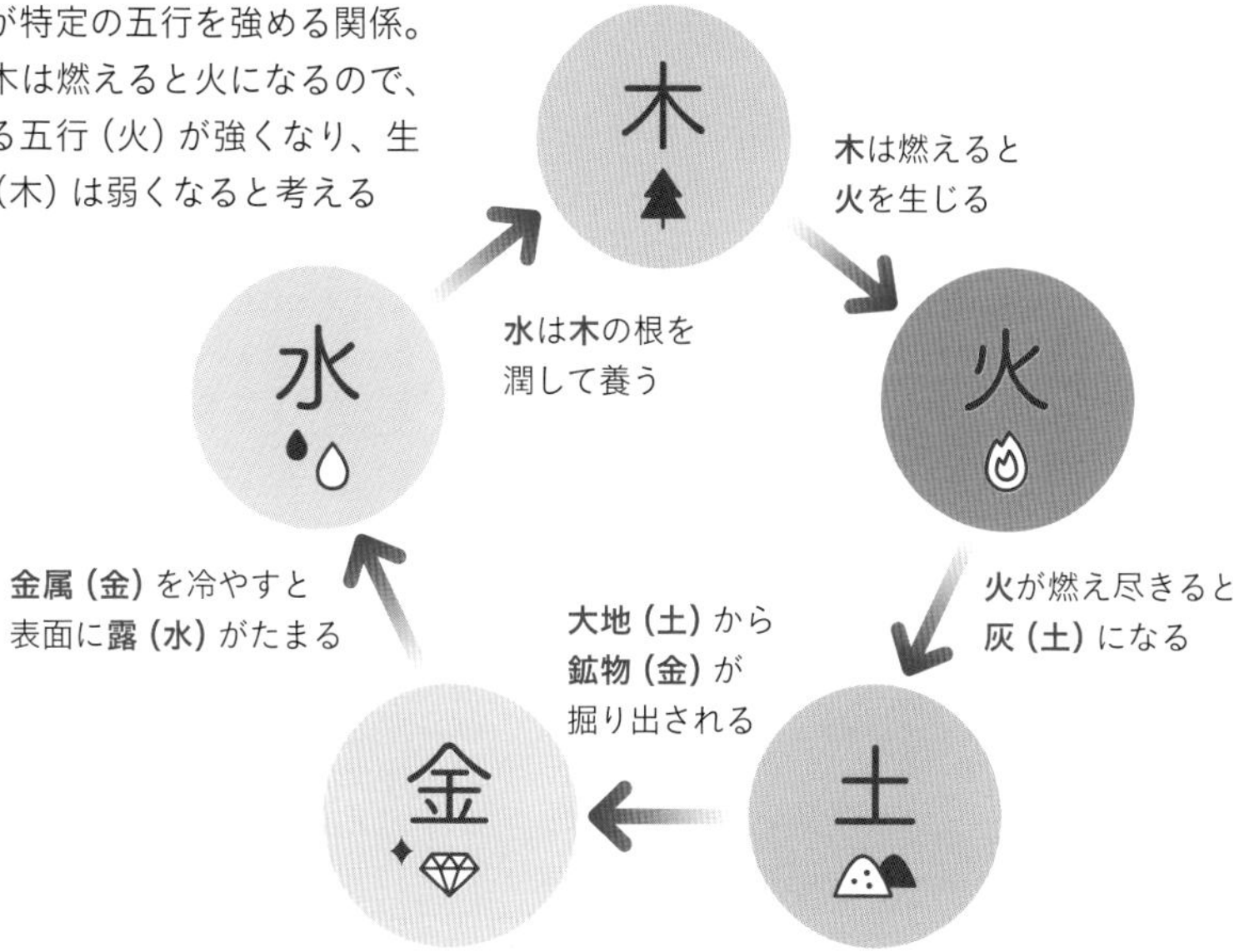
木
木は燃えると
火を生じる
火
火が燃え尽きると
灰（土）になる
土
大地（土）から
鉱物（金）が
掘り出される
金
金属（金）を冷やすと
表面に露（水）がたまる
水
水は木の根を
潤して養う

五行の相剋の関係

ある五行が特定の五行を弱める関係。水と火なら、火は水によって完全に消されて弱まるが、水も火によって蒸発するのでやや弱くなり、お互いに弱ってしまう

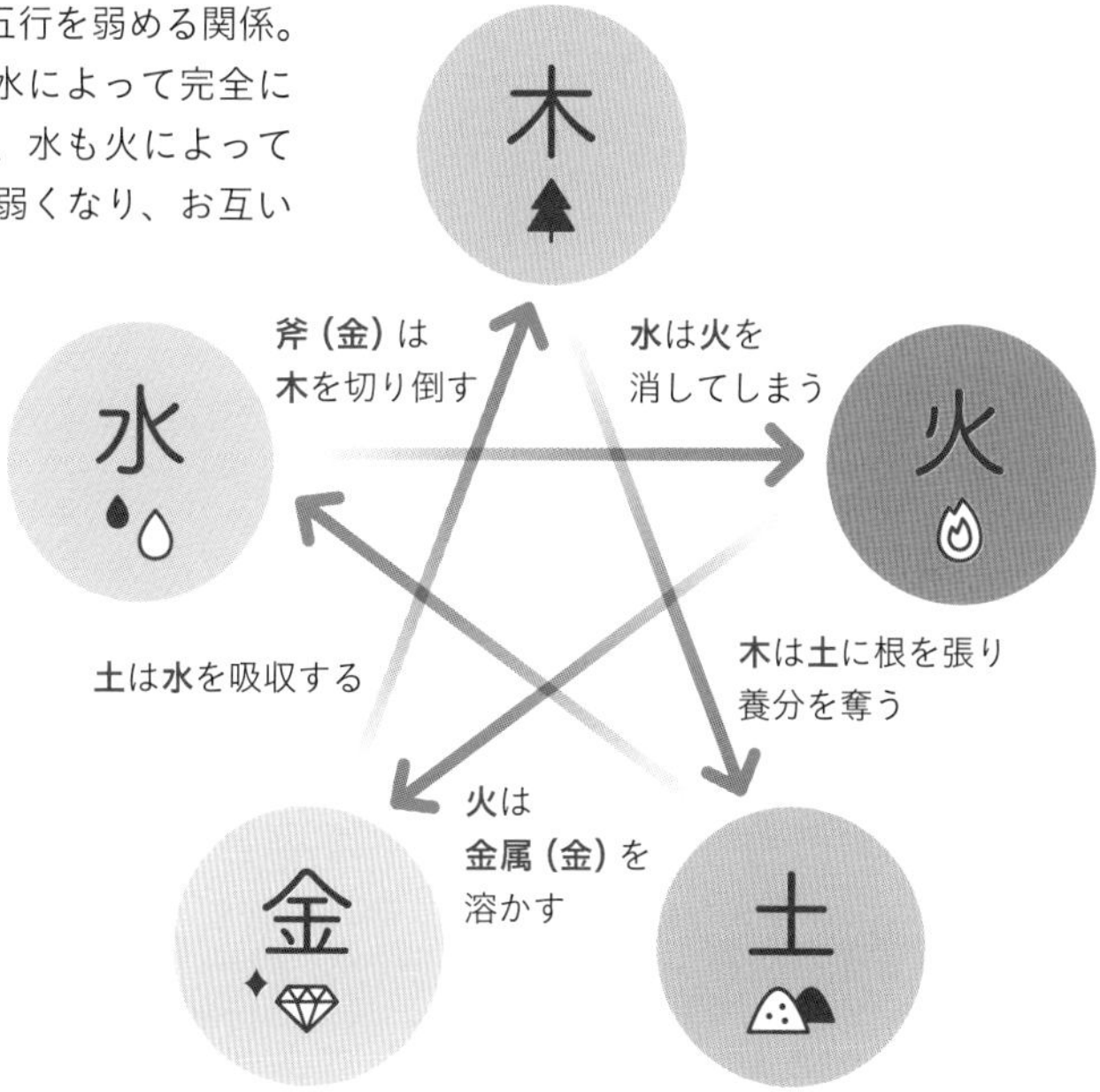
木
斧（金）は
木を切り倒す
水は火を
消してしまう
水
火
木は土に根を張り
養分を奪う
土は水を吸収する
火は
金属（金）を
溶かす
金
土

巒《らん》頭《とう》・理《り》気《き》

地形と気の流れで土地の吉凶を見る

目で見える形で判断する巒頭と目に見えない気で判断する理気

「巒頭」とは地形や建物など目に見える形から、吉凶を判断する方法です。

天地のエネルギー(気)に大きな影響を与えるのは風と水です。風と水の流れをつくるのは地形ですが、この地形によって、気の流れの善し悪しが決まります。そこで「巒頭」では「龍《りゅう》・穴《けつ》・砂《さ》・水《すい》」の4つのポイントに注目し、その位置関係で吉凶を判断します。

一方、「理気」は目で見ることのできない気の状態を判断します。気はあらゆるところに流れていますが、直接的には目で見ることができないため、その家に住む人の生年月日や、家の玄関の向きなどをもとに、易《えき》や陰陽五行の理論を用いて

自然界の巒頭

砂：穴を守る環境のことで、小さな山や丘をさす。風に吹かれて穴の生気が散じないよう、穴の左右を囲んで守るようになっていると吉

龍：大地の気の流れの道筋のこと。山脈の尾根づたいに流れるため、起伏があり曲がりくねった山脈の形が良いとされる。龍脈ともいう

水：水の流れのことで水龍ともいう。穴の生気を蓄えるため水が必要とされ、川が龍穴を包むように流れていると吉。反り返るようだと凶

穴：龍脈から流れてきた気が集まるスポット(龍穴)。山脈が終わり平地になる少し手前にある。龍脈の終点なので、穴を結ぶともいう

判断していくのです。

「巒頭」の判断法は風水の流派による違いはほとんどありませんが、「理気」は逆に流派によっていろんな方法があります。今回紹介する風水では、複数の流派の判断法を利用するのが特徴です。

現代の住宅事情での巒頭は道路と周辺環境が重要

昔と今では住宅の周辺環境はもちろん、住宅構造も大きく異なります。現代にあった巒頭を考えるとき、平地でもっとも重要な水の流れ（水龍）を道路にあてはめます。風水では、水は財産の象徴です。細い道路（通路）も水龍になるので、家の中にうまく取り入れたいもの。次に重要なのは、風水で健康を象徴するとされる砂。周囲の丘や高い建物などを砂として考えて。巒頭については、PART5で具体的に紹介します。

都市の巒頭

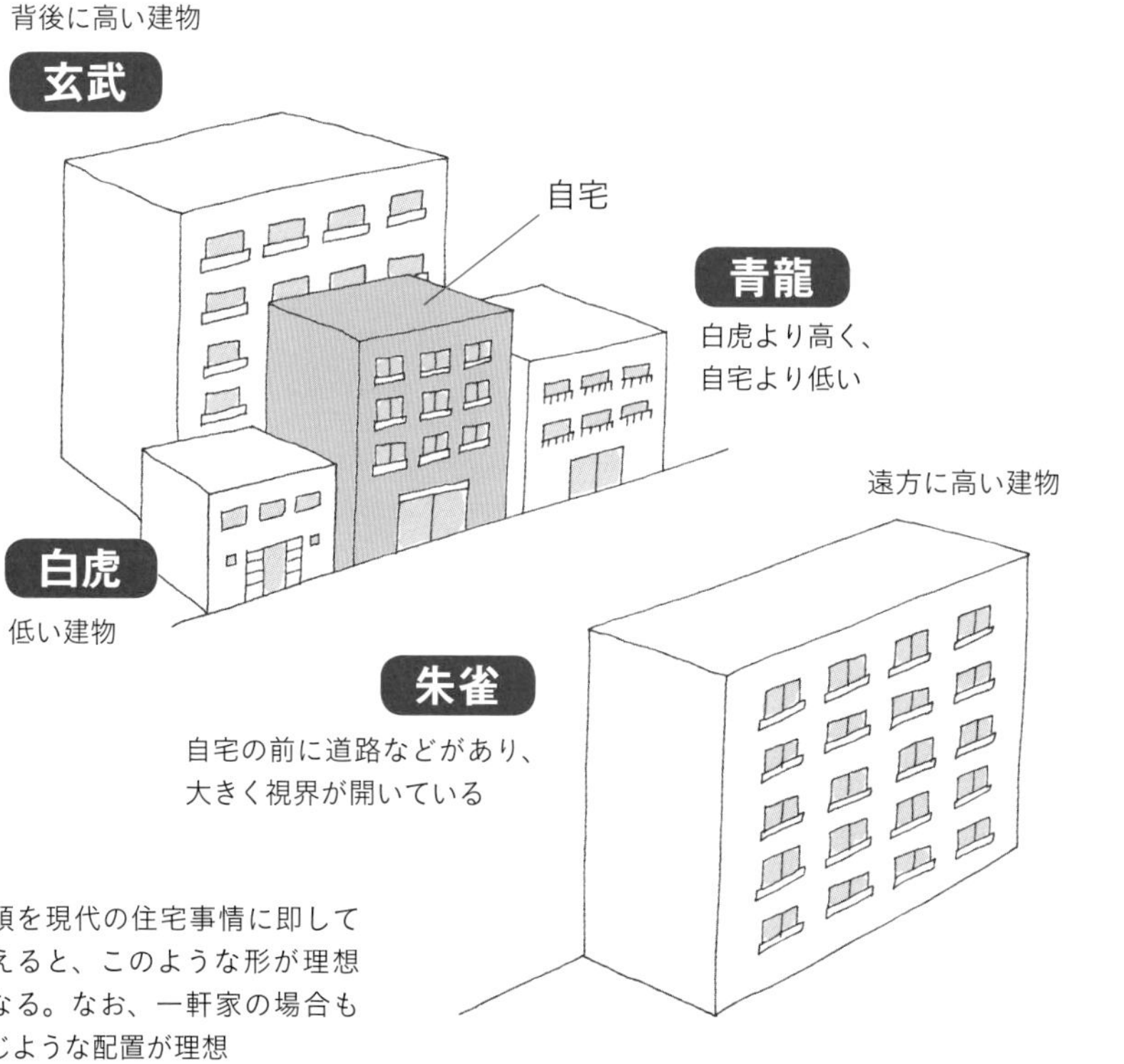

巒頭を現代の住宅事情に即して考えると、このような形が理想となる。なお、一軒家の場合も同じような配置が理想

COLUMN ①

四《し》神《しん》相《そう》応《おう》

日本の理想的な土地とは?
四神相応の平安京・京都

かつては日本でも、風水を生かした都を造営していました。特に平安京は、風水で理想とされる「四神相応」になっていることで知られます。四神とは、背後の山が玄武、前方の水が朱雀、玄武を背にして左側の砂が青龍、右側の砂が白虎です。方位でいえば、北に高い山、東に川や小高い山、西に東よりも高さが低い山や木立、南に平地がある地形。こうした地形はしっかり砂に守られ、入ってきた良い気が散ることはありません。良い気が流れ、風を蓄え、水を集める形の四神相応。京都はこれ以上ない理想的な土地なのです。

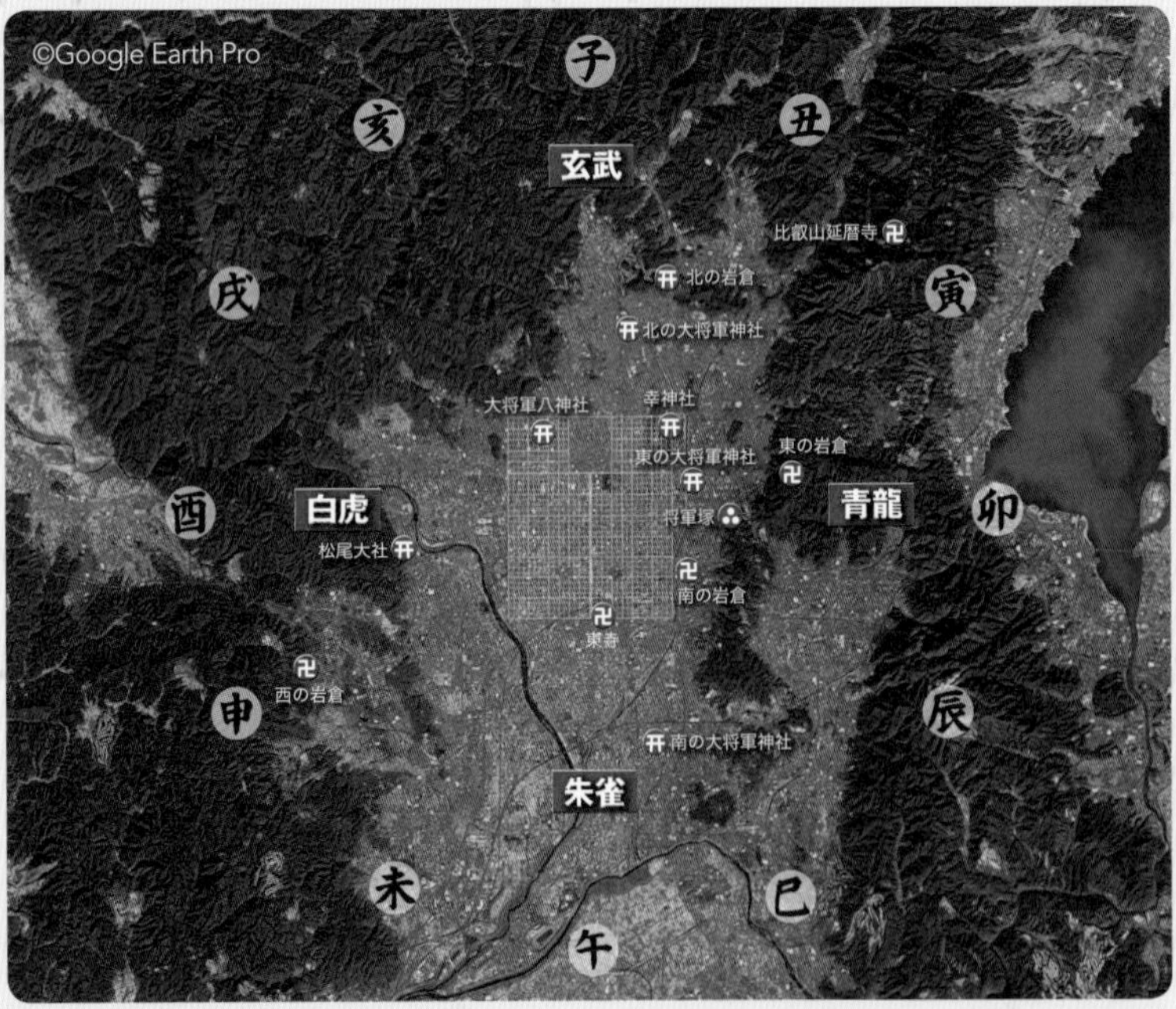

平安京ではさらに各方位に寺社を配し、都を守護させている

PART

2

八宅風水・基本編

理想のインテリア

最初に、さまざまな流派の中でも、風水の代表格ともいえる「八宅風水」を紹介します。まずは、「八宅風水」を行うために必要な本命卦や家の中心の出し方などを解説しました。とはいえ、面倒な手順なしに、すぐにでも実践してみたいという人も多いでしょう。そこで、玄関や寝室など、重要な部屋ごとのインテリアなどをアドバイス。本格的な八宅風水の診断は、PART3、PART4で紹介していますので、合わせて取り入れてみて！

八宅風水

運気の上がる家を教えてくれる風水

中国本土だけでなく香港や台湾欧米でも人気の高い八宅風水

ここからは、具体的に風水の開運法を見ていきます。まず、最初は、「八宅《はったく》風水」を紹介します。これは八宅派という風水の流派が用いる方法で、「陽宅風水」の代表格です。

八宅風水は、家の中にある気の流れから家の吉凶を判断しますが、気は目に見えません。そのため、建物の向き（向）や生まれ年（本命）などをもとに、家を流れる気と方位の吉凶を導き出すのです。

一般の人でも、比較的簡単に家の吉凶を判断できるうえ、開運に適した間取りやインテリアが具体的にわかるため、世界中でとても人気があります。ただし、この方法は、日本でよく知られる「九星※注気学」を使った風水とは異なりますので、混同しないようにしましょう。

間取りの善し悪しを読み解き開運インテリアを教えてくれる

八宅風水では、方位にも吉凶があるとし、それぞれに適した部屋や物を置くと良いとされます。さらに巒頭や五行などを応用し、NGポイントや適したインテリアなどを導き出します。28ページからは部屋別の具体的なアドバイスを紹介しましたので、参考にしてください。

なお、自分にとっての吉方位と凶方位は、生まれ年から割り出す「本命卦《ほんめいけ》」によって知ることができます。

この本命卦については、左ページから説明していくことにしましょう。

※注…現在の日本で用いられている「九星気学」は、中国の九星をもとに、明治42年に園田真次郎が気学としてまとめたもの。一般的には生年月日の九星などから方位の吉凶を占う

本命卦と八卦

本命卦の根拠となる陰陽と八卦

陰と陽をさらに細かく8つに分類したのが八卦

「本命卦」とは人が生まれもった性質のようなもので、8タイプに分けられます。その根拠となるのが、中国古代から伝わる「易《えき》」の考え方をもとにした「陰陽」(11ページ)と「八卦《はっけ》」です。

八卦は、中国古代の皇帝・伏羲《ふっき》がその基礎をつくったとされています。また、11ページでも簡単に触れましたが、八卦は「乾・兌・離・震・巽・坎・艮・坤」の8種類あり、宇宙のすべての事象を8つに分類したものといえるでしょう。本命卦もそれに対応しています。

また風水では、方位も八卦に基づき八方位とします。さらに、五行や九星にも八卦が対応しています。

八卦象意表

八卦	正象	五行	人物	方位	象意
乾《けん》	天	金	父	北西	目上、寺社、学校、官庁、交通、貴金属
兌《だ》	沢	金	少女	西	弁舌、口論、色情、喜び、飲食、貨幣、趣味
離《り》	火	火	次女	南	文書、印鑑、試験、学問、派手、華やか、別れ
震《しん》	雷	木	長男	東	音楽、電気、電話、発展、驚き、動く
巽《そん》	風	木	長女	南東	香り、利益、信用、評判、交際、整う、完成
坎《かん》	水	水	次男	北	セックス、暗い場所、苦労、秘密
艮《ごん》	山	土	少年	北東	変化、改革、貯蓄、銀行、静止、地味、ケチ
坤《こん》	地	土	母	南西	衣類、田畑、勤勉、誠実、平凡、大衆的

本命卦の求め方

自分の本命卦を調べてみよう

生まれた年と性別によってあなたの本命卦がわかる

本命卦は、下の「本命卦早見表」の生まれた年と性別から探します。ただし、風水では一年の区切りを2月の節《せつ》入《い》り（立春）とするので、立春前に生まれた人は、前年が生まれ年となります。

なお、2月4日～5日生まれの人は、「節入り時刻表」を見てください。節入り日時は、年によって変わります。その日時の前に生まれていれば、前年生まれになりますが、生まれた時間が節入り時間に近い場合は、時差を考える必要があります。「日本標準時・時差表」から出生地に近い場所を調べ、出生時間を調整します。これによって出た正確な出生時間から本命卦を求めます。

本命卦早見表

生まれ年	男性	女性
S3・S12・S21・S30・S39・S48・S57・H3・H12・H21・H30・R9	離《り》	乾《けん》
S4・S13・S22・S31・S40・S49・S58・H4・H13・H22・R1・R10	艮《ごん》	兌《だ》
T10・S5・S14・S23・S32・S41・S50・S59・H5・H14・H23・R2	兌《だ》	艮《ごん》
T11・S6・S15・S24・S33・S42・S51・S60・H6・H15・H24・R3	乾《けん》	離《り》
T12・S7・S16・S25・S34・S43・S52・S61・H7・H16・H25・R4	坤《こん》	坎《かん》
T13・S8・S17・S26・S35・S44・S53・S62・H8・H17・H26・R5	巽《そん》	坤《こん》
T14・S9・S18・S27・S36・S45・S54・S63・H9・H18・H27・R6	震《しん》	震《しん》
S1・S10・S19・S28・S37・S46・S55・H1・H10・H19・H28・R7	坤《こん》	巽《そん》
S2・S11・S20・S29・S38・S47・S56・H2・H11・H20・H29・R8	坎《かん》	艮《ごん》

※Tは大正、Sは昭和、Hは平成、Rは令和の略です

節入り時刻表

T10	(1921)	2月4日	17：21	S32	(1957)	2月4日	10：55	H5	(1993)	2月4日	04：37
T11	(1922)	2月4日	23：07	S33	(1958)	2月4日	16：50	H6	(1994)	2月4日	10：31
T12	(1923)	2月5日	05：01	S34	(1959)	2月4日	22：43	H7	(1995)	2月4日	16：13
T13	(1924)	2月5日	10：50	S35	(1960)	2月5日	04：23	H8	(1996)	2月4日	22：08
T14	(1925)	2月4日	16：37	S36	(1961)	2月4日	10：23	H9	(1997)	2月4日	04：02
S1	(1926)	2月4日	22：39	S37	(1962)	2月4日	16：18	H10	(1998)	2月4日	09：57
S2	(1927)	2月5日	04：31	S38	(1963)	2月4日	22：08	H11	(1999)	2月4日	15：57
S3	(1928)	2月5日	10：17	S39	(1964)	2月5日	04：05	H12	(2000)	2月4日	21：40
S4	(1929)	2月4日	16：09	S40	(1965)	2月4日	09：46	H13	(2001)	2月4日	03：29
S5	(1930)	2月4日	21：52	S41	(1966)	2月4日	15：38	H14	(2002)	2月4日	09：24
S6	(1931)	2月5日	03：41	S42	(1967)	2月4日	21：31	H15	(2003)	2月4日	15：05
S7	(1932)	2月5日	09：30	S43	(1968)	2月5日	03：08	H16	(2004)	2月4日	20：56
S8	(1933)	2月4日	15：09	S44	(1969)	2月4日	08：59	H17	(2005)	2月4日	02：43
S9	(1934)	2月4日	21：04	S45	(1970)	2月4日	14：46	H18	(2006)	2月4日	08：27
S10	(1935)	2月5日	02：49	S46	(1971)	2月4日	20：26	H19	(2007)	2月4日	14：18
S11	(1936)	2月5日	08：30	S47	(1972)	2月5日	02：20	H20	(2008)	2月4日	20：00
S12	(1937)	2月4日	14：26	S48	(1973)	2月4日	08：04	H21	(2009)	2月4日	01：50
S13	(1938)	2月4日	20：15	S49	(1974)	2月4日	14：00	H22	(2010)	2月4日	07：48
S14	(1939)	2月5日	02：11	S50	(1975)	2月4日	19：59	H23	(2011)	2月4日	13：33
S15	(1940)	2月5日	08：08	S51	(1976)	2月5日	01：40	H24	(2012)	2月4日	19：22
S16	(1941)	2月4日	13：50	S52	(1977)	2月4日	07：34	H25	(2013)	2月4日	01：13
S17	(1942)	2月4日	19：49	S53	(1978)	2月4日	13：27	H26	(2014)	2月4日	07：03
S18	(1943)	2月5日	01：41	S54	(1979)	2月4日	19：13	H27	(2015)	2月4日	12：58
S19	(1944)	2月5日	07：24	S55	(1980)	2月5日	01：10	H28	(2016)	2月4日	18：46
S20	(1945)	2月4日	13：20	S56	(1981)	2月4日	06：56	H29	(2017)	2月4日	00：34
S21	(1946)	2月4日	19：04	S57	(1982)	2月4日	12：46	H30	(2018)	2月4日	06：28
S22	(1947)	2月5日	00：51	S58	(1983)	2月4日	18：40	R1	(2019)	2月4日	12：14
S23	(1948)	2月5日	06：43	S59	(1984)	2月5日	00：19	R2	(2020)	2月4日	18：03
S24	(1949)	2月4日	12：24	S60	(1985)	2月4日	06：12	R3	(2021)	2月3日	23：59
S25	(1950)	2月4日	18：21	S61	(1986)	2月4日	12：08	R4	(2022)	2月4日	05：51
S26	(1951)	2月5日	00：14	S62	(1987)	2月4日	17：52	R5	(2023)	2月4日	11：43
S27	(1952)	2月5日	05：54	S63	(1988)	2月4日	23：43	R6	(2024)	2月4日	17：28
S28	(1953)	2月4日	11：47	H1	(1989)	2月4日	05：27	R7	(2025)	2月3日	23：11
S29	(1954)	2月4日	17：31	H2	(1990)	2月4日	11：14	R8	(2026)	2月4日	05：03
S30	(1955)	2月4日	23：18	H3	(1991)	2月4日	17：08	R9	(2027)	2月4日	10：47
S31	(1956)	2月5日	05：13	H4	(1992)	2月4日	22：48	R10	(2028)	2月4日	16：32

日本標準時・時差表

※数字は時差（分）です

根室	+42	福島	+21	小田原	+16	静岡	+12	明石	±0	宇和島	−11
釧路	+37	郡山	+21	伊豆大島	+17	浜松	+10	姫路	−2	小倉	−18
帯広	+32	水戸	+21	小笠原	+27	名古屋	+6	岡山	−6	福岡	−20
旭川	+29	宇都宮	+18	高崎	+16	岐阜	+6	鳥取	−4	佐賀	−20
札幌	+25	前橋	+15	甲府	+13	四日市	+5	松江	−9	長崎	−22
小樽	+22	浦和	+17	新潟	+15	津	+5	広島	−12	五島列島	−24
函館	+22	銚子	+22	長野	+12	大津	+2	山口	−16	熊本	−19
青森	+22	千葉	+19	松本	+10	京都	+2	下関	−18	大分	−15
盛岡	+24	東京	+18	富山	+8	奈良	+2	徳島	−3	宮崎	−16
秋田	+20	八王子	+17	金沢	+5	大阪	+1	高知	−6	鹿児島	−20
山形	+20	横浜	+17	福井	+4	和歌山	+1	高松	−5	那覇	−31
仙台	+22	横須賀	+18	沼津	+14	神戸	+1	松山	−10	石垣	−44

本命卦別八宅盤で吉凶方位を知ろう

吉凶方位を記した八宅盤を重ね自分の家の吉凶を判断する

方位の吉凶は、本命卦によって異なります。それを記したものが「本命卦別八宅盤」です。本命卦に相当する八宅盤は、PART3で紹介しています。吉方位が西方に集中する乾・兌・艮・坤のグループを「西四命」、東の坎・離・震・巽を「東四命」と呼びます。

八宅盤を使って家の吉凶を判断するには、家屋内の方位を知らなければなりません。それには、まず「家の中心＝太極」を割り出す必要があります。太極の求め方は左ページを参照してください。

次に方位磁石で北を求めたら家の平面図に書き込み、さらに家の太極から北へ基準線を引きます。この平面図に巻末付録の「八宅盤」の太極と北を合わせて重ねれば、8つの方位（各45度）の境界線を簡単に見つけられます（巻末参照）。

なお、方位の吉凶は、何の「八遊星《はちゆうせい》」がめぐるかで診断します。適さない方位を使用する場合は、「化殺《かさつ》」という方法を取り入れ凶作用を抑える必要があります。

本命卦別八宅盤

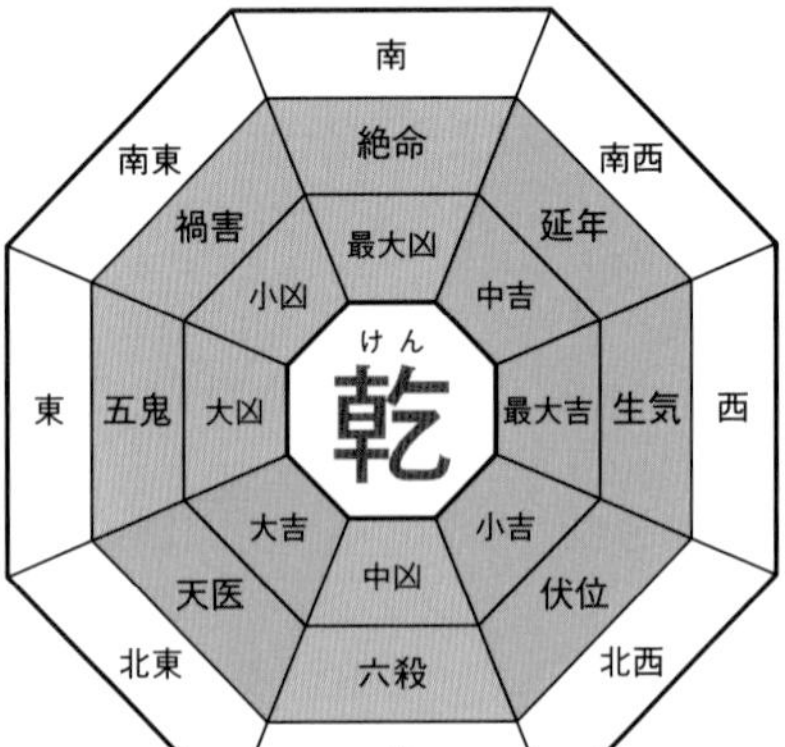

図は本命卦「乾」の八宅盤（その他の本命卦はP.88～参照）。「生気」など、方位の内側に記した文字が、方位の吉凶を表す「八遊星」。それぞれの意味はP.24～27参照

※風水では「南」を上に表示するので、八宅盤などを用いる際には注意しましょう

太極の求め方

家の太極を求めるには、まず家の平面図（建築図面など正確なもの）を用意します。家の形（ベランダや庭などを除く）が四角形なら、対角線の交差するところが太極になります。凹凸がある家の場合は、いくつか方法がありますので、図を参考にしてください。太極がずれると八方位もずれるため、効果がないばかりか、悪影響を及ぼすこともあるので、慎重に作業して。部屋の中心（小太極）も、同様に求めることができます。

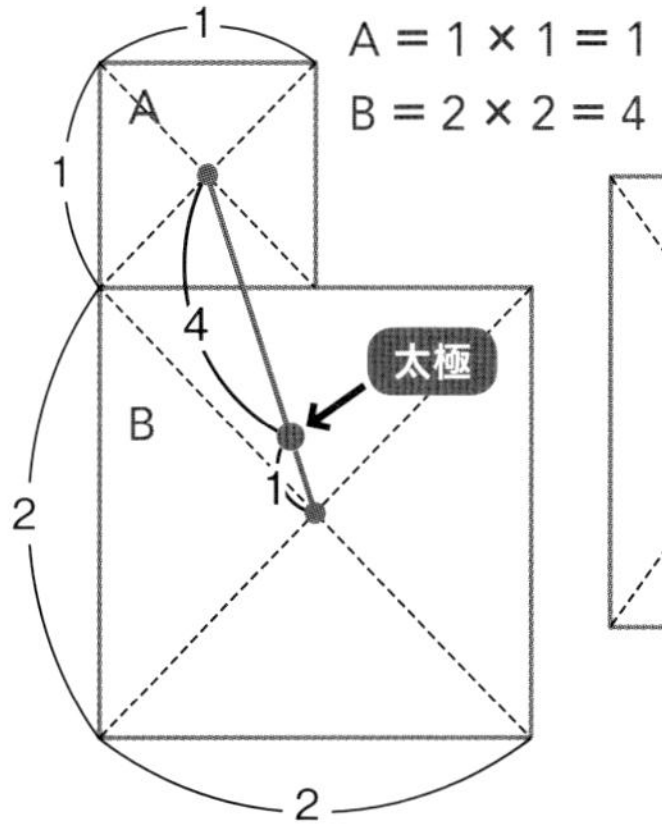

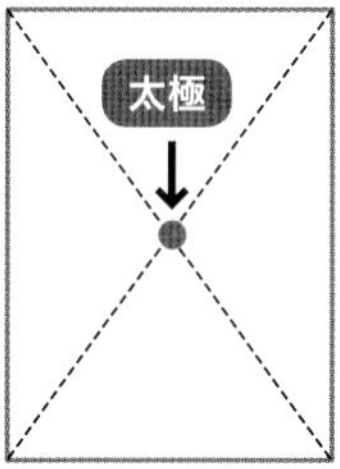

面積比から求める

凹凸があっても、長方形の組み合わせから形づくられている場合、それぞれの中心と中心を線で結び、各パーツの面積比に反比例したところにある点が太極

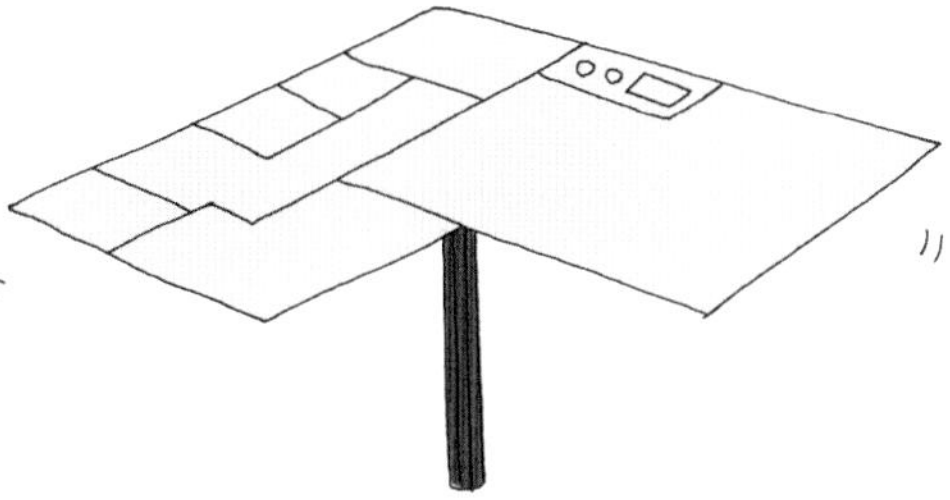

バランスを取る

平面図を切り抜いて、厚紙などに貼り、鉛筆などの尖った物に乗せて、バランスの取れたところが太極

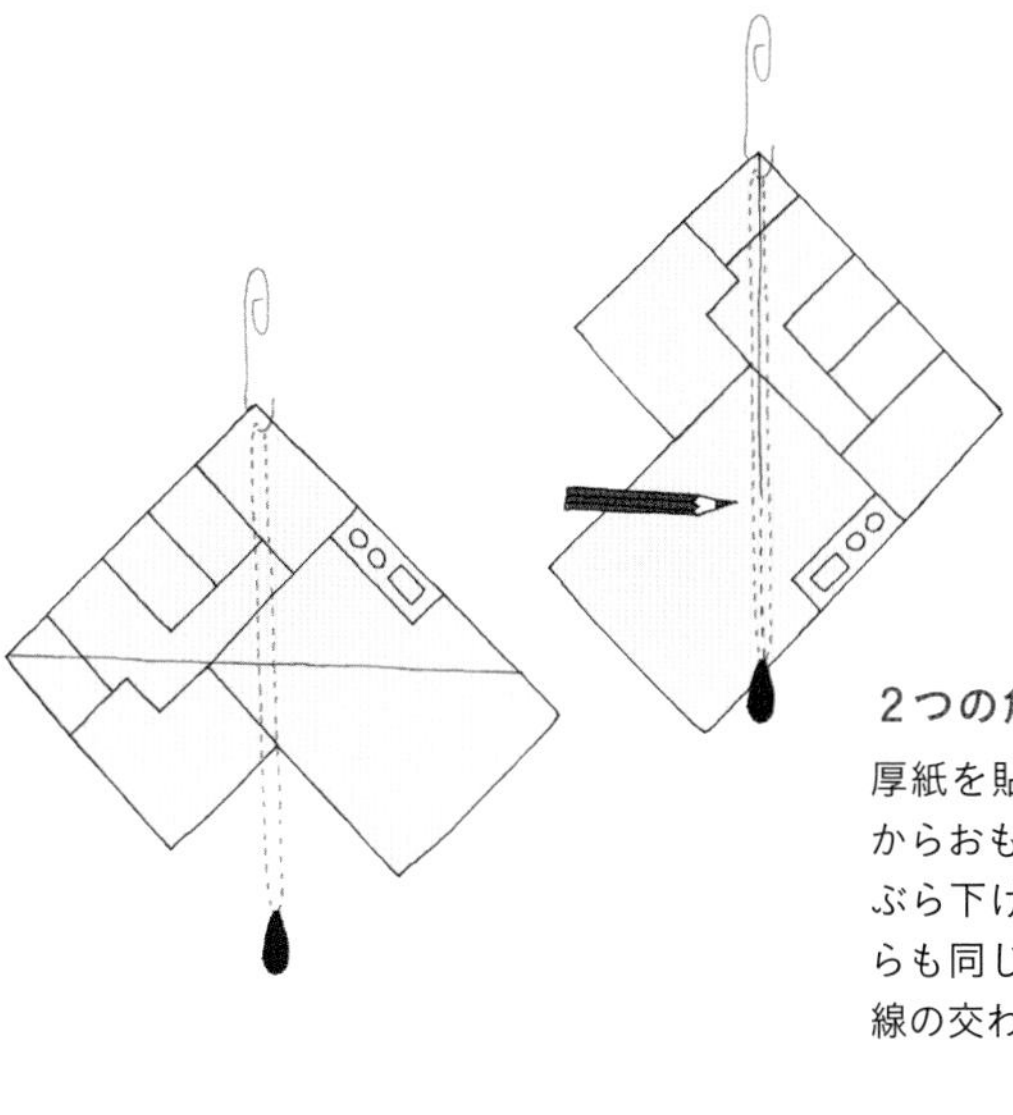

2つの角から調べる

厚紙を貼った平面図の一角に穴を開け、そこからおもりのついた糸（ペンダントでも可）をぶら下げて、その跡を書き入れる。他の角からも同じようにして、糸の跡を書き入れ、直線の交わるところが太極

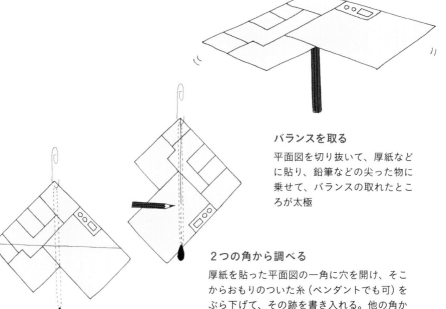

八遊星の意味

生気《せいき》 ▼最大吉

心身ともに活気に満ちあふれ最大のパワーと幸運が訪れる

生気の方位には、「発展、活動、積極、行動、創造」などの意味があります。

エネルギーを吹き込む最大の吉方位なので、この方位を使うと物事が活発に運ぶようになり、ツキに恵まれます。また、気持ちが前向きになり、行動力も出てきます。クリエイティブな思考や積極的な行動が仕事運をアップさせ、金運も良くなるので、ビジネスには絶好な方位。元気になりたいときや積極的になりたいときは、なるべくこの方位で過ごすと、活力がわいてきます。

また、エネルギー補充にも適した方位ですが、寝室にするとパワーがみなぎりすぎてしまうので、注意が必要です。

天医《てんい》 ▼大吉

集中力をアップさせたり心と身体を癒すのにも最適

天医の方位には、「健康、無病、学業、仕事、財産」などの意味があります。

天医は癒しの方位。この方位を利用すると、心身が安定して、集中して物事に取り組めるので、勉強や仕事の効率を上げられます。頭がさえて良いアイデアも浮かぶので、試験やビジネスでも好結果の期待が。

また、「天の医療が施される」というリラックスできる方位なので、健康面での不安や疲れ、ストレスを感じているときなどは、なるべく長時間この方位を使いましょう。心身ともに癒されて、穏やかな気持ちで過ごせるようになります。特に寝室をこの方位にすると、いつも健康でいられます。

あると良い部屋

玄関　寝室　リビング　仕事＆勉強部屋

延《えん》年《ねん》

▼中吉

人間関係に大きく影響する方位 恋愛運や結婚運もアップ

延年の方位には、「和合、協調、結婚（成婚）、コミュニケーション、まとまる」などの意味があります。

この方位を使うと、協調性が高まり、周囲とのコミュニケーションが深まって、トラブルや争いごとを避けられるようになります。人間関係に悩んでいたり、家族の絆を強めたりするのにも最適な方位。特にここに玄関があれば、人間関係が円滑になり、良い人脈がもたらされます。

縁結びの方位でもあるので、未婚の人がこの方位を利用すると、良縁に恵まれます。なかでも、寝室を延年方位にすれば、恋愛や結婚の運気がよりアップします。

伏《ふく》位《い》

▼小吉

安定して落ち着いた毎日を 平和に送ることができる

伏位の方位には、「平和、不動、安定、無難」などの意味があります。

この方位を使うと、華やかな力強さはないものの、物事が安定し、平和に過ごすことができます。突然の事故や不幸に襲われることもありません。劇的な発展性は望めませんが、現状を維持したり、物事を穏便に収められるでしょう。

平穏無事に毎日を送りたいなら、リビングをこの方位に配して、長い時間過ごすこと。収入は多くはないものの、安定します。

また、地道で堅実という意味もあり、コツコツ努力するのにも適しているので、勉強や仕事部屋にも良いでしょう。

八遊星の意味

絶命《ぜつめい》 ▼最大凶

不幸や障害にみまわれてしまうトラブル必至の最大凶方位

絶命の方位には、「多病、多災、廃業、短命、絶望」などの意味があります。

この方位で長い時間を過ごすと、不幸やトラブルを招くことになります。子どもができないという意味もあるので、家系が絶たれてしまうこともありそう。

また、病気がちになったり、精神的にダメージを負ったりしてしまうことも。不注意による事故やケガなどにも注意が必要です。仕事面でもなにかとトラブルが多くなり、金銭的な損失にもつながりそう。

玄関や寝室は避け、この方位は極力使わないこと。ただし、バスルームなどの水回りがあれば、凶作用を流し去ります。

五鬼《ごき》 ▼大凶

ぼんやりしたりカン違いしたり…思わぬ災難を招いてしまう

五鬼の方位には、「火災、事故、ケガ、盗難、過失」などの意味があります。

この方位を使うと、思わぬ事故や火災、災難にあいやすくなります。注意力が鈍ることから、うっかりミスも多発。ケガや過労からくる病気や、眼病にも注意しましょう。また、無意味なことにのめりこみやすくなってしまい、仕事や勉強の能率も上がらなくなります。

なお、「鬼」は中国で幽霊を表すことから、怪しい気の漂う方位とされ、オカルト現象なども起きやすいようです。

この方位が水回りなら良いのですが、それ以外に使うなら、化殺が必要です。

あると良い部屋　キッチン　バスルーム　トイレ　収納

六殺《ろくさつ》

▼中凶

お金や人間関係にルーズになり不倫や借金などで苦しむことに

六殺の方位には、「口舌、ギャンブル、多淫、ルーズ」などの意味があります。

この方位を使うと、精神力や自制心がどんどん弱くなり、物事にだらしなくなっていきます。金銭感覚もルーズになるので、ギャンブルや衝動買いなどで散財したり、大借金に苦しんだり、あげくのはてに破産したりすることもあります。

自分の弱さから、人間関係のトラブルも招きがちです。異性関係では不倫や複数の相手との交際に陥ることも。自暴自棄になって堕落しないよう注意しましょう。

ただし、この方位が水回りや収納スペースであれば、凶作用は抑えられます。

禍《か》害《がい》

▼小凶

徐々にエネルギーが奪われてなんとなく不安を感じてしまう

禍害方位には、「病気、減収、不安、自信喪失、ストレス」などの意味があります。

この方位は、大きな災難や失敗などの心配はないものの、ここで長い時間を過ごしていると、物事がなんとなくうまくいかなくなったり、しだいにエネルギーが奪われていきます。

気力や自信を少しずつ失い、疲れやすくなったり、慢性的な病気や体調不良に長期間、悩まされたりすることも。金運や仕事運も徐々にダウンしてしまいます。

こうしたちょっとした不安や不調、小さなトラブルを呼び込みやすいので、収納や水回りで、凶作用を弱めましょう。

運気を＼下げる／玄関

BEFORE

靴が出しっぱなしのうえに砂やほこりで汚く暗い

全体的に暗く、はかない靴や晴天なのに傘が出しっぱなしになっているなど、散らかっていて汚い玄関は運気を下げるもと

私のおうちCHECK!

- □ 靴や傘が出しっぱなしになっている
- □ ほこりなどがたまっていたり、汚れている
- □ 靴箱が家の中から見て右側にある
- □ 照明が薄暗い
- □ 玄関からまっすぐな廊下がつながっている
- □ 玄関を入ると正面に窓や部屋が見える
- □ 鏡が玄関を入って正面に置かれている

家に気が出入りする
風水でもっとも重要な場所

運気の＼上がる／玄関

AFTER

気の入口でもあるので良い気を招くように整理整頓

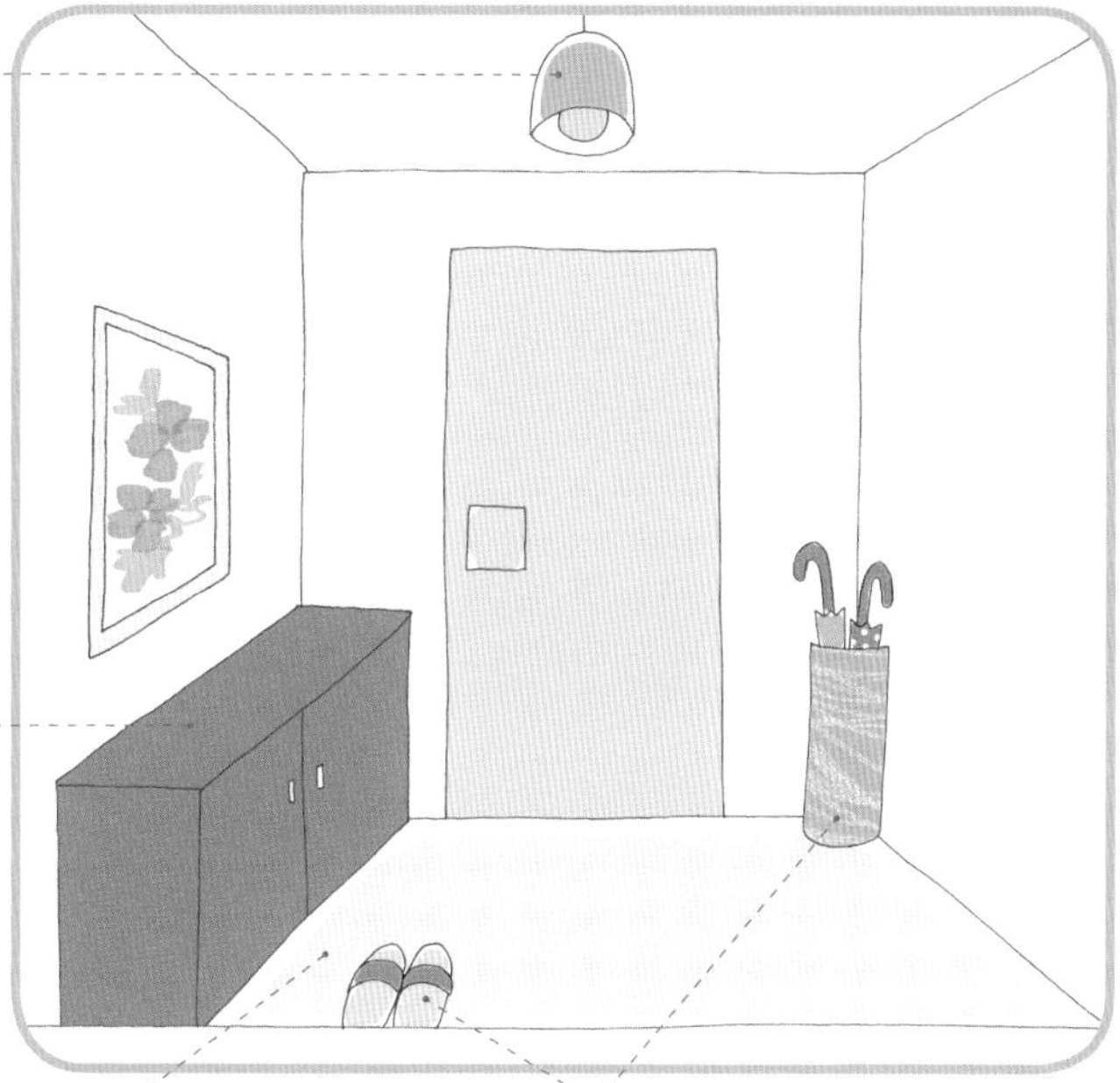

いつも明るくして運気をアップ

暗い場所はマイナスエネルギーを助長するので、薄暗ければ日中も灯りをつけて

玄関は左側にボリュームを

家の中から見て左側が高くなるよう、移動できる靴箱は左側に。不可の場合P.31参照

ほこりをためないようにいつも清潔に

たたきの汚れもNG。マイナスエネルギーがたまらないよう、こまめに掃除して

靴や傘はきちんと片づけておく

乱雑な玄関は運気もダウン。靴は1～2足出ていても良いが、あとはしまって。傘も整理整頓を

家への気の出入口となるもっとも重要なスペース

風水では「陽宅三要《ようたくさんよう》」と呼ばれる重要ポイントが3つあります。そのうちの1つが「大門《だいもん》」、すなわち「玄関」です。玄関は気が出入りする大切な場所。外に向いているので、縁や財運も呼び込み、社会的な成功や交際面にも大きく影響します。

　そんな玄関に最適なのは、良い運気がたくさん入ってくる「生気」方位。「天医」「延年」「伏位」の吉方位も良いでしょう。逆に凶方位なら、それぞれの方位にあったラッキーカラーやアイテムで、凶作用を抑える（化殺する）必要があります。

　散らかっていたり、汚れた玄関も、運気の出入口に適しません。適度に整頓し、清潔を心がけて、運気を上げるようにしましょう。

共通
アドバイス

玄関に入って正面に見える窓は しっかりと隠さないとダメ

玄関から見える窓は運気を逃がすので遮断して

玄関を入ったときに真正面に窓が見える家を、「漏財宅《ろうざいたく》」といいます。廊下のつきあたりに小窓があったり、玄関がリビングに直結していて、大きな掃き出し窓が直接見えたりする場合も、これにあたります。

漏財宅とは読んで字のごとく、入ってきた財運（金運）が、まっすぐ窓から漏れてしまう家。そのままにしておくと、お金が貯まらず、財産を減らすことになりかねません。

そこで、玄関と窓の間に仕切りやパーテーションなどを置き、窓が見えなくなるようにする必要があります。のれんやカーテンでも問題ありませんが、レースなど透ける物では効果が弱くなりますので、窓が直接見えない素材にしてください。

外から入ってきたときに、正面に窓が見えるかどうかで判断

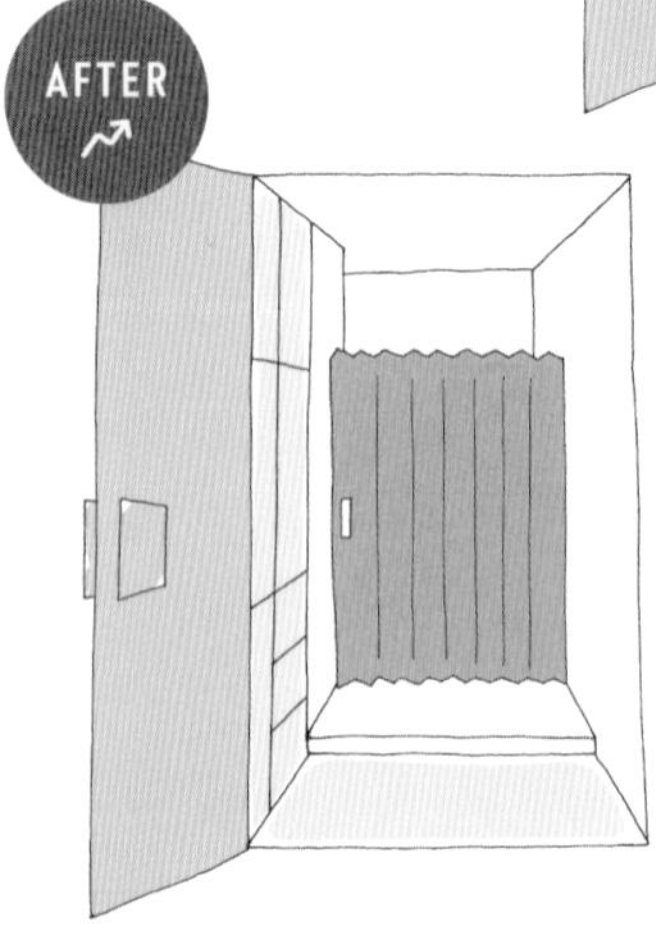

大きめで、しっかりした材質の物で仕切るのが効果的。ラックや本棚などの家具や、大きめの観葉植物でもOK

共通アドバイス　靴箱が動かせないなら代用品で左側にボリュームを

靴箱が右側にあるときは左側に大きな物を配置して

巒頭では自分から見て左の青龍から右の白虎に水が流れる場所が理想です。また、左の山(高い地)が財を招くともいわれています。玄関は気の入口であり、住居の中でもっとも重要な場所なので、この理想的な地形をぜひ再現したいところです。

ところが、作りつけの靴箱が右側にあり、動かせないという場合もあるでしょう。そんなときは、左側に大きめの傘立てを置いたり、スペースがあるなら収納ボックスなどを置き、ボリュームを持たせるようにします。また、左側の壁に山の写真や絵、鏡などを飾って、左側の空間に広がりを持たせるのも良い方法です。

いずれにしても、玄関の右側よりも左側を目立たせることが大切です。

靴箱が右側から動かせない場合、せめてその上に花や物を置くのはやめること。ケンカが絶えなくなったり、思わぬケガをするなど、トラブルが起きがち

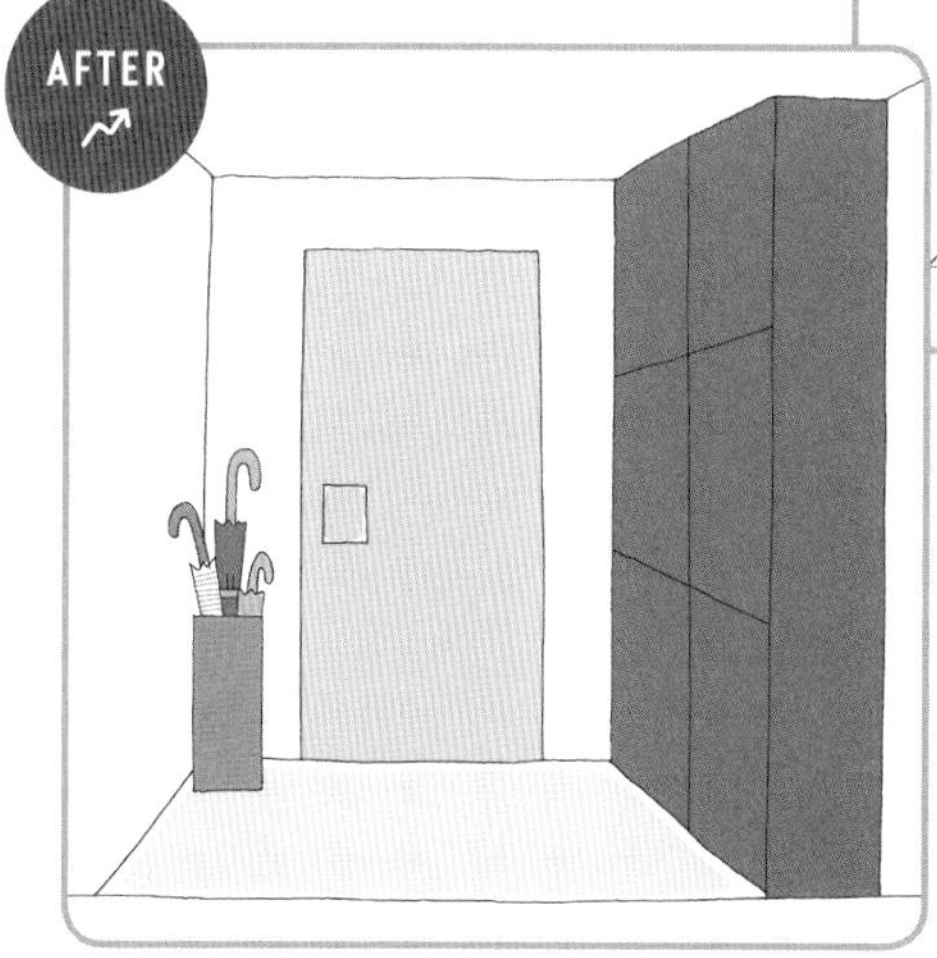

天井まである靴箱にすれば、壁とみなされるので、右側にあっても心配する必要なし

共通
アドバイス

家の中に入ってくる気を曲げて運気をアップ！

玄関にのれんをかけて気の流れを調節して

風水では、「家に入ってくる気は直線ではなく、曲線を描いているのが望ましい」とされています。ところが、マンションによく見られるように、玄関がまっすぐ廊下につながっていると、気もまっすぐ入ってきてしまうため、あまり良くありません。また、階段が玄関の正面にあるのもNG。勢いよく入ってきた気が2階へと逃げてしまうからです。

家に入ってきた気をうまく曲げて、家中をめぐるようにするのが開運のカギ。それには、玄関にのれんなどをかけるのがおすすめです。漏財宅のときのように、しっかり仕切る必要はありませんが、玄関を入ったときに、部屋の中がのぞけないくらいの高さが理想です。

大人のお腹ぐらいの高さまで垂れ下がるのれんで、
気の流れを曲げることができれば、運気がアップ

共通
アドバイス

玄関正面に置いた鏡は気をはね返してしまう悪影響が

玄関に鏡を飾るときは家の中から見て左側に飾って

出かけるとき、身だしなみをチェックするために、鏡を玄関に置いている人も多いでしょう。

ただし、鏡が玄関の正面にあると、家の中に入ってこようとしている気が、そのままはね返されてしまったり、散りぢりになってしまうため、良くありません。もし、玄関正面に置いてある場合は、今すぐ場所を移すようにしてください。

また、刀や槍のような装飾品なども、玄関の真向かいには置かないようにしましょう。入ってきた気を切り刻んでしまう意味があります。

鏡を置くのであれば、家の中から見て左側がベスト。これは、前述したとおり、風水では左(青龍)の空間を広げることが大切だからです。

気がはね返され、家の中に入ってこなくなってしまうので、鏡を置くなら正面は避けて

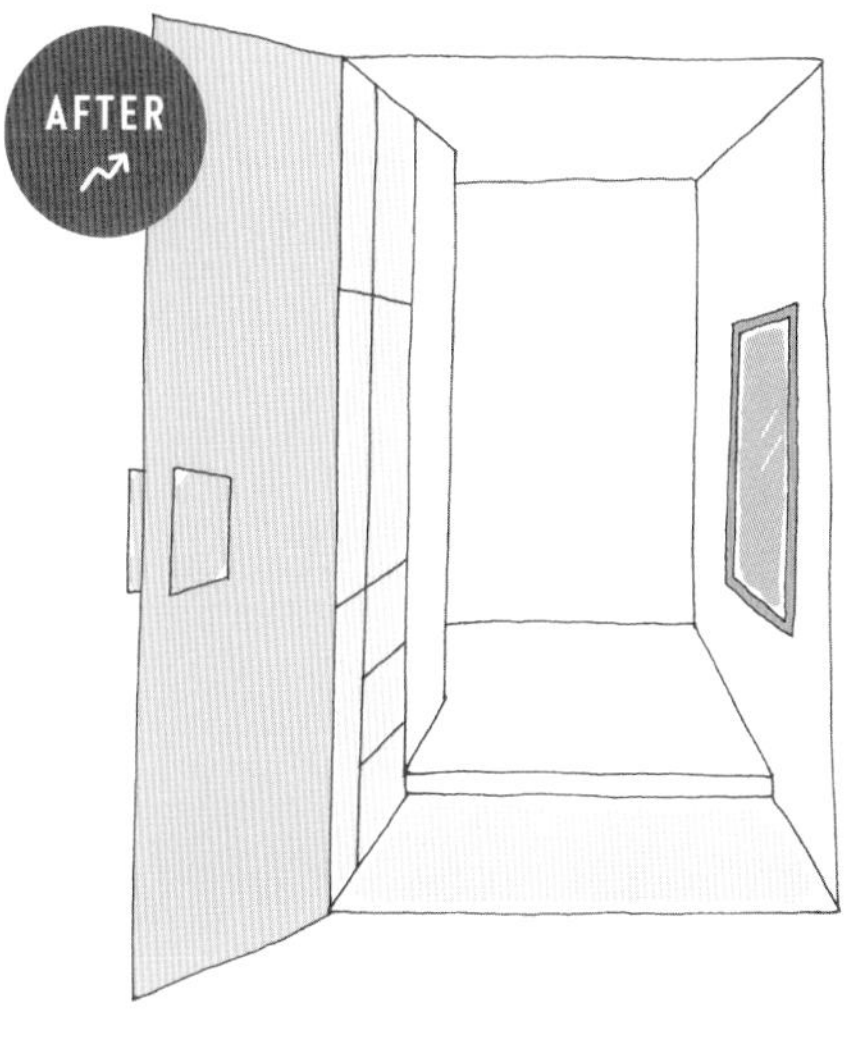

室内から見て左側(外から見ると右側)に鏡を置けば、気が逃げてしまうのを防止できる

運気を＼下げる／寝室

BEFORE

鏡にカバーをしないうえに梁の下やドアの正面で寝ている

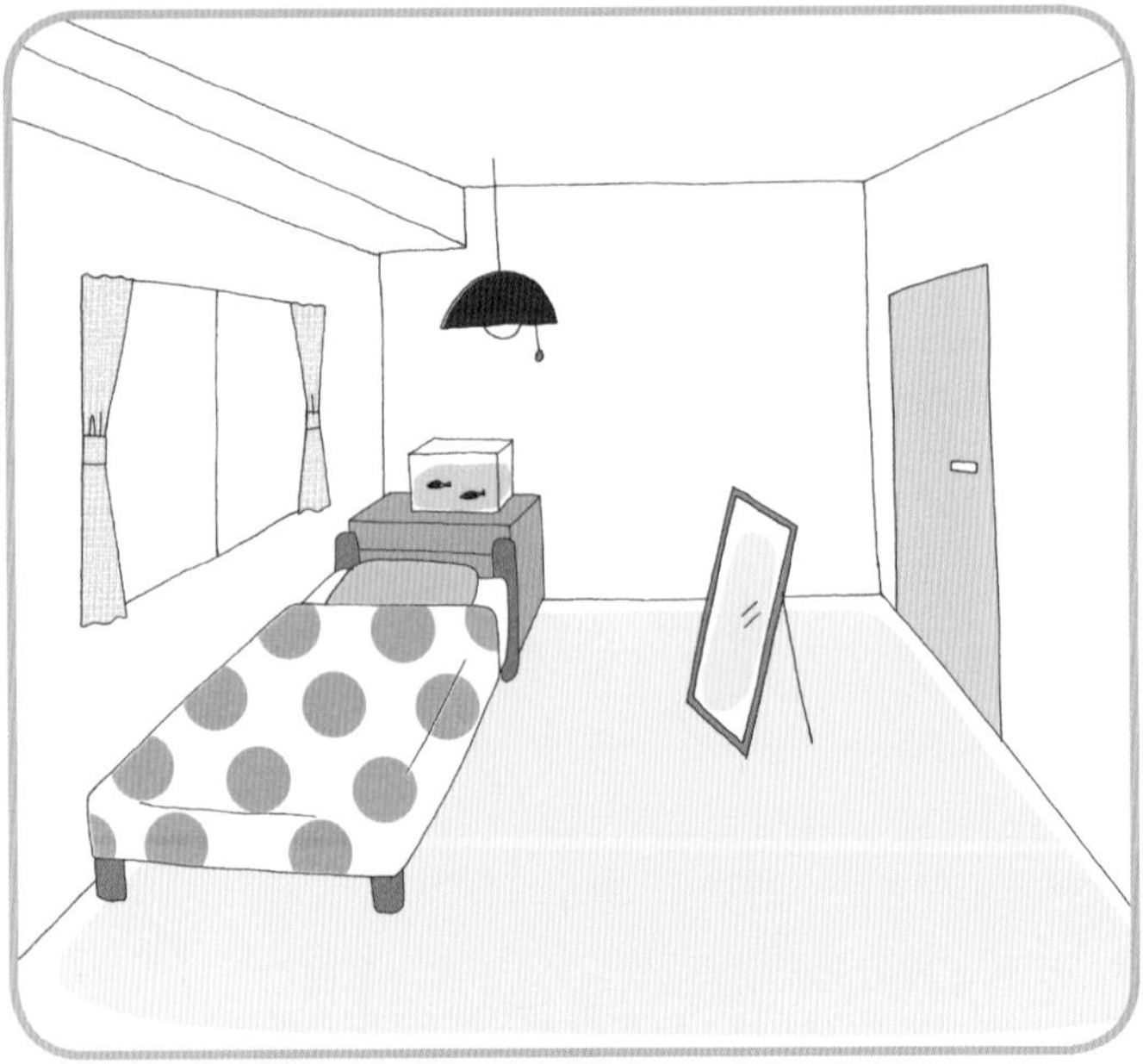

ベッドが梁やつり照明の真下、またはドアの正面にある。さらに、寝姿が映る場所にカバーをせずに鏡を置いている

私のおうちCHECK!

- □ 寝室のドアの正面で寝ている
- □ ベッドの上に天井からぶら下がる照明がある
- □ 寝ている姿が映る場所に鏡がある
- □ 水槽や花瓶など、水を置いている
- □ 天井に梁が出ている
- □ ベッドの頭側と壁の間に空間がある
- □ 家具の角がベッドや布団に向いている
- □ 窓の真下や窓のすぐ前で寝ている

健康運や夫婦仲を左右する風水の重要スペース

運気の＼上がる／寝室

AFTER

ベッドの位置を変えて鏡にはカバーをかける

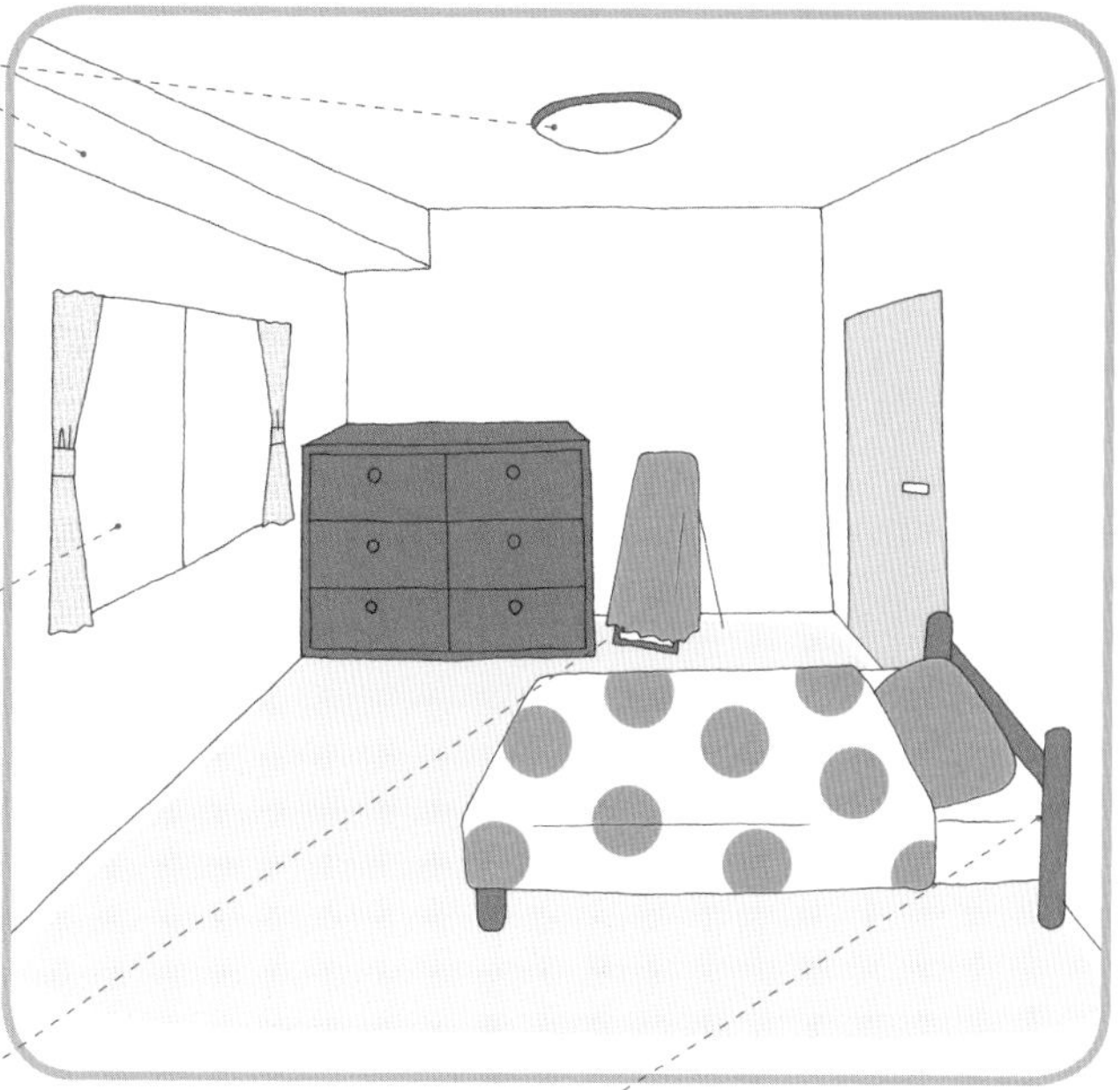

梁やつり照明など出っ張りの下は×

気が出っ張りにぶつかり下に向かうので、寝場所を変えて。梁を布で隠しても○。照明はシーリング型に

気の出入りが激しい窓のそばは避けて

窓の直近で寝るのもNG。移動が無理なら厚めのカーテンをかけ、眠るときはしっかり閉めて

鏡をベッドの脇に置かない

寝姿が映ると悪い気を浴びるので、移動させるか、布のカバーをかけること

ドアの正面を避け頭は壁につける

ドア正面は運気がダウン。移動が無理なら、仕切りを置くか、ドアにのれんを。頭と壁のすき間も対人運を下げるので密着させる

一日の4分の1を過ごすので良い寝室づくりを心がけて

「陽宅三要」の2つめは「房《ぼう》」＝「寝室」。健康運や夫婦仲に大きくかかわる寝室は、ドアの正面や梁の下で寝ない、頭を壁につける、水を置かないなど、風水で気をつけるべきポイントがたくさんあります。

また、寝室は「天医」方位が最適です。さらに、部屋の中心（小太極）から見て「天医」方位にベッドがあれば最強。逆に、寝室が凶方位にあると、心身ともに弱ってしまいます。

寝室が凶方位にあり移動できないなら、せめて小太極から見た吉方位で眠ること。夫婦で吉凶方位が違うなら、寝室をどちらかの吉方位にし、もう1人の小太極の吉方位で寝るか、頭を吉方位に向けて寝て。最低でも2人の絶命方位は避けましょう。

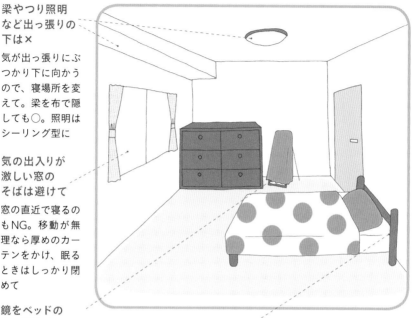

五行別アドバイス 木

木製家具とグリーンを基調にした寝室に

木のラッキーカラーグリーンを基調にして

寝室が凶方位にあり、「木」のラッキーカラーを使って凶作用を抑えたい場合は、布団カバーやカーテン、ラグなどを緑系の色にして

植物モチーフのインテリアや観葉植物を取り入れて

「木」のラッキーアイテムで凶作用を抑えるときは、植物モチーフがおすすめ。葉っぱ模様のインテリアにしたり、観葉植物を置くのも吉

木製の家具やインテリアも「木」のラッキーアイテムを

ベッドやクローゼット、チェストなど、木材を多く使っている家具を選ぶと、より凶作用を抑えられる。ゴミ箱なども、木が使われている物を。ラタン家具もおすすめ。絵画なら森林の絵で木製のフレームを、オブジェも木製の物を選んで

家具やインテリアの形は直線的で細長い物が吉

「木」では直線的で細長い物もラッキーとされているので、素材としては細長い籐（ラタン）なども良い。また、形状も、例えばベッドのヘッドボードなら曲線形より直線的なデザインが○。クローゼットなどの家具も、ほっそりしたシルエットの物を選びたい

※凶方位についてはPART3で説明します

五行別アドバイス 火

レッド系のカラーと三角シルエットのグッズを

渋い赤やピンクなど落ち着ける赤を使う

寝室が凶方位にあり、「火」のラッキーカラーを使って凶作用を抑えるときは、赤系の色をベースに。ただし、派手になりすぎないよう注意

照明や火を連想させるアイテムを使う

照明はおすすめアイテム。スタンドライトは裸電球だと明るすぎるのでNGだが、シェードが円すい形の物は特にラッキー。炎や太陽を連想させるアイテムも良いので、夕焼けの写真やアロマキャンドルなども吉。ただし、火の始末には注意して

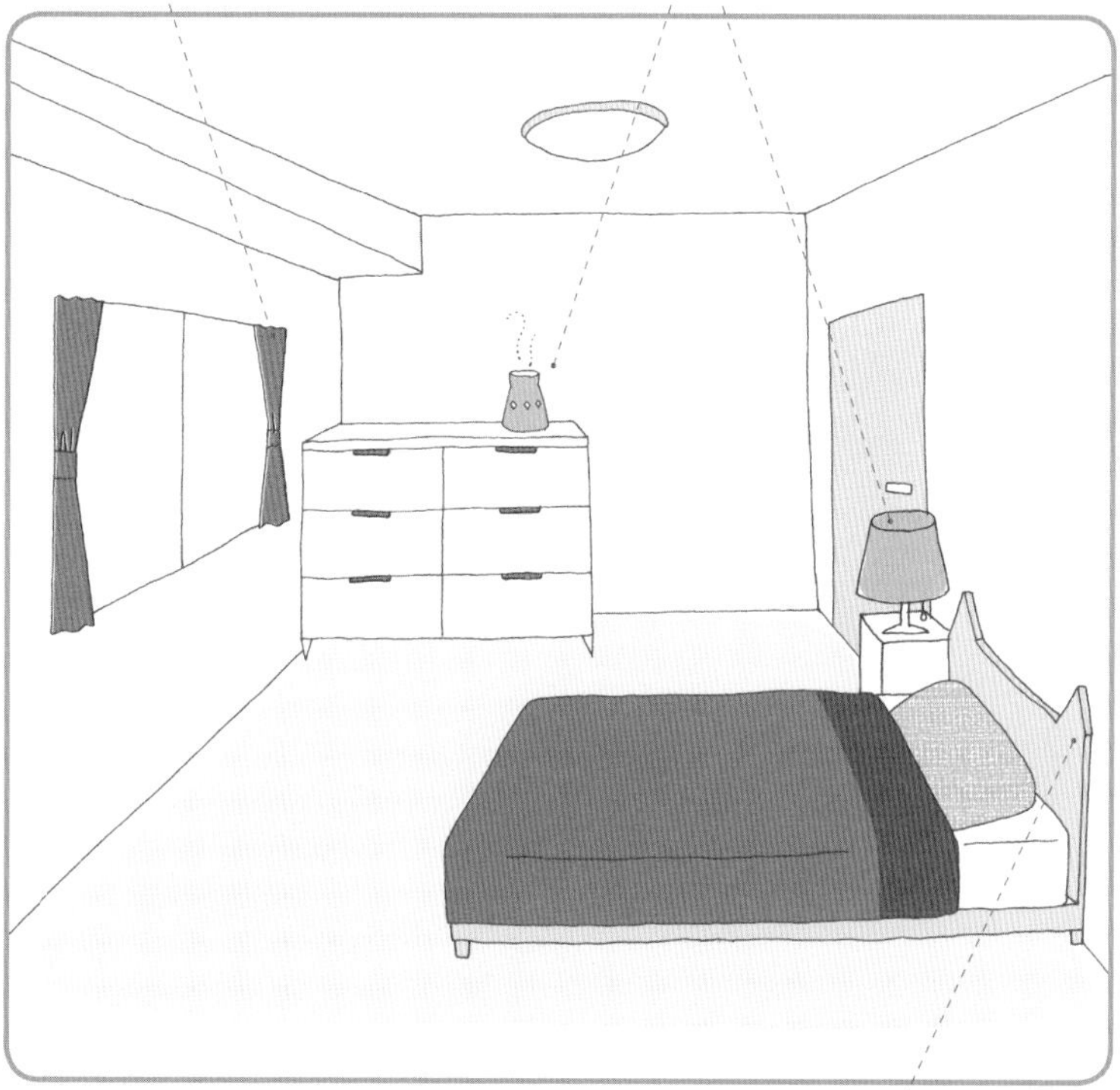

おしゃれな家具を選んでモデルルームのような寝室に

「火」は流行に敏感でおしゃれという意味もあるので、インポート家具などを揃えたり、センス良くまとめるのも運気アップにつながる。どんな部屋にすれば良いかわからないというときは、インテリアショップへ出かけたり、家具のカタログなどを見て、部屋づくりの参考にして

ベッドヘッドなどには三角形や尖ったデザインを

「火」のラッキーアイテムで凶作用を抑えるときは、三角形や先端の尖ったデザインの物を選ぶと良い。ピラミッドやエッフェル塔、東京タワーなどの置物、または絵画でもOK。尖った飾りがついたベッドなども吉

五行別
アドバイス
土

安らげる雰囲気が漂う 寝室づくりを目指して

茶色やベージュ、黄色を ベースカラーにしよう

寝室が凶方位にあり、「土」のラッキーカラーを使って凶作用を抑えるなら、ベージュや茶色、黄色をカーテンやベッドカバーに使って

曲線や突起のない 四角いアイテムが吉

「土」のラッキーアイテムで凶作用を抑えるなら、四角い形の物を取り入れると良い。曲線がなるべく少ない、シンプルなデザインの家具や雑貨が吉

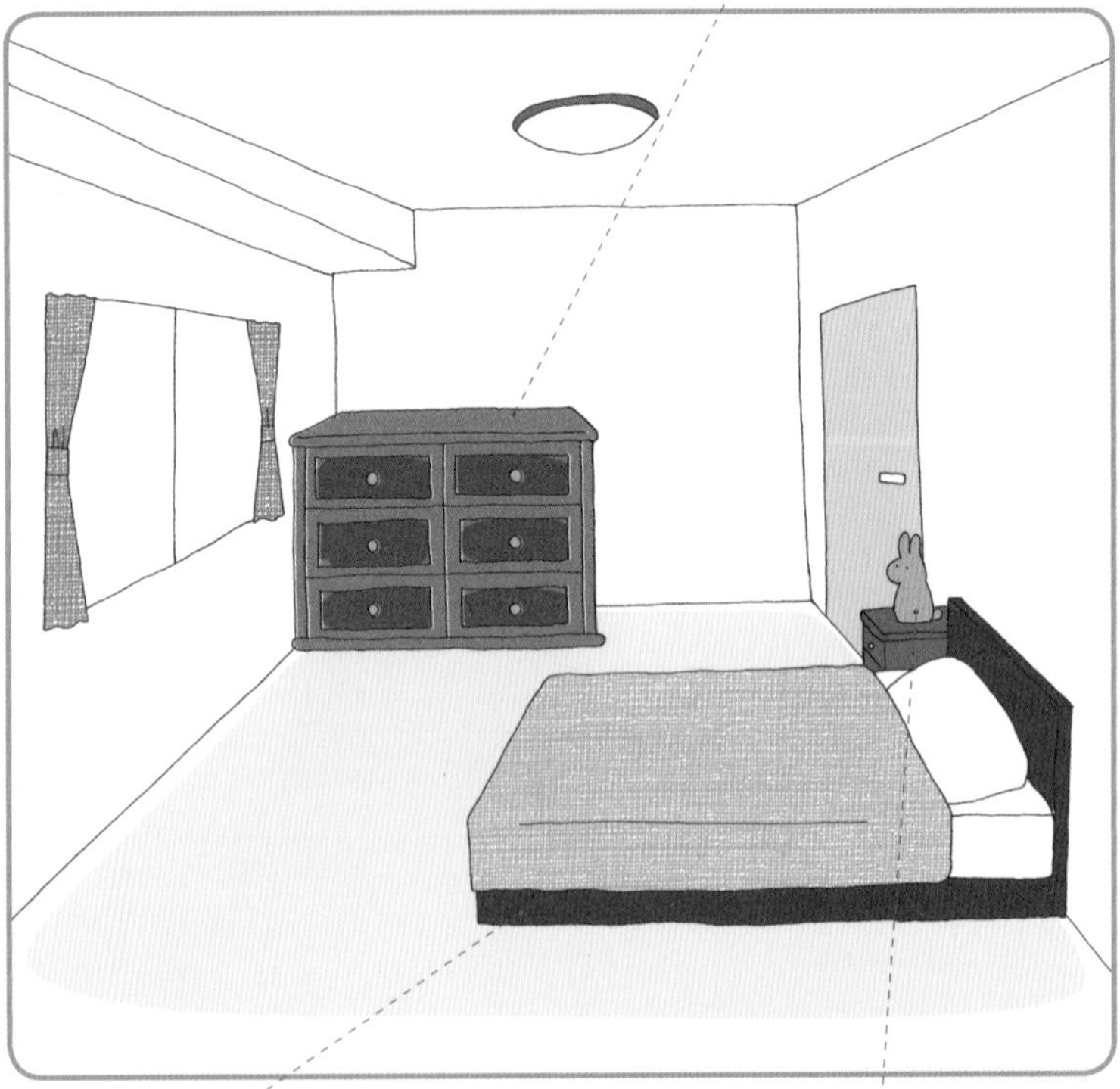

安定感あふれる 重厚な家具をチョイス

どっしりと重厚で、「安定」のイメージが強い物は「土」にとってラッキー。ベッドなら脚がなるべく太い物を、タンスなら細い物よりは安定感のある形を選んで。デザインも、流行にとらわれない定番物やアンティークっぽい物がおすすめ

陶磁器のオブジェや テラコッタの鉢を置く

陶磁器は「土」のラッキーアイテムなので、枕元や部屋の中に陶器の人形やオブジェなどを置くと吉。石を象徴するパワーストーンを飾るのも良い。さらに凶作用をしっかり抑えたい（化殺したい）なら、レンガやブロック、土の入った鉢を置いて

五行別
アドバイス
金

シルバーメタリック系や丸い形のアイテムを用いて

白っぽいカラーでインテリアをまとめて

寝室が凶方位にあり、「金」のラッキーカラーで凶作用を抑えたいなら、白や明るめのベージュ、淡い色をカーテンやカバーに使って

丸や球、弧を描いた形をうまく取り入れよう

丸や球形の物を積極的に取り入れたいもの。ベッドなら角ばった物より、ヘッドボードが弧を描き、脚が円柱状の物がベター。インテリアにも、できるだけ丸いアイテムを選んで。壁かけ時計や目覚まし時計などは、取り入れやすいアイテムの一つ

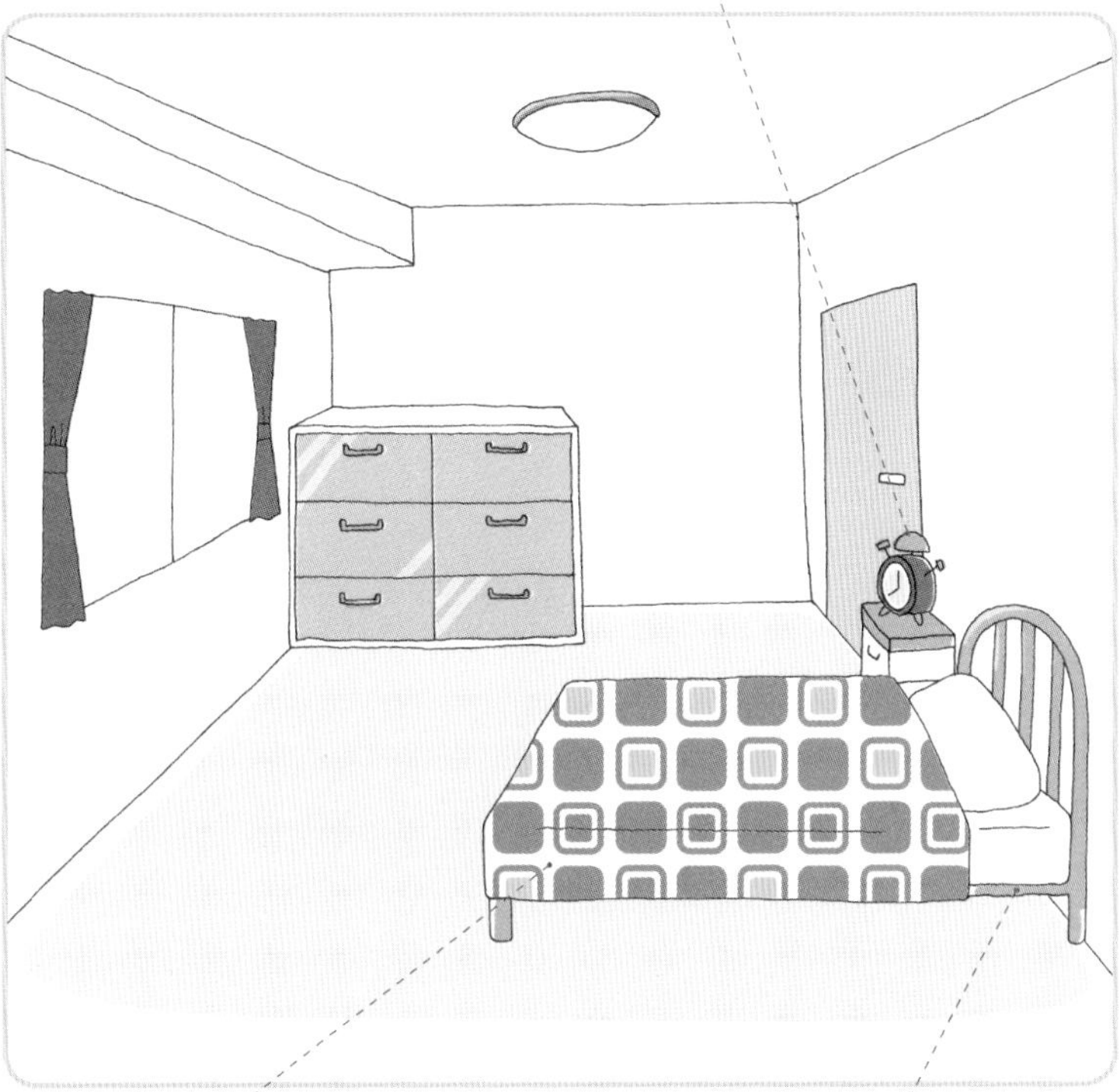

無機質な印象のデザインも金らしさを演出するアイテム

無機質な固い印象を感じさせるアイテムも、「金」のイメージにぴったり。カーテンや布団カバーの柄を選ぶなら、幾何学模様などがおすすめ。ドット柄も「金」向きだが、ファンシーにならないよう注意して。シンプルで都会的な雰囲気を目指すと良いかも

金属フレームのベッドや金属の使われた雑貨も吉

「金」のラッキーアイテムである金属が使われている家具や雑貨も、取り入れたいアイテム。シルバーメタリックのフレームが目立つベッドも良いし、目覚まし時計なら金属のベルがついている物が吉。さらに形が丸く、色が白や銀色なら最強！

五行別
アドバイス
水

水を印象づける色や形でまとめて

ブルー系や黒、グレーのラッキーカラーを使う

寝室が凶方位にあり、「水」のラッキーカラーで凶作用を抑えるなら、ブルー系や黒、グレーなどのカラーで、インテリアをまとめて

海のポスターや写真を飾る

海や滝などが描かれた絵やポスター、写真なども「水」のラッキーアイテム。家具を替えるよりも簡単に取り入れられるので、ぜひ寝室に飾って。ただし、水槽のような「動く水」は凶作用を招いてしまいがちなので、なるべく置かないこと

流れるような形のグッズをうまく取り入れて

「水」のラッキーアイテムで凶作用を抑えるには、流線形のフォルムを持つ家具やグッズを取り入れるのも効果的。フレームが流線形のベッドなどは、ずばり「水」を連想させるアイテム。洋服ダンスなども、なるべく曲線の物を選んで

水に適しているのは水玉や波模様の柄

カーテンや布団カバー、ラグなどを選ぶときは、「水」を連想させる水玉模様や波模様などをチョイスして。さらに、その模様がブルー系やグレー系など、「水」のラッキーカラーになっていると、より凶作用を抑えることができる

共通アドバイス

ベッド脇の高い家具は足元に移動し殺気を避けて

BEFORE

角からの殺気が就寝中の人にあたっている

AFTER

足元なら角がうまく逃げて、殺気がやわらぐ

ベッド脇に、タンスや書棚などの背の高い家具があり、その家具の角が寝ている人に向いていたら要注意です。これは、寝ている間中、ずっと鋭い気が人にあたることになり、運気がダウンします。家具をベッドから離し、ベッドと平行になるように置くと、角からの強い殺《さつ》気《き》を避けることができます。また、家具の角が丸ければ問題ないので、移動できないなら、角に衝突防止用のスポンジなどを貼りましょう。なお、サイドテーブルなど、低い家具なら問題ありません。

共通アドバイス

別の部屋に動かせない水槽は床などの低い位置に移動

AFTER

どうしても動かせない水槽は床に置く。さらに、可能ならベッドからなるべく離したほうがベター

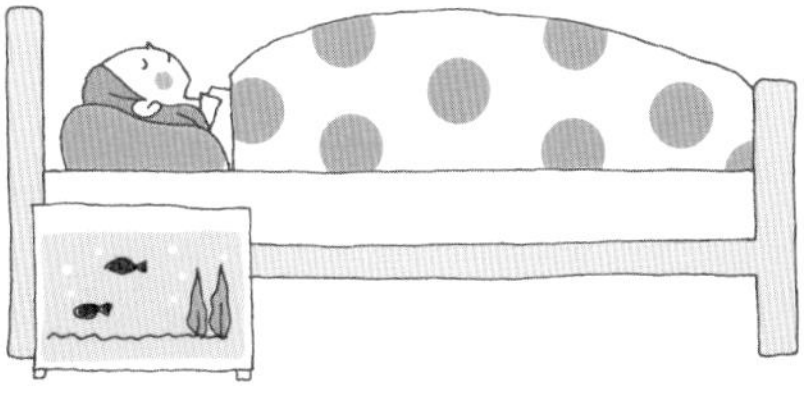

水槽や水が動くようなオブジェが寝室にあると、凶作用を及ぼし、健康運などが下がるので、できればほかの部屋に移しましょう。ただし、ワンルームに住んでいたり、ほかの部屋に移せない場合は、水槽を直接床に置き、なるべくベッドから離して。ベッドに横になったとき、水槽が心臓よりも低い位置にあれば、凶作用を少しは抑えられます。

運気を ＼下げる／ キッチン

BEFORE
↘

使った食器や包丁が
出しっぱなしで汚れている

使い終わった食器がシンクにそのままになっていたり、包丁が出しっぱなしになっていたり、全体的に汚れが気になる

☑ 私のおうちCHECK!

- [ ] 汚れた食器がシンクに置きっぱなし
- [ ] 包丁を常に外に出している
- [ ] 料理中の換気がきちんとできていない
- [ ] キッチンの窓から川など水場が見える
- [ ] キッチンとリビングがつながっている
- [ ] キッチンの正面に玄関やトイレがある
- [ ] 生ゴミがそのままになっている

部屋別
開運
インテリア
3

キッチン

kitchen

炎が悪い気を燃やす
風水の重要スペース

運気の＼上がる／キッチン

きれいに片づけて つまみは吉方位に向ける

AFTER

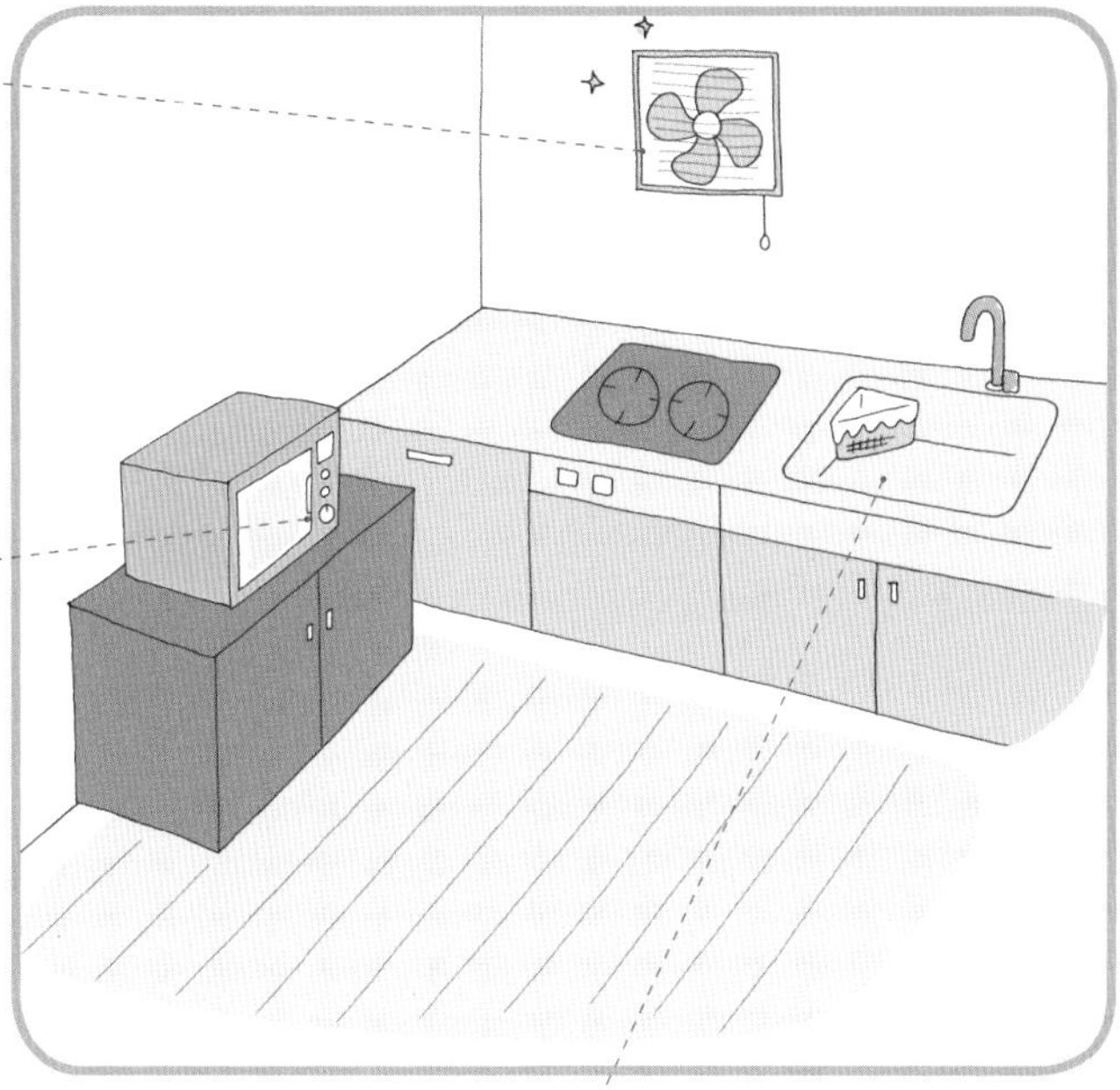

料理中はしっかり換気

燃えた悪い気が家の中に循環してしまわないよう、料理中は換気扇をよく回すこと

スイッチやつまみは吉方位に向ける

キッチンは凶方位にあると良いが、コンロなどのつまみが凶方位に向くのはNG。動かせないなら、電子レンジや炊飯器のスイッチを吉方位に向けて

包丁など鋭い刃物はすぐにしまう

刃物が出しっぱなしだと健康運や人の縁を断ち切ってしまうので、使ったら即しまって

汚れた食器や水、生ゴミをためない

邪気＆悪運を水に流すシンクは清潔に。凶の運気を生む生ゴミもなるべく早く外に出す

悪い気を燃やすキッチンは凶方位に配置し清潔に保って

「陽宅三要」最後の1つは「炉《ろ》」＝「キッチン」。健康運や金運を左右するキッチンは、凶方位にあると良いとされています。それは、ガスコンロなどの調理器具の火が、邪気を燃やして、凶作用を静めてくれると考えられているからです。

また、ガスコンロの位置や向きも重要です。コンロを凶方位に配置したうえで、つまみが吉方位に向くよう設置しなくてはなりません。キッチンが吉方位にあるなら、せめて電気ポットなどの調理器具を凶方位に置き、つまみやスイッチを吉方位に向けてください（47ページ）。

もちろん、汚れたままの食器や水をシンクにためたままにするなど、運気を下げる行為も避けましょう。

共通
アドバイス

正面に玄関やトイレがあればしっかり隠して気を遮断

直接、良い気や汚れた気が向かってこないよう対処

玄関の正面にキッチンがあると、金運などの良い気が入ってきても、ダイレクトにキッチンに向かい、燃えてしまうとされています。

また、キッチン正面にトイレがあるのも、トイレの汚れた気がキッチンに広がるため、良くありません。

玄関が正面にあるときは、玄関を上がったところに、のれんやカーテンをかけて対処します。

トイレがある場合も、ドアはもちろん便座のフタも常に閉め、さらにトイレのドアの内側に、のれんなどをかけて気の流れを遮断しましょう。

スペースに余裕があるなら、キッチンとの間にパーテーションなどで壁をつくると、より改善されます。

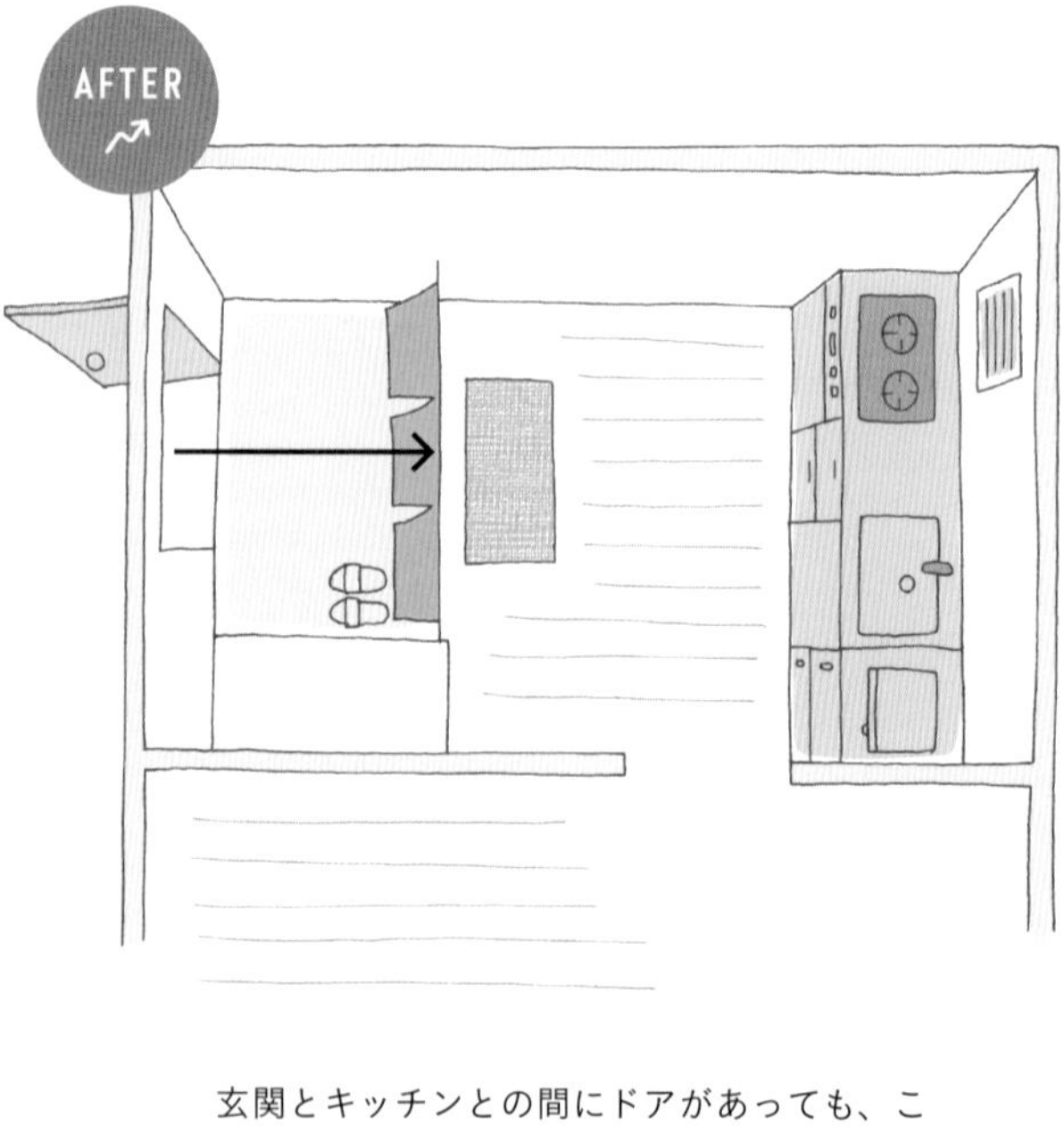

玄関とキッチンとの間にドアがあっても、この配置は気が流れてしまいやすいので、ドアの内側にもさらにのれんやカーテンをかけて

共通 アドバイス 川などの水場が見えると運気が下がる

ブラインドやカーテンで水場が見えないようにする

キッチンの窓から、川や湖、池や海、またはプールなどの水場が見えていると、その家に住む人の恋愛運や家族運が下がるといわれています。水場までの距離が遠くても、さらにそれが美しい川などであっても、同じように運気は下がってしまいます。

このように、水に関する場所が見えてしまっているなら、水の気を遮断するためにも、窓をなるべく開けないよう心がけましょう。さらに、ブラインドやカーテンをかけること。外の景色が完全に見えなくなるようにしてください。もちろん、カーテンを閉めて見えないからといって、窓を開けて換気するのはNGです。

少し乱暴ですが、窓を完全にふさいでしまうのも、対処法の一つです。

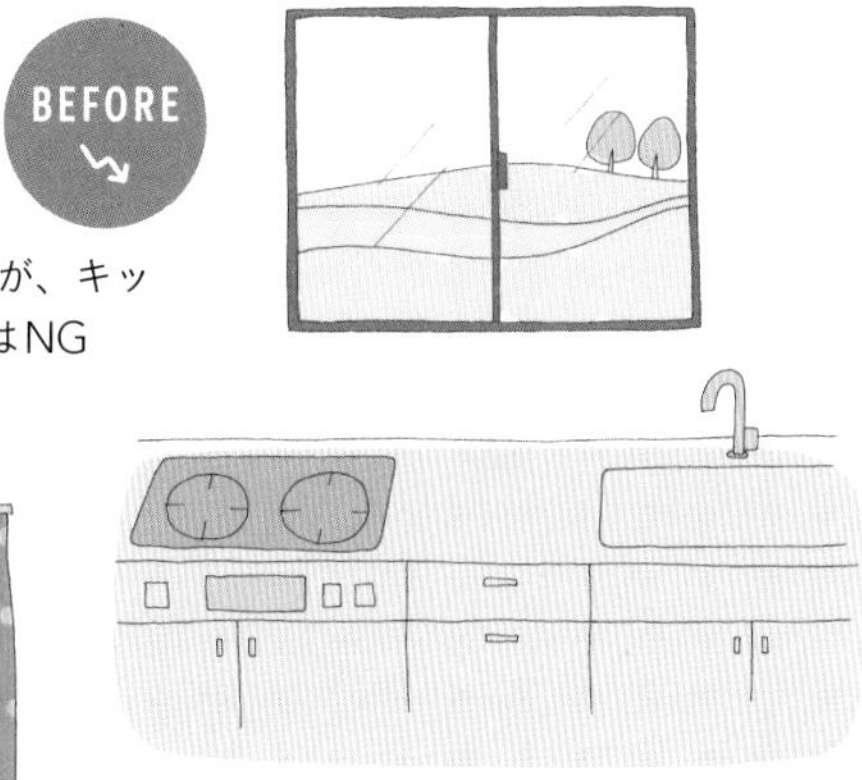

水に関係する風景が、キッチンから見えるのはNG

カーテンやブラインドをしっかり閉めて、外が見えないようにして。窓も開けないこと

共通
アドバイス

LDKがつながっていたら それぞれに空間を分けて

キッチンとリビングは のれんなどで仕切って

風水では、キッチンとリビングとダイニング（食堂）が、それぞれ独立しているのが良いとされています。しかし、最近ではすべてをつなげて、広く空間を使えるＬＤＫとしている住宅（ワンルームも含む）が多く見られます。ところが、ＬＤＫの中心から見た吉方位にキッチンがあると、リビングに入ってきた金運や良い気をどんどん燃やしてしまい、運気を下げてしまうのでおすすめできません。

それを防ぐためには、キッチンとリビングの境目に、のれんやカーテンをかけて仕切りましょう。本来は天井まであるパーテーションなどで、壁をつくると良いのですが、キッチンが使いにくくなってしまう場合、のれんなどで応急処置をします。

BEFORE

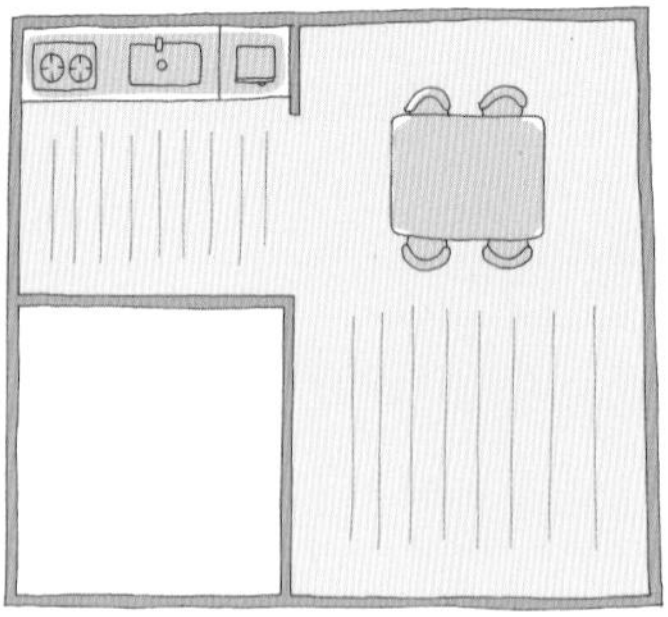

食事のにおいなどがリビングに充満すると、寛げなくなってしまうので、良くないと考えられている

AFTER

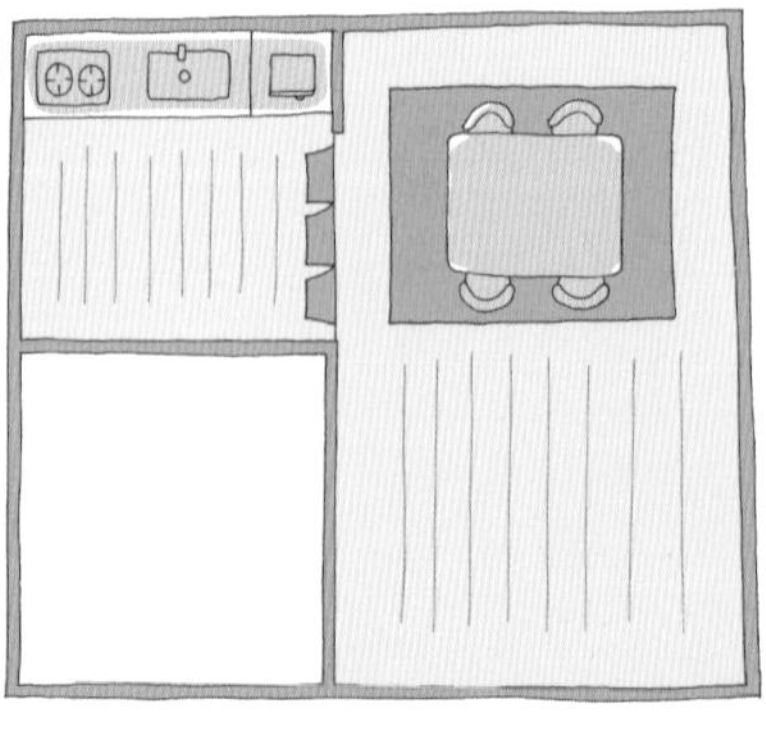

ワンルームや１Ｋでも、リビングスペースとの間に家具やパーテーションを置いたり、のれんなどで仕切って

共通
アドバイス

吉方位にキッチンがある場合 家電製品を移動して対処！

キッチンを移動できない場合 最低限これだけは取り入れて

住んでいる家のキッチンが吉方位にある場合、移動するのはまず無理。そこで、電気ポットやオーブントースターなど、簡単に動かせるキッチン家電を凶方位に置いて、もう1つのキッチンとします。

効果をより高めるためにも、できれば最大凶方位の「絶命」に置くようにしてください。絶命方位も難しければ、凶作用の強い順（五鬼→六殺→禍害）に、置く位置を考えます。

なお、これらは悪い運気を燃やすためのものなので、熱を発する家電でなければなりません。

また、この場合も、キッチン家電の正面は、吉方位になるように置くこと。そしてできるだけ多く使って、凶作用をどんどん燃やしましょう。

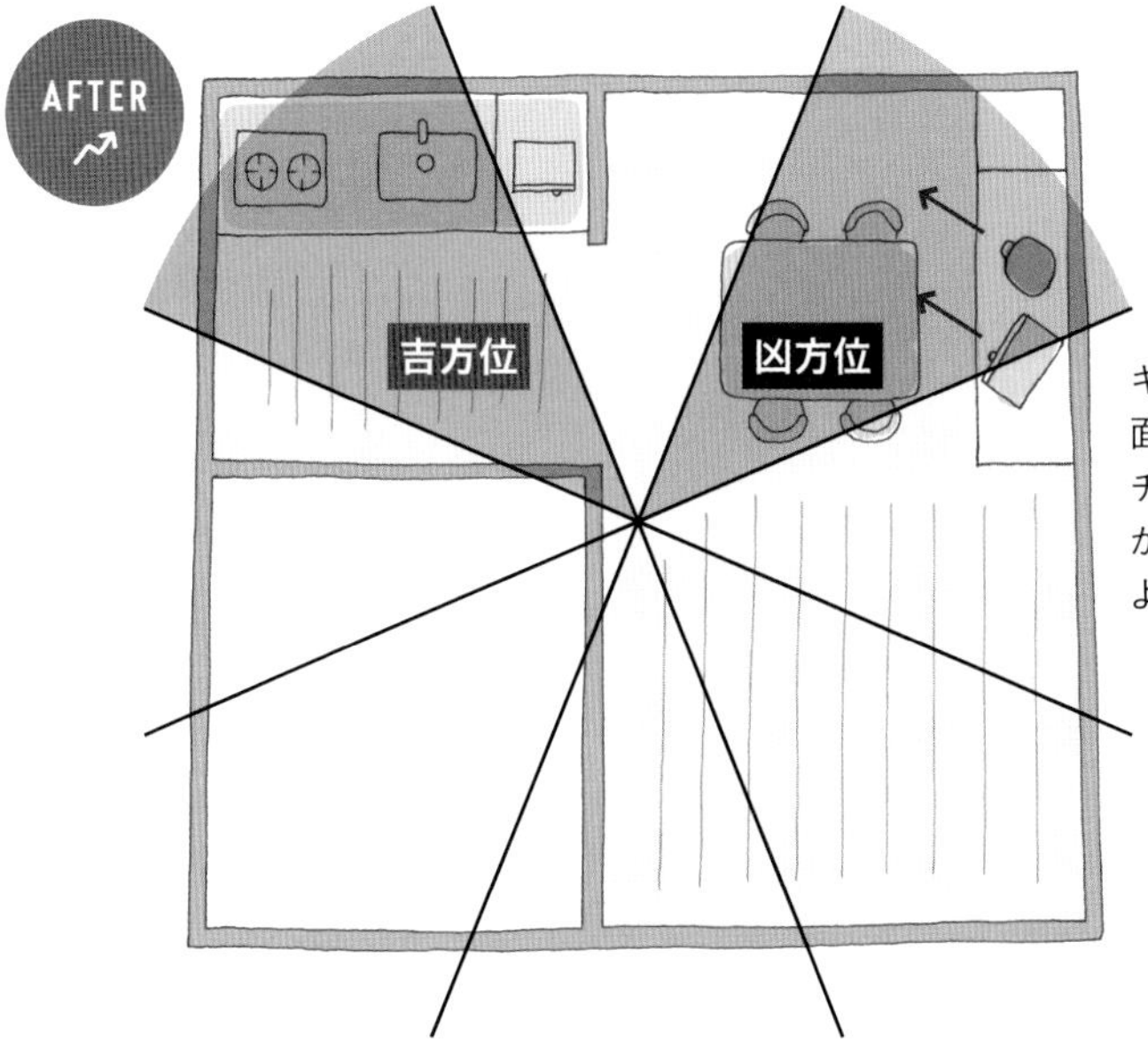

キッチン家電の正面、またはスイッチやつまみなどが、吉方位に向くように置くこと

キッチンが太極（家の中心）から見て吉方位なので、電子レンジやポットなどの家電製品を凶方位に移動した例。移動後のキッチン家電の正面が、吉方位（この場合はキッチンがあるのと同じ方位）になっている

運気を＼下げる／リビング

BEFORE

インテリアに統一感がなく物が散らかり落ち着かない

ほこりがたまり、物が散乱している。照明も明るすぎたり、派手で統一感のないインテリアで、居心地が悪くなってしまっている

私のおうちCHECK!

- □ あまり掃除をしていない
- □ 物が散らかっている
- □ 派手な配色で統一感がなく落ち着かない
- □ 壁の色が白すぎる
- □ 照明が明るすぎる、または暗すぎる
- □ 柱などの尖った角がある
- □ ソファが入口から丸見えの位置にある

居心地の良さが大切な家族団らんの空間

運気の＼上がる／リビング

AFTER

インテリアやソファの位置を変えて寛ぎ空間に

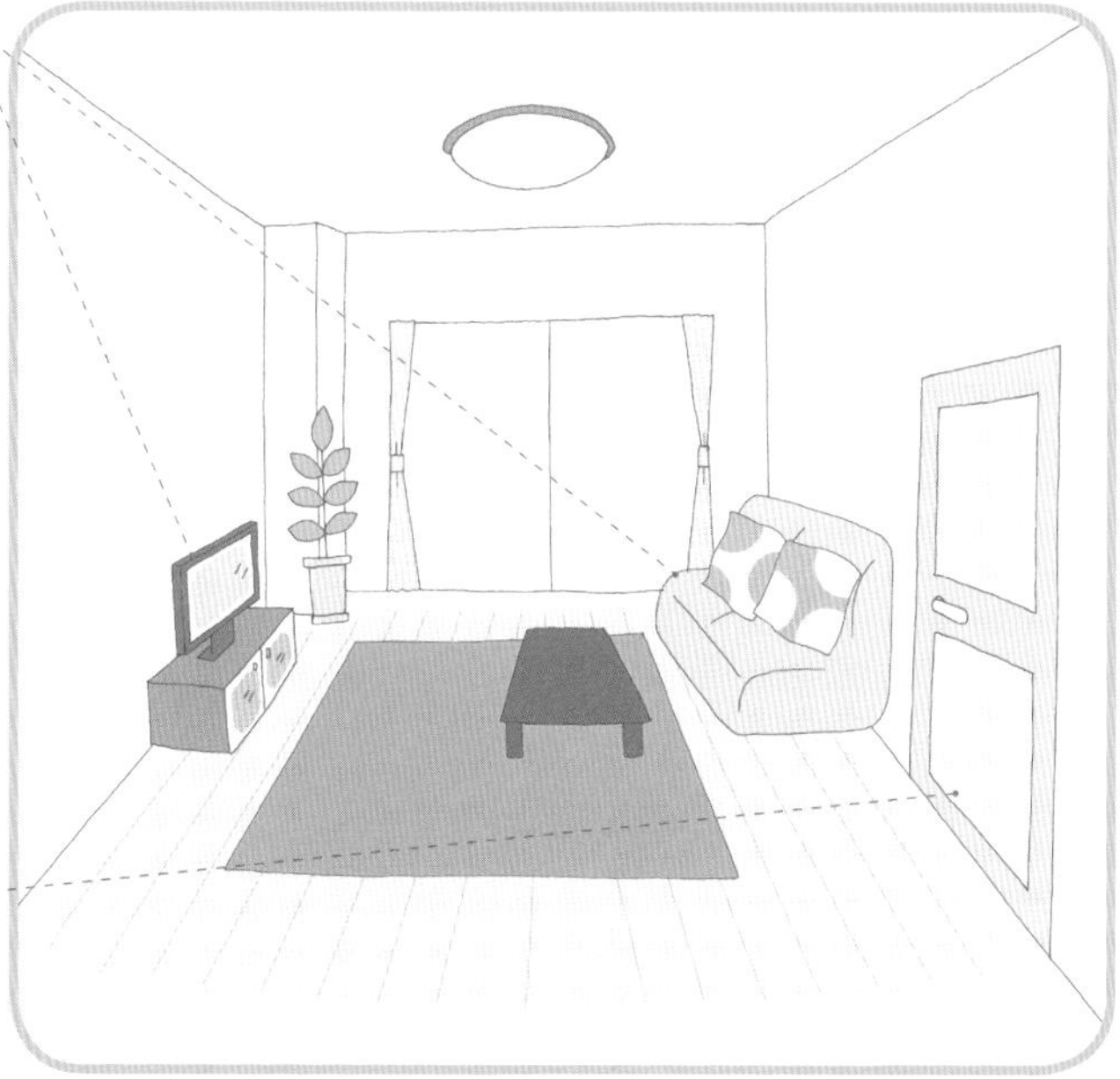

ソファ＆テレビは吉方位に

テレビやソファは吉方位に。部屋の中心から見たときも吉方位がベスト。家族が座る場所は、それぞれの吉方位を選ぶと◎。リビングがダイニングを兼ねるときは、テーブルの中心から見て、それぞれの吉方位に座って

ソファは入口の正面に置かない

ソファが部屋の入口の正面にあるときは、位置をずらすか角度を変えて。ソファに座っている人が、なるべく入口から見えないように

きれいにして寛げる空間に

良い気が循環するようにまめに掃除して、整理整頓を心がけて。照明はつるす形は避け、適度な明るさの物を。インテリアも工夫して、落ち着いた雰囲気の空間づくりを意識しよう

家族みんなでゆっくり寛げる空間づくりを

家族が集まるリビングルームは、いつもきれいにして運気を上げ、寛げる空間になるよう心がけて。活力あふれる「生気」方位や、リラックスできる「伏位」方位にあればいうことなしです。家族の絆を強めたいなら、「延年」方位もおすすめです。できれば凶方位は避けましょう。

ただ、家族誰かの吉方位に合わせると、ほかの人の凶方位となることも。その場合は、家族の中心人物の本命卦を優先し、ほかの人は部屋の中心から見て自分の吉方位に座るようにしてください。

もしくは、受験前の子どもがいるならその子ども、問題を抱えている人はその人などと、特に運気をアップしたい人の吉方位を優先します。

木や植物の印象が強くなる部屋づくりを

木を多く使っている家具を選ぼう

ほとんどの家具は木を使っているので、基本的には「木」のアイテムと考えるが、より凶作用を抑える効果を期待するなら、すべてが木でできた物や、木の印象の強い物を選んで。竹やラタン系も◎

ラッキーカラーの緑を基調にしたインテリアに

リビングが凶方位にあり、「木」のラッキーカラーを使って凶作用を抑える場合は、カーテンやクッションカバーなどを緑色に。濃い緑ならなお良い

植物や木モチーフや素材のアイテムを積極的に取り入れて

「木」のラッキーアイテムで凶作用を抑える場合は、植物や木モチーフの物を取り入れて。なかでも、おすすめは観葉植物。複数取り入れても良いが、人の高さほどの大きな物は避けて。畳（特にグリーンの物）やラタン製のラグマットなどを敷くのも良い

家具などは直線的で細長い形がおすすめ

直線的で細長い形の物も、「木」ではラッキーとされる。家具やオブジェなどはスッと細長い物が良く、なおかつそれが木製ならベスト。タワー形の本棚や収納ボックス、縦長のオーディオスピーカーなど、取り入れやすい形なので探してみて

五行別
アドバイス
火

赤をポイントに取り入れ おしゃれな部屋にまとめて

赤っぽい色をベースに インテリアを決めていく

リビングが凶方位にあり、「火」のラッキーカラーで凶作用を抑える場合は、赤系色をインテリアに取り入れて。赤いラグマットを敷くだけでもOK

灯りや火そのものもラッキーアイテム

「火」のラッキーアイテムで凶作用を抑えたいなら、間接照明を置くのはもちろん、火そのものを使うのもおすすめ。普通のろうそくより、アロマキャンドルやお香の方が手軽に取り入れられるはず。ただし、火の始末にはくれぐれも注意して

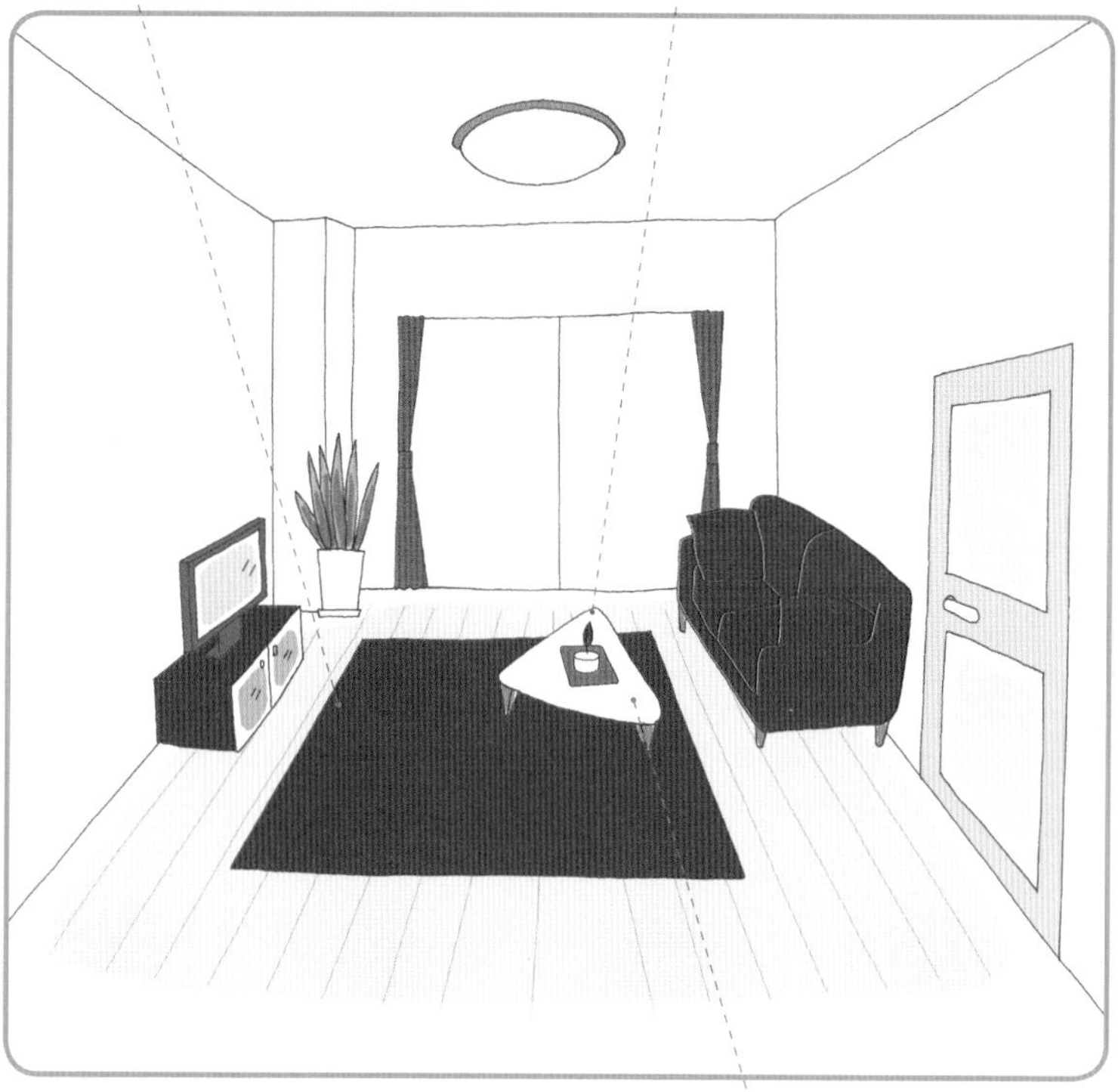

雑誌に載っているような 洗練された部屋にする

おしゃれな家具やインテリアは、「火」を象徴するキーワードでもあり。デザインで迷ったら、流行の先端をいくような、洗練された家具やインテリアのほうを選ぶようにすると◎。また、「背の高い物」も火のイメージなので、バーにあるような座面の高いイスなどもラッキーアイテムの一つ

三角形や先が尖った物を うまく取り入れる

先端が尖った物や三角形のシルエットの物も、効果的なアイテムなのでインテリアに取り入れたい。家具に用いるにはなかなか難しい形なので、三角形か星形のオブジェを配置するのが手軽かも。なかでも、三角形のクッションは、比較的、種類も豊富なので、取り入れやすいアイテム

五行別
アドバイス
土

落ち着いた色合いで土の温もりを演出して

陶磁器の置物や食器など土からつくられた物を置く

陶磁器など、土からできた物はずばり「土」のラッキーアイテムそのもの。陶器や磁器の人形や置物はもちろん、食器を飾ってもOK

ベージュや茶色で落ち着いた雰囲気に

リビングが凶方位にあり、「土」のラッキーカラーを使って凶作用を抑える場合は、ベージュや茶色など、部屋を落ち着いた色合いにしたい。明るいポップな部屋にしたいというときは、同じラッキーカラーの黄色を使って

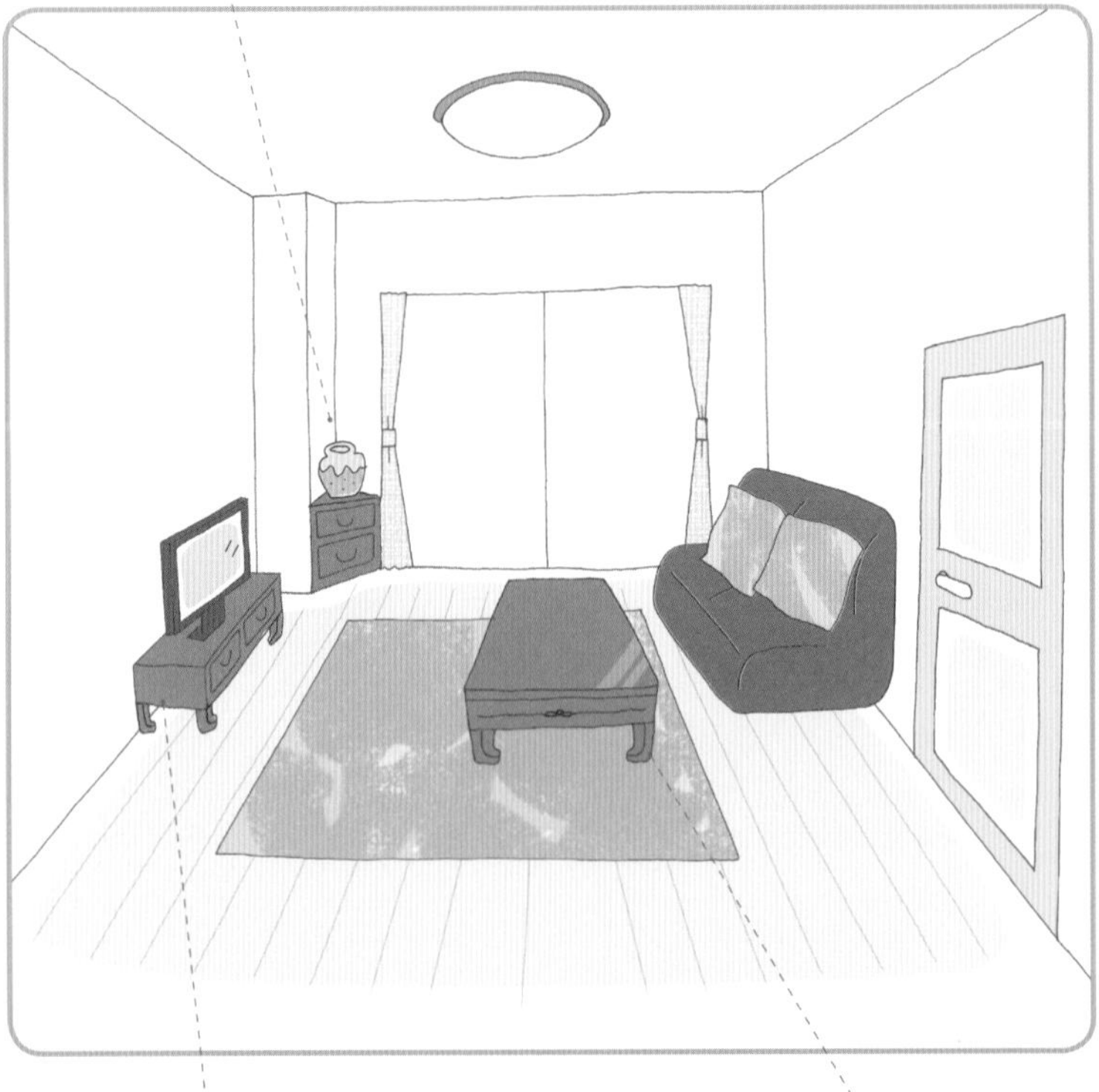

オーソドックスな形の家具で揃えよう

「土」のラッキーアイテムで凶作用を抑えたいなら、いわゆる定番と呼ばれるような、オーソドックスなデザインの家具やインテリアを選ぶと良い。アンティークやクラシック調の家具は手頃な価格の物なら良いが、高級アンティークは「火」のアイテムなのでNG

四角くどっしりした安定を感じさせる形が吉

四角く、どっしりした印象のアイテムも、「土」らしさの象徴。テーブルやイスなども四角い箱形で、なおかつ脚が太くしっかりしている物を選んで。家具などは木製が多いが、テラコッタのタイルをテーブルの表面に置いたり、ひと工夫するとベター

五行別
アドバイス
金

白基調&金属のアイテムで すっきりした部屋に

ラッキーカラーの白を基調にしたインテリアに

リビングが凶方位にあり、「金」のラッキーカラーを使って凶作用を抑えるなら、白や明るめのベージュ、淡いグレーでシンプルにまとめて

丸い時計やテーブル、球形のオブジェが吉

「金」のラッキーアイテムで凶作用を抑える場合は、家具などインテリアに、丸い形や球形を取り入れよう。壁掛けの時計やオブジェなどの装飾品も、四角い物より丸い物をチョイスして。テーブルなら天板が白く、脚が金属ならベスト

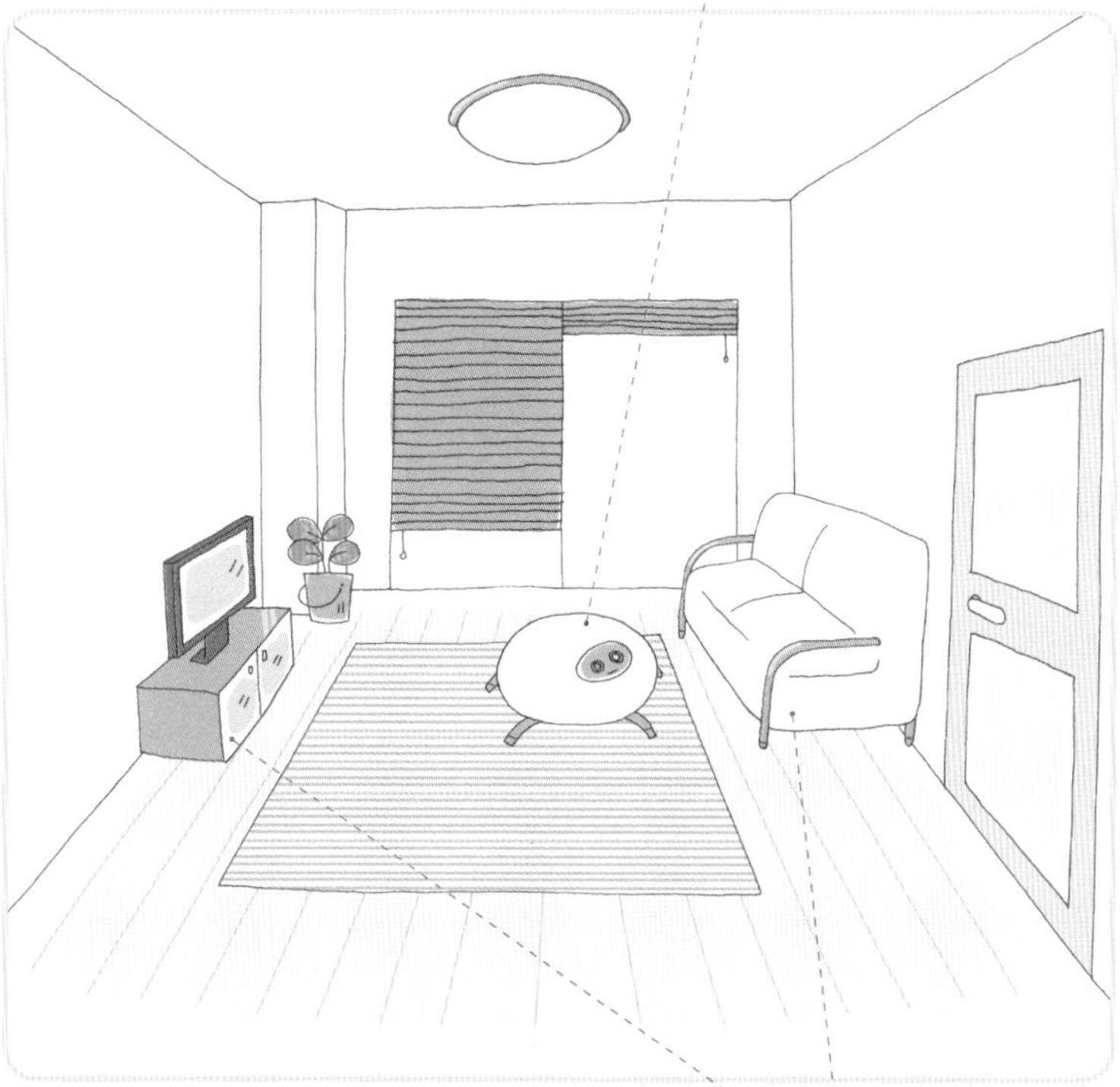

キラキラしたものや無機質なイメージが吉

素材が金属そのものでなくても、キラキラしたカラーでメッキされていれば「金」のイメージになるので、メタリックカラーのグッズもおすすめ。銀色のゴミ箱でもラッキー！ また、部屋全体が「金」のイメージになっていれば、淡いピンク色や水色のアイテムを取り入れたり、差し色にしてもOK

メタルフレームの家具や金属製のグッズを選んで

金属はまさに「金」を象徴するラッキーアイテム。家具なら、フレームに金属が使われているソファやテーブルがおすすめ。小物を置くトレイを金属製の物にしたり、金属製のオブジェを置いたり、シルバー製のお皿や食器をディスプレイするのも吉

五行別
アドバイス
水

青や黒を基調にして心落ち着く空間に

水そのものや水を連想させるものは吉

水玉模様や波模様など、水を連想させる柄は、「水」のラッキー柄。ワインボトルなどは、形もぴったりなのでインテリアとして飾っても○

家具やインテリアは流線形の物を選んで

「水」のラッキーな形である流線形の家具やインテリアを選ぶと、凶作用を抑えられる。流線形のソファや猫足のテーブルもおすすめ

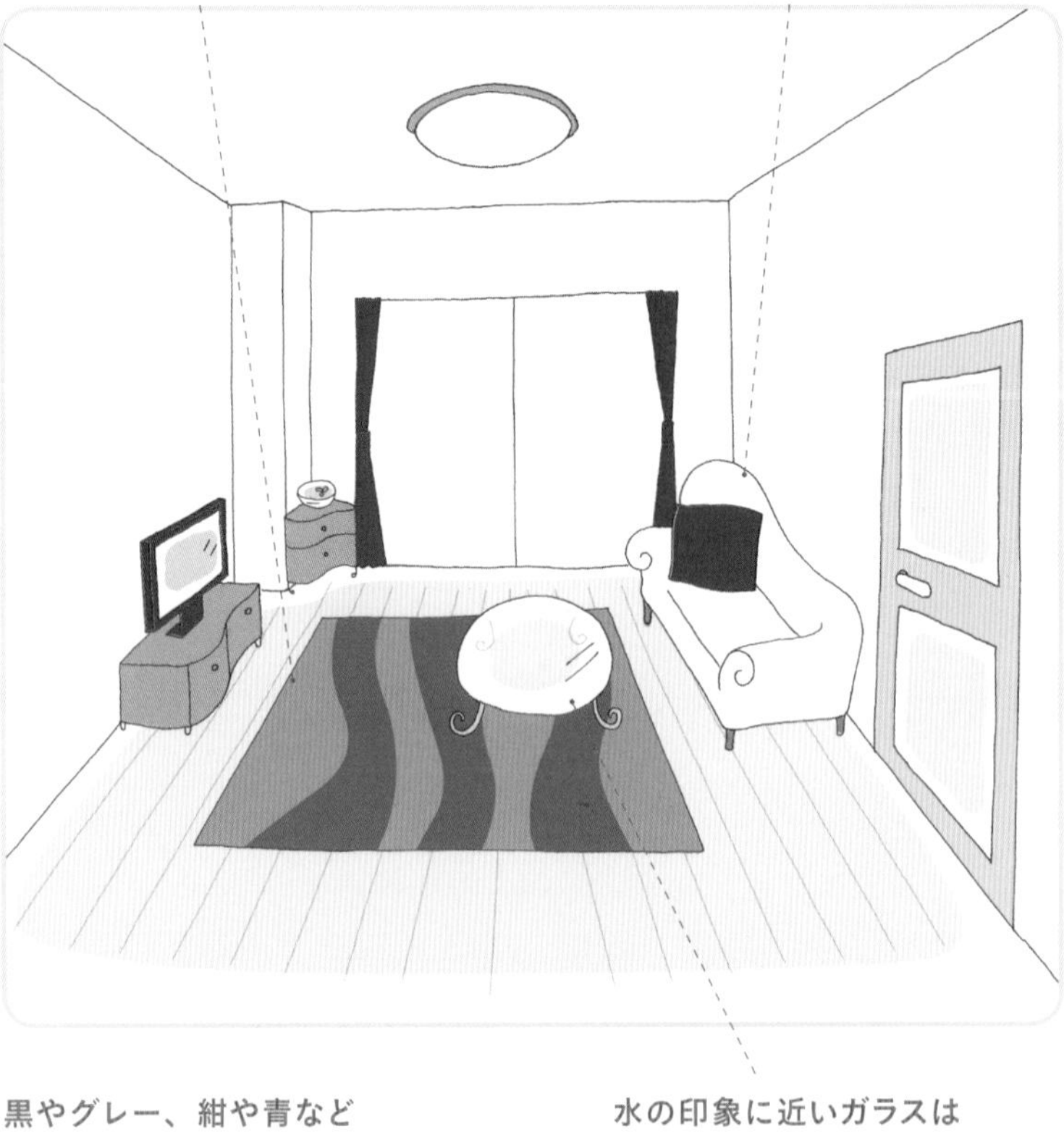

黒やグレー、紺や青などクールな色を取り入れる

リビングが凶方位にあり、「水」のラッキーカラーで凶作用を抑えたいなら、黒やグレー、紺や青などをインテリアに使って。ただし、あまり部屋が暗すぎると、かえって運気が下がる部屋になってしまうので、配色のバランスには気をつけたい。みんなが集まる場所なので、明るい雰囲気に

水の印象に近いガラスはなにかと使いやすい素材

透き通っているガラスも、「水」のアイテムに分類されるので、積極的に取り入れたいアイテム。ガラス製のオブジェや花瓶、皿などを飾ったり、ガラスを使った飾り棚などを置いたりするのも良い。天板がガラスになっているテーブルもおすすめ

共通
アドバイス
部屋の中に見える角は棚を置くなどできるだけ隠す

部屋の中に鋭い角があると強い気がはね返ってしまう

風水では、角が人に向かってくるのを嫌う考え方があります。それは、その角に気がぶつかり、勢いを強めてはね返るとされているからです。

柱などが大きく出っ張っていて、部屋の中に角ができていると、そこで過ごしている人は、鋭い気にずっとさらされてしまうことになります。

そうすると、気分が落ち着かなくなったり、イライラしたり、人間関係がギクシャクしたりすることもあります。そこで、柱の角や出っ張りをうまく隠して、目立たなくしてしまう必要があるのです。

観葉植物を置いたり、アイビーのような植物をたらしたりするのも良い方法です。造花のアイビーなら、角に直接貼りつけても良いでしょう。

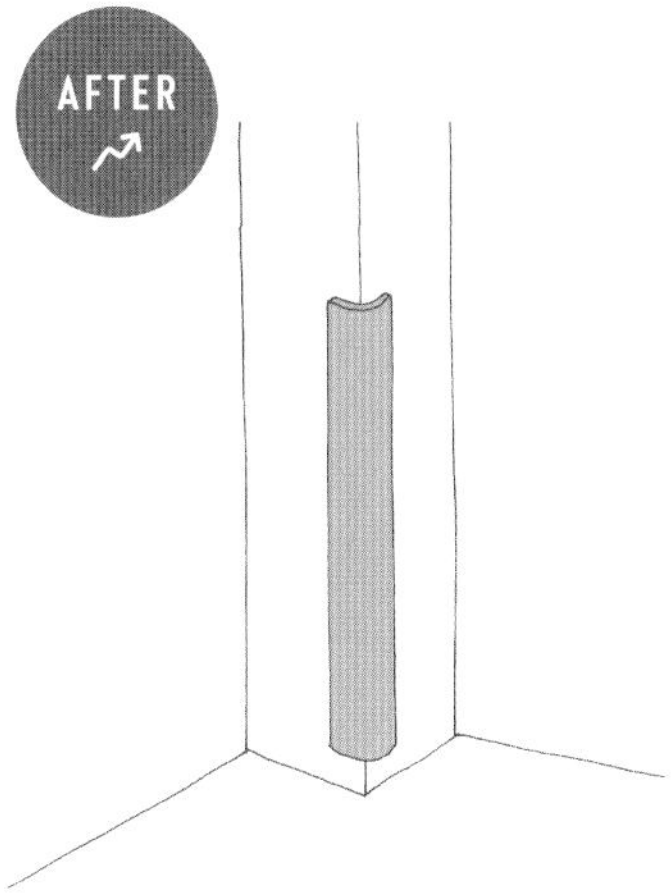

ホームセンターなどで売られている、衝突防止用のスポンジを角に貼っても良い。布をたらすのもおすすめ

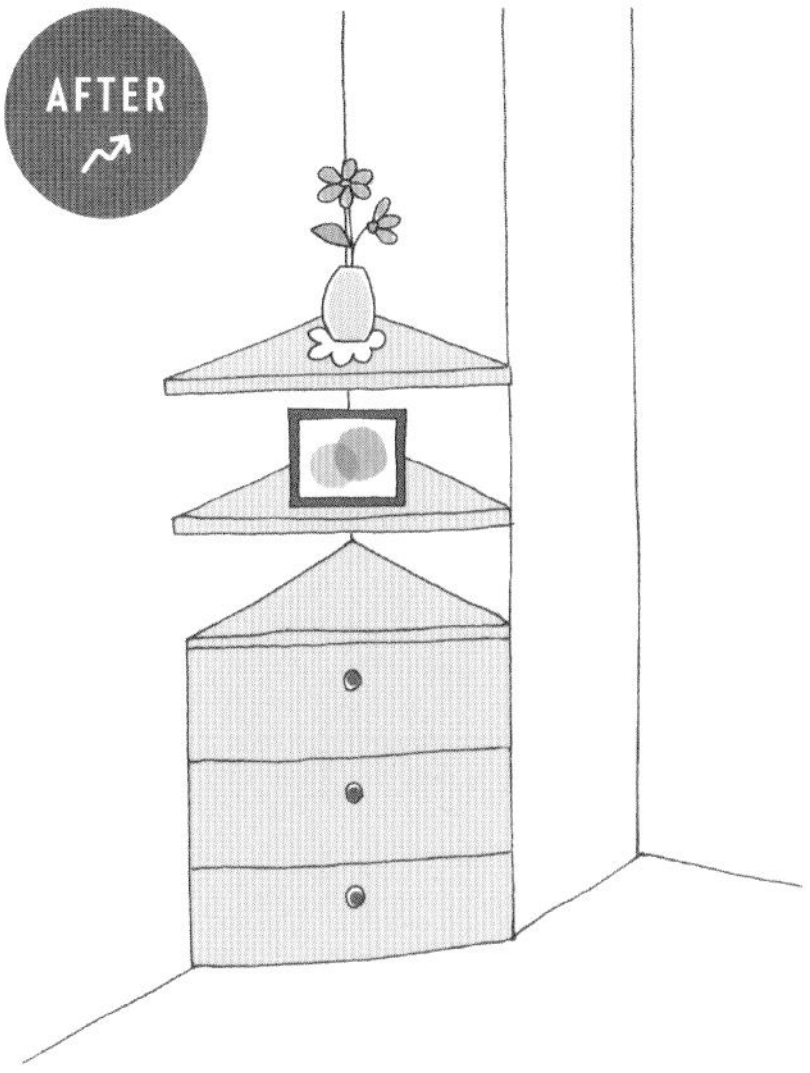

三角形の棚などを脇に置いて、出っ張りの角を目立たないようにするのもおすすめ。角を隠すのが目的なので、背の低い収納ボックスでは意味がない。三角形の飾り棚などを併用するのも手

バスルーム

bath room

たくさんの水と一緒に体の汚れと悪い気を流し去る

運気を＼下げる／バスルーム

BEFORE

換気が不十分なうえに浴槽に水をためている

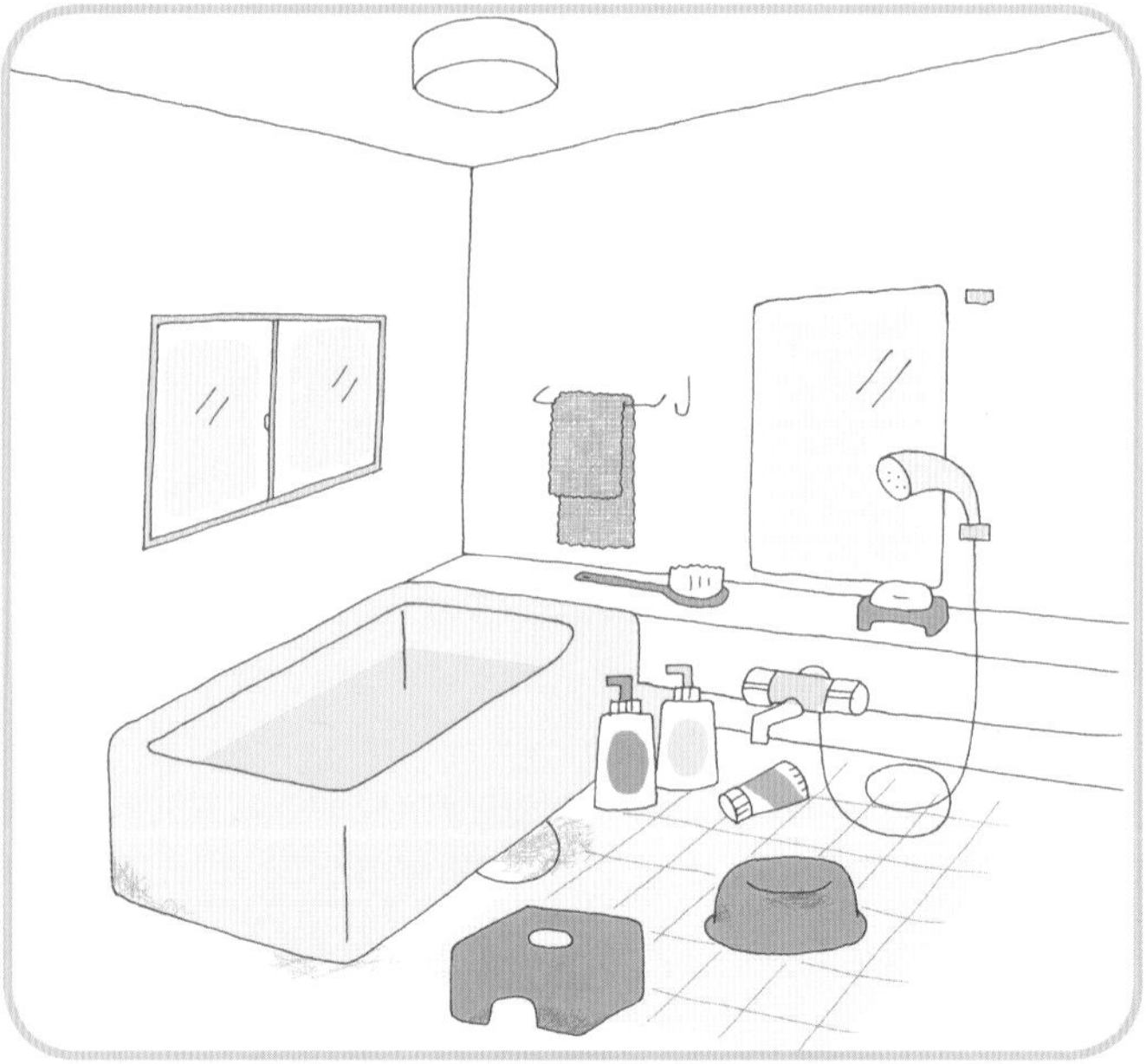

浴槽に水がはったままで、湿気でジメジメしている。タイルなどにカビがはえていたり、シャンプーなども整頓されていない

私のおうちCHECK!

- □ 浴槽にお湯をためっぱなしにしている
- □ 排水口やイスなどが汚れている
- □ シャンプーやリンスが床に置かれている
- □ 手桶や洗面器などが散らかっている
- □ こまめに換気をしていない
- □ 照明が薄暗い
- □ カビがはえていたり、イヤな臭いがする

運気の＼上がる／バスルーム

AFTER

清潔で明るく臭気がない リラックスできる空間に！

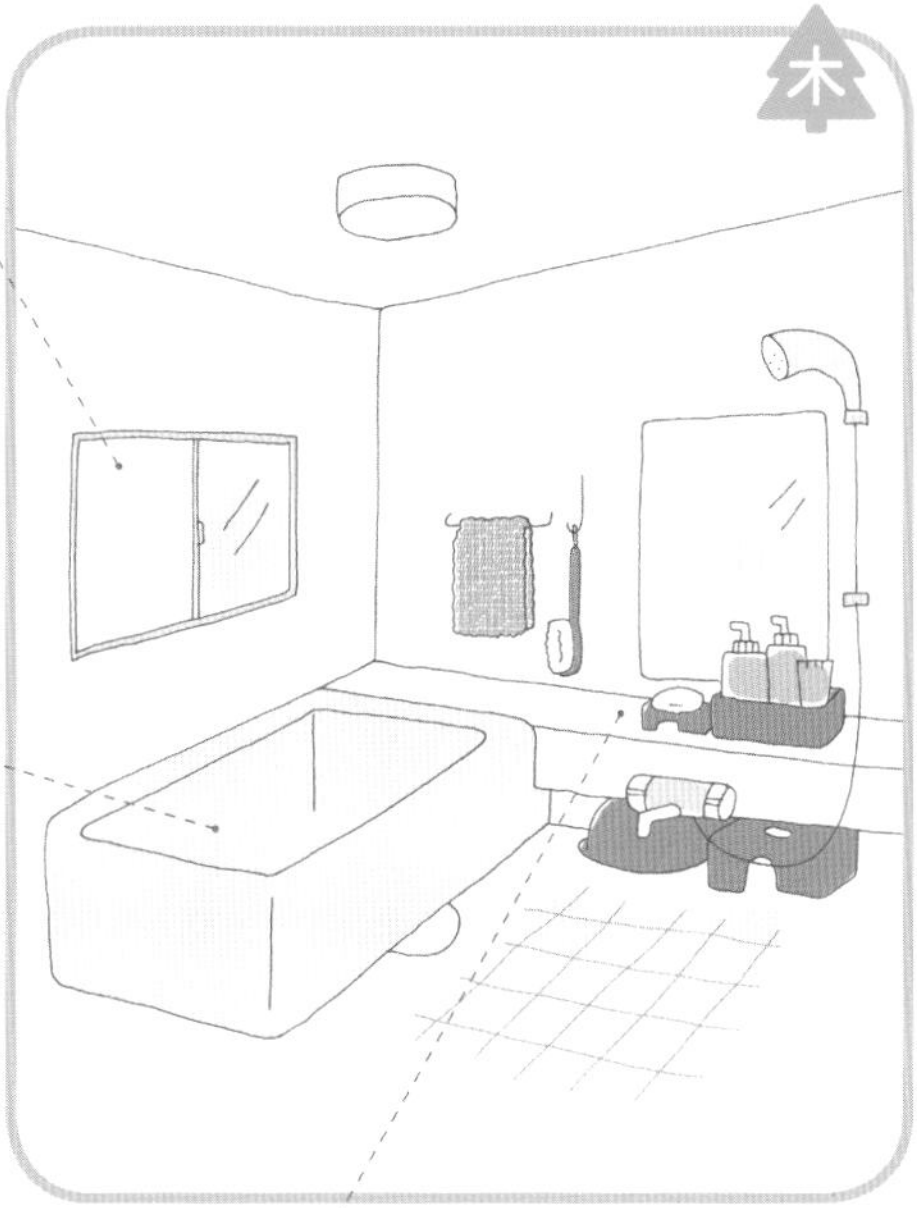

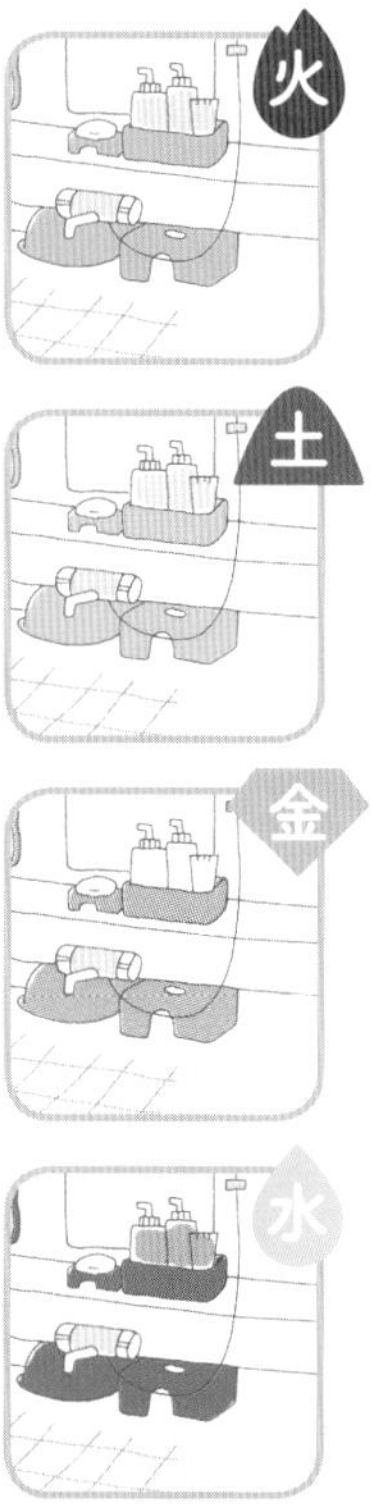

湿気は大敵！しっかり換気して

ジメジメした場所は悪運を引き寄せる。窓がなければ換気扇を回して、湿気をしっかり除去して

毎日入浴後は浴槽を空に

お湯をためたままにすると、悪い気がたまる一方なので、毎日、最後はお湯を抜いたほうが良い

物は床置きせず整理整頓して

清潔に保つためにも、シャンプーなどは床にじかに置かずに、風呂用のラックなどを使って整頓を。アイテムは「五行」のラッキーカラーを取り入れると吉

湿気を追い出し清潔にしてどんどん悪い気を流そう

家中の悪い気を集めて、流してしまうことができるバスルーム。うまく使えば、悪運を消し去ってくれる強力な開運スペースとなります。

悪い気を流す場所なので、バスルームは凶方位にあることが大切とされています。逆に吉方位にあると、汚れた大量の水が吉方位にたまっていることになり、住む人に悪影響が及ぼされるので、五行のラッキーカラーで化殺すること。

また、浴槽にお湯や水をはったままにするのも良くありません。浴室が汚れたりジメジメしていても、悪運は流れにくくなってしまいます。カビや悪臭が発生しないよう、しっかり換気し、いつもキレイにしておくことが、悪運を効率よく流す秘訣です。

共通
アドバイス

できるだけ明るくして、良い香りをさせよう

薄暗く悪臭の漂う場所は悪い気がたまる一方に

バスルームで悪い気をどんどん流せば、金運や恋愛運を上げることができるといわれています。しかし、薄暗かったりジメジメしていると、悪い気はたまるばかりです。

まずは換気して、気の抜け道をつくって。照明もできるだけ明るいものに替えましょう。真っ白な蛍光灯より、やさしく温かい印象の電球色のほうが、より運気がアップします。

また、イヤな臭いも、運気を下げてしまいます。やはりよく換気をし、タイルのカビや排水口の掃除をして悪臭のもとを絶ったら、良い香りの入浴剤などを使うのもおすすめです。特に恋愛運を上げたい人は、柑橘系の香りが効果的といわれています。

お風呂を使っていないときは、常に窓を開けておくか、窓がなければ換気扇や浴室乾燥機などをどんどん回して

共通 アドバイス

正面に部屋があるときはのれんなどで悪い気を遮断

ドアを閉めてのれんなどで悪い気の流れをガード

バスルームは悪い気やマイナスエネルギーのたまり場。ですから、そうした悪い気が家の中に流れ込んでいかないように、ドアはいつもきちんと閉めておくようにしましょう。

特にバスルームのドアが、ほかの部屋のドアと向かい合っていると、お風呂のドアを開けるたびに、向かい側の部屋に悪運が流れてしまうとされています。

対処法としては、どちらかのドアの内側にのれんやカーテンをかけると良いのですが、脱衣場がないユニットバスの場合など、バスルーム内にかけるのが現実的でないこともあります。そのときは、向かいあった部屋のドアの内側にのれんなどをかけ、しっかりガードしてください。

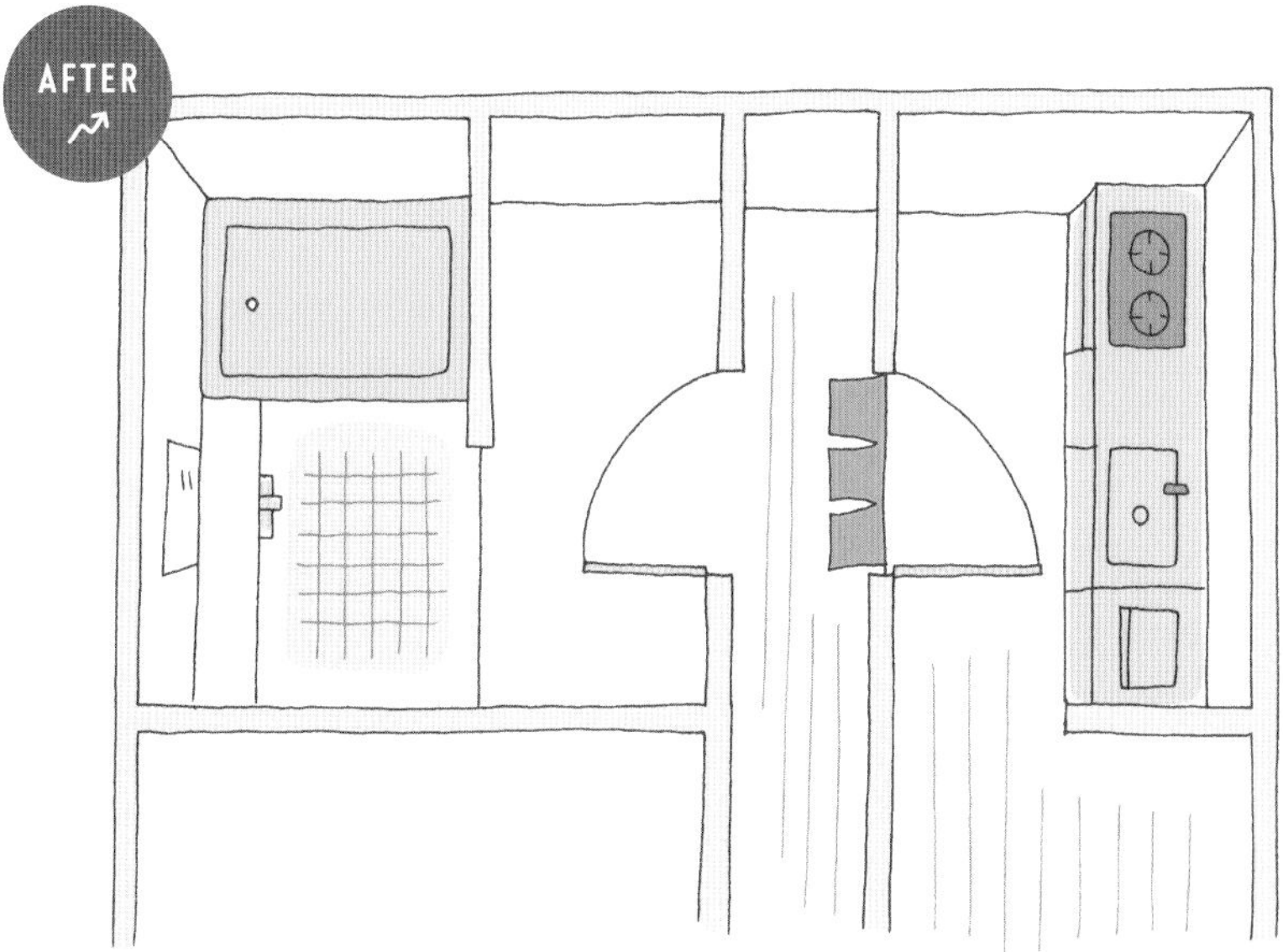

換気のために窓を開けておくのは良いが、バスルームのドアは、のれんをかけていても、必要なとき以外、開けっぱなしにしないよう心がけて

運気を＼下げる／トイレ

BEFORE

ジメジメしていて薄暗く便器が汚れている

照明をつけても薄暗く、ジメジメしている。便器や床などが汚れており、使い終わったトイレットペーパーの芯も捨てずに床置きされている

私のおうちCHECK!

- □ 便器が汚れたままになっている
- □ タオルなどをこまめに交換していない
- □ 換気がちゃんとできていない
- □ 玄関や別の部屋が正面にある
- □ 照明が薄暗い
- □ ドアや便器のフタがきちんと閉まっていない
- □ トイレットペーパーをそのまま床に置いている

AFTER

運気の＼上がる／トイレ

清潔感にあふれ しっかり換気できている

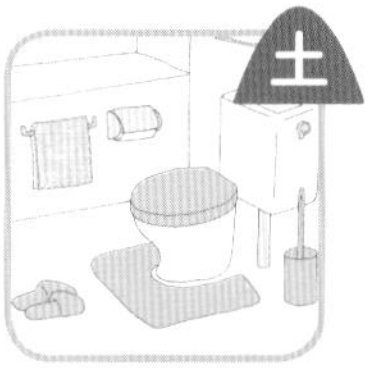

しっかりと換気して気の通り道をつくって

特にユニットバスで浴槽と一緒の場合は、湿気がこもらないよう、十分に換気を

常に清潔を心がけること

便器や床をこまめに掃除するのはもちろん、マットやタオルなどもちょくちょく交換して

トイレのドアと便器のフタはきちんと閉める

悪運が流れ出さないよう、トイレのドアと便器のフタは常に閉める。開けっぱなしは絶対やめて。トイレが吉方位の場合、「五行」のラッキーカラーで化殺を

悪運がすぐにたまるので しっかり換気&清潔に

トイレもバスルーム同様、凶方位にあると良い場所。汚物を水で流し去ることから、凶作用も流してくれて、なおかつ健康運もアップすると考えられています。逆に吉方位にあると、金運や発展運などさまざまな運気がダウンするので、五行のラッキーカラーで化殺しましょう。

トイレ内はいつも清潔に保ち、照明を明るい物にして。しっかり換気することも必要です。窓がないなら、換気扇をある程度、回しっぱなしにして、空気を入れ替えましょう。

なお、トイレの隣の部屋は寝室に不向き。寝ている間に運気が下がってしまいます。また、ドアを出て正面に玄関や部屋などがあれば、しっかり遮断することも肝心です。

共通
アドバイス

小さな観葉植物の鉢を1つだけ配置する

ジメジメしがちなトイレは、悪運がたまりやすいもの。そこで、小さな観葉植物を1鉢、置きましょう。観葉植物には、これから成長する新鮮な力がみなぎっています。そのパワーで、トイレのマイナスエネルギーを抑えてしまうのです。

とはいえ、植物を置きすぎるのもNG。枯れた花や造花も、効果は得られません。

観葉植物を置くのはオプション的なもの。運気アップには、しっかり換気して、明るく清潔にするのが大前提

共通
アドバイス

トイレットペーパーなどは収納&整頓する

トイレットペーパーなどは、扉がある収納棚にしまうのがいちばんですが、棚もなく床にそのまま置いている人もいるはず。その場合、収納ボックスなどを買い、床にじかに触れないようにしましょう。また、風水では安定性を重要視するため、つっぱり棒などで棚をつくるのは、あまりおすすめしません。取りつけるなら、しっかり固定できる物を探しましょう。

不要になった段ボール箱や空き箱で代用してもOK。フタがあるほうがベター

共通

アドバイス

トイレが玄関やキッチンから直接見えないよう工夫して

パーテーションなどでキッチンや玄関を目隠し

44ページでも紹介しましたが、キッチンがトイレの正面にあると、汚れた気がキッチンで燃やされるため、良くありません。また、トイレの正面に玄関があるのも問題です。

中国の開運招財の本には、「トイレは乾燥して清潔であるのが良く、玄関を開けたときに見えてはいけない」という一文が記されているほど。もし可能であれば、玄関を入ったところにパーテーションを置くか、のれんをかけて、トイレが玄関から見えないようにしましょう。

また、トイレがほかの部屋の正面にあり、ドアとドアが向き合っている場合は、トイレのドアの内側にのれんなどをかけ、悪い気が流れ出すのをしっかり遮断します。

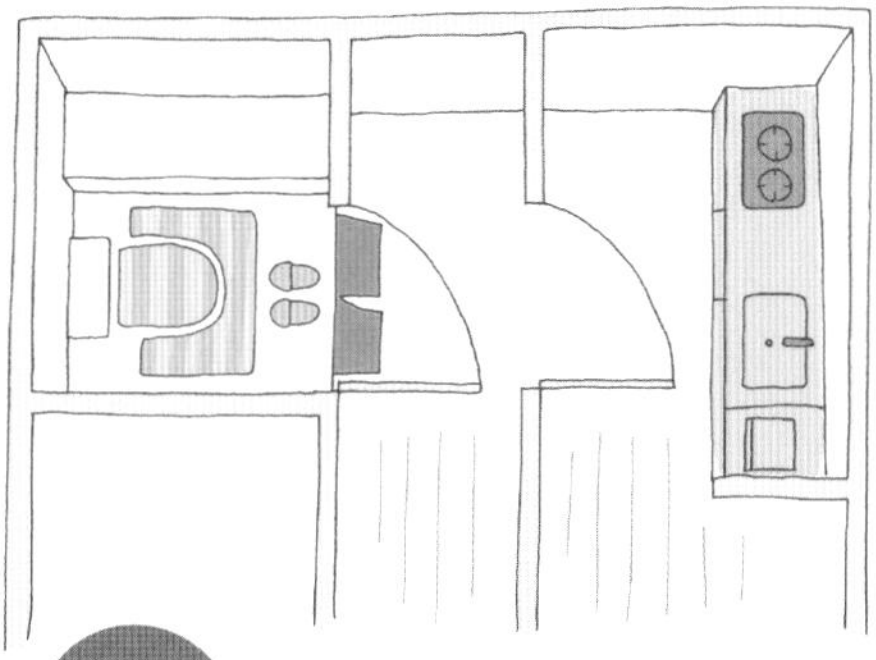

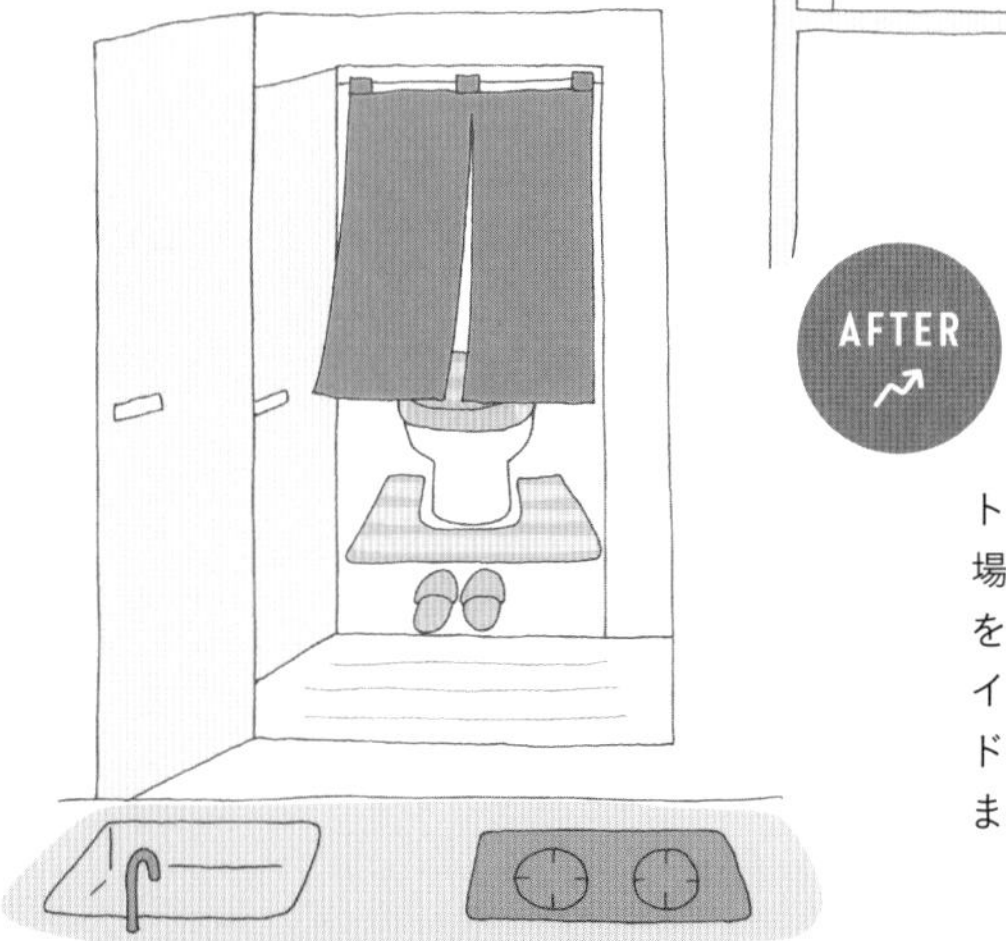

トイレの正面にキッチンがある場合は、トイレの内側にのれんをかけて、必要なとき以外はトイレはもちろん、キッチン側のドアも、極力開けないようにしましょう

部屋別
開運
インテリア
7

仕事&勉強部屋

集中力を高める配置で仕事や勉強の能率をアップ

運気を＼下げる／仕事&勉強部屋

BEFORE

机の配置が悪く、本や紙などが散乱している

ドアが背になるよう、壁に接して机を置いている。何がどこにあるのかわからないほど、物が散乱した部屋に

私のおうちCHECK!

- □ 机が壁に接している
- □ イスに座ったとき背中の方向にドアがある
- □ イスに座ったとき目の前に窓がある
- □ デスクの上が片づいていない
- □ 本などの物を床に置いている
- □ 部屋やデスク周りが暗い
- □ 勉強部屋が寝室を兼ねている

運気の＼上がる／仕事＆勉強部屋

AFTER

使わない物は片づけ机はドアが目に入る位置に

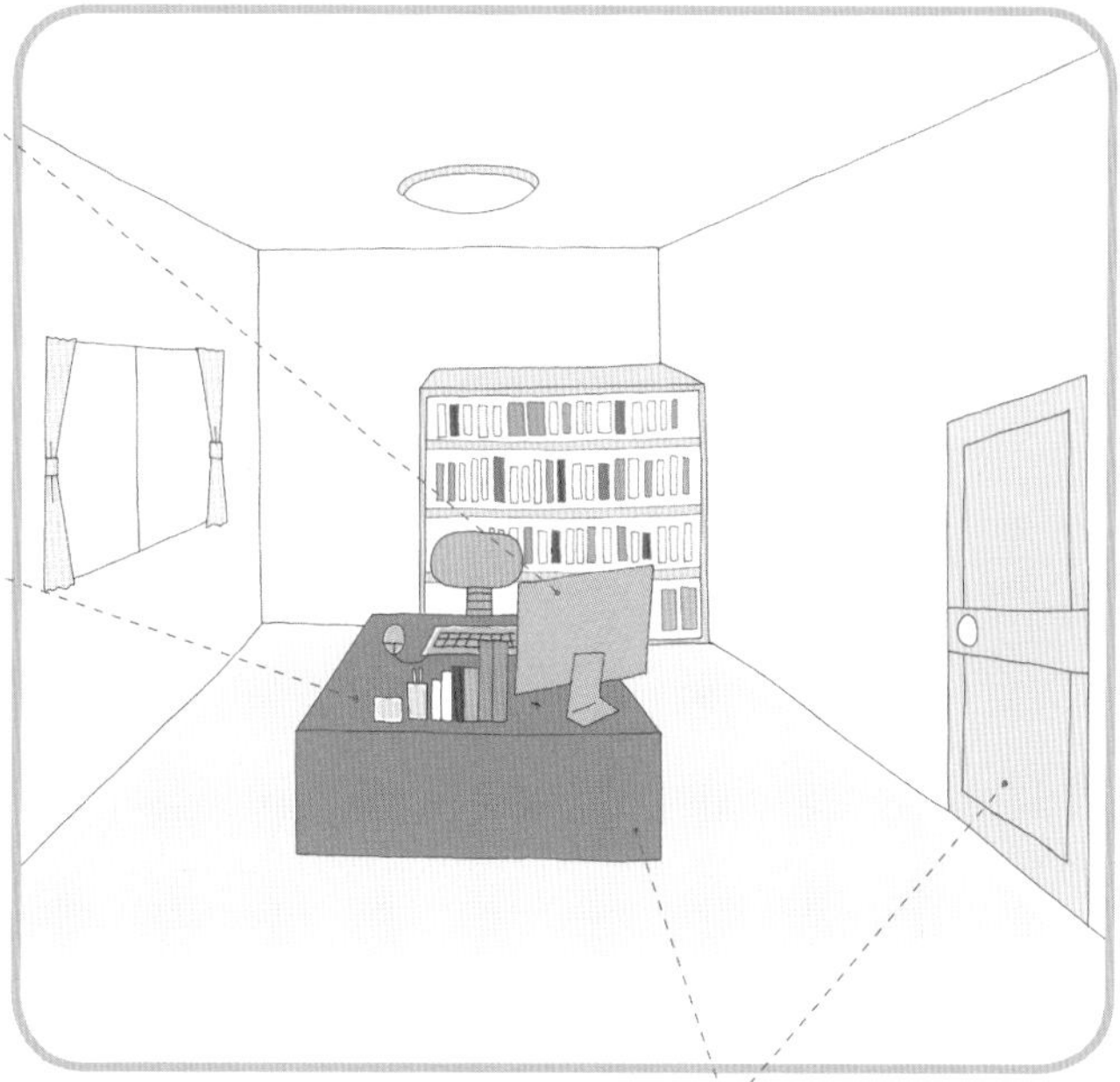

机の上の物は左側を高く右側を低く

自分から見て、デスクの左側にパソコンや本、書類など背の高い物を置き、巒頭を生かす

机周りは明るく整理整頓を

部屋やデスク周りが薄暗かったり、あまりにも散らかっている場合は、すぐに改善を

寝室を兼ねるならベッド位置を優先

通常は健康運を優先するので、ベッドを吉方位にするが、受験など勉強運や仕事運を上げたい年は机の位置を優先すると良い

机はドアが見える位置に配置する

ドアを背にすると集中力をそがれNG。自分の左側、斜め前方にドアが見えるのが最適

デスクの配置だけでも運気が大きく変わる

仕事部屋や勉強部屋などは、吉方位にするのが基本です。逆に凶方位にある場合は、集中力が欠け、仕事や勉強の能率が下がってしまいます。

また、部屋そのものだけでなく、机やパソコンなども、吉方位に置いてください。家の中心（太極）から見て吉方位に置くのが難しければ、その部屋の中心（小太極）から見て、吉方位の場所に置くこと。さらに、机は壁から離し、イスに座ったときにドアが見えて、かつドアの正面からずらした位置が良いでしょう。

また、本棚や収納スペースを凶方位に置くと、凶作用が抑えられます。部屋やデスク周りは適度な明るさを確保して、仕事や勉強に集中できるようにしましょう。

共通
アドバイス

机が壁や窓に向いていたら部屋の内側を向くように移動

目の前が壁や窓だと仕事や勉強には不向き

勉強机などが壁に接しているというケースは多いと思いますが、特に目の前が壁になっているのは、閉塞感があり良くありません。

理想の部屋は、社長室などを思い浮かべると良いでしょう。壁や書棚を背にしたところに机があり、周りが広々としている部屋をイメージしたのでは？　風水では、広がりをとても大切に考えるので、仕事部屋や勉強部屋の机も、できれば周りに広がりを持たせましょう。

また、机が窓に面している配置も、あまりおすすめできません。なぜなら、外の景色に目がいってしまい、集中力がなくなってしまうからです。特に落ち着きのない子どもの勉強部屋では、絶対避けたい配置です。

窓はカーテンなどをしっかり閉めておくのも、対処法の1つ

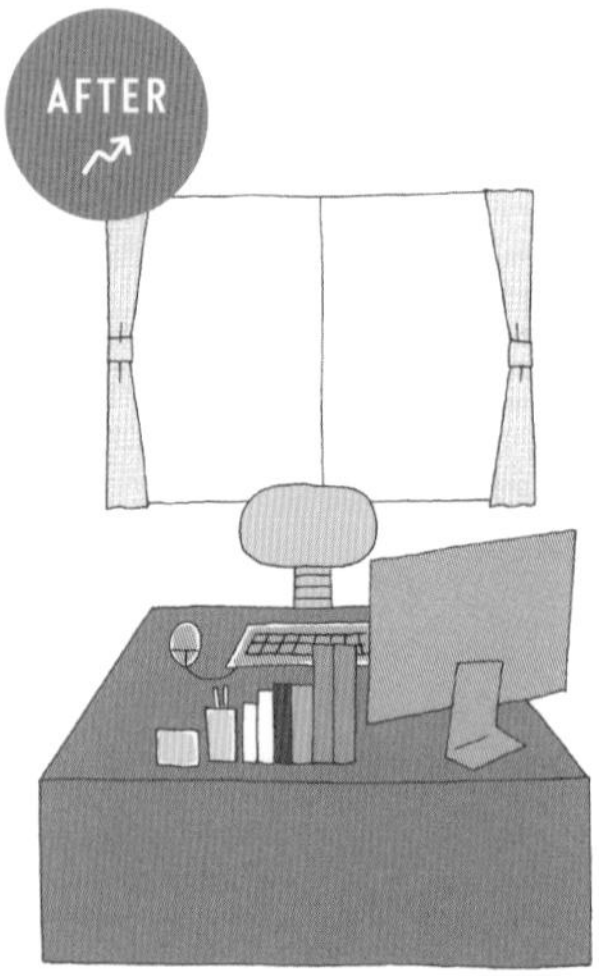

窓を背に座るのがベター。机の上は、パソコンや背の高い物を左サイドに

共通アドバイス

仕事内容に適したカラーを机周りのアイテムに取り入れて

それぞれの仕事にぴったりの色がある！

机周りに仕事や目的に合わせて適した色を取り入れると、さらに効率アップが望めます。

事務作業などのデスクワークは、感情があまり動かないよう、無機質なイメージの「金」のラッキーカラーである白を使うと良いでしょう。

落ち着きやねばり強さが必要な仕事は、安定のイメージが強い「土」のラッキーカラー・茶色がおすすめ。

集中力のいる仕事は、深い場所を流れる「水」のラッキーカラーの黒を選んで。気持ちがふらついているときなども、落ち着きが戻ります。

創造力が必要な仕事は、ひらめきをイメージさせる「火」のラッキーカラーである赤が最適。気分が落ち込んでいるときにも、適した色です。

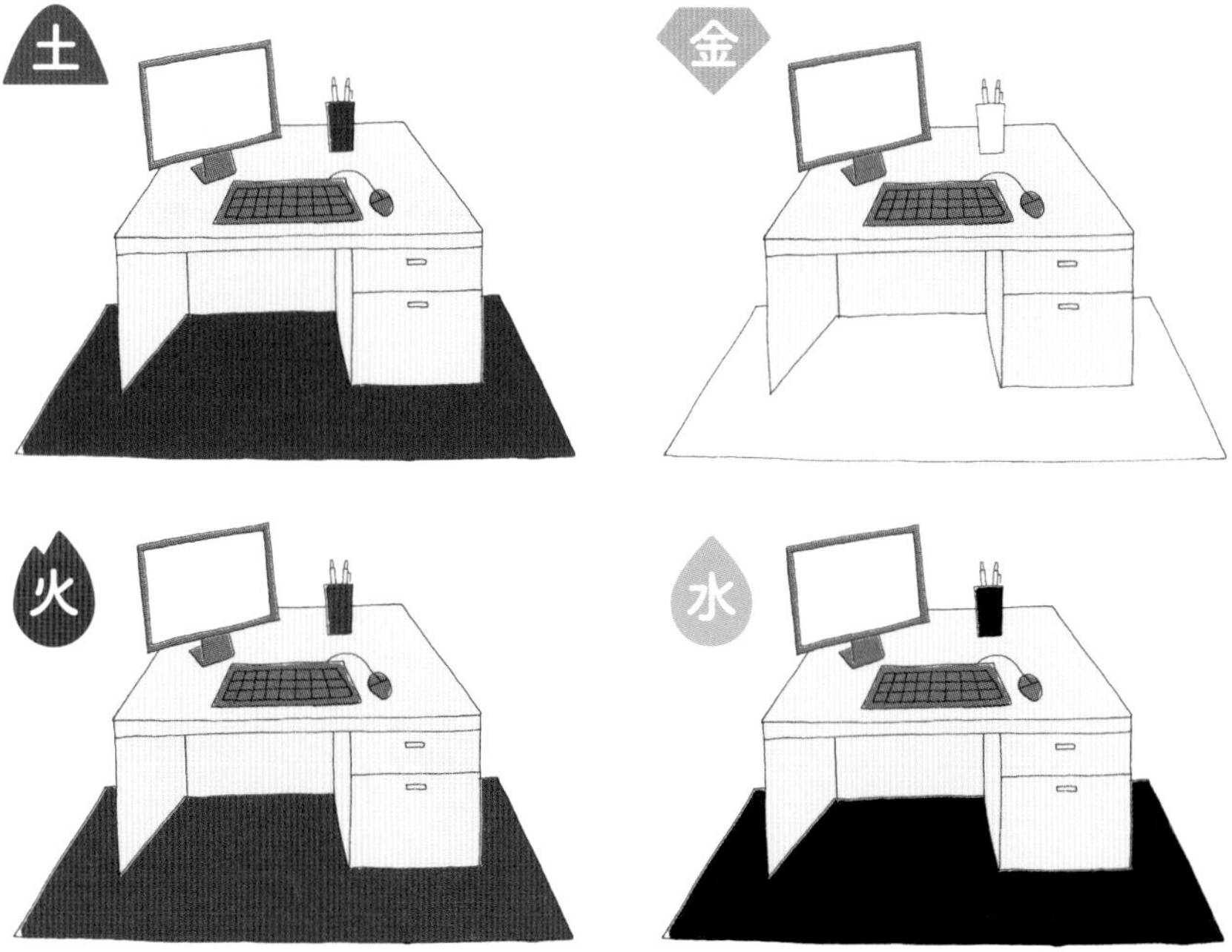

デスクの下に敷くラグやノートなどの文房具に、それぞれのカラーを取り入れてみて。ちなみに、パワーあふれる「木」は、どちらかといえば外回り向きなので、デスク周りのカラーとしては不向き

重要アイテムの配置方法

**家具だけでなく家電にも
それぞれ適した方位がある**

家具や家電などは、その性質によって、吉凶方位のどちらに置いたほうが良いかが決まります。その基本的な考え方をいくつか紹介しますので、部屋づくりに生かしてください。

吉

情報機器

情報が入ってくるアイテムは、玄関と同じと考えるので吉方位が良い。携帯は充電場所を吉方位に

パソコン

スマホ

電話&ファックス

テレビ

吉

スピーカー

音の出る物（スピーカー）は空気（気）を揺らすことになるので、吉方位に置くようにして

凶

キッチン家電

熱を発する＝気を燃やす物は凶方位に置く。ただし、スイッチやつまみは吉方位に向けて

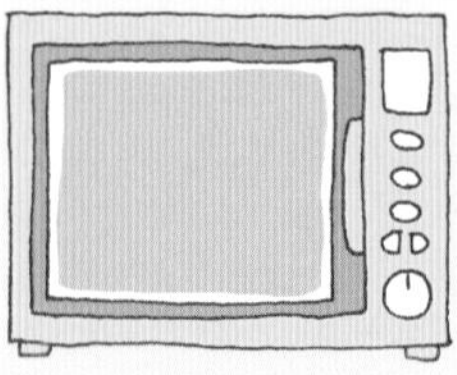
電子レンジ

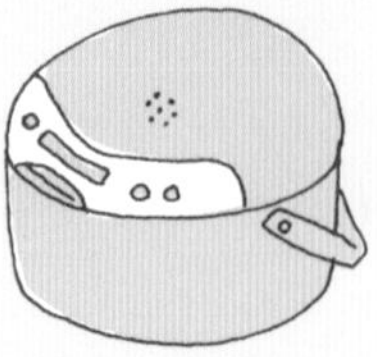
炊飯器

電気ポット

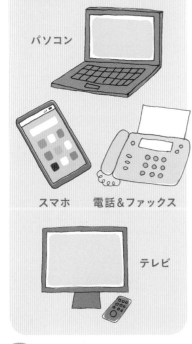

吉

エアコンetc.

風が出るものは、空気を動かし活性化させる。良い気が回ったほうが良いので、吉方位に置く

扇風機

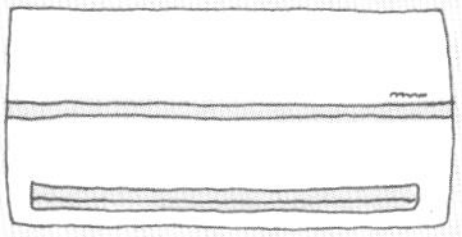

エアコン

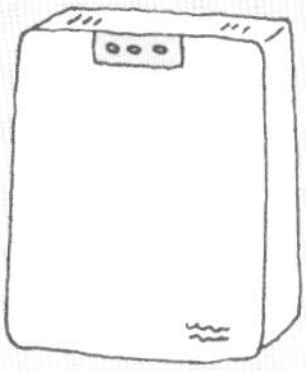

空気清浄機

凶

ストーブ

火で気を燃やすので、凶方位に置く（こたつは熱を出すが、そこで長時間過ごすので吉方位に）

凶

収納

物を収納する場所は、凶作用をふさぎ、人があまり動かないスペースという意味でも、凶方位が良い

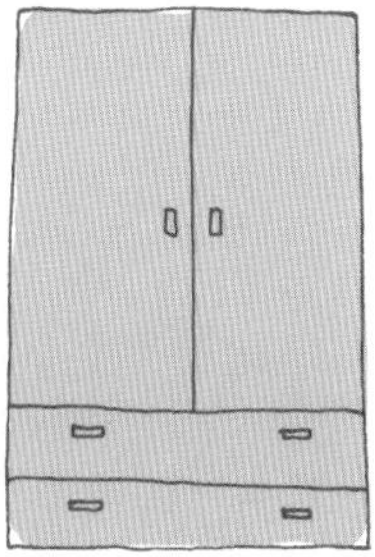

タンス

本棚

凶

ゴミ箱

吉方位をなるべく生活スペースにするために、凶方位がベター。悪い気を呼び込む生ゴミは、すぐに片づけ凶方位に

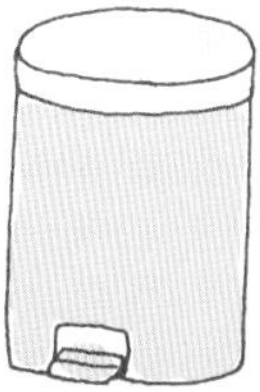

五行別
開運キーワード
1
木
ラッキーカラー＆アイテム

緑色で植物や木を素材とし細長い形の物がラッキー

五行の「木」はもともと、葉の生い茂る木を意味し、樹木の成長する様子を表して、エネルギーや若々しさにあふれる春を象徴しています。

「木」のラッキー素材は、ずばり植物や樹木です。ラッキーカラーも植物のイメージぴったりの緑色。ラッキーな形は、上へ上へと伸びていく感じから、スッと細長い形や棒状や筒状の物が該当します。

また、冬が終わって、鳥たちがさえずったり、春雷（春の雷）など、いろんな音が聞こえてくるということから、音の鳴る物も「木」のラッキーアイテムとされています。

ファーニチャー

細長くて、角ばっている家具や、木の使われている家具がラッキー。木の部分が多かったり目立つ物、直線の印象が強い物ならベター

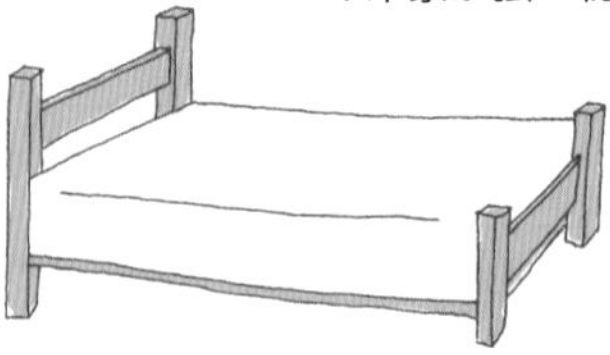
ベッド

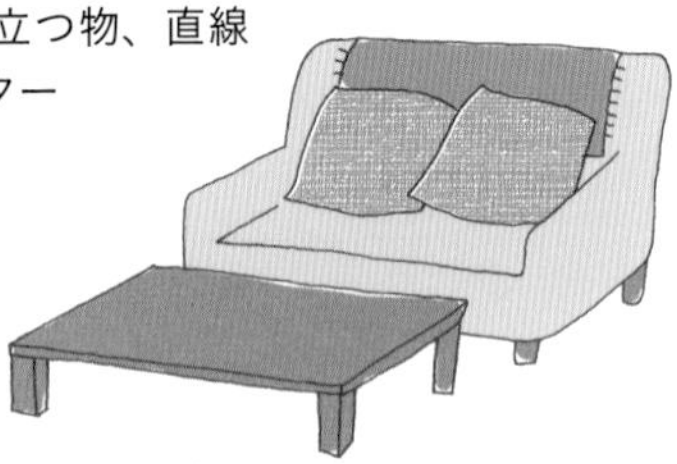
ソファ＆デスク

植物

植物や森林の絵や写真でも良いが、観葉植物は生きている植物なのでよりラッキー。ミリオンバンブーのようにまっすぐな物は化殺に最適

ミリオンバンブー

観葉植物

絵

※五行を使った化殺についてはPART3で説明します

木のラッキーカラー

深緑 ⇐ 緑 ⇒ 碧

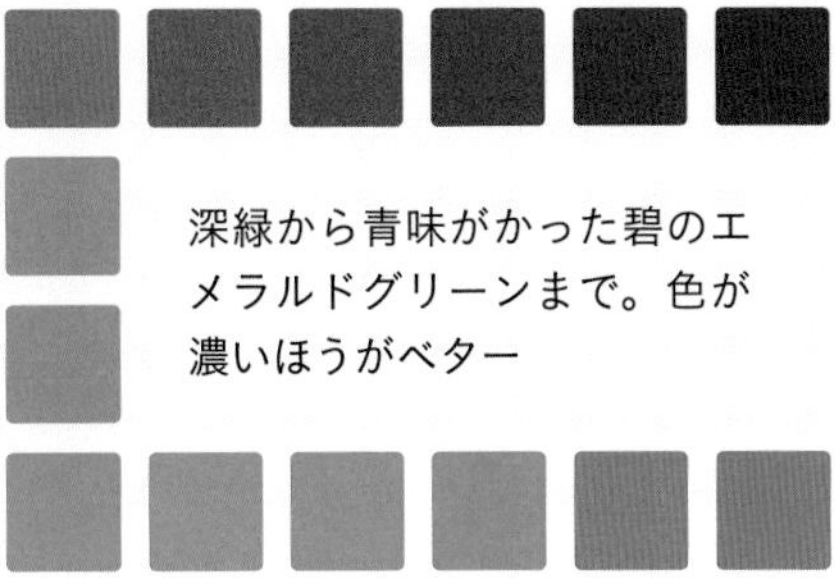

深緑から青味がかった碧のエメラルドグリーンまで。色が濃いほうがベター

木のラッキーフォルム

細くてまっすぐな形

細長い長方形など、細くて直線的な形がラッキー。曲がっていたり、弧を描いている物はNG

棒状、筒状の形

端から端まで同じ太さで、なおかつ細長い物ならよりラッキーに

オブジェ

オブジェやインテリア雑貨なども、木やラタンなどの植物でつくられた物が良い。筆は竹製で棒状なのでおすすめ。竹製の花器なども良い

花器

ウッドツリー

筆

スピーカー
（オーディオ）

クラシック・ギター

音の出るもの

CDプレイヤーやコンポ、ラジオなど音の出る物も、「木」のラッキーアイテム。笛は細長い筒状なのでベター。竹素材ならさらに良い

五行別

開運キーワード 2

火 ラッキーカラー＆アイテム

火を連想させる赤系の色で尖った形の物がラッキー

五行の「火」はもともと炎を意味し、エネルギーに満ちあふれた性質を表して、夏の象徴となっています。「火」のラッキー素材は、火や炎そのもの。ラッキーカラーは炎の赤を基本とした色で、ラッキーな形も炎をかたどった三角形や、先の尖った形が該当。インテリアなら、火を連想させる灯りが「火」になります。

また、流行は火のごとく、パッと燃えて消えていくものなので、流行のおしゃれなインテリアなども「火」のアイテムとなります。炎が高いところへ上っていくことから、背の高い家具なども、あてはまります。

ファーニチャー

先端が尖っていたり、おしゃれな家具は「火」のイメージ。三角形はインテリアに取り入れにくい形だが、角に丸みがあっても可

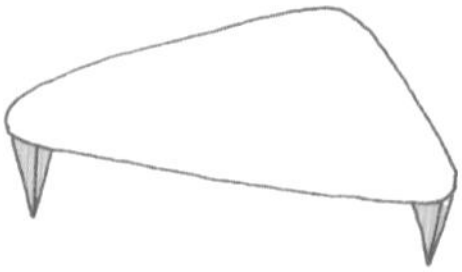
三角形のテーブル

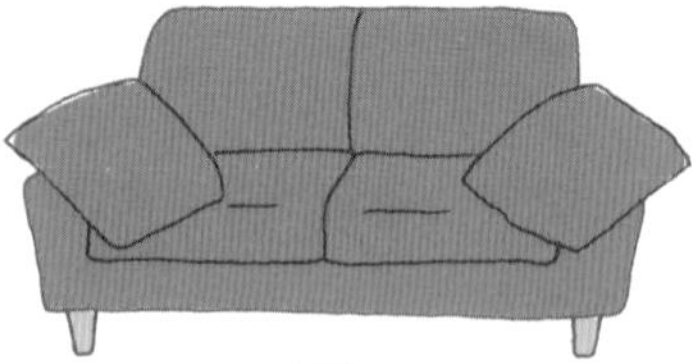
ソファ

照明器具

灯りは火を連想させるので、照明器具はぜひ取り入れたいアイテム。スタンドライトなら、円錐形のシェードで、赤っぽい色だと最適。スポットライトも、できれば赤や三角形を

スタンドライト

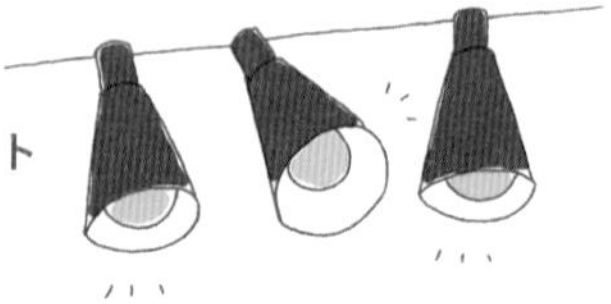
スポットライト

火のラッキーカラー

紫 ⬅ 赤 ➡ オレンジ

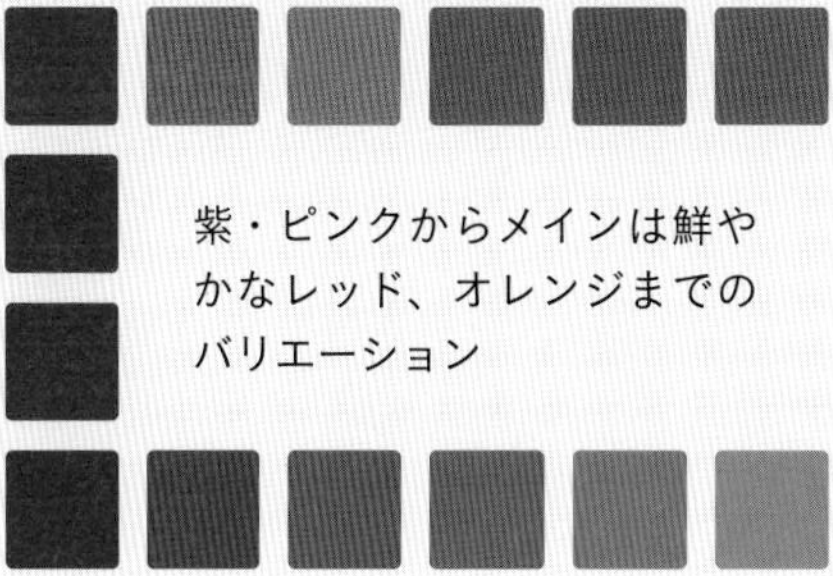

紫・ピンクからメインは鮮やかなレッド、オレンジまでのバリエーション

火のラッキーフォルム

三角形

円錐や四角錐など、横から見て三角形になる形もラッキー。インテリアなら、角が丸い三角形も含んで良い

先端の尖った形

尖った印象の強い物や、星形などの尖った部分がたくさんある形も○

オブジェ

キャンドルやお香など、火そのものはもちろん、火や太陽をイメージさせる絵や、三角形＆先の尖った形の物はすべて「火」アイテム。東京タワーのオブジェなどは、尖っていて赤いので最適

キャンドル

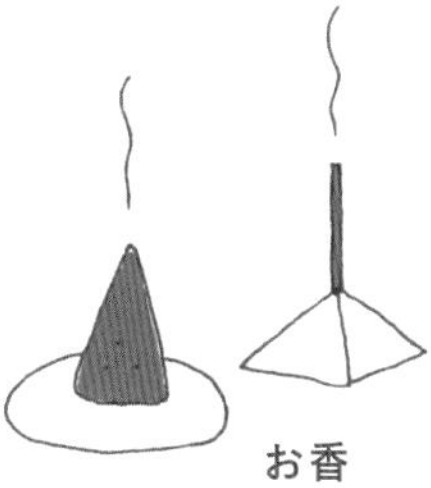

お香

夕焼けの絵や写真

どうしても観葉植物を置きたいなら

観葉植物は本来「木」のアイテムなので、「火」でしっかり化殺するときは不向き。ただ、どうしても飾りたいなら、葉っぱの尖った物をチョイスして

三角形の置物

土や陶器などでできていて四角く大地色ならラッキー

五行の「土」は土そのものはもちろん、山や石などを象徴し、万物を育成・保護する性質を持ち、四季の移り変わりを表します。また、五行の真ん中に位置するため、安定という意味も持っています。

「土」のラッキーアイテムは、土や石、または土からできた物。ラッキーカラーは土の茶色や砂のベージュ、黄砂の黄色が該当します。ラッキーな形は、四角形などの安定感のある形になります。

また、どっしりした印象の物も「土」のイメージなので、重厚感あふれるデザインもラッキーです。

ファーニチャー

四角い形の家具はもちろん「土」アイテムだが、ぼくとつとしたイメージや、長年安定した人気の定番商品も「土」に該当。地味だがオーソドックスな家具や、アンティーク調の家具も適している

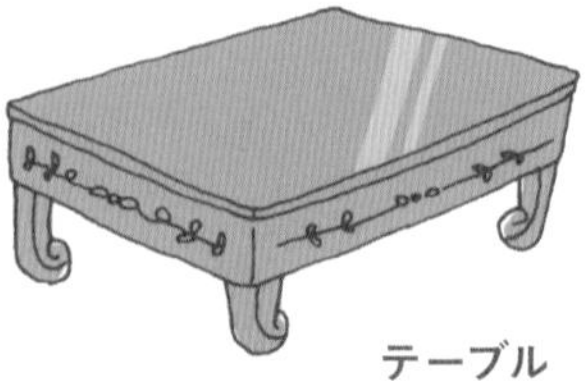

テーブル

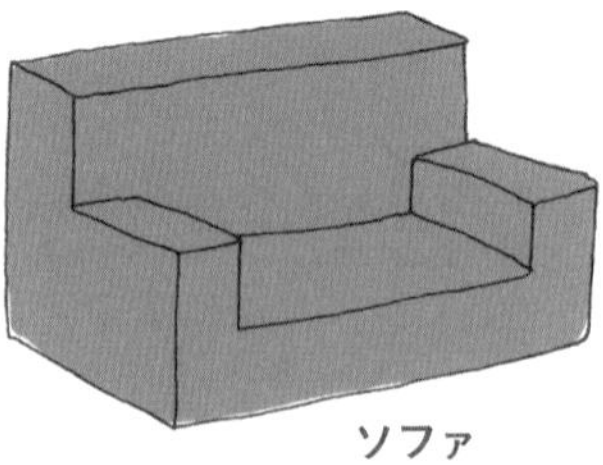

ソファ

レンガ&ブロック

棚の脚として使えるレンガなどは、インテリアに用いるとうまく化殺できる。また、背の高くない四角いテラコッタの鉢に、土だけ入れれば化殺には最適だが、鉢の高さが高いと「火」のイメージになるのでNG

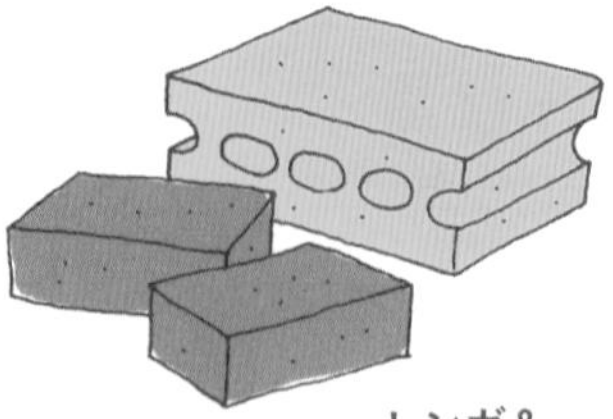

レンガ&ブロック

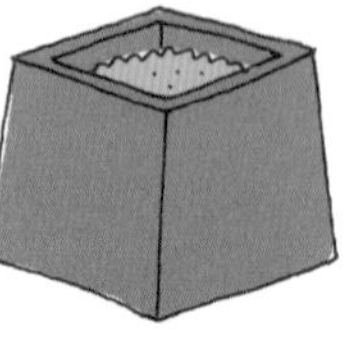

テラコッタの鉢に土が入った物

土のラッキーカラー

イエロー ⬅ 茶 ➡ ウグイス

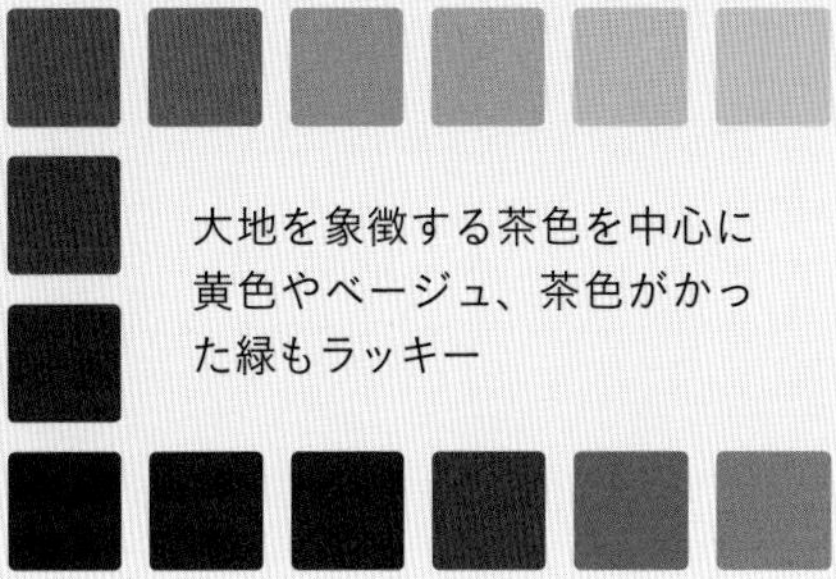

大地を象徴する茶色を中心に黄色やベージュ、茶色がかった緑もラッキー

土のラッキーフォルム

四角形

正方形や正方形に近い長方形が適している。あまりに細長い長方形は、「木」のイメージになってしまうのでNG

どっしりと安定した形

しっかり安定した形で、なおかつ台形のように四角い物ならよりラッキー

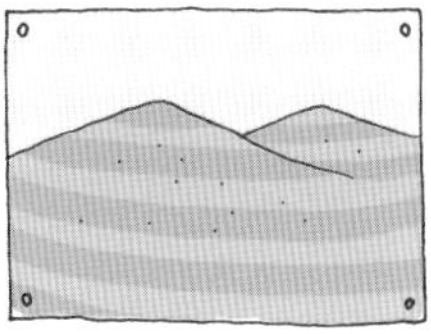

大地の絵

オブジェ

陶器や磁器の食器や壺、石でできたオブジェやパワーストーンなどもラッキー。形が四角く、ラッキーカラーの物ならなお良い。大地の描かれた絵や写真もおすすめ

壺

食器

石のトレイ

どうしても観葉植物を置きたいなら

観葉植物は本来「木」のアイテムなので、「土」でしっかり化殺するときは不向き。ただ、どうしても飾りたいなら、土が多く水やりが少ないサボテンを

パワーストーン

五行別
開運キーワード 4

金

ラッキーカラー＆アイテム

丸くて金属製のアイテムで白か銀色ならラッキー

五行の「金」は土の中で光り輝く鉱物や金属を意味し、金属のごとく冷徹で頑固な性格を表しており、季節では秋の象徴となります。

「金」のラッキー素材は、その名称の通りずばり金属です。ラッキーカラーは、白や銀色、金色になりますが、金色は黄色が混ざり、「土」のイメージに近くなるので、銀色のほうがベター。ただし、本物のゴールドなら金属そのものなので、金色でもＯＫ。ラッキーな形は丸や球の形です。

また、冷たく感情がない様子から、無機質な印象の物や模様なども、「金」に属していると考えます。

ファーニチャー

丸い形の家具や、金属が使われている家具は「金」のアイテム。金属がより多く使われ、色が白か銀、形が丸い物ならなお良い。天板が丸くて白く、脚が金属のデスクなどは最適

金属製のキャビネット

ベッド

アクセサリー＆台所製品

ゴールドやシルバーのアクセサリーはもちろん「金」。本物のゴールドなら、金属そのものなので金色でも問題なし。金属のカトラリーや鍋などは基本的に「金」だが、赤い鍋なら「火」、青い柄のフォークなら「水」に近くなる

アクセサリー

カトラリー

鍋

金のラッキーカラー

銀 ⇐ 白 ⇒ 金

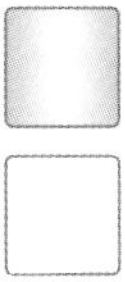

基本は白・銀・金だが、メタリックカラーも◎。薄いピンクやブルーなどの淡い色なら、部分的に使用してもOK

金のラッキーフォルム

円形

丸いものは基本的に「金」となる。円柱形などもあてはまるが、細長い筒状の物は「木」のイメージになるので注意

球形

丸の立体である球も、もちろんラッキーな形。より完全な球体だとなお良い

車の絵

オブジェ

金属製のオブジェはもちろん、金属の塊である車の絵やポスターを飾るのも良い。目覚まし時計なら、電子音の物より、金属ベルのついた物がおすすめ。ステンレス製などのペン皿やアクセサリー置きも◎

ステンレス製の皿

壁掛け時計

目覚まし時計

どうしても観葉植物を置きたいなら

観葉植物は本来「木」のアイテムなので、「金」でしっかり化殺するときは不向き。ただ、どうしても飾りたいなら、金属製のバケツや丸くて白い鉢に入った、丸い葉っぱの植物をチョイス

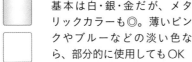

五行別
開運キーワード 5

水

ラッキーカラー＆アイテム

曲線が印象的な形で黒や青系色の物がラッキー

五行の「水」は湧き出して流れる水を意味するほか、休息に入るときを表し、冬の象徴となっています。

「水」のラッキー素材はもちろん水。ただし、風水では、水（特に水槽などの動く水）の取り扱いが難しいので、写真や絵などで代用すると良いでしょう。ラッキーカラーは、黒やグレー、また水を連想させる青系の色。ラッキーな形は、水から連想する、流れるような流線形や曲がりくねった形になります。

また、透き通ったガラスも「水」のイメージに近く、流線形などの装飾品も多いので一石二鳥です。

ファーニチャー

背もたれが流線形のソファや猫足のテーブルなど、曲線が印象的な物がラッキー。テーブルの天板にはガラス製品がおすすめ。また、家具の素材は木製よりも金属が好ましい

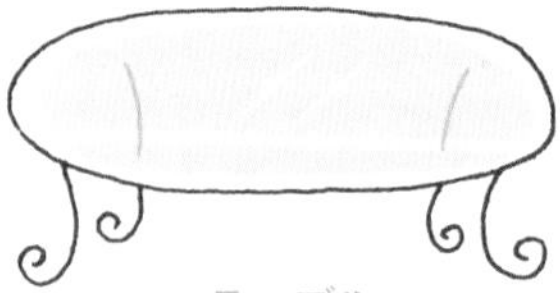
テーブル

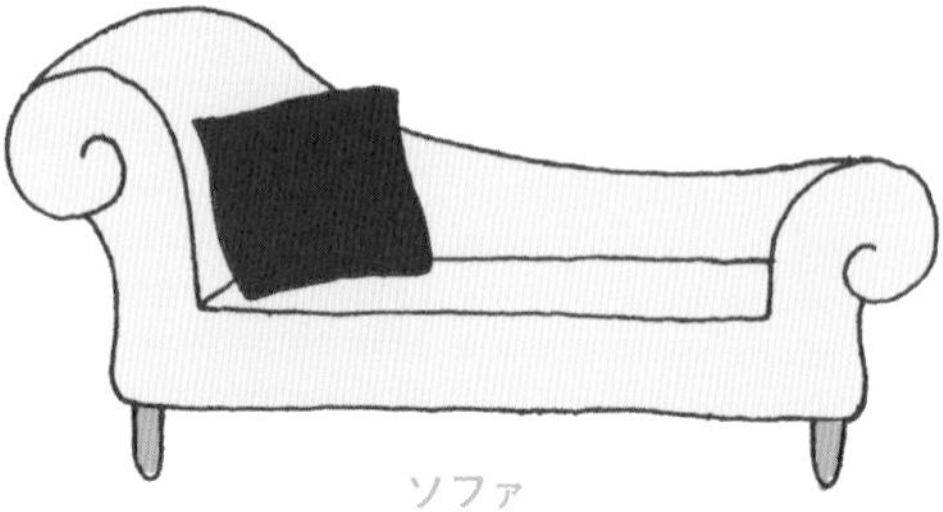
ソファ

ファブリック

波模様や水玉模様などの「水」の柄は、カーテンやラグマット、クッションなど、商品ラインナップが豊富なので取り入れやすいはず。色がラッキーカラーならなお良い

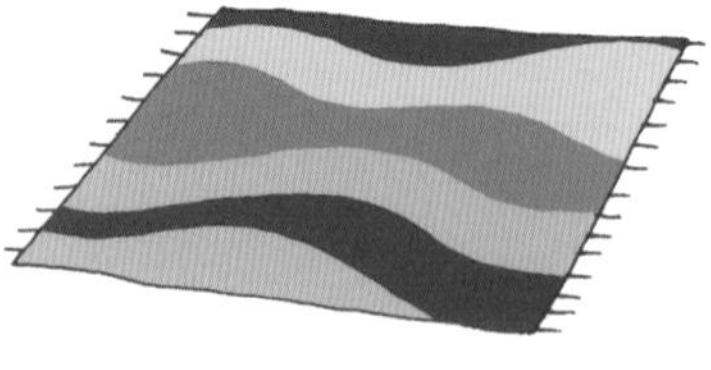
波模様のラグマット

水のラッキーカラー

黒 ⇐ 群青 ⇒ 空色

黒からグレーを経て、メインカラーの藍色・群青色となり、明るめの青から空色までのバリエーションが相当する

水のラッキーフォルム

曲線形

流線形や波打った形、ぐにゃぐにゃと曲がりくねった形など、曲線の印象の強い物は「水」になる

形が定まらない物

液体のように流動的で、しっかり形が定まらない物も「水」と考える

オブジェ

ワインボトル

ガラスのオブジェなどはもちろん、中身の入ったワインボトルを飾るのも吉。水槽は置き場所を間違えると、凶作用が強く出てしまう。海や滝の絵や写真を飾るほうが安心

海の絵

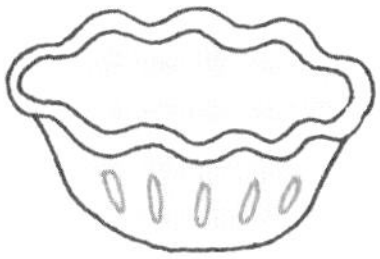
縁が波打ったガラス食器

小さな金魚鉢

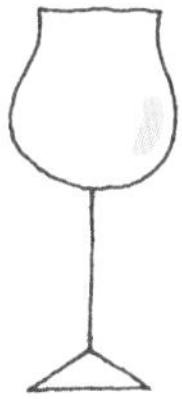
グラス

どうしても観葉植物を置きたいなら

観葉植物は本来「木」のアイテムなので、「水」でしっかり化殺するときは不向き。ただ、どうしても飾りたいなら、水盆に小さな植物を浮かすか、曲がりくねったつる植物をチョイスして

COLUMN ②

五行を用いた化殺の法則

八遊星や方位、本命卦の「五行」から導いた化殺法

PART3では、方位の凶作用を抑えて化殺する方法を説明します。その際、ここまでで紹介した五行のラッキーカラー&アイテムを用います。

その法則は、基本的には、凶方位にあるべき水回りが吉方位にある場合、その方位の「八遊星の五行」を用いて方位のパワーを強めます。生気と伏位は「木」、天医は「土」、延年は「金」のアイテムとなります。

ただし、吉方位にあるべき玄関や寝室などが凶方位にある場合はやや複雑で、方位の凶作用を弱めるのに、五行の相生《そうしょう》や相剋《そうこく》(13ページ)の関係を使い分けなければなりません。

方位の五行は、北は「水」、北東と南西は「土」、東と南東は「木」、南が「火」、西と北西は「金」。これらの五行を弱めるには、基本的には相生の五行を用いれば良いのです。例えば、北東の「土」の凶作用を弱めるには、「土」が生み出す「金」を使えば「土」のパワーが減ります。

ただし、この関係を用いると、本命卦自体の五行を弱めてしまうことがあります。例えば、本命卦の五行が「木」の震命タイプの場合。六殺方位の北東「土」を化殺するときに通常どおり「金」を使うと、「金」と相剋の関係にある本命卦「木」のパワーまで弱まってしまいます。

そこで、代わりに「土」と相剋の関係にある「水」や「木」を使用。「水」なら、「土」を弱める一方で、本命卦の「木」を強めてくれるのです。

五行の関係を理解していないと難解ですが、PART3では具体的なアドバイスがありますのでご安心ください。

PART

3

八宅風水・本命卦別編

理想のフロアプラン

ここで紹介する本命卦を用いた「八宅風水」は、本書の中でも、最優先で実践すべき重要な診断方法です。なかでも、家の中心（太極）から見て良い方位を使用することが大切。PART2で紹介した玄関や寝室、キッチンや水回りなど、重要な間取りがどのような配置になっているかをまずはチェック。問題があるなら、本命卦ごとのアドバイスにしたがって化殺し、改善をしてください。そのうえで、PART4以降の方法も取り入れて、吉作用を重ねていきましょう。

乾命《けんめい》

乾命タイプの理想のフロアプラン

玄関が西、寝室が北東、キッチンは東や北が最適

「乾」命は、西方向に吉方位が固まる西四命グループの一つ。

玄関は、生気方位の西が最適です。活気が呼び込まれ、金運がアップしたり、社会的にも成功します。

寝室は天医方位の北東が最適。毎日を元気に過ごせます。延年方位の南西も夫婦仲が良くなり、家庭運もアップするのでおすすめです。

仕事部屋や勉強部屋も天医方位の北東にすると、集中力が上がります。パソコンを置くのも北東方向が吉。

リビングは生気の西や伏位の北西にあると、居心地が良くなります。家族のコミュニケーションの充実には、延年の南西が向いています。

逆に、玄関、寝室、仕事部屋や勉強部屋、リビングが凶方位にあるときは化殺が必要です。

キッチンは、五鬼方位の東なら災難の心配がなくなり、金運にも恵まれるように。六殺方位の北なら争いごとやトラブルが減ります。

バスルームやトイレは絶命の南か、五鬼の東など凶方位にあると、凶作用を水と一緒に流してくれます。タンスや収納スペースも、禍害の南東をはじめ、凶方位にあれば凶作用を弱めることができます。

逆に、キッチン、バスルーム、トイレ、収納スペースが吉方位にあるときは、やはり化殺が必要です。

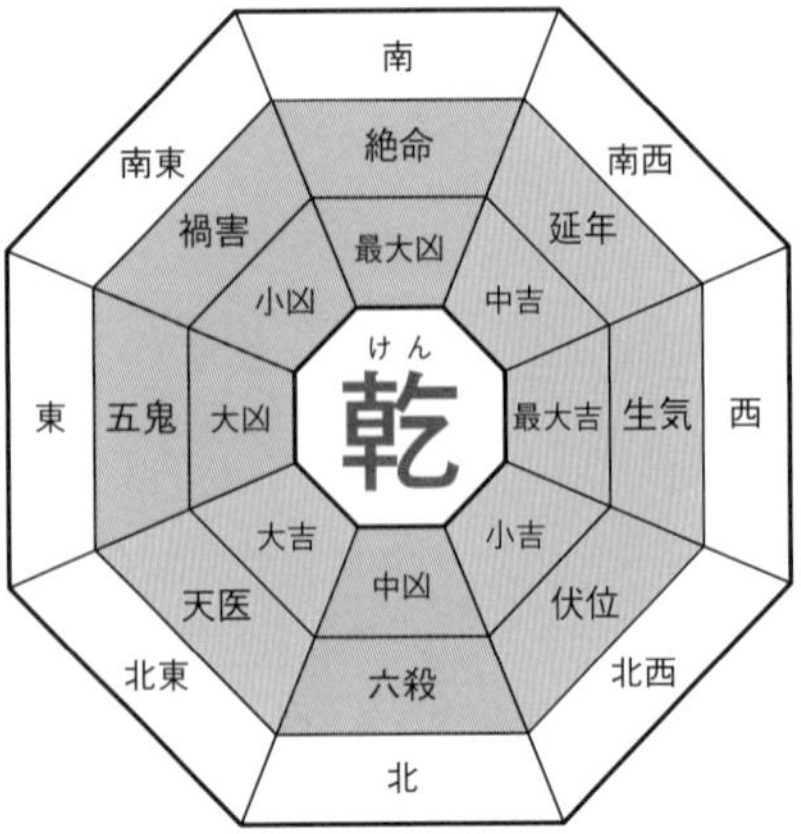

宅卦との相性

相性の良い宅卦

乾《けん》宅 (P.140)　**兌《だ》宅** (P.142)
艮《ごん》宅 (P.152)　**坤《こん》宅** (P.154)

相性の悪い宅卦

坎《かん》宅 (P.150)　**離《り》宅** (P.144)
震《しん》宅 (P.146)　**巽《そん》宅** (P.148)

吉凶方位別のフロアプラン

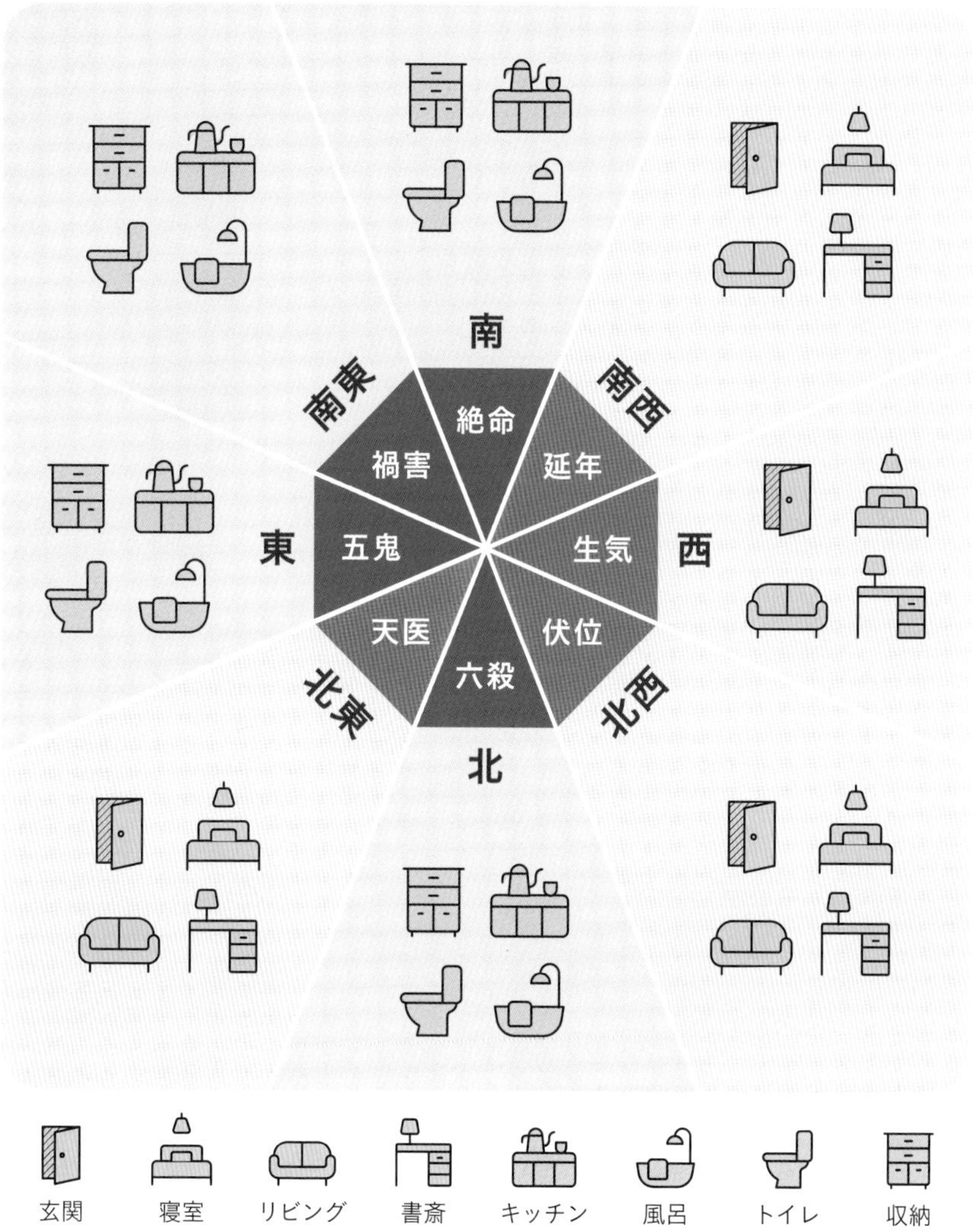

▶玄関 → 生気方位の西がベスト
▶寝室 → 天医方位の北東か、延年方位の南西がおすすめ
▶リビングや仕事部屋・勉強部屋 → 吉方位に

▶キッチン → 五鬼方位の東か、六殺方位の北がおすすめ
▶バスルームやトイレなどの水回り、収納 → 凶方位に

南

絶命 ▼最大凶

絶命方位の南がバスルームやトイレなら、水と一緒に凶作用を流して吉。キッチンなら健康運や財運もアップします。

逆に玄関や寝室などがあると、大病や大きな損害を招いてしまいます。目や心臓の病気にも注意が必要に。玄関があるときは、金運ダウンの心配もあります。

これらの凶作用を化殺するには、南の五行の「火」を弱めるために、「土」のラッキーカラー&アイテム(74ページ)を使います。インテリアには黄・茶・ベージュ色を使い、四角形の家具、土や石製の置物などを積極的に取り入れて。

玄関がある場合は、寝室を天医方位の北東にすると、凶作用がやわらぎます。

土 土のカラー&アイテムで凶作用をしっかり抑える!

南西

延年 ▼中吉

南西は延年方位なので、人間関係を順調にし、ねばり強さも身につく方位となります。玄関や寝室、リビング、仕事&勉強部屋があると、運気が上がります。

ただし、キッチンや水回りがある場合は、吉作用を燃やしたり、流したりしてしまうため、化殺が必要です。

そのためには、延年の五行である「金」のカラー&アイテム(76ページ)を使い、吉作用を重ねます。そうして方位のパワーをアップし、化殺するのです。

水回りには白いマットや、シルバー色の雑貨などがおすすめ。キッチンなら、丸い鍋やシルバーの丸皿、スプーンなども化殺アイテムに適しています。

金 金のカラー&アイテムで吉パワーをさらにアップ!

西

生気 ▼最大吉

生気方位となる西は、活力がわいてくる方位なので、玄関やリビング、仕事&勉強部屋にすると吉。寝室にすると、活気がありすぎて、安眠できなくなってしまうこともあります。とはいえ、社交的な運気は上がり、ゆとりある生活が送れるようになるでしょう。

一方、キッチンがあると、跡取りがいなくなったり、誹謗中傷を受けたり、金運もダウンしかねません。トイレがあるのも、住人の発展性や金運を下げます。バスルームも避けたい方位です。

もし、西にこれらの水回りがある場合は、生気の五行「木」のカラー&アイテム(70ページ)を使って、化殺しましょう。

木 木のカラー&アイテムで吉パワーをさらにアップ!

北西

伏位 ▼小吉

伏位方位の北西は、強い吉作用はないものの、リビングや玄関、寝室があると、堅実で安定した生活が送れます。特に寝室にすると、忍耐力と意欲が向上。精神的に安定し、小さな喜びが増えるはず。逆にキッチンや水回りには凶。キッチンがあると、なにごともうまくいかなくなり、金運にも見放されそう。トイレがあると、生活が不安定になります。

化殺には、伏位の五行「木」のカラー&アイテム(70ページ)を使います。マットやシャンプーボトルなど、緑色のアイテムをどんどん使いましょう。キッチンなら、緑色の鍋を使ったり、食器を木製や竹製にするのも効果があります。

木 木のカラー&アイテムで吉パワーをさらにアップ!

北　六殺　▼中凶

土　土のカラー＆アイテムで凶作用をしっかり抑える！

六殺方位の北には、キッチンやバスルーム、トイレなどがあると吉。キッチンなら、争いごとが減り、事故やトラブルも回避しやすくなります。逆に玄関や寝室などがあると、健康を損なったり、金銭問題や異性トラブルなど、なにかと悩みが増えやすい暗示があります。腎臓や生殖器系の病気にも注意。

化殺には、北の五行「水」を弱める「土」のカラー＆アイテム(74ページ)を使います。部屋のインテリアには黄色、茶色、ベージュを使い、陶器や石、レンガでできた物を置くのも良いでしょう。北に玄関がある場合、延年方位の南西を寝室にすると、凶作用を弱められます。

北東　天医　▼大吉

土　土のカラー＆アイテムで吉パワーをさらにアップ！

天医方位の北東は、健康運や集中力アップに最適。寝室をこの方位にすると、毎日元気に過ごせるでしょう。書斎やパソコンがあれば、仕事や勉強がはかどります。玄関なら、小さな障害があっても成功できそう。リビングも吉。

逆にキッチンやバスルーム、トイレがある場合は化殺が必要。天医の五行である「土」のカラーやアイテム(74ページ)を使い、吉パワーをアップさせて化殺します。黄色や茶色、ベージュ色のマットやテラコッタの鉢などを取り入れて。

特にキッチンがあると、慢性の病気を抱えてしまったりするので、黄色のマットやキッチングッズを使いましょう。

東

五鬼 ▼大凶

金のカラー＆アイテムで凶作用をしっかり抑える！

五鬼方位の東はキッチンや水回りがあると吉。特にキッチンがあると、金運アップにつながります。

逆に玄関や寝室、リビングがあると、いろいろな災難にみまわれる恐れが。特に玄関があると、人間関係のトラブルが起きやすくなり、精神的にも落ち込みそう。肝臓や足の病気にも要注意です。

化殺には、東の五行「木」を弱める「金」のカラーやアイテム（76ページ）を使います。部屋を白っぽいインテリアでまとめ、金属製の置物などを置いたり、丸い形の家具や雑貨を取り入れましょう。東に玄関がある場合は、寝室を生気方位の西にすれば、凶作用がやわらぎます。

南東

禍害 ▼小凶

金のカラー＆アイテムで凶作用をしっかり抑える！

禍害方位の南東に玄関や寝室、リビングや仕事＆勉強部屋などがあると、徐々に収入が減ったり、体調不良が続くなど、小さな悪影響が出る可能性があります。かぜや呼吸器系の病気にも注意。

化殺するには、南東の五行「木」を弱めるために、「金」のカラーやアイテム（76ページ）を使います。カーテンやマットを白色の物にしたり、丸い形のテーブルなどもおすすめ。寝室なら、色が白かシルバーで、金属のベルのついた丸い目覚まし時計が強力な化殺アイテムに。

キッチンや水回り、収納には適した方位。キッチンがあると、争いごとが減って、人間関係がスムーズになります。

兌《だ》命《めい》

兌命タイプの理想のフロアプラン

玄関が北西、寝室が南西、キッチンは南や南東が最適

「兌」命は、西方向に吉方位が固まる西四命グループの一つ。

玄関は生気方位の北西にあると、良い気が家にどんどん呼び込まれることになり、もっとも良い配置になります。金運アップも期待できそう。寝室は天医方位の南西にあると、健康運がアップして最適。夫婦仲や家族の絆を強めたいなら、延年方位の北東もおすすめです。

仕事や勉強などに使う部屋は、集中力をアップさせるのに適した、天医方位の南西を使いましょう。

家族が集まるリビングは、生気の北西や伏位の西にすれば、みんなで楽しく過ごせるように。延年の北東も、家族の絆が強まって吉です。なお、玄関や寝室、リビングや仕事&勉強部屋が凶方位にあるときは、化殺をして凶作用を抑えましょう。

キッチンは五鬼方位の南や六殺方位の南東なら、凶作用が弱められ、災難やトラブルも回避できます。

バスルームやトイレなどの水回りも、水と一緒に凶作用を流すため、絶命方位の東や五鬼方位の南などの凶方位にあると良いでしょう。

同じく、収納スペースなども凶方位にあれば、凶作用を緩和できます。

もし、キッチンや水回りなどが吉方位にあるときは、凶作用を及ぼすため、きちんと化殺してください。

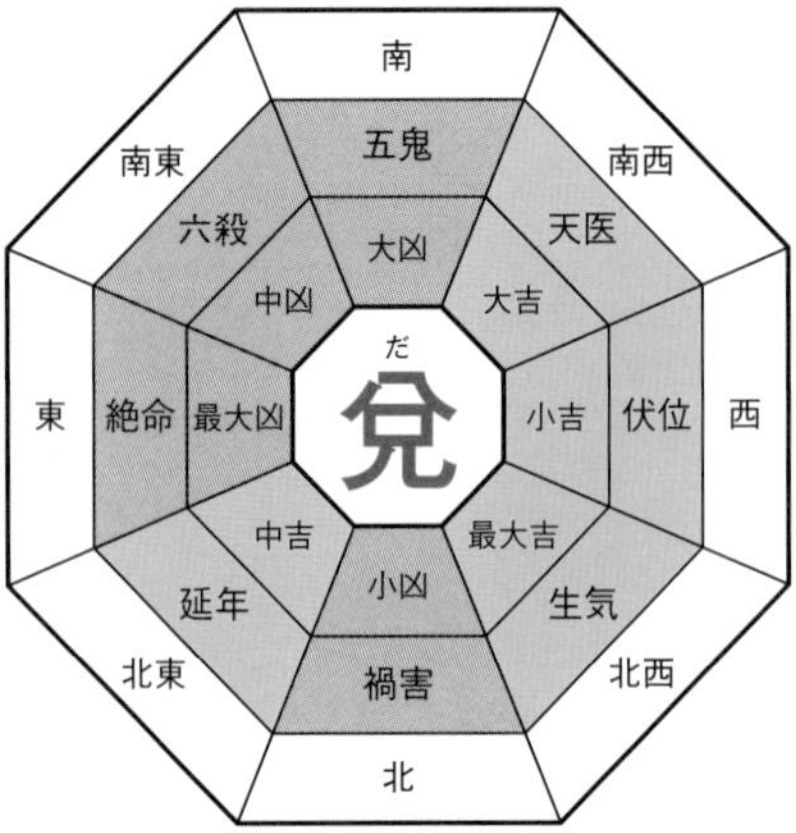

宅卦との相性

相性の良い宅卦

乾《けん》宅（P.140）　兌《だ》宅（P.142）
艮《ごん》宅（P.152）　坤《こん》宅（P.154）

相性の悪い宅卦

坎《かん》宅（P.150）　離《り》宅（P.144）
震《しん》宅（P.146）　巽《そん》宅（P.148）

吉凶方位別のフロアプラン

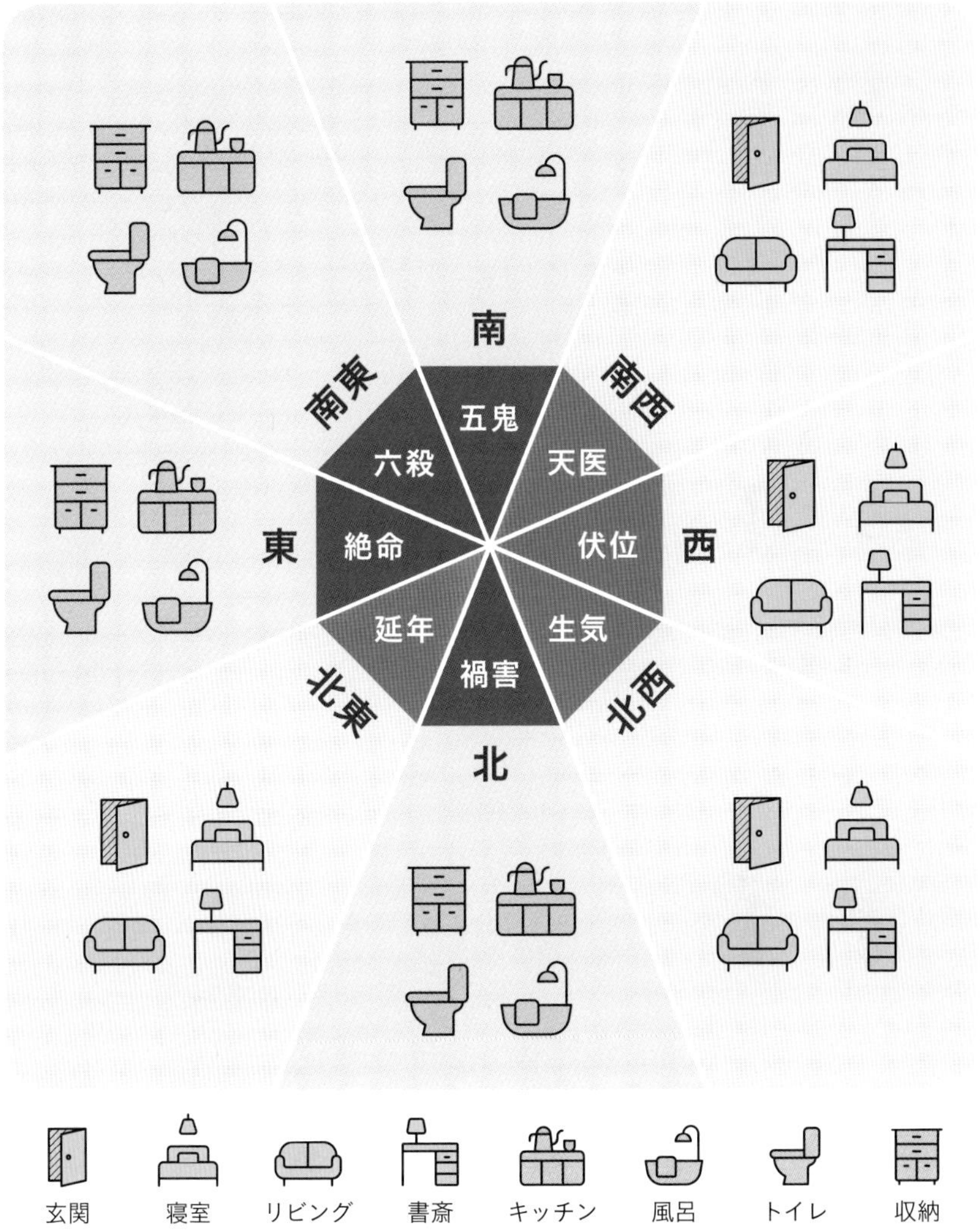

▶玄関 → 生気方位の北西がベスト
▶寝室 → 天医方位の南西か、延年方位の北東がおすすめ
▶リビングや仕事部屋・勉強部屋 → 吉方位に

▶キッチン → 五鬼方位の南か、六殺方位の南東がおすすめ
▶バスルームやトイレなどの水回り、収納 → 凶方位に

南

五鬼
▼大凶

土のカラー&アイテムで凶作用をしっかり抑える！

五鬼方位となる南にキッチンがあると、凶作用が燃やされるのでラッキー。金運もアップします。水回りがあれば、凶作用を水と一緒に流すので、やはり吉。ところが、玄関や寝室などがこの方位にあると、思わぬ火災やケガ、盗難などの災難を招いてしまいます。また、プライドの高さから、トラブルになることも。目や心臓の病気にも要注意です。

こうした凶作用を抑えるためには、南の五行の「火」を弱める「土」のラッキーカラー&アイテム(74ページ)を取り入れて、しっかり化殺してください。また、玄関がある場合は、生気の北西を寝室にすると、凶作用を軽減できます。

南西

天医
▼大吉

土のカラー&アイテムで吉パワーをさらにアップ！

天医方位となる南西には、寝室や仕事部屋&勉強部屋、またリビングや玄関などがあると良いでしょう。特に、健康運に恵まれ、元気に毎日を過ごすことができるようになります。

逆に、キッチンやバスルームなどの水回りがこの方位にあると、せっかくの吉作用が働かなくなってしまいます。

その凶作用を抑えて、吉方位のパワーを取り入れるためには、天医の五行「土」のラッキー&カラーアイテム(74ページ)を使って、吉方位のパワーを重ねましょう。色が黄か茶、ベージュで、四角い形の陶器の皿やレンガなどは、化殺にうってつけのアイテムとなります。

西 伏位 ▼小吉

木 木のカラー&アイテムで吉パワーをさらにアップ！

伏位方位である西に、玄関や寝室、リビングなどがあると、毎日、安定した生活を送れるようになります。大きな発展はありませんが、さまざまな運気が少しずつアップする方位でもあるので、小さな喜びごとが増えていくでしょう。

ただし、キッチンやバスルームといった水回りがあると、安定した生活が送れなくなる暗示があります。キッチンがある場合は、金運がダウンすることも。

そこで、化殺して凶作用を弱めて。伏位の五行である「木」のラッキーカラー&アイテム（70ページ）を使いましょう。緑色のキッチングッズやバスグッズなども、取り入れやすいアイテムです。

北西 生気 ▼最大吉

木 木のカラー&アイテムで吉パワーをさらにアップ！

生気方位である北西は、活気あふれる最大吉方位。玄関があると最強の家になります。リビングなら、家族全員の運気がアップするでしょう。疲れがたまっているときや子宝に恵まれたいときは、寝室にするのもおすすめです。ただ、元気なときは眠りが浅くなるので注意。

逆に、キッチンやバスルームなどの水回りがあると、この最大吉作用が台なしになってしまいます。そこで、生気の五行である「木」のラッキーカラー&アイテム（70ページ）を使い、吉パワーを増強して、凶作用を抑え込んで。キッチンなら、料理にも使えるハーブの鉢などを置くのもおすすめです。

北
禍害
▼小凶

土のカラー＆アイテムで凶作用をしっかり抑える！

禍害方位の北は、大きな悪影響はありませんが、やはり水回りがあるにこしたことはありません。キッチンがあれば、人間関係がスムーズになったり、争いごとが減るなど、良い影響があります。

逆に玄関や寝室、リビングなどがあると、体調不良に悩まされたり、少しずつ金運がダウンするなど、さまざまな運気がゆるやかな下降傾向に。人間関係のトラブルも起きやすく、安定した生活が送りにくくなってしまいます。また、腎臓や生殖器系の病気にも注意が必要です。

化殺するには、北の五行「水」を弱めるために、「土」のラッキーカラー＆アイテム（74ページ）を使いましょう。

北東
延年
▼中吉

金のカラー＆アイテムで吉パワーをさらにアップ！

延年方位の北東は、人間関係に吉作用が及ぶ方位。玄関や寝室、リビングがあれば家族運も向上します。特に夫婦仲を良くしたいなら、夫婦の寝室を北東にすると効果的です。

逆に、水回りがあるのは凶。トイレがあると人間関係に苦労するようになり、キッチンがあると、人間関係ばかりか結婚運までダウン。夫婦仲も悪くなり、金運までダウンしてしまいそう。

これらの凶作用は、延年の五行「金」のラッキーカラー＆アイテム（76ページ）で吉を重ね、パワーをアップさせ抑えます。色が白やシルバーで、さらに金属製で円形の物は最強の化殺アイテムです。

東　絶命　▼最大凶

金　金のカラー＆アイテムで凶作用をしっかり抑える！

絶命方位の東は、キッチンや水回りがあると、凶作用が抑えられますが、玄関や寝室、リビングなどがあると、病気や災害、破産などの暗示があります。肝臓や眼、足の病気にも注意してください。

この最大凶作用を抑えるには、しっかり化殺することが必要。「金」のラッキーカラー＆アイテム（76ページ）を使い、東の五行「木」を弱めます。玄関には白いマットとスリッパ、金属製の丸いオブジェを置いて。寝室やリビングなら、インテリアを白でまとめ、円形で金属製の時計などを使うと良いでしょう。また、玄関があるなら、寝室を天医方位の南西にすると、凶作用が弱まります。

南東　六殺　▼中凶

金　金のカラー＆アイテムで凶作用をしっかり抑える！

六殺方位の南東には、凶作用を弱めるキッチンや水回りが適しています。特にキッチンがこの方位にあると、さまざまなトラブルを減らすことができます。

ただし、玄関や寝室、リビングなどがある場合は、生活がルーズになったり、金遣いが荒くなる傾向が大。人間関係や異性問題に悩まされる可能性も。肝臓や呼吸器系の病気にも要注意です。

これらの凶作用を抑えるには、南東の五行「木」を弱める「金」のラッキーカラー＆アイテム（76ページ）を使って、化殺をしっかり行ってください。

玄関があるときは、延年方位の北東を寝室にすると、凶作用が減らせます。

離《り》命《めい》

離命タイプの理想のフロアプラン

玄関が東、寝室が南東、キッチンは西や南西が最適

「離」命は、東方向に吉方位が固まる東四命グループの一つ。

玄関が生気方位の東にあると、活気を呼び込むことができ、金運もアップ。開運には最適の家になります。寝室は健康運アップに効果的な天医方位の南東が最適。北の延年方位も人間関係に良い影響が出ます。

仕事部屋や勉強部屋は、集中力アップに最適な天医の南東がベスト。また、ほかの部屋でパソコンを置くときも、南東がおすすめです。

リビングを居心地の良い空間にしたければ、生気の東や伏位の南を使いましょう。延年の北にしても、家族の仲が深まります。ところが、玄関や寝室、リビングや仕事&勉強部屋が凶方位にあると、凶作用を生むので化殺が必要です。

逆に凶方位に適しているのはキッチンや水回り。キッチンは五鬼方位の西か六殺方位の南西なら、金運がアップし、トラブルも回避できます。バスルームやトイレなどの水回りも、絶命方位の北西や五鬼方位の西にあると、凶作用を流し去って吉。収納スペースなども、禍害の北東など凶方位に置いて、その方位をふさぎ、凶作用を弱めましょう。

なお、水回りや収納が吉方位にある場合は、凶作用が出てしまうため、やはり化殺が必要です。

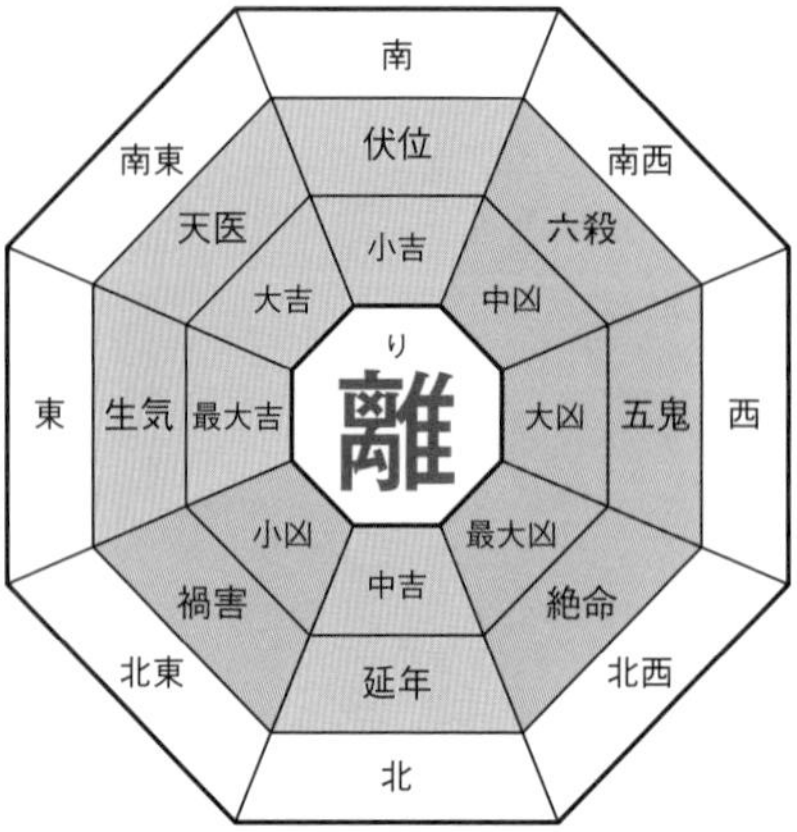

宅卦との相性

相性の良い宅卦

坎《かん》宅 (P.150)　離《り》宅 (P.144)
震《しん》宅 (P.146)　巽《そん》宅 (P.148)

相性の悪い宅卦

乾《けん》宅 (P.140)　兌《だ》宅 (P.142)
艮《ごん》宅 (P.152)　坤《こん》宅 (P.154)

吉凶方位別のフロアプラン

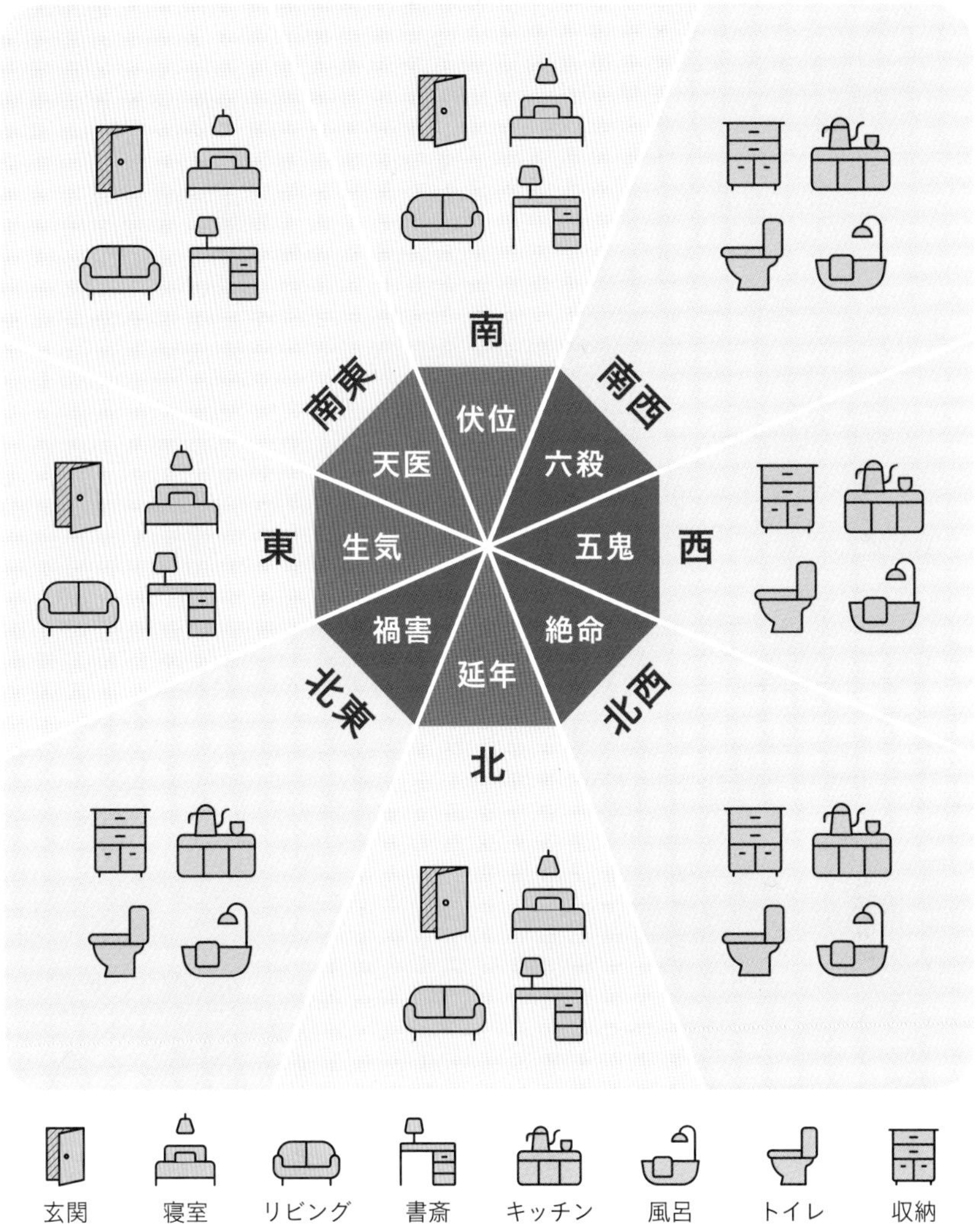

▶玄関 → 生気方位の東がベスト

▶寝室 → 天医方位の南東か、延年方位の北がおすすめ

▶リビングや仕事部屋・勉強部屋 → 吉方位に

▶キッチン → 五鬼方位の西か、六殺方位の南西がおすすめ

▶バスルームやトイレなどの水回り、収納 → 凶方位に

南

伏位 ▼小吉

伏位方位の南に玄関や寝室、リビングなどがあると、安定した生活が送れます。金運も安定傾向。強烈な吉作用はないものの、毎日楽しく過ごせるように。

逆に、キッチンや水回りがあると、吉作用を燃やしてしまったり、流してしまうので、化殺が必要となります。

そのためには、伏位の五行である「木」のラッキーカラー&アイテム(70ページ)を使い、吉パワーをアップすることで、凶作用を抑えます。

木　木のカラー&アイテムで吉パワーをさらにアップ！

マットなどは緑色、もしくは植物モチーフの柄の入った物などがおすすめ。木製の菜箸などは、素材や形が適しているので、良い化殺アイテムです。

南西

六殺 ▼中凶

六殺方位の南西には、キッチンや水回りがあると良いでしょう。キッチンがあれば争いごとが減って、事故や火災などのトラブルにもあいにくくなります。

逆に、玄関や寝室、リビングなどがあると、いろんな面でルーズになり、悪影響が出ることに。夫婦不和や水に関する災いの暗示もあります。胃腸の病気にも注意が必要です。玄関があると、対人運や金運までダウンしてしまいます。

南西の五行「土」を弱める「木」のラッキーカラー&アイテム(70ページ)でしっかり化殺しましょう。なお、玄関がある場合は、延年方位の北を寝室にすれば、凶作用を弱めることができます。

木　木のカラー&アイテムで凶作用をしっかり抑える！

西

五鬼 ▼大凶

火 火のカラー&アイテムで凶作用をしっかり抑える！

五鬼方位の西は、キッチンや水回りに適した方位。特に西にあるキッチンは、トラブルを回避し、金運もアップします。逆に玄関や寝室、リビングなどがあると、火災や盗難など、さまざまなトラブルに見舞われてしまいます。肺や眼、心臓などの病気にも気をつけましょう。

それらの凶作用を化殺するには、西の五行「金」を弱める「火」のラッキーカラー&アイテム（72ページ）を取り入れて。マットやスリッパ、ファブリックなどは赤系色に。三角形や尖った形の物、火をつけたキャンドルなどもおすすめ。

なお、玄関がある場合は、生気方位の東が寝室なら、凶作用を軽減できます。

北西

絶命 ▼最大凶

火 火のカラー&アイテムで凶作用をしっかり抑える！

絶命方位の北西は、キッチンがあれば健康運や金運がアップ。水回りも吉です。ところが、玄関や寝室、リビングなどがあると、破産や親子（特に父子）の不和など、大きなトラブルなどを招く暗示が。また、大きなケガや肺の病気、偏頭痛など頭の病気にも要注意です。

化殺するには、北西の五行「金」を弱める「火」のラッキーカラー&アイテム（72ページ）を使います。カーテンや家具も赤系色でまとめて。玄関はなるべく照明をつけっぱなしにして、寝室でもアロマキャンドルをたくなどします。なお、玄関がある場合、寝室を天医方位の南東にすると、少しは凶意がやわらぎます。

離命タイプの方位別開運アドバイス

北 延年 ▼中吉

金のカラー＆アイテムで吉パワーをさらにアップ！

北は延年方位となるので、ここに玄関や寝室、リビングがあると、人間関係に良い影響をもたらします。寝室やリビングなら家庭運もアップ。特に北の寝室は、夫婦仲向上に効果てきめんです。ただし、キッチンや水回りがあると、その吉作用は発揮されません。トイレがあると人間関係に苦労し、キッチンがあると夫婦仲や金運、結婚運にも悪影響が。

そこで、延年の五行「金」のラッキーカラー＆アイテム（76ページ）で吉作用を重ね、凶作用を弱めてしまいましょう。バス＆トイレグッズや調理器具、食器などは、白や銀色でまとめて。丸い鍋、スプーンなどもどんどん使いましょう。

北東 禍害 ▼小凶

木のカラー＆アイテムで凶作用をしっかり抑える！

禍害方位の北東には、キッチンや水回りがあると吉。キッチンなら、争いごとが減って、人間関係がスムーズに。

逆に、玄関や寝室、リビングがあると、運気が少しずつダウンしていきます。体調不良や小さなトラブルに悩まされたり、金運も下降気味になり、生活が不安定に。小腸などの病気にも要注意。

そうならないためにも、北東の五行「土」を弱める「木」のラッキーカラー＆アイテム（70ページ）で、凶作用を封じ込めます。インテリアには緑色を多く使いましょう。観葉植物を置いたり、木製で直線的なイメージの強い家具などを置いても、より化殺の効果が期待できます。

木のカラー＆アイテムで吉パワーをさらにアップ！

東

生気 ▼最大吉

東は活力を呼び込める生気方位なので、玄関があると大きな成功につながり、金運にも恵まれます。寝室はやや元気になりすぎるため、疲れているときに、ここで眠ると良いでしょう。リビングにすれば、家族みんなの運気が上がります。キッチンがあると、跡取り問題や金運ダウンなど悪影響が。トイレも発展性がなくなって、やはり金運が下降。

もし水回りがあるなら、生気の五行「木」のラッキーカラー＆アイテム（70ページ）を使い、化殺しましょう。タオルやマット、バス＆トイレグッズ、鍋やキッチン雑貨もグリーン系の色に。木製のカトラリーなどもおすすめです。

土のカラー＆アイテムで吉パワーをさらにアップ！

南東

天医 ▼大吉

天医方位の南東には、玄関や寝室、リビングがあると、仕事運や健康運がアップ。特にこの方位で寝るようにすれば、毎日を健康に過ごせるようになります。

ところが、キッチンや水回りがあると、健康運に問題が。特に南東のキッチンは、慢性病に悩まされてしまいそう。

こうした凶作用を弱めるためには、天医の五行「土」のラッキーカラー＆アイテム（74ページ）で、吉パワーを上げて対処します。マットやタオルなどは、黄色や茶色、ベージュ色など、大地を象徴する色の物を選んで。陶器の四角いお皿や、石製の四角いソープディッシュなどは、化殺効果抜群です。

震《しん》命《めい》

震命タイプの理想のフロアプラン

玄関が南、寝室が北、キッチンは北西や北東が最適

「震」命は、東方向に吉方位が固まる東四命グループの一つ。

玄関が生気方位の南にあると、良い気がどんどん呼び込まれ、金運アップや社会的成功が期待できます。寝室は、天医方位の北だと、しっかり睡眠がとれるので、毎日元気に過ごせるように。延年方位の南東なら、家族運や夫婦仲が深まります。また、生気の南や伏位方位の東をリビングにすれば、自然と家族が集まってくるように。延年の南東でも、家族運アップに効果大。

仕事部屋や勉強部屋は、集中力アップに適した天医の北にすれば、効率が上がります。パソコンを置くのも、やはり北が良いでしょう。

ただし、これらの部屋が凶方位にあるなら、化殺が必要となります。

逆にキッチンは凶方位にあると良く、五鬼方位の北西にあれば災難やトラブルを回避でき、金運もアップ。六殺方位の北東なら、水難事故や火事などにあいにくくなります。

バスルームやトイレなどの水回りも、絶命方位の西などの凶方位にあれば、水と一緒に凶作用を流してくれます。収納やタンスなども、禍害方位の南西などの凶方位に置けば、凶作用の軽減に効果大。

キッチンや水回りが吉方位にある場合は、化殺してください。

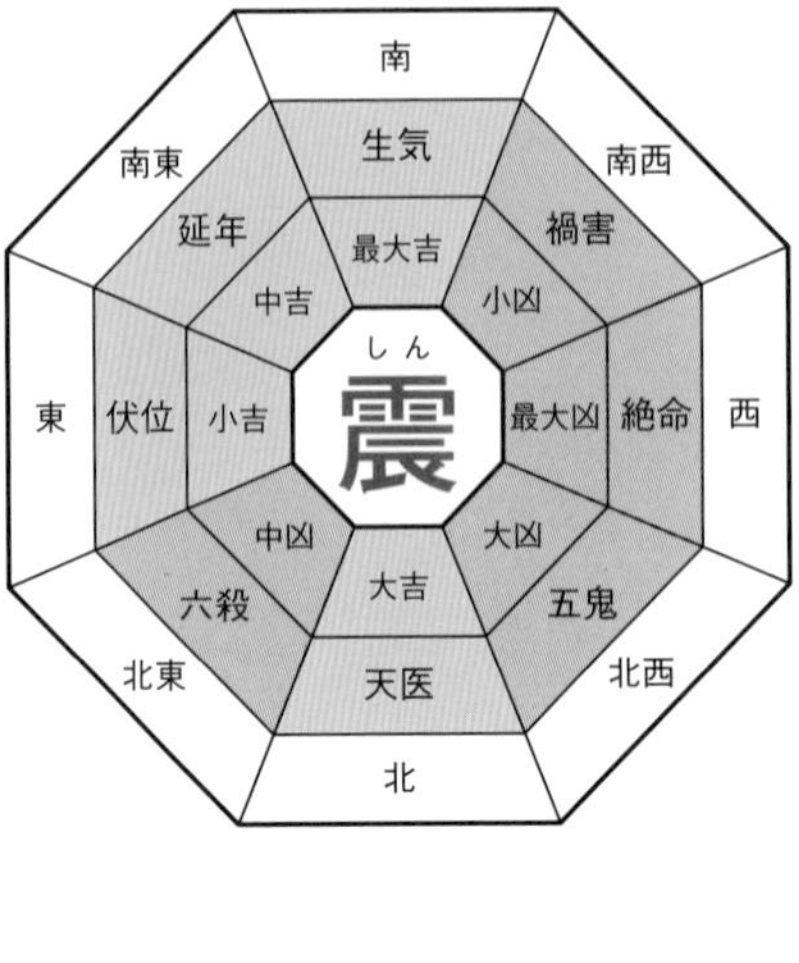

宅卦との相性

相性の良い宅卦

坎《かん》宅 (P.150)　離《り》宅 (P.144)

震《しん》宅 (P.146)　巽《そん》宅 (P.148)

相性の悪い宅卦

乾《けん》宅 (P.140)　兌《だ》宅 (P.142)

艮《ごん》宅 (P.152)　坤《こん》宅 (P.154)

吉凶方位別のフロアプラン

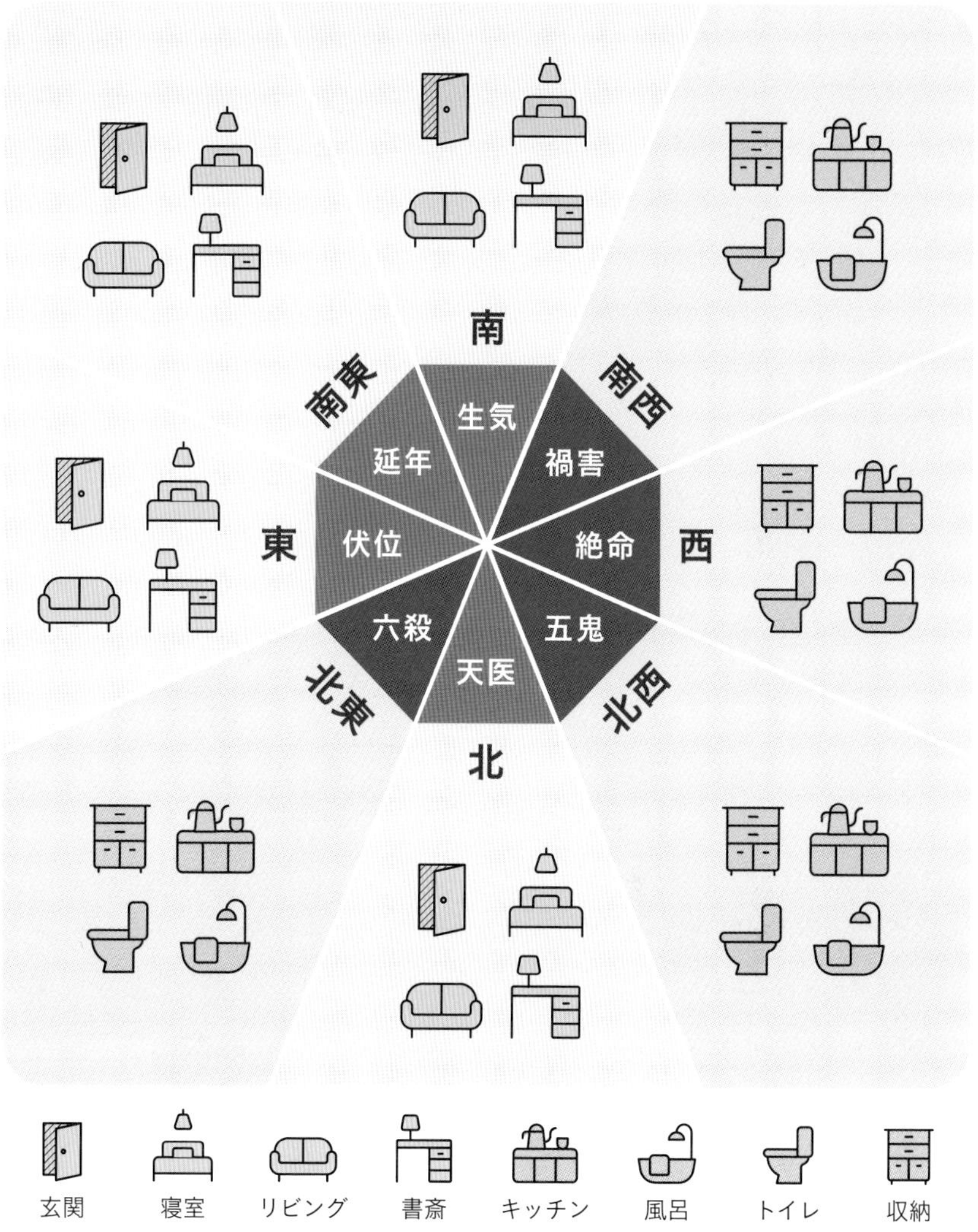

▶玄関 → **生気方位の南がベスト**

▶寝室 → **天医方位の北か、延年方位の南東がおすすめ**

▶リビングや仕事部屋・勉強部屋 → **吉方位に**

▶キッチン → **五鬼方位の北西か、六殺方位の北東がおすすめ**

▶バスルームやトイレなどの水回り、収納 → **凶方位に**

南

生気

▼最大吉

南は生気方位なので、玄関があると最適。強力なパワーが欲しいときは、寝室にもおすすめですし、リビングにすれば、充実した生活が送れるようになります。ただし、キッチンや水回りは、この最大吉パワーを消し去ってしまいます。キッチンがあると、誹謗中傷を受けてしまったり、金運がダウン。トイレも金運や発展性を流してしまうので注意して。

生気の五行「木」のラッキーカラー&アイテム（70ページ）を使い、吉パワーを重ねることで、そうした凶作用を弱めます。インテリアは緑系色でまとめて、食器や家具も木製の物を多く使いましょう。観葉植物もおすすめです。

木

木のカラー&アイテムで吉パワーをさらにアップ！

南西

禍害

▼小凶

禍害方位の南西は、小さいとはいえ凶作用が働くので、水回りなどがあると良いでしょう。キッチンがあれば、争いごとを減らしてくれます。逆に、玄関や寝室、リビングなどがあると、対人運や金運など運気が少しずつダウンし、安定した生活が送れなくなります。ちょっとしたトラブルも多くなり、心身ともに不安定になりがち。また、胃腸の病気にはくれぐれも気をつけて。

そんな凶作用を抑えるためには、南西の五行「土」を弱める「木」のラッキーカラー&アイテム（70ページ）を使います。インテリアは緑系色にし、木製の家具や観葉植物を置くようにしましょう。

木

木のカラー&アイテムで凶作用をしっかり抑える！

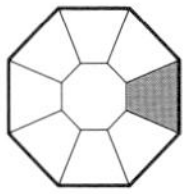

西

絶命 ▼最大凶

水のカラー&アイテムで凶作用をしっかり抑える！

絶命方位となる西は、大きな損害や大ケガなどの暗示が。キッチンや水回りがあれば、その強烈な凶作用が弱まります。ここに玄関や寝室、リビングがあると、凶作用の影響が大きく出てしまいます。肺の病気や、せきを伴う病気にも要注意です。特に西の玄関は、金運や健康運がダウンし、悩みがつきません。

西の五行「金」を弱める「水」のラッキーカラー&アイテム（78ページ）で、しっかり凶作用を抑えましょう。海の絵を飾ったり、流線形の家具や、青や黒、グレーのインテリアでまとめて。

もし玄関がある場合は、寝室を天医方位の北にすれば、凶意を弱められます。

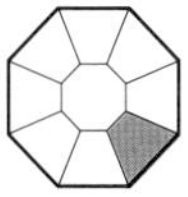

北西

五鬼 ▼大凶

水のカラー&アイテムで凶作用をしっかり抑える！

北西は五鬼方位。キッチンがあれば災難を回避でき、金運にも恵まれます。もちろん、水回りにも適しています。

逆に、玄関や寝室、リビングがあると、火災や争いごとなど、トラブルに巻き込まれがちに。特に玄関があると、人間関係のトラブルから、精神的にまいってしまうことも。また、足のケガや肺の病気、頭痛など頭の病気にも気をつけなくてはなりません。

北西の五行「金」を弱める「水」のラッキーカラー&アイテム（78ページ）で、そうした凶作用を弱めましょう。

玄関がある場合は、生気方位の南で寝ることで、凶作用を緩和できます。

北

天医 ▼大吉

土のカラー＆アイテムで吉パワーをさらにアップ！

北は天医方位なので、リラックスしたり集中力を発揮したいときに最適な方位。北にある部屋を寝室にすれば、毎日健康に過ごせるようになり、玄関があれば、小さな障害があっても成功できます。その吉作用も、キッチンや水回りがあると台なしになってしまいます。特に健康運に問題が起きやすくなります。

凶作用を緩和するには、天医の五行である「土」のラッキーカラー＆アイテム（74ページ）を使い、化殺することが必要です。黄色や茶色、ベージュの色をタオルやマット、雑貨や食器などにも取り入れましょう。陶器製の四角い皿がこの色なら、最強の化殺アイテムとなります。

北東

六殺 ▼中凶

木のカラー＆アイテムで凶作用をしっかり抑える！

北東は六殺方位。キッチンや水回りがあれば、凶作用を抑えてくれます。キッチンがあると、トラブルにあいにくくなり、争いごとも減るでしょう。

ところが玄関や寝室、リビングなどがあると、生活がルーズになりがちに。トラブルや争いごとも増えます。異性問題が起きたり、金銭感覚もルーズになったりして、金運にも大きなダメージが。胃腸の病気や関節痛などにも要注意です。

そうした凶作用を抑えるには、北東の五行「土」を弱める「木」のラッキーカラー＆アイテム（70ページ）を使います。なお、玄関がある場合は、延年方位の南東を寝室にすれば、凶作用が弱まります。

木

木のカラー&アイテムで吉パワーをさらにアップ!

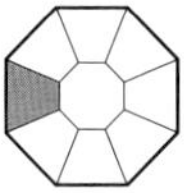

東

伏位 ▼小吉

伏位方位の東に玄関や寝室、リビングがあると、安定して地道な生活を送れるようになります。特に寝室にすると忍耐力も上がり、前向きな気持ちに。リビングなら、家族で寛げる空間になります。

ところが、東にキッチンや水回りなどがあると、なにごともうまくいかなくなったり、金運がダウンしてしまったりと、凶作用が働いてしまいます。

化殺するには、伏位の五行「木」のラッキーカラー&アイテム(70ページ)で、吉パワーをアップさせます。マットやタオル、バス&トイレグッズなどは緑系色にして、キッチンならハーブの鉢やミリオンバンブーなどを置くのもおすすめ。

金

金のカラー&アイテムで吉パワーをさらにアップ!

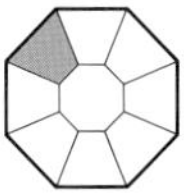

南東

延年 ▼中吉

延年方位の南東に玄関や寝室、リビングがあると、人間関係がスムーズになって、運気が上がります。コミュニケーション能力も上がるので、人間関係に悩んでいる人は、ぜひこの方位を寝室やリビングにしてみてください。

逆に、南東にキッチンや水回りがあると、対人トラブルが増えてしまいます。特にキッチンは、夫婦仲に亀裂が入り、金運や結婚運もダウンしかねません。

延年の五行「金」のラッキーカラー&アイテム(76ページ)で吉作用を重ね、凶作用をはねのけてしまいましょう。インテリアは白や銀色、無機質な柄でまとめ、金属製の食器などを多用してください。

巽命《そんめい》

巽命タイプの理想のフロアプラン

玄関は北、寝室は南、キッチンは南西か西が最適

「巽」命は、東方向に吉方位が固まる東四命グループの一つ。

玄関は、生気方位の北が最適。活気がどんどん家に入ってきます。寝室はリラックス効果の高い天医方位の南がおすすめ。延年方位の東も、人間関係に良い影響がもたらされ、夫婦仲や家族仲も良くなります。

リビングは、伏位方位の南東や生気の北にあれば、居心地の良い部屋になるでしょう。延年の東も、家族の絆が強まる方位となります。

仕事部屋や勉強部屋、またパソコンの位置は天医の南がベスト。集中力が増し、効率がアップしそう。ただし、こうした吉方位にあるべき部屋が凶方位にあると、悪い影響が出てしまうので、化殺が必要です。

キッチンは五鬼方位の南西か、六殺方位の西にあると、凶作用を燃やして抑えてくれます。トラブルにみまわれにくくなり、南西のキッチンなら金運アップも望めます。

バスルームやトイレといった水回りも、絶命方位の北東や五鬼方位の南西が吉。さらに収納スペースも、凶作用を緩和してくれる効果があるので、禍害方位の北西などの凶方位にあると良いでしょう。

逆に、凶方位にあると良い物が吉方位にあると、凶作用が及びます。化殺して凶意を弱めましょう。

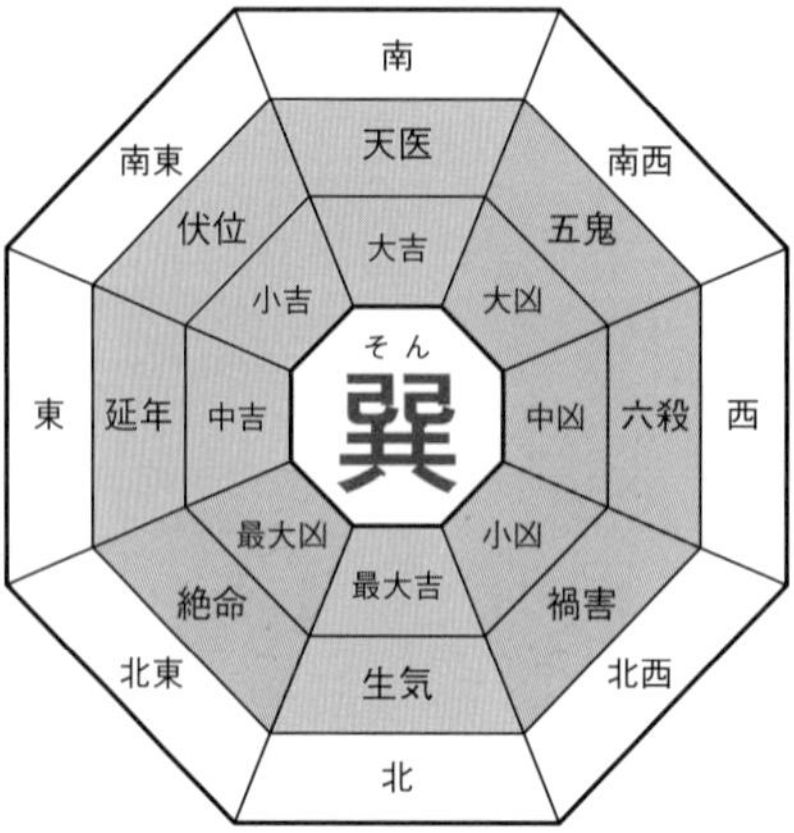

宅卦との相性

相性の良い宅卦

坎《かん》宅 (P.150)　離《り》宅 (P.144)
震《しん》宅 (P.146)　巽《そん》宅 (P.148)

相性の悪い宅卦

乾《けん》宅 (P.140)　兌《だ》宅 (P.142)
艮《ごん》宅 (P.152)　坤《こん》宅 (P.154)

吉凶方位別のフロアプラン

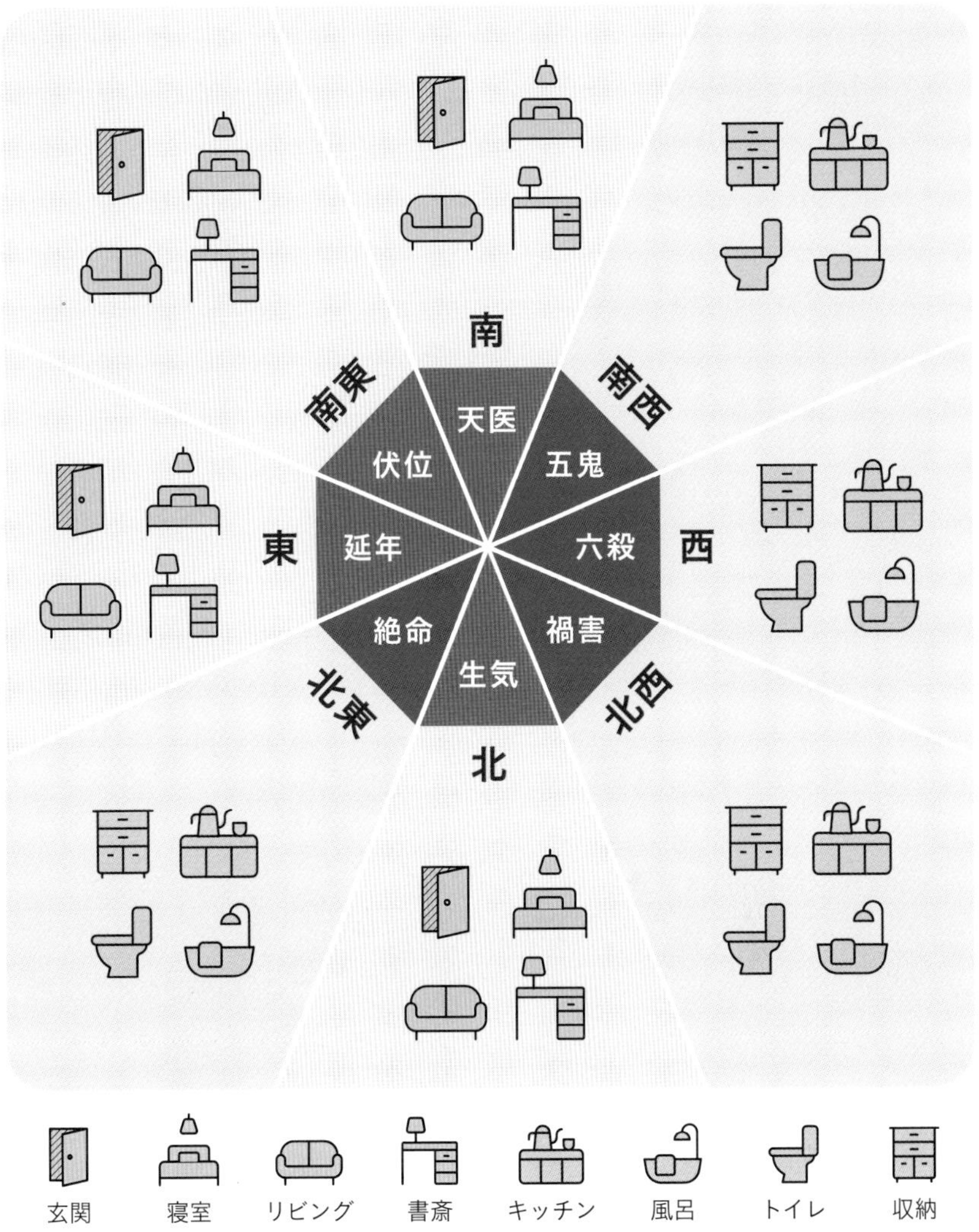

- 玄関 → 生気方位の北がベスト
- 寝室 → 天医方位の南か、延年方位の東がおすすめ
- リビングや仕事部屋・勉強部屋 → 吉方位に

- キッチン → 五鬼方位の南西か、六殺方位の西がおすすめ
- バスルームやトイレなどの水回り、収納 → 凶方位に

南　天医　▼大吉

土　土のカラー＆アイテムで吉パワーをさらにアップ！

南は天医方位となり、リラックス効果が高く、また集中力も高めてくれるので、寝室や仕事＆勉強部屋に向いています。寝室なら健康運、仕事部屋なら仕事運の運気アップが期待できます。

反対に、南にキッチンやトイレなどの水回りがあると、凶作用が働いてしまい、せっかくの吉パワーが生かされません。特に健康運がダウンしそう。

その凶作用を抑えるために、天医の五行である「土」のラッキーカラー＆アイテム（74ページ）を使い、化殺をします。黄色や茶色、ベージュのマットやタオルなどを使うと良いでしょう。四角い陶器のお皿も、化殺効果が期待できます。

南西　五鬼　▼大凶

木　木のカラー＆アイテムで凶作用をしっかり抑える！

南西は五鬼方位となるので、凶作用を抑えるためにも、水回りがあると良いでしょう。キッチンがあれば、火事や盗難などの災難が遠ざかり、金運にも恵まれます。逆に、ここに玄関や寝室などがあると、災難を招きがちに。ついぼんやりしてしまい、うっかりミスも多くなります。胃腸の病気や、下半身のケガにも要注意。特に南西の玄関は、人間関係のトラブルで落ち込んでしまうことも。

南西の五行「土」を弱める「木」のラッキーカラー＆アイテム（70ページ）を使い、凶作用をしっかり抑えてください。もし玄関がある場合は、生気方位の北を寝室にすれば、凶作用が抑えられます。

水のカラー＆アイテムで凶作用をしっかり抑える！

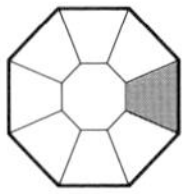

西

六殺 ▼中凶

六殺方位となる西には、凶作用を弱める水回りがあると吉。キッチンがあれば、争いごとが減ったり、火事などの災禍やトラブルも回避しやすくなります。

反対に、西に玄関や寝室、リビングなどがあると、生活全般がだらしなくなる傾向に。異性問題も起きやすくなり、金運もさっぱりです。また、肺の病気や虫歯など口の中の病気、さらにメンタル面での病気にも注意が必要です。

西の五行「金」を弱める「水」のラッキーカラー＆アイテム(78ページ)で、しっかり化殺し、凶作用を抑えましょう。もし玄関がある場合は、寝室を延年方位の東にしても、凶作用が緩和できます。

水のカラー＆アイテムで凶作用をしっかり抑える！

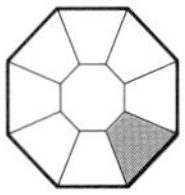

北西

禍害 ▼小凶

禍害方位の北西には、やはり凶作用を抑える水回りがあると良いでしょう。キッチンがあれば、人間関係にも良い影響があり、争いごとも減っていきます。

ところが、玄関や寝室、リビングなどがあると、小さなトラブルが続出しそう。その結果、安定した生活が送りにくくなる恐れもあります。肺の病気や頭痛などにも気をつけてください。

これらの凶作用を弱めるには、北西の五行「金」を弱める「水」のラッキーカラー＆アイテム(78ページ)を使います。カーテンなどのファブリックは青系色や黒、グレーを選び、流線形の柄や形を多く取り入れ、水の印象を強くしましょう。

木のカラー&アイテムで吉パワーをさらにアップ！

木

北

生気 ▼最大吉

北は生気方位。玄関があれば、開運が期待できる家になりますが、リビングにもおすすめです。寝室にすると、少し元気になりすぎて眠りが浅くなることも。

逆に、水回りなどがあると、凶作用が働いてしまいます。キッチンがあると、慢性病を抱えて寝込んでしまうことも。トイレも、健康運がダウンします。

生気の五行である「木」のラッキーカラー&アイテム(70ページ)を使い、吉パワーを高め、凶作用を弱めましょう。マットやタオルをはじめ、バス&トイレグッズ、キッチングッズなどは緑系色の物にします。観葉植物や、木製のアイテムも積極的に取り入れましょう。

木のカラー&アイテムで凶作用をしっかり抑える！

木

北東

絶命 ▼最大凶

北東は絶命方位なので、水回りなどがあれば凶作用を抑えられますが、玄関があったり、寝室やリビングがあると、大病や破産など、最大凶方位ならではの悪影響が避けられません。鼻の病気や、関節痛、腰痛などにも要注意です。

そうした凶作用を弱めるには、北東の五行「土」を弱める「木」のラッキーカラー&アイテム(70ページ)で、しっかり化殺して。カーテンなどインテリアは緑系色で統一を。植物の柄が描かれているものも良いでしょう。観葉植物も化殺効果が高く、ミリオンバンブーなら最強です。また、玄関があるなら、天医方位の南を寝室にしても、凶作用を抑えられます。

東

延年 ▼中吉

金のカラー&アイテムで吉パワーをさらにアップ!

金

延年方位となる東には、玄関や寝室、リビングがあると、人間関係に良い効果がもたらされ、開運が期待できます。ところがキッチンがあると、金運や結婚運、夫婦仲にも暗雲がたちこめそう。トイレは、人間関係の苦労を招きがち。

もし東にキッチンや水回りがある場合は、延年の五行「金」のラッキーカラー&アイテム(76ページ)で、吉を重ねてパワーアップし、凶作用を弱めます。

バス&トイレグッズは白や銀色でまとめましょう。またキッチンは、金属アイテムが多く、化殺しやすい環境です。なかでも、丸い鍋や銀色の丸いトレイなどをよく使えば、化殺効果が上がります。

南東

伏位 ▼小吉

木のカラー&アイテムで吉パワーをさらにアップ!

木

南東は伏位方位となり、玄関や寝室、リビングなどがあれば、生活全般が安定します。小さな喜びも増えるでしょう。ところが、キッチンやトイレなどがあると、凶作用が働いてしまい、なにごともうまくいかなくなったり、安定するはずの金運にも、悪影響が及んだりします。

そこで、伏位の五行である「木」のラッキーカラー&アイテム(70ページ)を使い、吉作用を強めることで、凶作用を抑え込みましょう。インテリアはできるだけグリーン系色でまとめ、木製のカトラリーやカップ、トレイなどを使うようにして。キッチンにハーブの鉢や観葉植物を置くのもおすすめです。

坎《かん》命《めい》

坎命タイプの理想のフロアプラン

玄関は南東、寝室は東
キッチンは北東か北西が最適

「坎」命は、東方向に吉方位が固まる東四命グループの一つ。

玄関は、生気方位の南東にあると、幸運が家に入ってきて大吉です。寝室は、毎日健康に過ごしたいなら、天医方位の東がおすすめ。人間関係に関する悩みを解消したいなら、延年方位の南にしてください。

延年の南は、家族運アップにもつながるため、リビングにも適しています。生気の南東、伏位の北にしても、家族みんなで楽しく過ごせるリビングになるでしょう。また、天医の東は、集中力が増す方位なので、仕事&勉強部屋に最適。

ただし、これらの部屋が凶方位にあって化殺をせずにいると、さまざまな悪い作用が働いてしまいます。

キッチンは、五鬼方位の北東や六殺方位の北西にあると、凶作用を燃やしてトラブルを回避できたり、さまざまな良い影響が出たりします。

バスルームやトイレなどの水回りも、五鬼の北東や絶命方位の南西などの凶方位にあると、その凶作用を流し去り、心配無用になります。

収納スペースもやはり凶作用を弱めるので、禍害方位の西などの凶方位に置くと良いでしょう。

逆に、こうした部屋などが吉方位にあるときも、凶作用が働きますので、しっかり化殺してください。

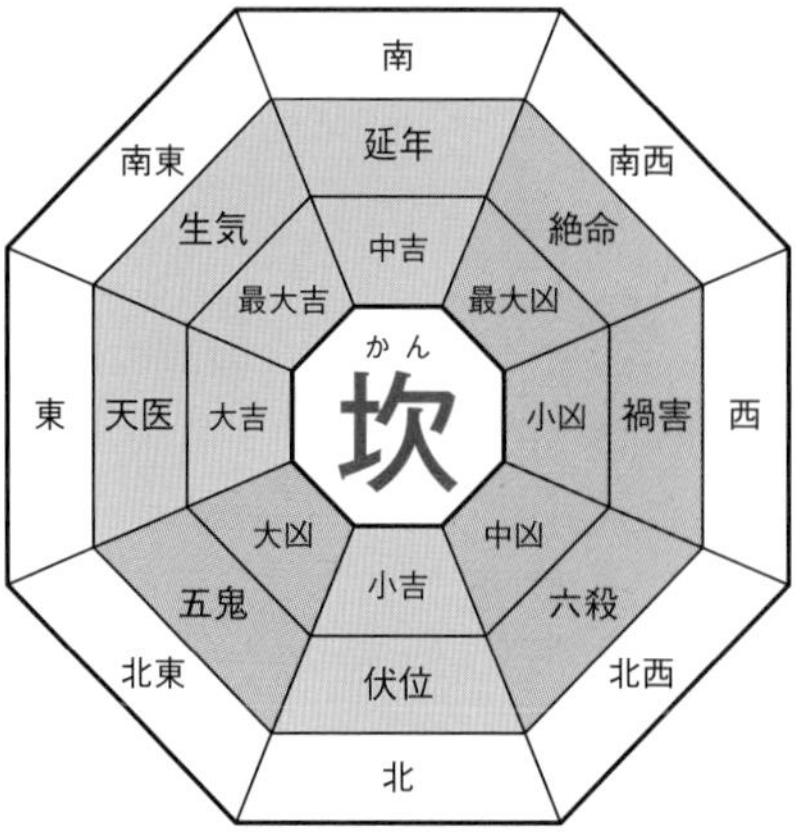

宅卦との相性

相性の良い宅卦

坎《かん》宅 (P.150)　離《り》宅 (P.144)
震《しん》宅 (P.146)　巽《そん》宅 (P.148)

相性の悪い宅卦

乾《けん》宅 (P.140)　兌《だ》宅 (P.142)
艮《ごん》宅 (P.152)　坤《こん》宅 (P.154)

吉凶方位別のフロアプラン

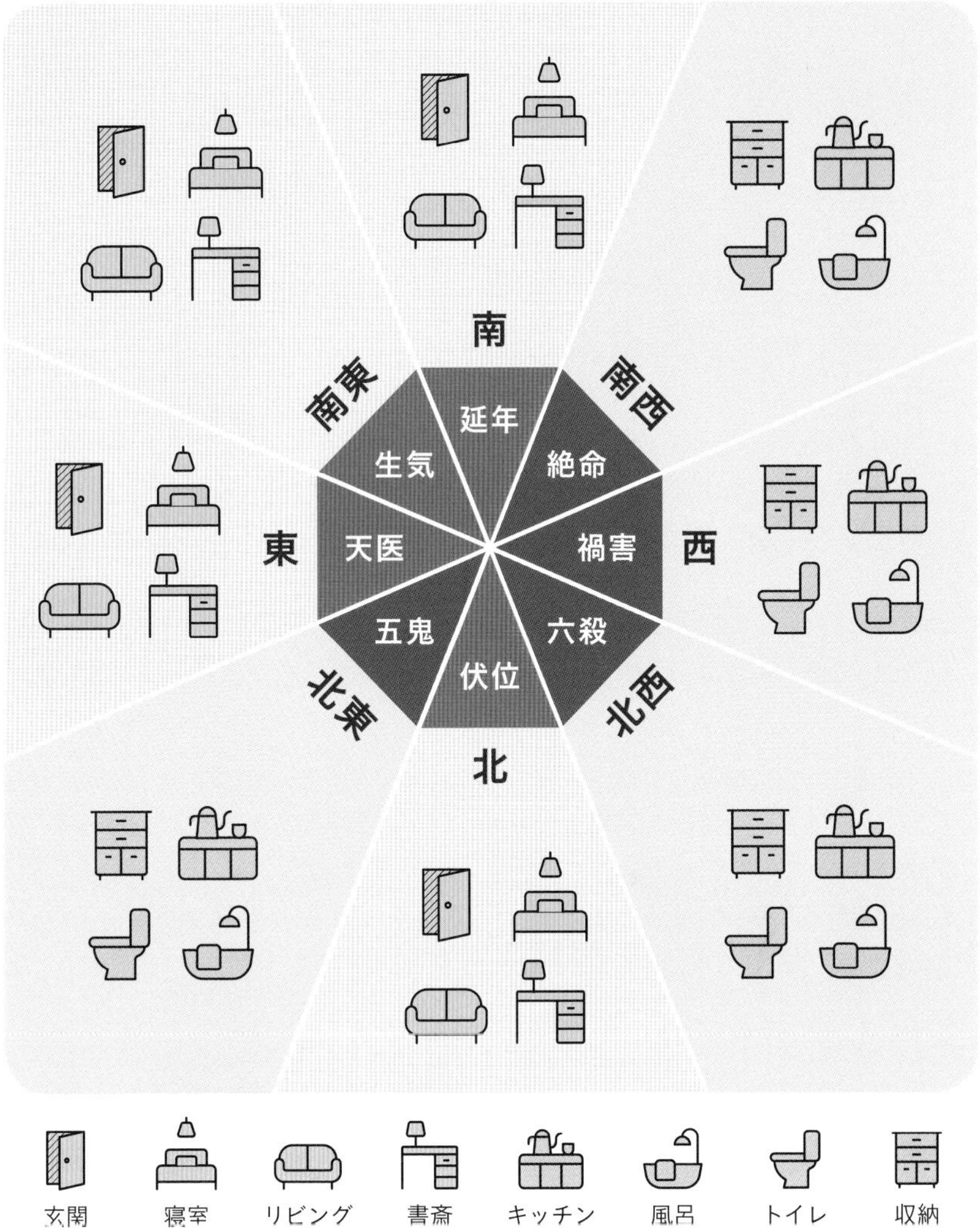

▶玄関 → 生気方位の南東がベスト
▶寝室 → 天医方位の東か、延年方位の南がおすすめ
▶リビングや仕事部屋・勉強部屋 → 吉方位に

▶キッチン → 五鬼方位の北東か、六殺方位の北西がおすすめ
▶バスルームやトイレなどの水回り、収納 → 凶方位に

坎《かん》命《めい》

坎命タイプの方位別開運アドバイス

南

延年

▼中吉

金

金のカラー＆アイテムで吉パワーをさらにアップ！

延年方位の南に玄関や寝室、リビングなどがあると、人間関係が順調になるなど、良い影響が及びます。コミュニケーション能力も上がり、仕事などでも良い成績が残せるようになるでしょう。

逆に水回りがあると、吉作用が及ばなくなり、人間関係のトラブルを引き起こすことに。キッチンがあると、恋愛運や結婚運、夫婦仲にも問題が起きそう。

こうした凶作用を抑えるには、延年の五行「金」のラッキーカラー＆アイテム(76ページ)でしっかり化殺を。マットやタオル、雑貨などは白や銀色の物を選びましょう。金属製のソープディッシュ、丸い鍋や食器なども良いアイテムです。

南西

絶命

▼最大凶

金

金のカラー＆アイテムで凶作用をしっかり抑える！

絶命方位の南西にキッチンがあれば、健康運や金運もアップ。とにかく、凶作用を弱めてくれる水回りがあれば吉。反対に、玄関や寝室、リビングなどがあると、強い凶作用の影響をもろに受けてしまいます。大きな損失を伴うトラブルや嫁姑問題、大病や大ケガといった暗示も。胃腸や腎臓の病気にも要注意です。

これらの凶作用を緩和するには、南西の五行「土」を弱める「金」のラッキーカラー＆アイテム（76ページ）を用います。銀色で丸い金属製のトレイなどは、最強の化殺アイテムなのでどんどん使って。もし玄関がある場合は、天医方位の東を寝室にしても、凶作用が抑えられます。

西

禍害 ▼小凶

水 水のカラー&アイテムで凶作用をしっかり抑える!

西は禍害方位なので、それほど強い凶作用はないのですが、玄関や寝室、リビングなどがあると、小さなトラブルが続いたり、体調不良に悩まされます。異性問題も起きやすく、口ゲンカが絶えなくなりそう。肺や腎臓の病気にも要注意。安定した生活を送るためには、なるべく使わない方が良い方位でしょう。

ですが、すでに玄関があったり、部屋を変えられない場合は、西の五行である「金」を弱める「水」のラッキーカラー&アイテム(78ページ)を使って、凶作用を緩和させてください。青くて流線形のミネラルウォーターのボトルなどは、それを飾るだけでも化殺効果抜群です。

北西

六殺 ▼中凶

水 水のカラー&アイテムで凶作用をしっかり抑える!

六殺方位の北西も、凶作用を弱める水回りがあると吉。キッチンがあれば、争いごとや災難が回避できるとされています。反対に玄関や寝室、リビングなどがあると、なにかとだらしなくなり、浪費したり、異性問題が増えたりする可能性大。重大なトラブルに巻き込まれたり、ケガを負ったりすることもありそう。腎臓や子宮の病気にも注意が必要。

しっかり凶作用を抑えるためには、北西の五行「金」を弱める、「水」のラッキーカラー&アイテム(78ページ)を、積極的に使うようにしてください。もし玄関がある場合は、延年方位の南で寝るようにすれば、凶意が弱まります。

坎命タイプの方位別開運アドバイス

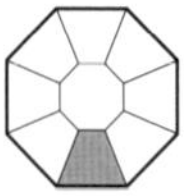

北

伏位 ▼小吉

北は伏位方位となり、玄関やリビングなどがあると、派手な吉作用はないものの、安定した生活を送れるようになります。寝室にすれば、じっくり物事に取り組めるようにもなるでしょう。

反対に水回りがあると、あらゆることがうまくいかなくなり、金運や生活そのものも不安定になりがちです。

そこで、伏位の五行「木」のラッキーカラー&アイテム（70ページ）を使い、吉パワーを高め、凶作用を弱めましょう。タオルやマット、バス&トイレグッズなど、インテリアは緑系色に。キッチンではハーブの鉢を置いたり、木製の食器や調理器具を多く使ってください。

木　木のカラー&アイテムで吉パワーをさらにアップ！

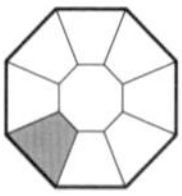

北東

五鬼 ▼大凶

北東は五鬼方位となり、強い凶作用があるため、水回りがあるとラッキーです。キッチンがあれば、トラブルから解放され、金運もアップします。

ところが、この方位に玄関や寝室、リビングなどがあると、破産や火災など、突然の災難がふりかかるかも。関節痛や腰痛、胃や腎臓の病気にも要注意。

北東の五行「土」を弱める「金」のラッキーカラー&アイテム（76ページ）で、しっかり化殺して。インテリアには白や銀色を使います。金属製の丸い時計やペーパーウェイトなどは化殺効果抜群。もし玄関があるなら、生気方位の南東を寝室にしても、凶作用を弱められます。

金　金のカラー&アイテムで凶作用をしっかり抑える！

土のカラー＆アイテムで吉パワーをさらにアップ！

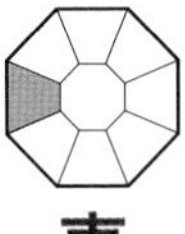

東

天医
▼大吉

東は天医方位となるので、寝室なら健康運アップ、仕事や勉強部屋にすれば集中力アップが期待できます。

ところが水回りなどがあると、せっかくの強力な吉パワーが、凶作用によって弱められてしまうのです。特に、健康面の問題が発生してしまいそう。

天医の五行である「土」のラッキーカラー＆アイテム（74ページ）で、吉作用を重ねてパワーアップし、凶作用を緩和します。キッチングッズやバス＆トイレグッズ、マットやタオルなどは黄色や茶色を選びましょう。キッチンなら土鍋や陶器なども良い化殺アイテムに。黄色や茶色で、四角い陶器の皿なら最強です。

木のカラー＆アイテムで吉パワーをさらにアップ！

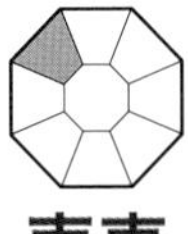

南東

生気
▼最大吉

南東は生気方位。玄関があれば、幸運がどんどん家にやってきて、活気にあふれた毎日を過ごせるように。リビングにすれば、家族団らんに最適となります。寝室の場合は、方位のパワーが強すぎてしまうので、疲れがたまっているとき以外は、避けたほうが良いほどです。

そんな強力な吉パワーも、水回りがあると抑え込まれてしまいます。特にキッチンがあると、金運がダウンしたり、自分の評判も落ちたりしてしまいそう。

そこで、生気の五行である「木」のラッキーカラー＆アイテム（70ページ）で吉作用を重ね、強めることで、逆に凶作用を抑え込んでしまいましょう。

艮《ごん》命《めい》

艮命タイプの理想のフロアプラン

玄関が南西、寝室が北西、キッチンは北や東が最適

「艮」命は、西方向に吉方位が固まる西四命グループの一つ。

玄関は生気方位の南西にあると、幸運がどんどん家にやってくるので、開運に最適な家になります。金運アップや社会的成功も望めます。

寝室は天医方位の北西にあると、毎日を元気に過ごせてベスト。延年方位の西なら、あらゆる人間関係が好転するようになります。

また、天医の北西は、仕事部屋や勉強部屋にとっても最適な方位。集中力が高まり、効率もアップ。パソコンを置くのにも良い方位です。

家族楽しく過ごすリビングにしたいなら、生気の南西か伏位の北東、延年の西が良いでしょう。

逆に、これらの部屋が凶方位にあるなら、化殺が必要です。

キッチンは五鬼方位の北にあると、災難回避や金運アップが期待できそう。六殺方位の東でも、争いごとやトラブルが減少します。

バスルームやトイレは、凶作用を水と一緒に流してくれるので、絶命方位の南東や五鬼の北など、凶方位にあると良いでしょう。

収納スペースや大きなタンスなども、禍害の南をはじめ、凶方位にあれば凶作用が緩和されます。

反対にこれらが吉方位にあるときは、しっかり化殺しましょう。

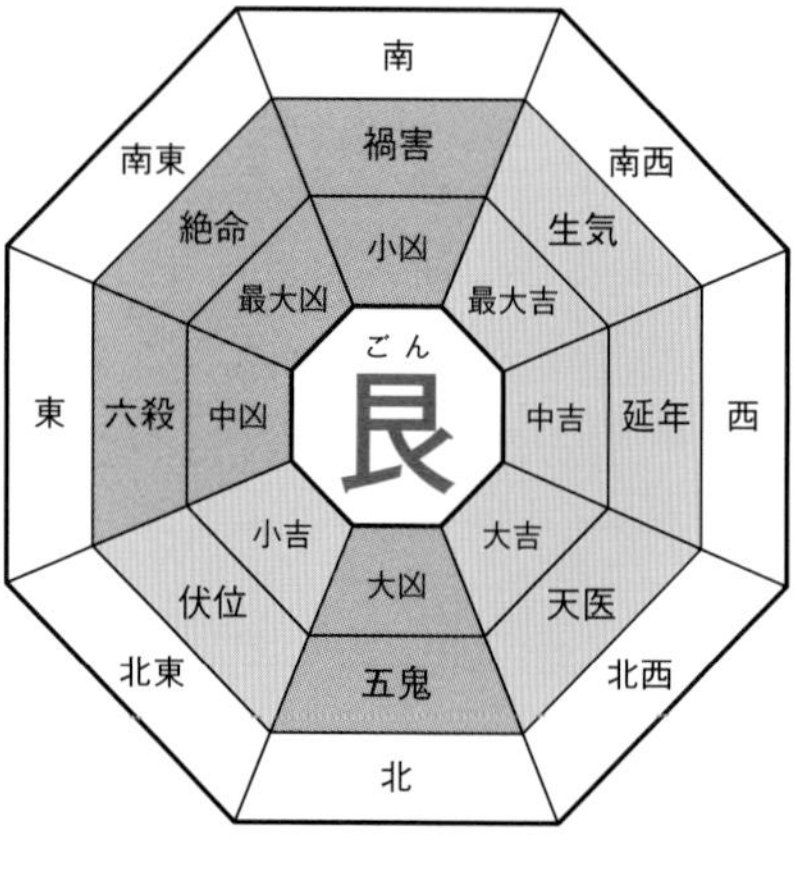

宅卦との相性

相性の良い宅卦

乾《けん》宅 (P.140)　兌《だ》宅 (P.142)
艮《ごん》宅 (P.152)　坤《こん》宅 (P.154)

相性の悪い宅卦

坎《かん》宅 (P.150)　離《り》宅 (P.144)
震《しん》宅 (P.146)　巽《そん》宅 (P.148)

吉凶方位別のフロアプラン

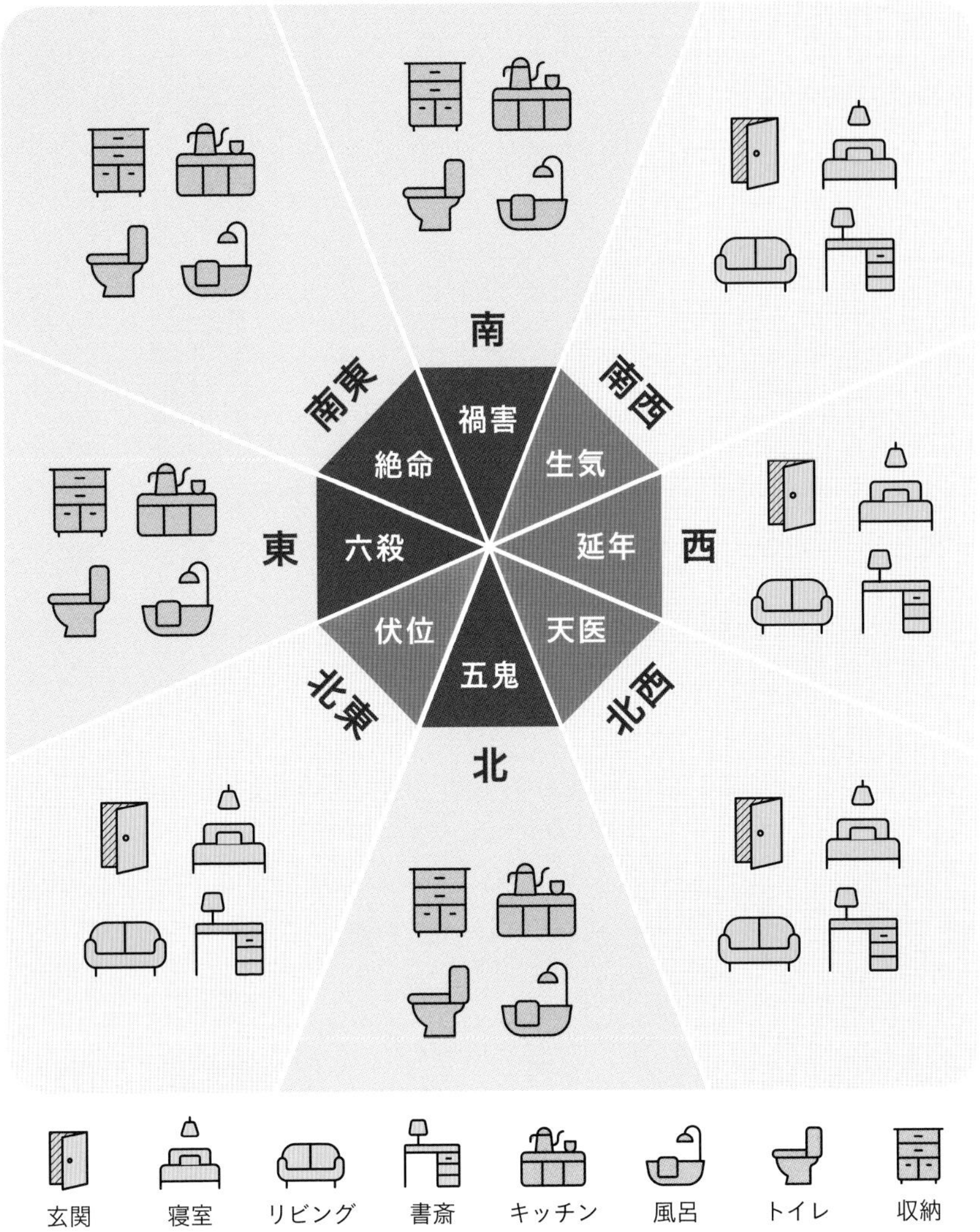

▶玄関 → **生気方位の南西がベスト**

▶寝室 → **天医方位の北西か、延年方位の西がおすすめ**

▶リビングや仕事部屋・勉強部屋 → **吉方位に**

▶キッチン → **五鬼方位の北か、六殺方位の東がおすすめ**

▶バスルームやトイレなどの水回り、収納 → **凶方位に**

南

禍害 ▼小凶

土
土のカラー&アイテムで凶作用をしっかり抑える！

南は禍害方位となり、大きな凶作用はありませんが、水回りなどがあれば凶意が弱まります。キッチンがあると、トラブルが減って、人間関係もスムーズに。

反対に、玄関や寝室、リビングなどがあると、なにかとトラブルが起きやすくなってしまいます。異性問題が起きる暗示もあり、安定した生活は望めません。眼や心臓、血液の病気にも要注意。

そこで、南の五行である「火」を弱める「土」のラッキーカラー&アイテム（74ページ）を使い、吉パワーを重ね、凶作用を弱めてください。カーテンなどインテリアは黄色や茶系色で統一し、陶器などを飾ったり、使ったりしましょう。

南西

生気 ▼最大吉

木
木のカラー&アイテムで吉パワーをさらにアップ！

南西は生気方位。玄関があれば、活気がどんどん呼び込まれるので、金運をはじめ、さまざまな運気がアップします。南西のリビングも、家族円満に過ごせるようになって吉。元気がほしいときには、寝室にするのも良いでしょう。

ところが、ここに水回りなどがあると、凶作用が働いて、せっかくの吉作用が逃げていってしまいます。

そこで、生気の五行である「木」のラッキーカラー&アイテム（70ページ）で吉作用を重ねてパワーアップし、凶作用を弱めましょう。キッチングッズやバス&トイレグッズなどは緑色でまとめて。観葉植物もおすすめアイテムです。

西

延年 ▼中吉

金のカラー&アイテムで吉パワーをさらにアップ！

延年方位の西に玄関や寝室、リビングがあると、人間関係に良い影響が出ます。夫婦や家族運アップにも適した方位で、充実した毎日が過ごせるように。

逆に、この方位に水回りがあると、人間関係でのトラブルが増えてしまいそう。特にキッチンは、金運まで下げてしまうので避けたい方位です。

でも、すでにこのような家に住んでいるという場合は、その凶作用を弱めるために、延年の五行「金」のラッキーカラー&アイテム(76ページ)を使いましょう。マットやタオル、雑貨などは白や銀色の物を選んで。金属製の丸い鍋や食器などは、おすすめの化殺アイテムです。

北西

天医 ▼大吉

土のカラー&アイテムで吉パワーをさらにアップ！

北西は天医方位。毎日健康に過ごしたいなら、寝室をこの方位に。また、仕事や勉強の効率を上げたいときも、集中力が増す方位なのでおすすめです。

その吉作用も、水回りがあると凶作用が働いて、抑えられてしまいます。さらに、健康運もダウンしがちに。

そんなときは、天医の五行である「土」のラッキーカラー&アイテム(74ページ)で、吉作用を重ねて、化殺するようにしましょう。キッチングッズやバス&トイレグッズ、マットやタオルなどは、黄色や茶系色でまとめると良いでしょう。また、四角い陶器のお皿や鉢は、化殺効果抜群。黄色や茶系の色ならベストです。

土のカラー＆アイテムで凶作用をしっかり抑える！

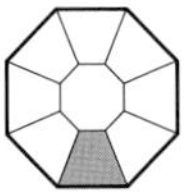

北

五鬼

▼大凶

北は五鬼方位となるので、水回りがあると、凶作用を弱められます。ところが、玄関や寝室、リビングなどがあると、水難事故や洪水などの水災、突然の災難にみまわれる恐れが。大金を失うようなことが起きる可能性も大。腎臓や下半身の病気にも要注意です。

こうした凶作用を抑えるには、北の五行「水」を弱める「土」のラッキーカラー＆アイテム（74ページ）を使います。インテリア用の四角いブロックやレンガなどを使うと、高い化殺効果が期待できます。さらに黄色か茶系色なら最強です。

玄関がある場合、生気方位の南西を寝室にしても、凶作用を弱められます。

木のカラー＆アイテムで吉パワーをさらにアップ！

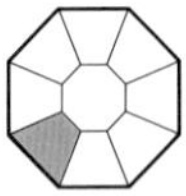

北東

伏位

▼小吉

伏位方位の北東には、玄関や寝室、リビングがあると、派手な成功は望めませんが、安定した生活が送れます。また、ねばり強さが出てくるので、試験勉強や仕事をするのにも良い方位です。

しかし、水回りがあると、小さな障害によって、物事がうまくいかなくなったり、金運にも恵まれなくなります。

伏位の五行「木」のラッキーカラー＆アイテム（70ページ）で吉作用を重ね、凶作用を抑えてしまいましょう。インテリアにはグリーン系の色をたくさん使い、観葉植物などを置けば、しっかり化殺できます。角ばった細長い長方形の木製トレイなども、良い化殺アイテムです。

東 六殺 ▼中凶

火 火のカラー＆アイテムで凶作用をしっかり抑える！

六殺方位の東には、水回りがあると良く、キッチンがあれば金運がアップし、トラブルも逃げていくようになります。

逆に、玄関や寝室、リビングなどがあると、トラブルがどんどんやってきて、破産したり、異性問題が泥沼化することにもなりかねません。手足の疾患や、肝臓の病気にも注意が必要です。

東の五行「木」を弱める「火」のラッキーカラー＆アイテム（72ページ）で凶作用を緩和してしまえば、その心配も減ります。赤系色をうまくインテリアに取り入れ、照明やキャンドルを活用して。

もし玄関があるなら、延年方位の西で寝るようにすれば、凶意が弱まります。

南東 絶命 ▼最大凶

火 火のカラー＆アイテムで凶作用をしっかり抑える！

南東は絶命方位。強力な凶パワーが働いてしまうので、本来は水回りにして、水と一緒に凶意を流してしまいたいもの。もし玄関や寝室、リビングなどがあると、大きな損害を被ったり、金運も健康運もダウン。多くの悩みを抱え込んでしまいそう。鼻や胃腸の病気、かぜや手足の大ケガなどにも気をつけましょう。

凶作用は、南東の五行「木」を弱める「火」のラッキーカラー＆アイテム（72ページ）を使って、しっかり抑えこむことが必要です。三角形の赤いキャンドルなら、強力な化殺効果が期待できます。

玄関がある場合は、天医方位の北西を寝室にすると、凶作用を緩和できます。

坤《こん》命《めい》

坤命タイプの理想のフロアプラン

玄関が北東、寝室が西、キッチンは南東や南が最適

「坤」命は、西方向に吉方位が固まる西四命グループの一つ。

活気あふれる生気方位の北東に玄関があると、家に良い気がどんどん呼び込まれ、開運に最適な家に。

寝室は、天医方位の西にあれば、しっかり休めて健康運も向上。延年方位の北西なら、夫婦仲や家族運に良い影響がもたらされます。

リビングも延年の北西にあれば、人間関係が順調に。生気の北東や伏位方位の南西でも、とても居心地の良いリビングになるでしょう。

仕事部屋や勉強部屋は、天医の西にすると、集中力が高まるので効率が上がります。パソコンを置くのも、この方位が適しています。

逆に玄関や寝室などが凶方位にあるときは、凶作用を弱めるために、化殺しなくてはなりません。

凶方位に適しているのはキッチン。五鬼方位の南東なら金運もアップ。六殺方位の南もおすすめです。

バスルームやトイレなどの水回りも、絶命方位の北や五鬼の南東など、凶方位にあると良いでしょう。水と一緒に凶作用を流してくれます。収納スペースも禍害方位の東など凶方位にすれば、凶作用が軽減。

ただし、これらが逆に吉方位にあると、凶作用が働くので、しっかり化殺しなくてはなりません。

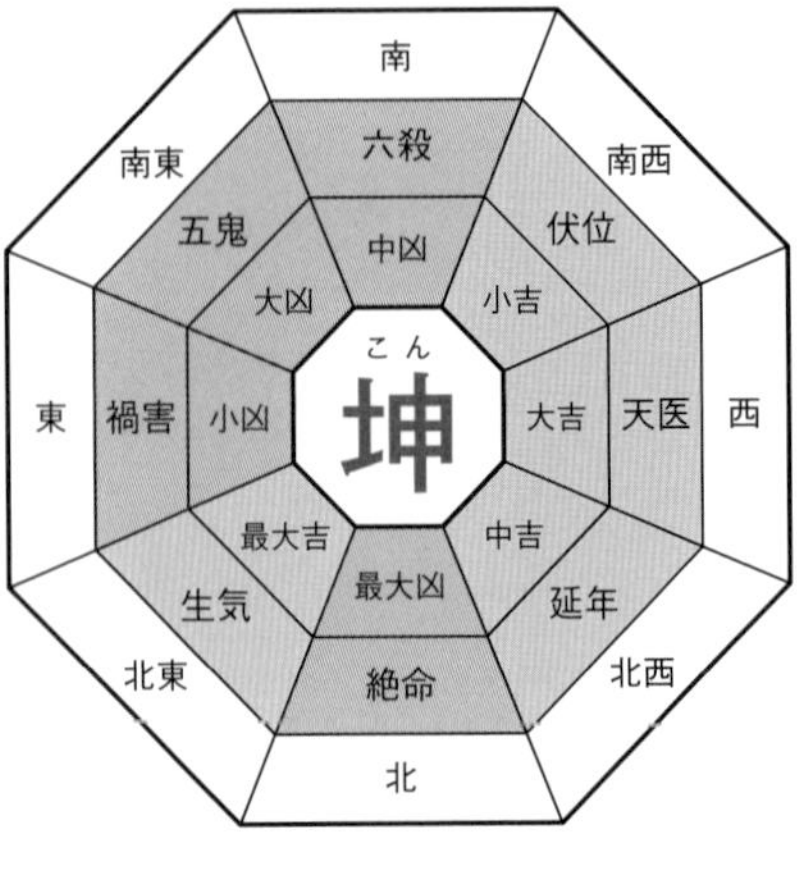

宅卦との相性

相性の良い宅卦

乾《けん》宅 (P.140)　兌《だ》宅 (P.142)
艮《ごん》宅 (P.152)　坤《こん》宅 (P.154)

相性の悪い宅卦

坎《かん》宅 (P.150)　離《り》宅 (P.144)
震《しん》宅 (P.146)　巽《そん》宅 (P.148)

吉凶方位別のフロアプラン

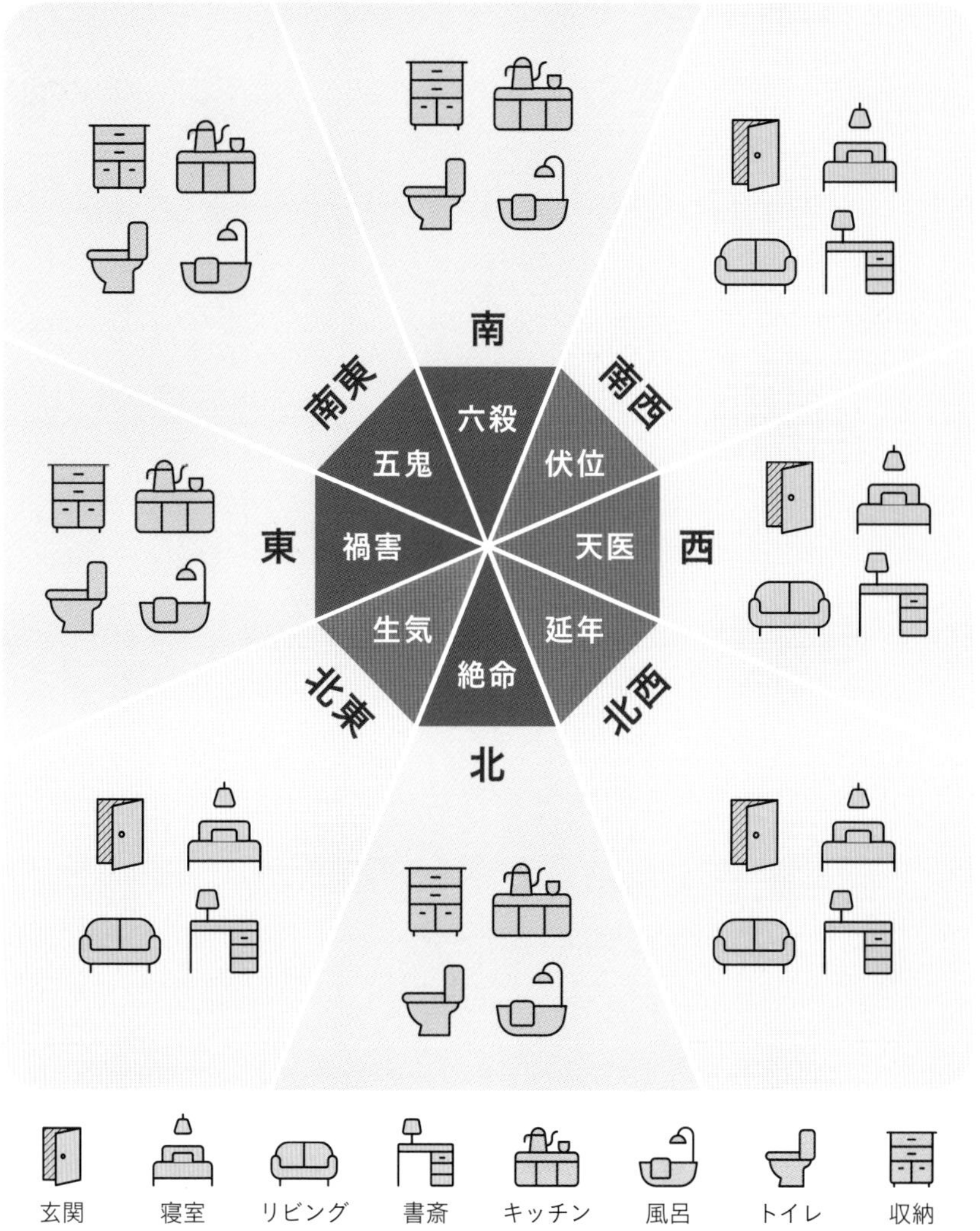

- ▶玄関 → 生気方位の北東がベスト
- ▶寝室 → 天医方位の西か、延年方位の北西がおすすめ
- ▶リビングや仕事部屋・勉強部屋 → 吉方位に

- ▶キッチン → 五鬼方位の南東か、六殺方位の南がおすすめ
- ▶バスルームやトイレなどの水回り、収納 → 凶方位に

南

六殺

▼中凶

土のカラー＆アイテムで凶作用をしっかり抑える！

南は六殺方位。凶作用を弱めてくれる水回りが適しています。キッチンがあれば、トラブル回避に効果があります。

反対に、ここに玄関や寝室、リビングなどがあると、自分に甘くなり、浪費ぐせがついたり、異性問題が起きる恐れも。心臓や眼、血液の病気にも要注意。

そこで、南の五行である「火」を弱める、「土」のラッキーカラー＆アイテム（74ページ）を使って吉パワーを重ね、凶作用を弱めるようにしましょう。インテリアは黄色やベージュ、茶系色でまとめて。陶器の皿やカップも化殺に効果的。

もし玄関がある場合は、寝室を延年方位の北西にすれば、凶意を弱められます。

南西

伏位

▼小吉

木のカラー＆アイテムで吉パワーをさらにアップ！

伏位方位の南西は、安定した生活を送るのに最適な方位。玄関や寝室、リビングなどがあれば、毎日穏やかに過ごしていけるようになります。また、忍耐力や仕事への意欲も増すでしょう。

ところが、ここに水回りがあると、そうした吉作用が凶に転じてしまい、生活も不安定になってしまいます。もしキッチンがあれば、金運にもダメージが。

もし、そのような家に住んでいる場合は、凶作用を弱めるために、伏位の五行「木」のラッキーカラー＆アイテム（70ページ）で吉作用を重ね、吉パワーをアップさせる必要があります。緑色を多く使い、観葉植物を置くのも効果的です。

西

天医 ▼大吉

土のカラー&アイテムで吉パワーをさらにアップ!

西の天医方位は、健康や集中力が欲しいときにぴったり。寝室にすれば、毎日健康に過ごせますし、仕事や勉強の部屋にすれば、効率がぐんとアップします。ただし、ここに水回りがあると、その吉作用が使えなくなってしまいます。もちろん、健康運も下降気味に。

そこで、天医の五行である「土」のラッキーカラー&アイテム(74ページ)を使い、吉作用を重ねてしっかり化殺して。黄色や茶色、ベージュのタオルやマットなどを使い、インテリアに統一感をもたせましょう。キッチンにたくさんある陶器の食器も良い化殺アイテム。黄色や茶色で四角い形なら、さらに効果的です。

北西

延年 ▼中吉

金のカラー&アイテムで吉パワーをさらにアップ!

延年方位の北西は、人間関係を順調にする方位。玄関や寝室、リビングがあれば、夫婦や家族の仲はもちろん、家の外の人間関係も改善されていきます。ですから、この方位に水回りがあると、特に人間関係でのトラブルが増えてしまうのです。さらに、北西にキッチンがあると、金運も逃げていきます。

延年の五行「金」のラッキーカラー&アイテム(76ページ)を使って、凶作用を抑えましょう。インテリアグッズやカーテンなどのファブリック類は、白や銀色をベースにセレクトし、クールな印象の部屋にします。金属製の丸い鍋や食器、時計なども良い化殺アイテムです。

北　絶命　▼最大凶

土のカラー＆アイテムで凶作用をしっかり抑える！

北は絶命方位。水回りがあれば、凶作用を弱められますが、玄関や寝室、リビングなどがあると、大病をしたり大きな損害を出したり、悪影響が強く出てしまいます。ケガを伴うトラブルや、水の事故や災害にみまわれる暗示も。腎臓や下半身の病気にも注意が必要です。

北の五行「水」を弱める「土」のラッキーカラー＆アイテム（74ページ）を使い、この強力な凶作用を弱めるようにしてください。インテリア用の四角いブロックやレンガ、土の入った四角い鉢などを置けば効果的。黄色か茶系色ならベスト。

玄関がある場合、寝室を天医方位の西にしても、凶作用を抑えられます。

北東　生気　▼最大吉

木のカラー＆アイテムで吉パワーをさらにアップ！

生気方位の北東に玄関やリビングがあると、家族みんなが幸せに暮らしていけるようになります。疲れがたまっているときなら、寝室にもおすすめ。強力なパワーで元気になれます。

ところが、ここに水回りがあると、良い運気が消し去られてしまいます。将来への発展性や、金運もダウンしそう。

そうした凶作用は、生気の五行である「木」のラッキーカラー＆アイテム（70ページ）で、吉パワーをさらにアップして封じ込めましょう。タオルやマットはもちろん、キッチン雑貨や鍋や食器、バス＆トイレグッズなども緑色に。小さな観葉植物を置くのも効果があります。

火

火のカラー＆アイテムで凶作用をしっかり抑える！

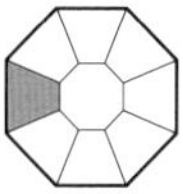

東

禍害 ▼小凶

東は禍害方位。大きな悪影響がないとはいえ、水回りがあると安心です。玄関や寝室、リビングなどがあると、やはり運気は下降気味に。金運も少しずつ下がっていき、最終的に破産してしまうこともありそう。いつも不安を感じて、穏やかな生活が送りにくくなり、体調不良にも悩まされがち。特に肺の病気や手足の疾患、足のケガには要注意です。

そうならないために、東の五行「木」を弱める「火」のラッキーカラー＆アイテム（72ページ）で、凶作用を緩和します。スリッパやラグ、クッションカバーなどインテリアには赤系色を使い、尖った形のオブジェなどを飾るのも良いでしょう。

火

火のカラー＆アイテムで凶作用をしっかり抑える！

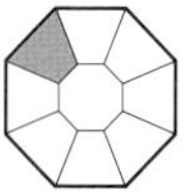

南東

五鬼 ▼大凶

南東の五鬼方位は、水回りを配置して、強い凶作用を弱めたい方位です。ところが、玄関や寝室、リビングがあると、ぼんやりしてボヤを出したり、事故を起こしたりする恐れが。特に火災や破産といった暗示があるほか、仕事では同僚や部下とのトラブルが起こりがちです。かぜや足、お腹の病気にも要注意。

南東の五行「木」を弱める「火」のラッキーカラー＆アイテム（72ページ）を使って、しっかり化殺しましょう。赤い三角形のキャンドルに火をつけておけば、高い化殺効果が期待できます。

玄関がある場合は、生気方位の北東を寝室にすると、凶作用を緩和できます。

COLUMN ③

誰にとっても悪くない家をつくる

本命卦は家の主人を基本に運気を上げたい人を優先

家族の本命卦がみんな違うというとき、原則的には、一家の支えとなる人の本命卦に合わせるのが基本となります。

通常は、その家の主人に合わせることが多くなりますが、「奥さんの健康運を上げたい」「子どもが受験を控えている」など、特に運気を上げたい人がいる場合は、その人の本命卦を基本に考えていきます。

ただし、誰かの大吉を使おうとして、ほかの人が大凶になるようではダメ。大吉を吉や小吉におとし、ほかの家族が小凶となるようにします。また、誰かが絶命方位になるのは、絶対にNGです。水回り以外では極力使わないよう工夫してください。

なお、次章で紹介する「宅卦」と、本命卦の吉凶方位が相反する場合も、ともに絶命方位は、水回り以外としてはなるべく使わないこと。

ちなみに、宅卦と本命卦の吉凶方位が重なる場合、「宅命相配《たくめいそうはい》」で大吉となります。また、本命卦の吉方位を自分の部屋にするのは、「屋命《おくめい》相配」になり中吉。部屋の中心から見た吉方位で眠るのは、「床《しょう》命《めい》相配」で小吉になります。このように吉作用を重ねると良いでしょう。

いずれにせよ、適さない方位を使う場合は、自分の本命卦に合わせた化殺を行うようにしてください。

PART

4

八宅風水・宅卦別編

理想のおうちプラン

八宅風水では、玄関の向き＝宅卦からも家の吉凶方位を診断します。これは、本命卦と合わせて善し悪しを見ていくのが基本で、両方とも良い方位なら吉が二重に重なることになり、幸せも相乗効果が期待できます。また、本命卦がやや悪い場合は、宅卦で吉を補うことも可能です。本命卦と合わせた診断がしやすいように、八宅盤を重ねて吉凶を色分けした「宅命八宅盤」も全種類紹介！　ベストな間取りを選び、つくり出して。

家の形から吉凶を判断してみよう

　ここまで、どの方位にどんな部屋があるかによって、吉凶を見てきました。

　次は、家の形そのものの吉凶を判断してみることにしましょう。そこで、まず最初に注目したいのが、建物の「張り」と「欠け」です。文字通り、出っ張った部分と、欠けた部分のことです。

　中国風水では、欠けを「欠角」といい、その方位のエネルギーが欠け、足りないと判断し、基本的には凶と考えます。

　ところで、張りと欠けというのは、日本の家相でも大変重要とされ、「張り」は吉相、「欠け」は凶相とされています。

　また、インド式風水のヴァスツでも欠けを凶とするので、欠け＝凶というのは3国の共通認識といえるでしょう。

　ところが中国風水では、家や住む人にとって、その方位がどういう意味を持つかを、さらに重要視します。大凶となる方位は、欠けていたほうがかえって良い場合もあるのです。また「張り」も、必ずしも吉とはみなしません。

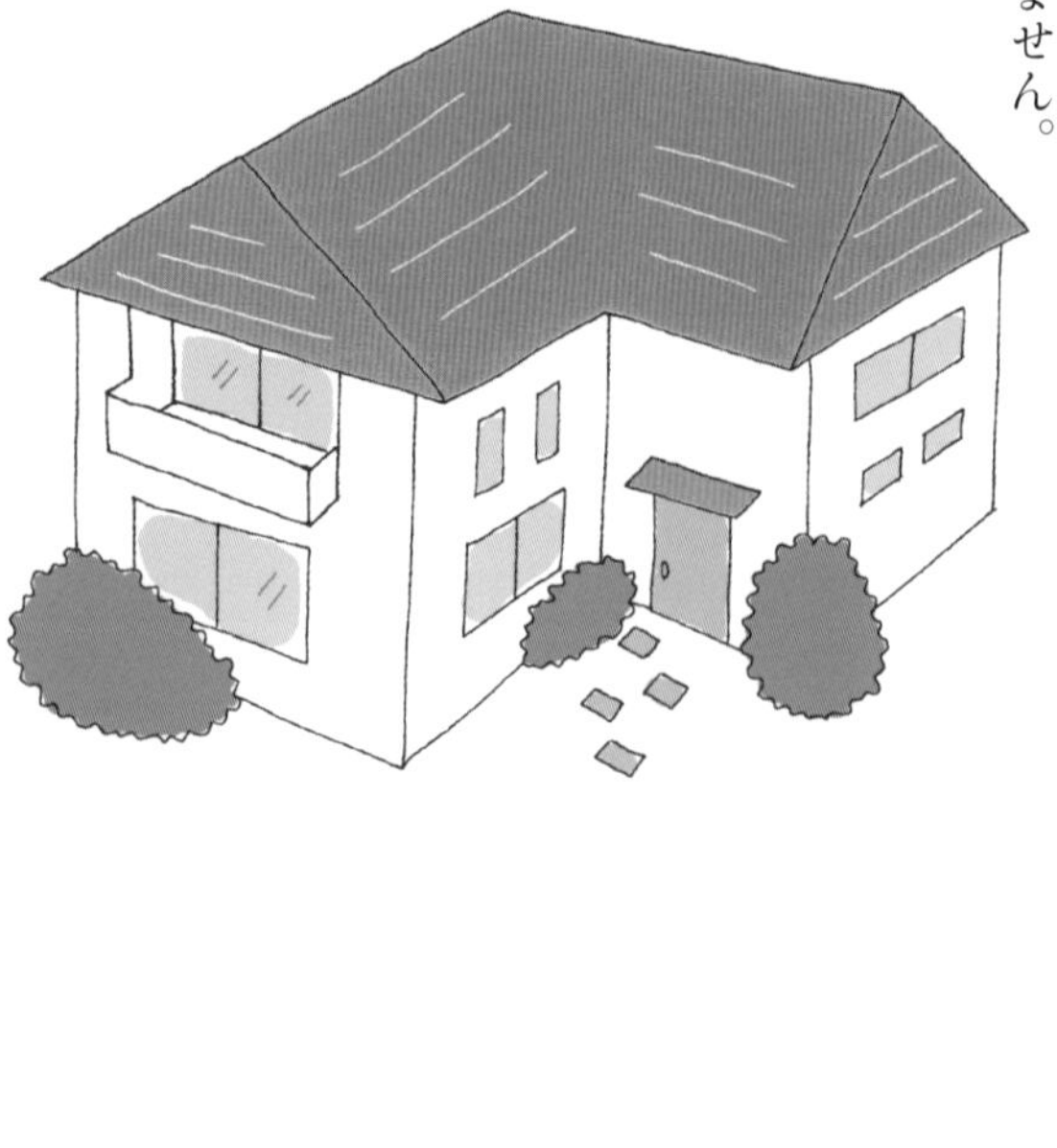

張りと欠け

中国風水では、特に「欠け」を重要と考えます。「欠け」は、建物のいちばん外側の部分を線で囲み、凹んだ部分です。その「欠け」が、どんな影響を及ぼすかを見ていくのです。

あまりにも「欠け」が大きすぎると、それは「欠け」ではないという考え方もありますが、特定の方位に構造物がない住居になるので、ここでは「欠け」と考えるようにします。

張りの場合

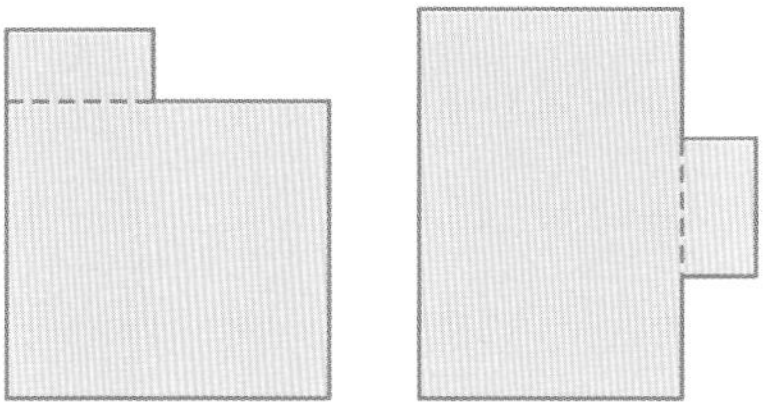

欠けの場合

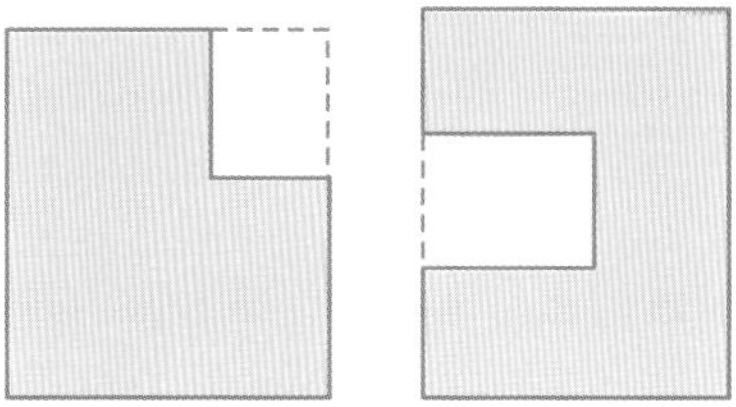

欠けの補い方

吉方位が欠けている場合は、家具を置いたり、鏡や絵画を飾って擬似的に奥行きをつくり、欠けがないように見せて補います。

鏡は欠けた部分の壁にかけるか、壁の手前に大きめの鏡を飾って。絵画や写真は、室内を描いた物を飾り、壁の向こうに部屋があるように見せます。山や湖といった風景画だと、欠け部分が外のイメージになり、意味がありません。

絵や写真は風景ではなく、屋内をモデルにした作品を飾って

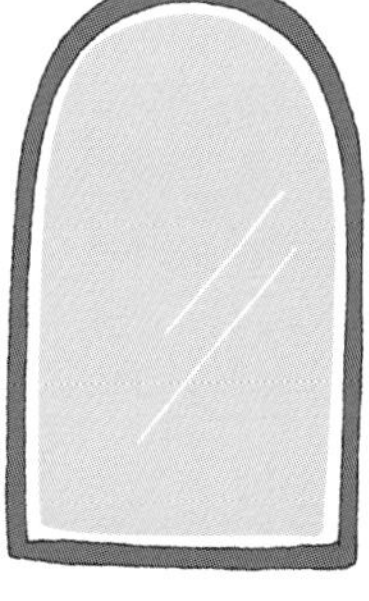

鏡は大きめなら、どんな形でも良いでしょう

北西（乾《けん》）の欠け

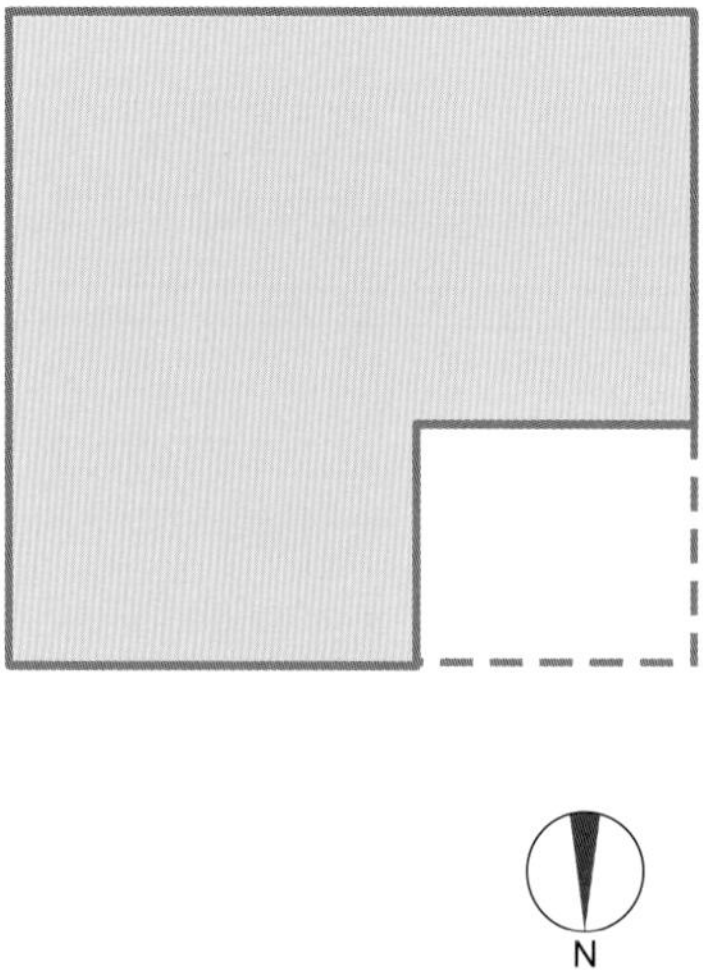

仕事のトラブルや、事業失敗の暗示がある。上司に恵まれず、衝突が増えたり、良い会社にもめぐり合いにくい。健康面では、呼吸器や皮膚の病気、右脚のケガに注意。北西は一家の主人を表すため、欠けると「主人のいない家」に。夫の長期単身赴任や、家で父親の立場がなくなったりと、父親不在の家になりがち。

西（兌《だ》）の欠け

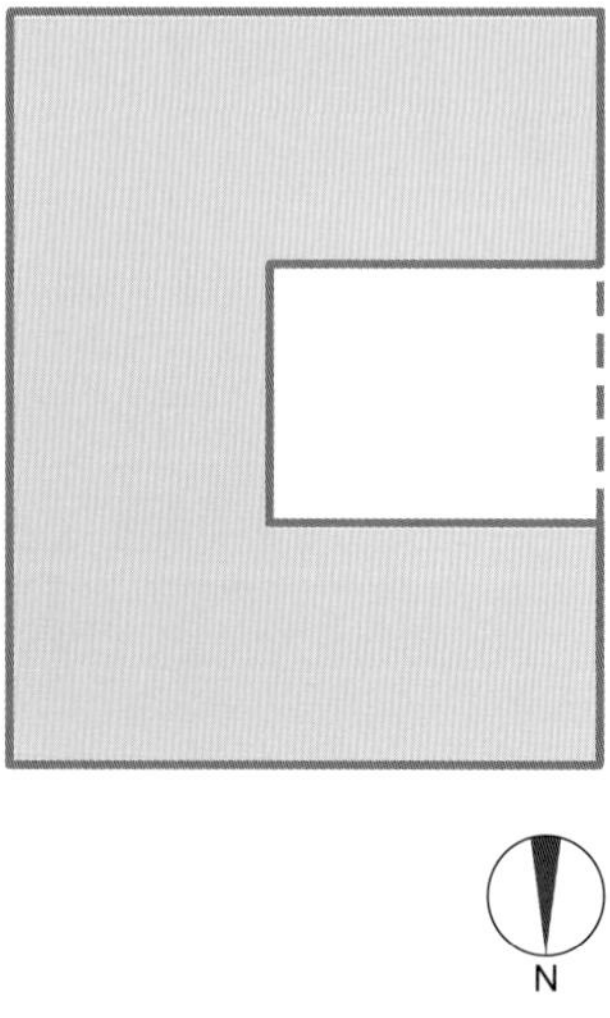

西は金運方位になるので、ここが欠けると金銭的に苦労することになる。借金や破産など、金銭トラブルに巻き込まれる暗示も。家庭内でもお金のことが原因で、口ゲンカや揉めごとが起こりやすくなる。健康面では、呼吸器系の病気に要注意。恋愛面では、不倫や複数相手との交際など、異性関係が乱れがちになる。

南（離《り》）の欠け

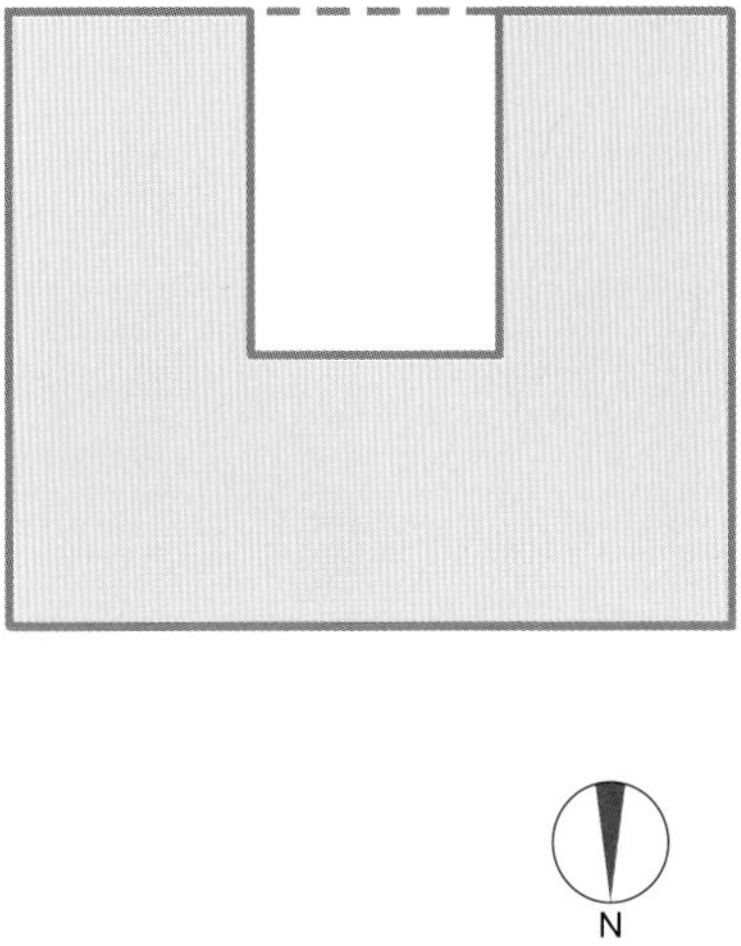

精神的に不安定になりやすく、健康面での不安が多くなる。金銭的にも不安定になり、他人のせいで出費がかさむことも。健康面では、脳や心臓の病気に注意。家庭面では家族を亡くし、孤独な人生となりやすい。恋愛面では出会いのチャンスも別れも多い。結果、恋愛に嫌気がさしたり、冷めた結婚生活を送ることも。

東（震《しん》）の欠け

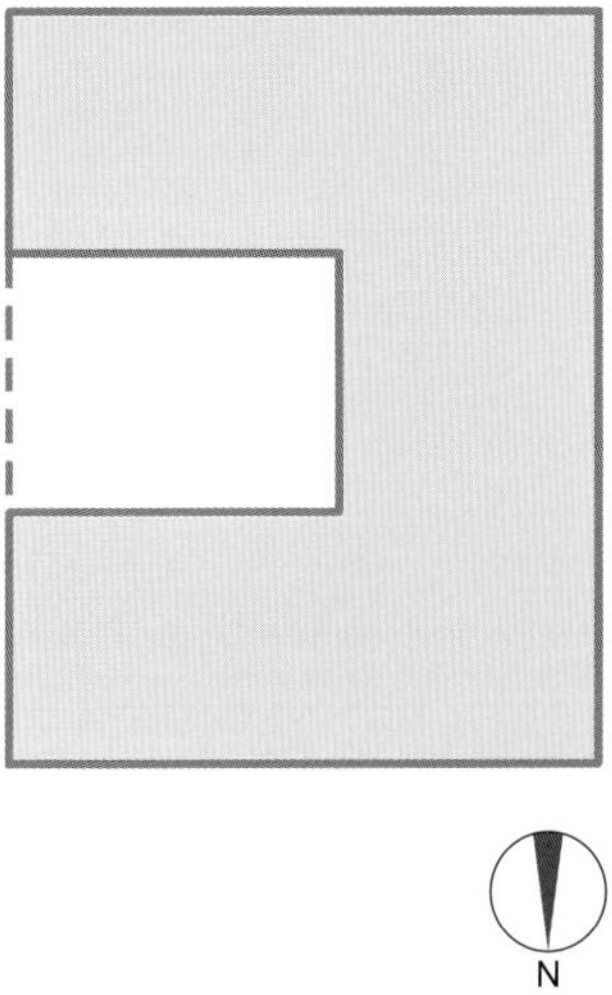

長男にトラブルが出やすく、跡継ぎ問題が起きやすい。将来や先行きへの不安感が募り、深く考えすぎて、思わぬ失敗を重ねることも。健康面では、肝臓に注意。疲労感も消えず、精神的にもバランスを崩しやすい。金銭面も急な出費が多く不安定。恋愛面では、せっかくの出会いも相手がイマイチということが多そう。

南東（巽《そん》）の欠け

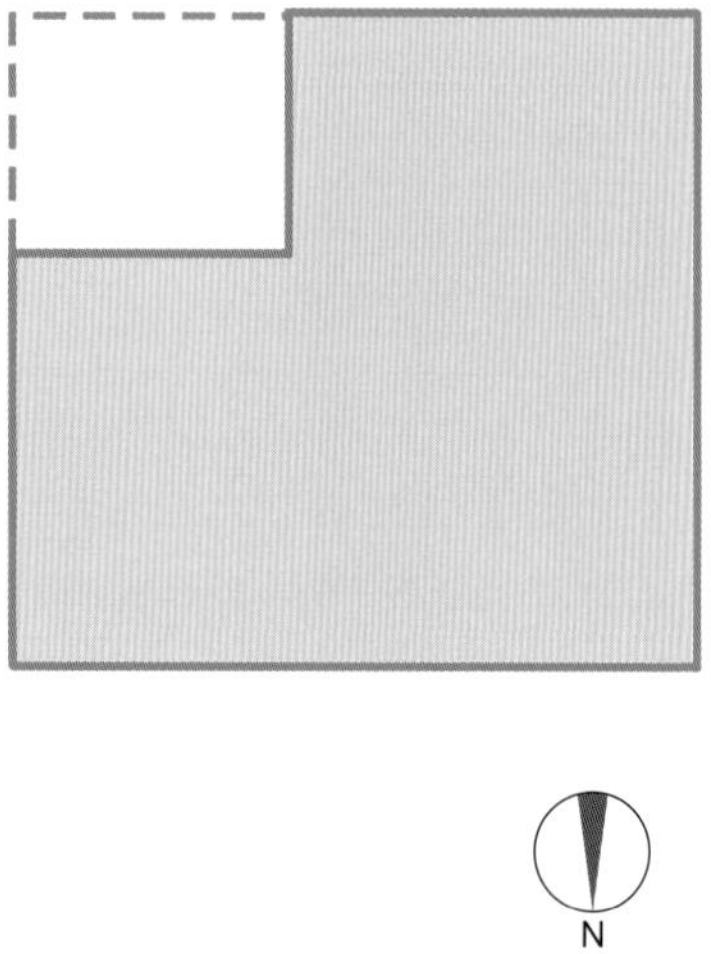

ここが欠けると信用をなくしたり、悪評がたちやすい。自営業者にとっては影響が大きく、遠方との取引のトラブルなども増加する。健康面では、慢性病と一生つきあうことになりがち。恋愛面では、晩婚傾向、もしくは独身を貫く傾向が強くなる。南東は長女を表し、特に長女の結婚に問題が出やすいとされる。

北（坎《かん》）の欠け

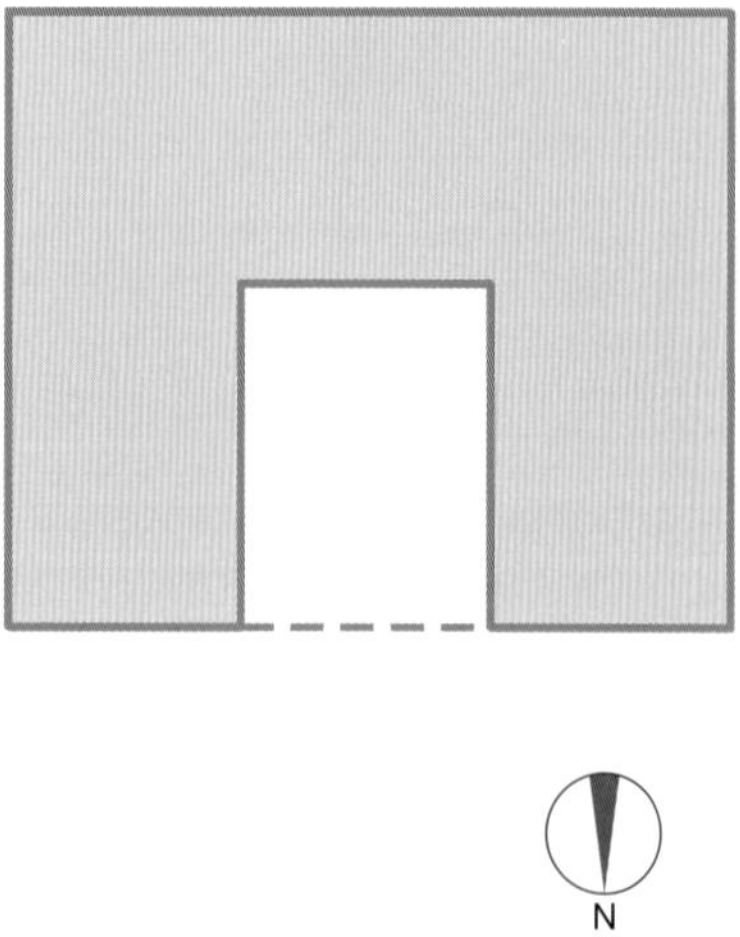

悩みがつきず、落ち込みやすくなる。健康面でも不安が多く、特に腎臓、膀胱《ぼうこう》、生殖器など下半身の病気に要注意。セックスレスの夫婦になったり、子どもができにくい暗示も。恋愛面ではなかなか理想の人と出会えず、不倫や問題のある交際になりがち。人間関係でも問題が多くなり、仕事もうまくいかなくなる。

北東(艮《ごん》)の欠け

身近な人たちとのトラブルが多くなり、悩みがつきることがない。財産トラブルも多い。跡継ぎに関する方位でもあり、ここが欠けると跡継ぎがいなくなり、家が絶える暗示もある。婿養子をとらなくてはいけない家でも、候補を見つけるのに苦労しそう。家庭内トラブルも多くなる。健康面では、関節痛や腰痛に注意。

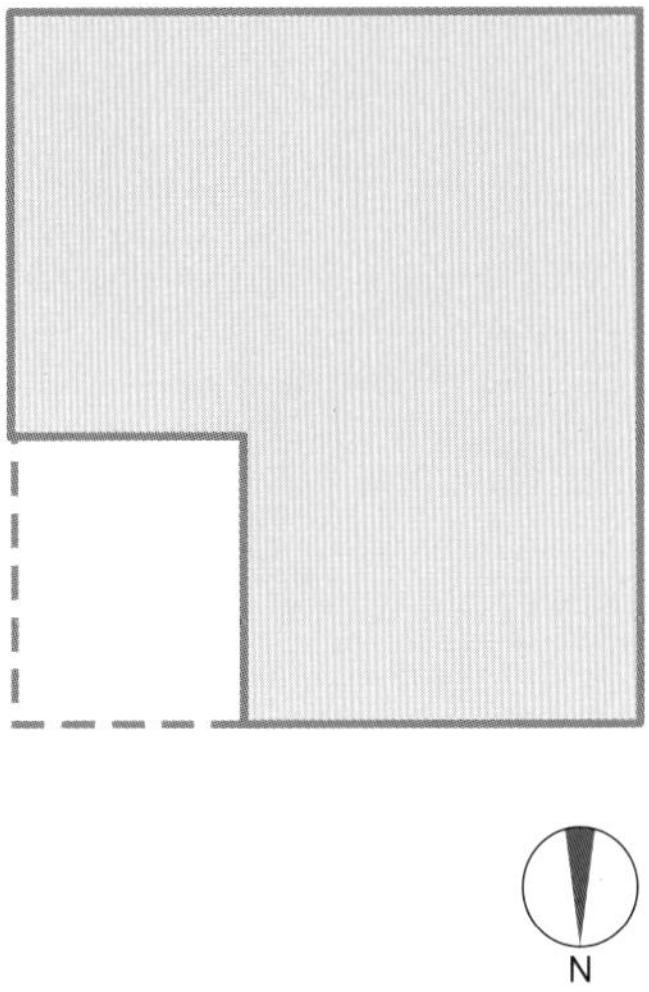

南西(坤《こん》)の欠け

健康面でのトラブルが起きやすく、胃腸には特に要注意。癌などの重病を引き起こすことも。病気がちなため、家の中も暗い雰囲気になる。家庭運を左右する方位で、妻・母親にトラブルが起きやすい。堅実の意味もあり、仕事や勉強への意欲を失いがちに。金銭面でも、貯蓄する堅実さが失われ、不安定になる。

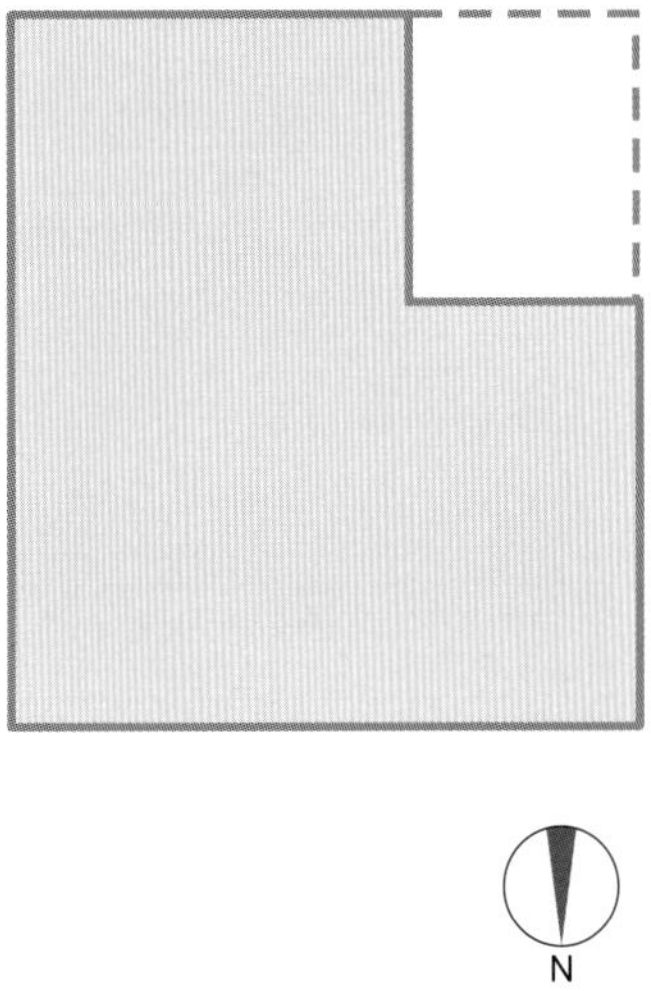

宅卦の意味と求め方

玄関の向きから割り出す宅卦とは？

玄関の向いている方位によって家の持つ運の傾向は変わる

どんな家が、あなたにとって良い家かは、「張り」や「欠け」を見たり、PART3で紹介した「本命卦」を使って判断するほかに、「宅卦《たくけ》」というものを使う方法もあります。

宅卦とは、家の玄関の向きから割り出すもので、いわば家の持つ性格や運の傾向を8つに分類したものです。この宅卦で、住居そのものの吉方、凶方を知ることができるのです。

宅卦は、家の中から見て、玄関のドアがどの方向に開くかを見て判断します。家の太極(中心)から、玄関がある位置を見るわけではありませんので、間違えないようにしましょう。

宅卦の求め方

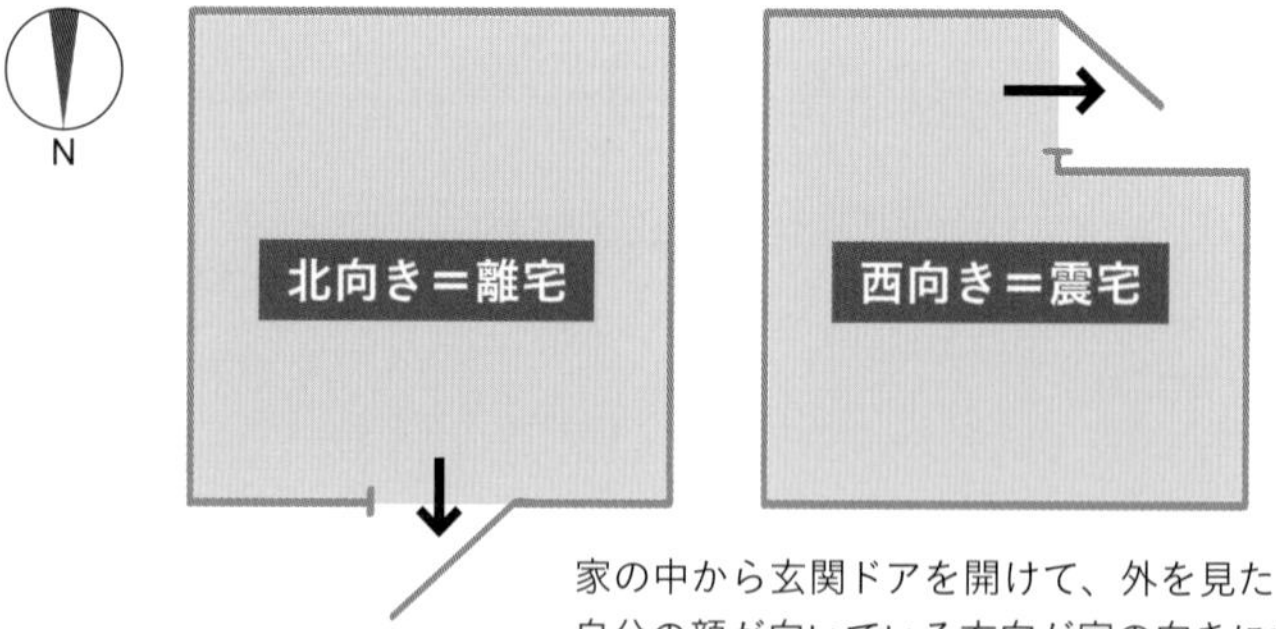

家の中から玄関ドアを開けて、外を見たとき、自分の顔が向いている方向が家の向きになる

◆ マンションの場合

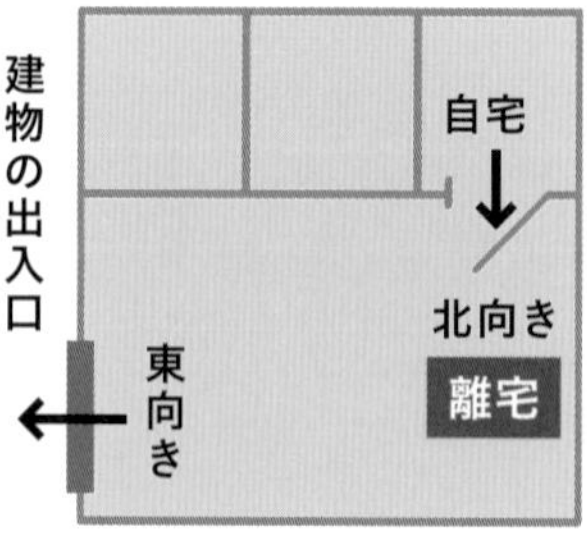

自宅玄関とマンションの入口の向きでは、自宅玄関の向きを優先

◆ 二世帯住宅の場合

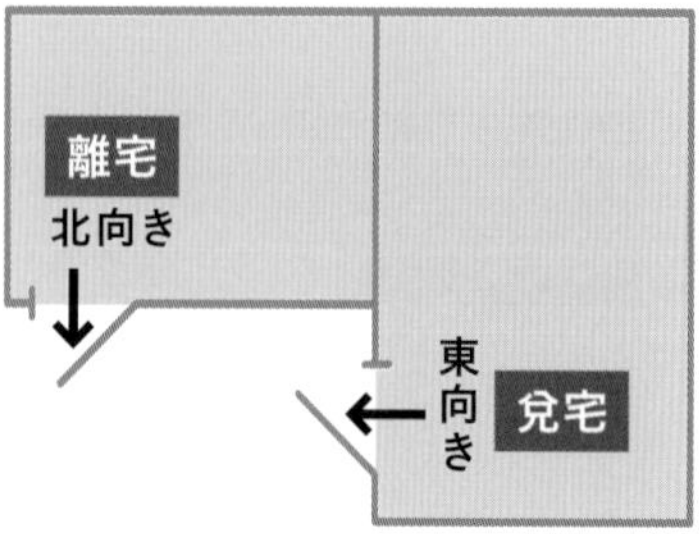

二世帯住宅でよく行き来している場合、両方の玄関の向きで判断して

宅卦で家の吉凶方位を知る

宅卦別八宅盤の使い方

まずは家の吉凶方位を知り さらに本命卦と重ねて見る

宅卦は八方位別に8種類となります。玄関の向きから家の宅卦がわかったら、次ページからの宅卦別八宅盤を見ましょう。例えば乾宅なら南が絶命になります。次に図面上で、巻末の方位盤を家の中心（太極）に合わせ、方位を判断。乾宅は南が絶命なので、南に玄関や寝室があると凶、水回りがあれば吉となります。

さらに八宅風水では、住む人の本命卦と合わせ、総合的に判断します。宅卦と本命卦の吉方位が重なるのは「宅命《たくめい》相配《そうはい》」という形で大吉。相反する場合は、本命卦を優先します。本書では、宅卦と本命卦を合わせた「宅命八宅盤」も紹介。吉凶の組み合わせを色で判断できます。

宅卦を使って家の方位を判断する

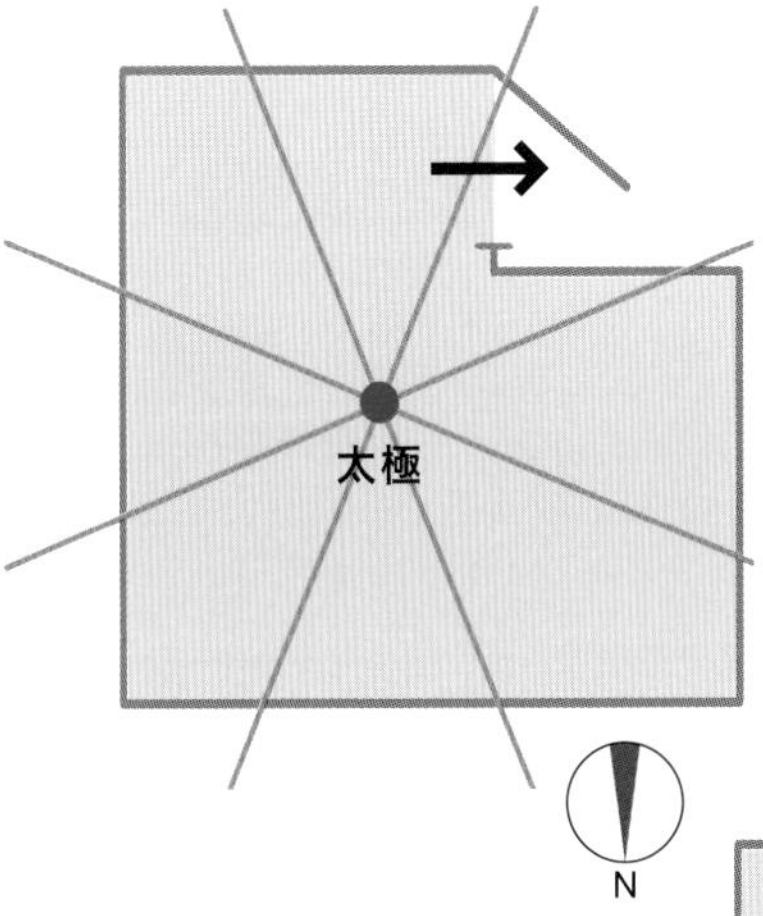

玄関の向き＝西＝震宅
玄関の位置＝南西（禍害）

玄関が西向きなので、この家は震宅になる。震宅の八宅盤を太極に重ねると、玄関が南西の禍害にあることがわかる

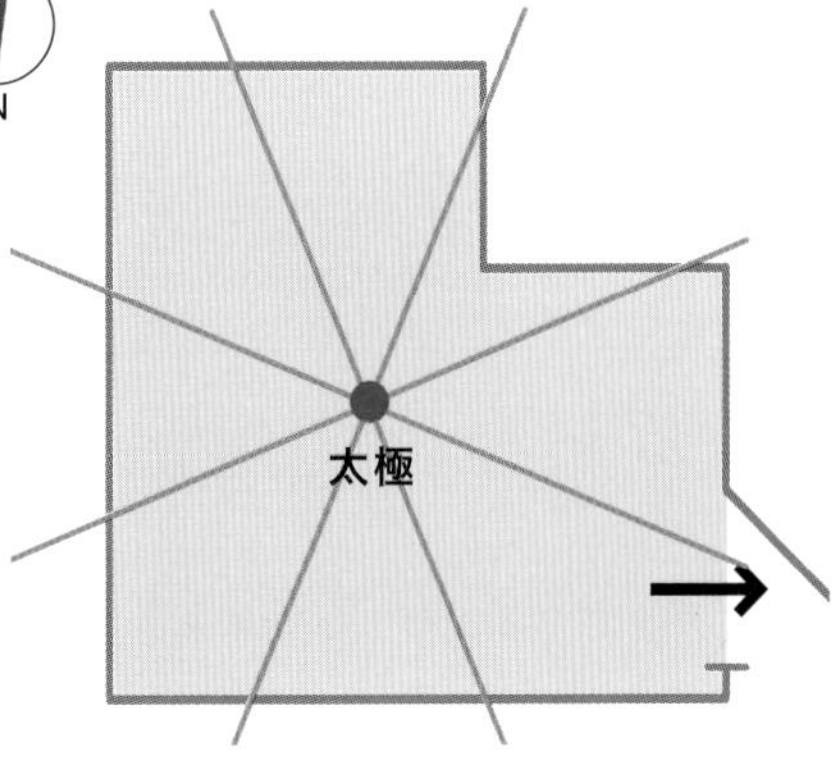

玄関の向き＝西＝震宅
玄関の位置＝北西（五鬼）

玄関が西向きなので、この家も震宅になる。震宅の八宅盤を太極に重ねると、玄関が北西の五鬼にあることがわかる

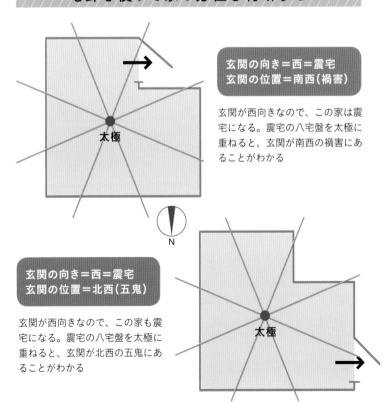

乾《けん》宅《たく》

玄関が南東を向いている

玄関が凶方位に位置しやすい家
化殺と寝室位置で凶を弱めて

玄関が家の中心（太極）から見て、吉方位に位置していれば良いのですが、絶命の南や五鬼の東などにある場合はしっかり化殺を。これから部屋を選ぶなら、絶対に避けてください。禍害の南東ならマシですが、やはり化殺は必要です。

ただし、玄関が凶方位にあっても、キッチンなど水回りが南（絶命）や東（五鬼）にあれば、凶作用が弱まります。

また、寝室が西（生気）か北東（天医）にあれば、なお良いでしょう。

本命卦が西四命の人は、吉方位が重なる宅命相配となって大吉。ところが、東四命の人にとっては吉凶方位が相反するので、相性の悪い家となります。

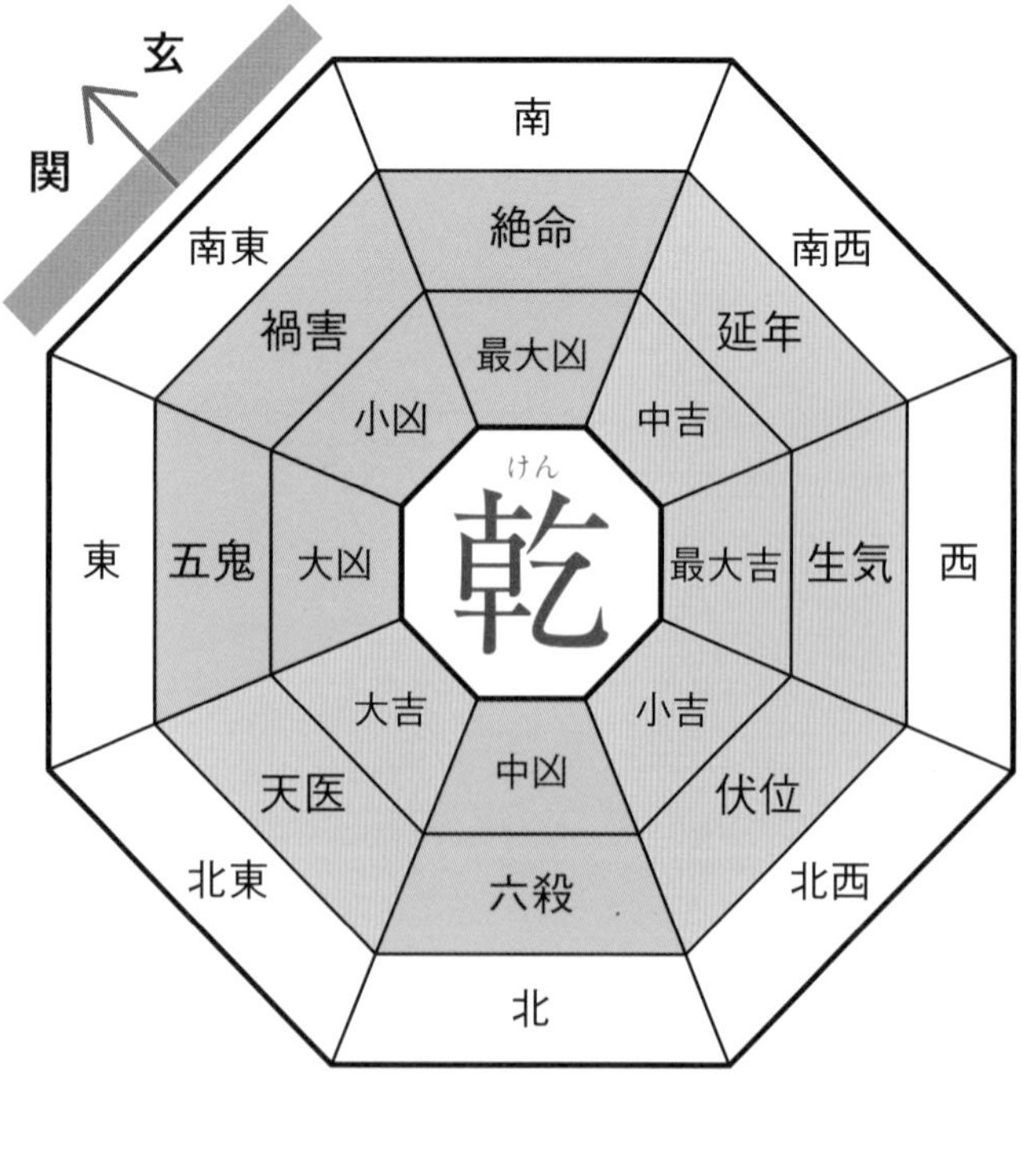

宅命八宅盤

西四命は吉作用も大きいが、凶作用も大きくなるので凶方位に注意。東四命は本命卦の吉方位を優先すること

本命卦・東四命

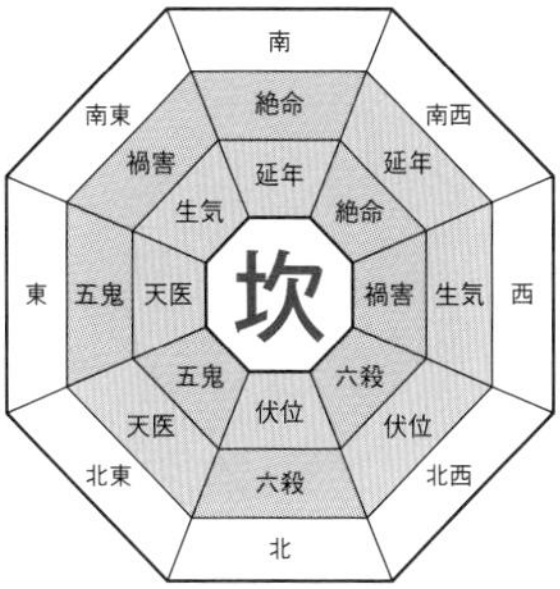

乾宅 坎命タイプ

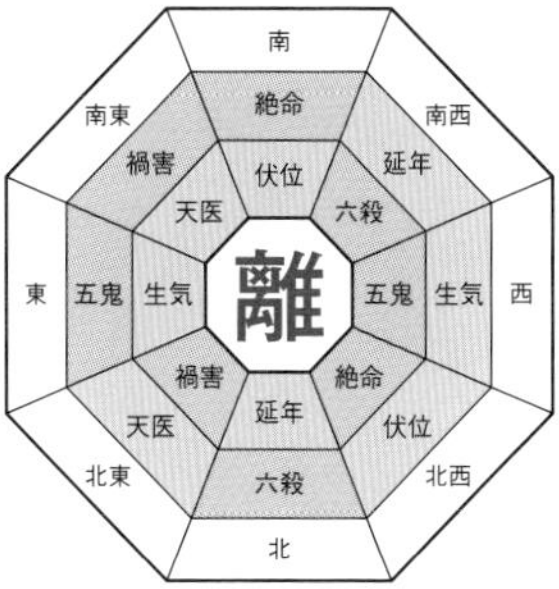

乾宅 離命タイプ

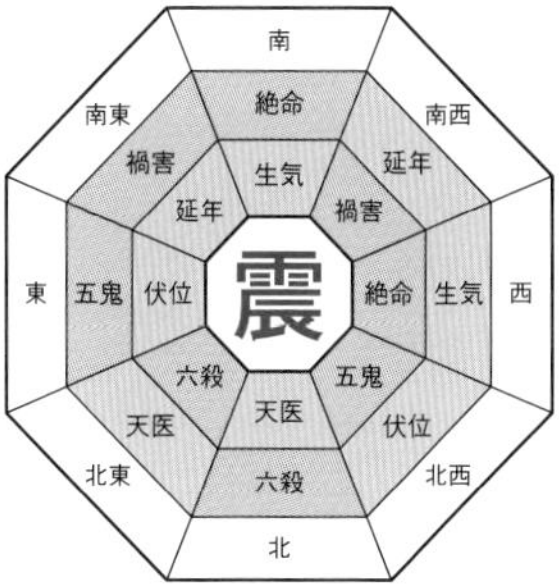

乾宅 震命タイプ

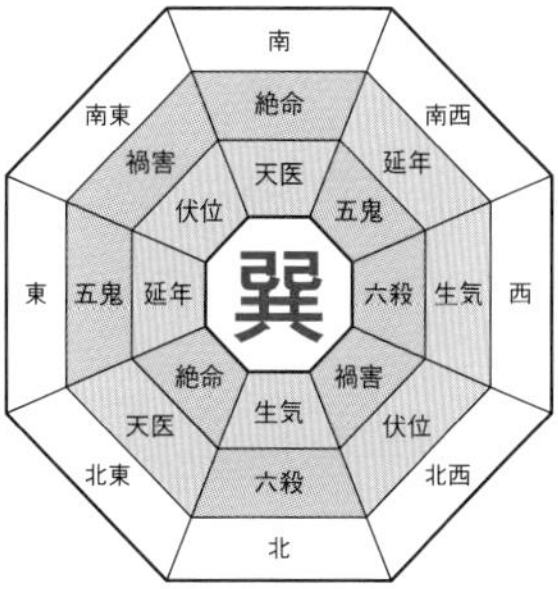

乾宅 巽命タイプ

本命卦・西四命

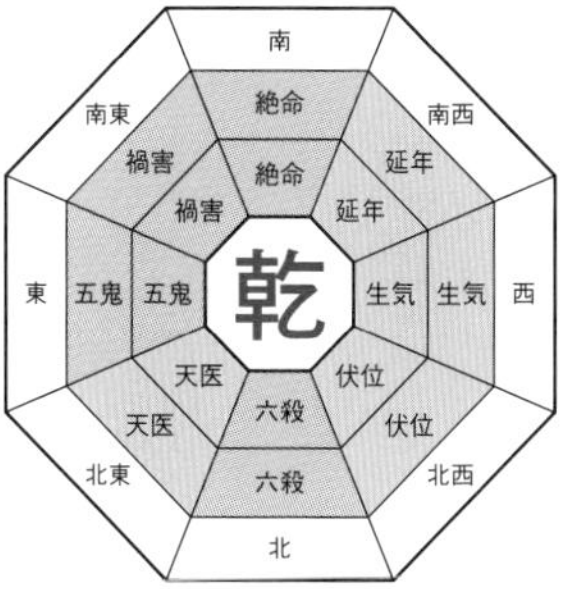

乾宅 乾命タイプ

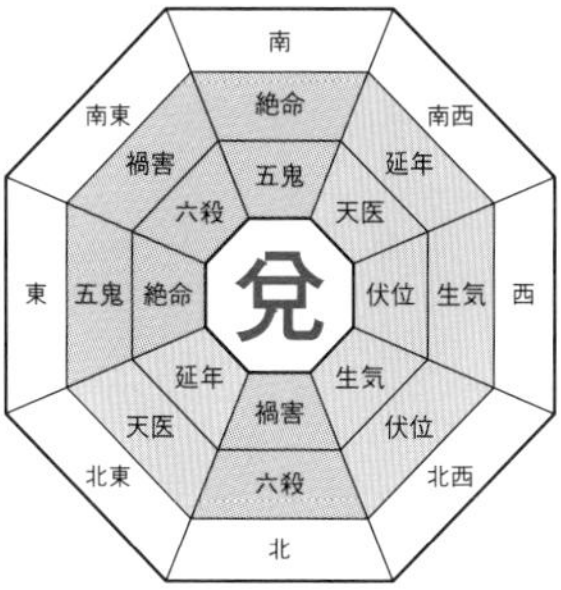

乾宅 兌命タイプ

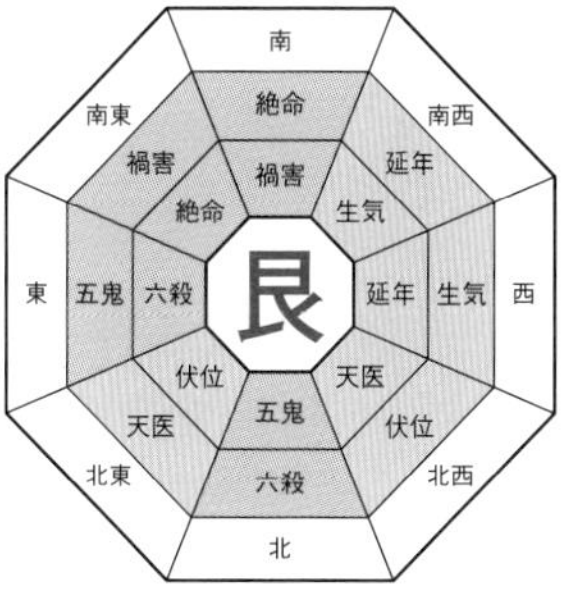

乾宅 艮命タイプ

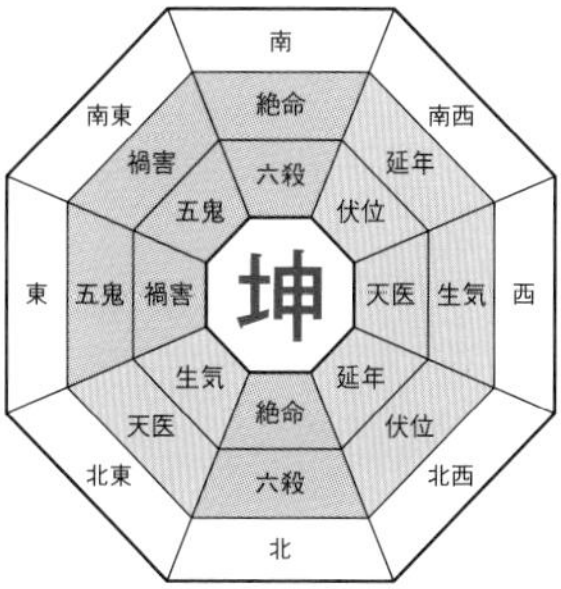

乾宅 坤命タイプ

※「宅命八宅盤」は本命卦別（内側）と宅卦別（外側）を合体させた八宅盤

兌《だ》宅《たく》

玄関が東を向いている

玄関が北東にあると吉　東や南東ならしっかり化殺を

　太極から見て、玄関が延年方位の北東にあれば、対人運が上がり吉。ほかの吉方位でも、運気の上がる家となります。

　しかし、絶命の東や六殺の南東に玄関があると凶です。現在、住んでいるならしっかり化殺し、これから部屋を選ぶなら避けましょう。ただし、キッチンなど水回りが東（絶命）か南（五鬼）、北（禍害）にあればまだマシです。また、寝室が北西（生気）か南西（天医）、西（伏位）にある場合も、凶作用が軽減します。

　本命卦が西四命の人は、吉方位が重なる宅命相配となり大吉の家。逆に、東四命の人にとっては吉凶方位が相反してしまい、相性の悪い家となります。

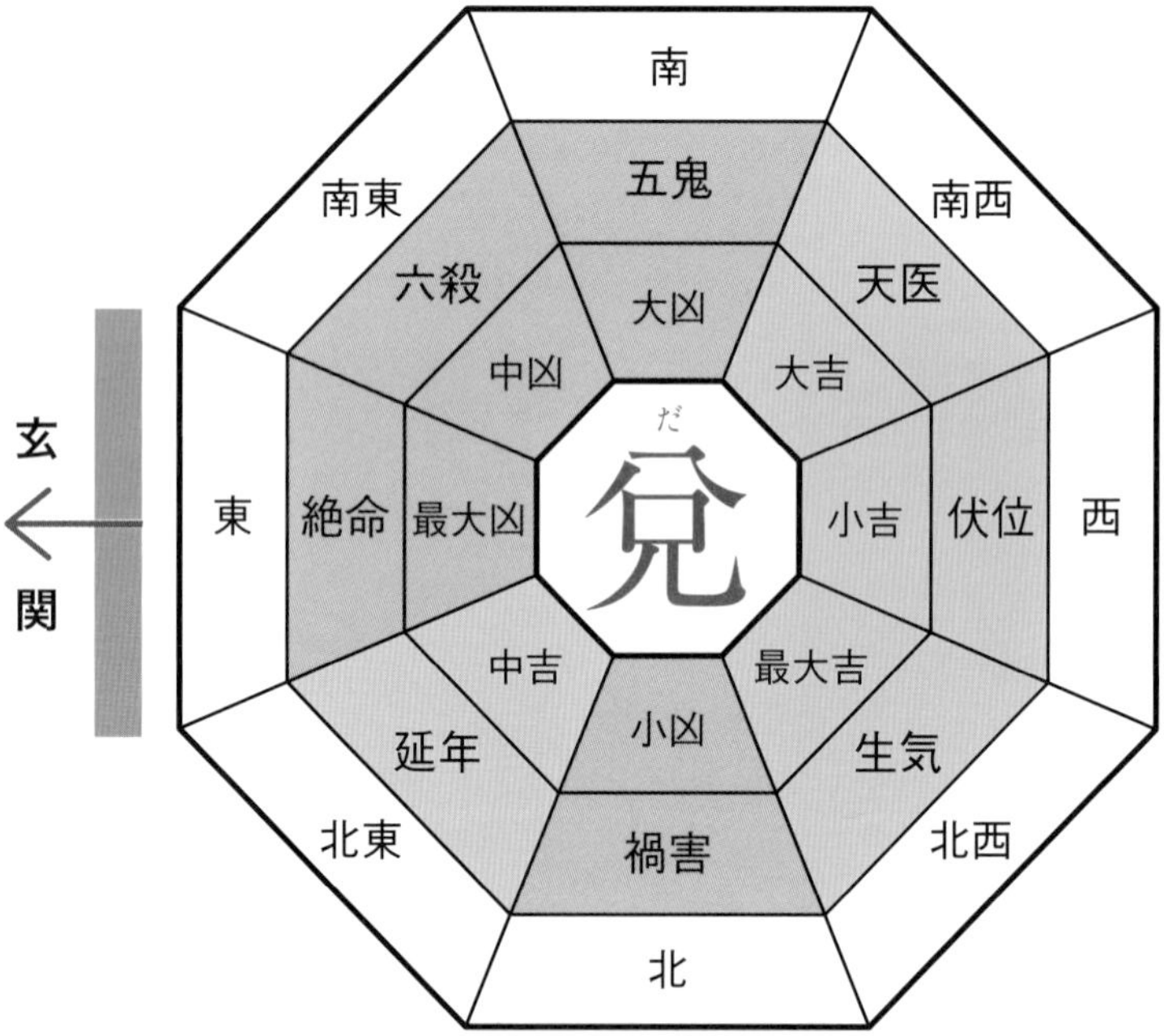

宅命八宅盤

西四命は吉作用も大きいが、凶作用も大きくなるので凶方位に注意。東四命は本命卦の吉方位を優先すること

本命卦・東四命

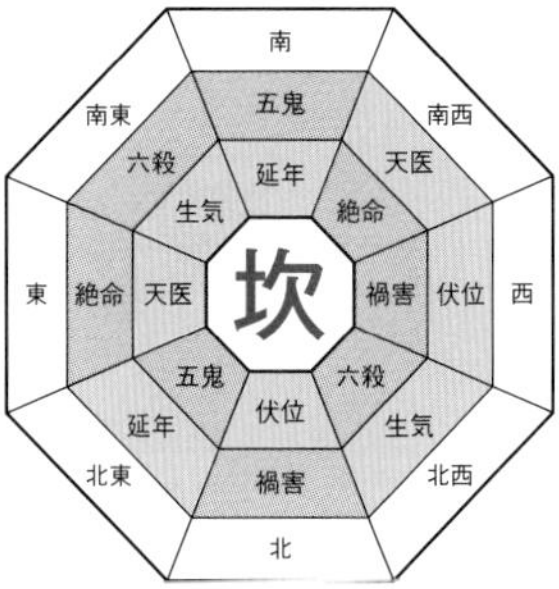

兌宅 坎命タイプ

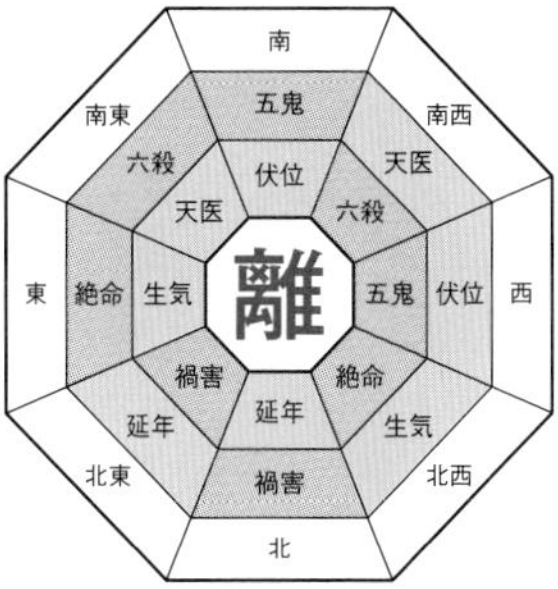

兌宅 離命タイプ

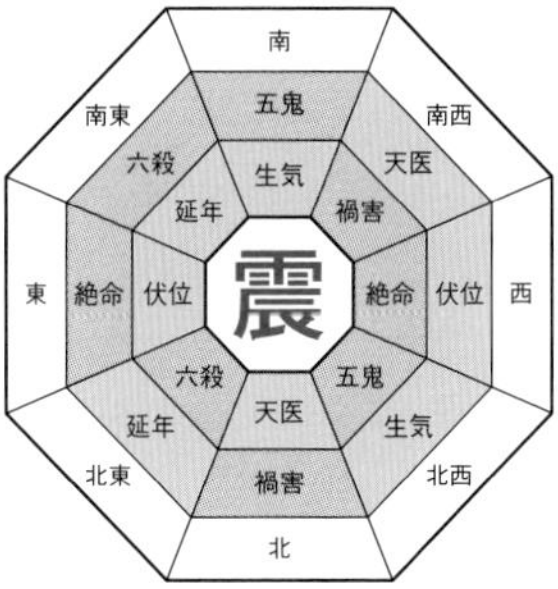

兌宅 震命タイプ

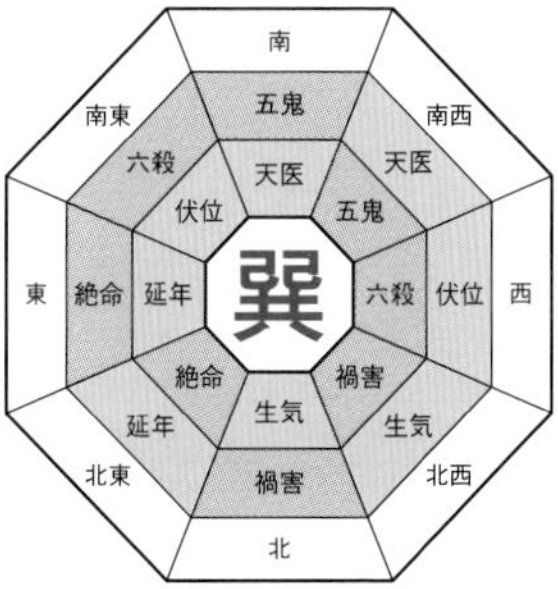

兌宅 巽命タイプ

本命卦・西四命

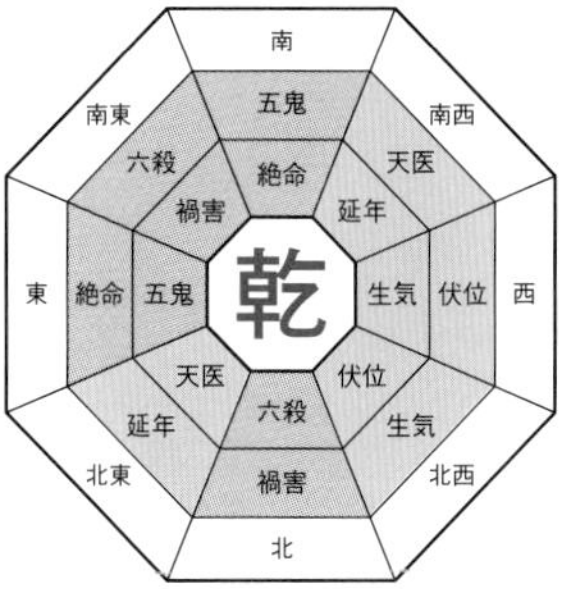

兌宅 乾命タイプ

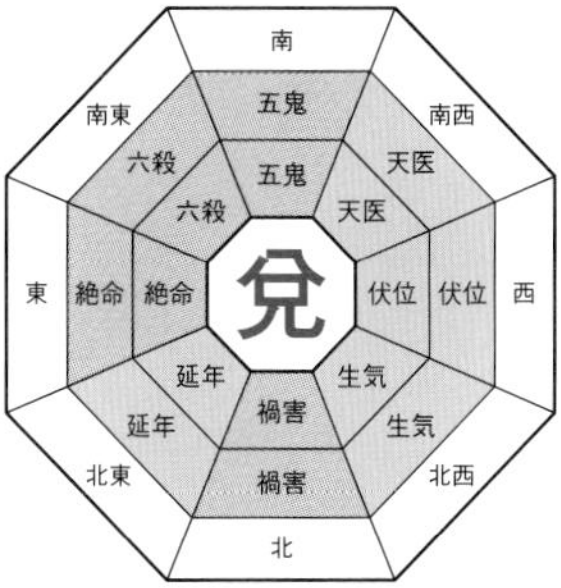

兌宅 兌命タイプ

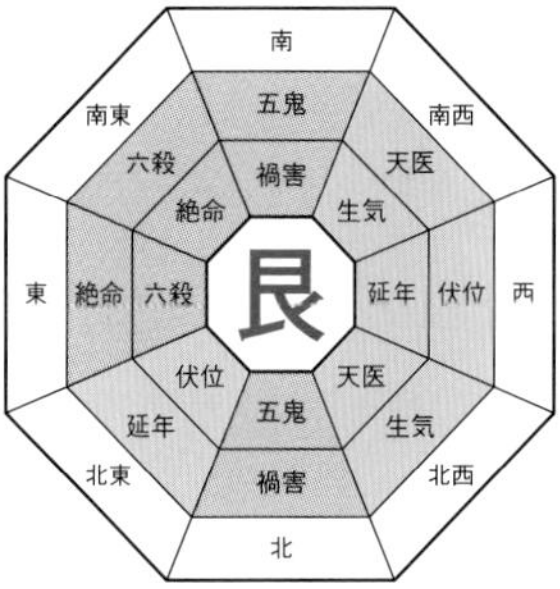

兌宅 艮命タイプ

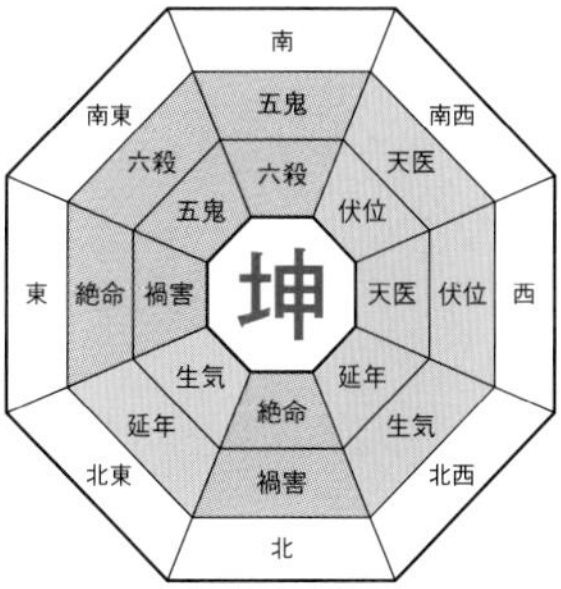

兌宅 坤命タイプ

※「宅命八宅盤」は本命卦別（内側）と宅卦別（外側）を合体させた八宅盤

離《り》宅《たく》

玄関が北を向いている

玄関が北ならにぎやかな家に北西や北東なら化殺が必要

太極から見て、玄関は吉方位にあると良く、特に延年方位の北なら、人間関係がどんどん良くなる家になります。

ただし、北西に玄関があると絶命になり凶。北東は禍害方位なので、北西よりはマシですが、やはり化殺が必要です。部屋を選ぶときは、避けてください。

キッチンなど水回りが北西（絶命）か西（五鬼）か南西（六殺）にあればまだマシ。寝室が東（生気）か南東（天医）、南（伏位）なら凶作用が弱まります。

本命卦が東四命の人は、吉方位が重なる宅命相配となって大吉。一方、西四命の人にとっては吉凶方位が相反するので、相性の悪い家となってしまいます。

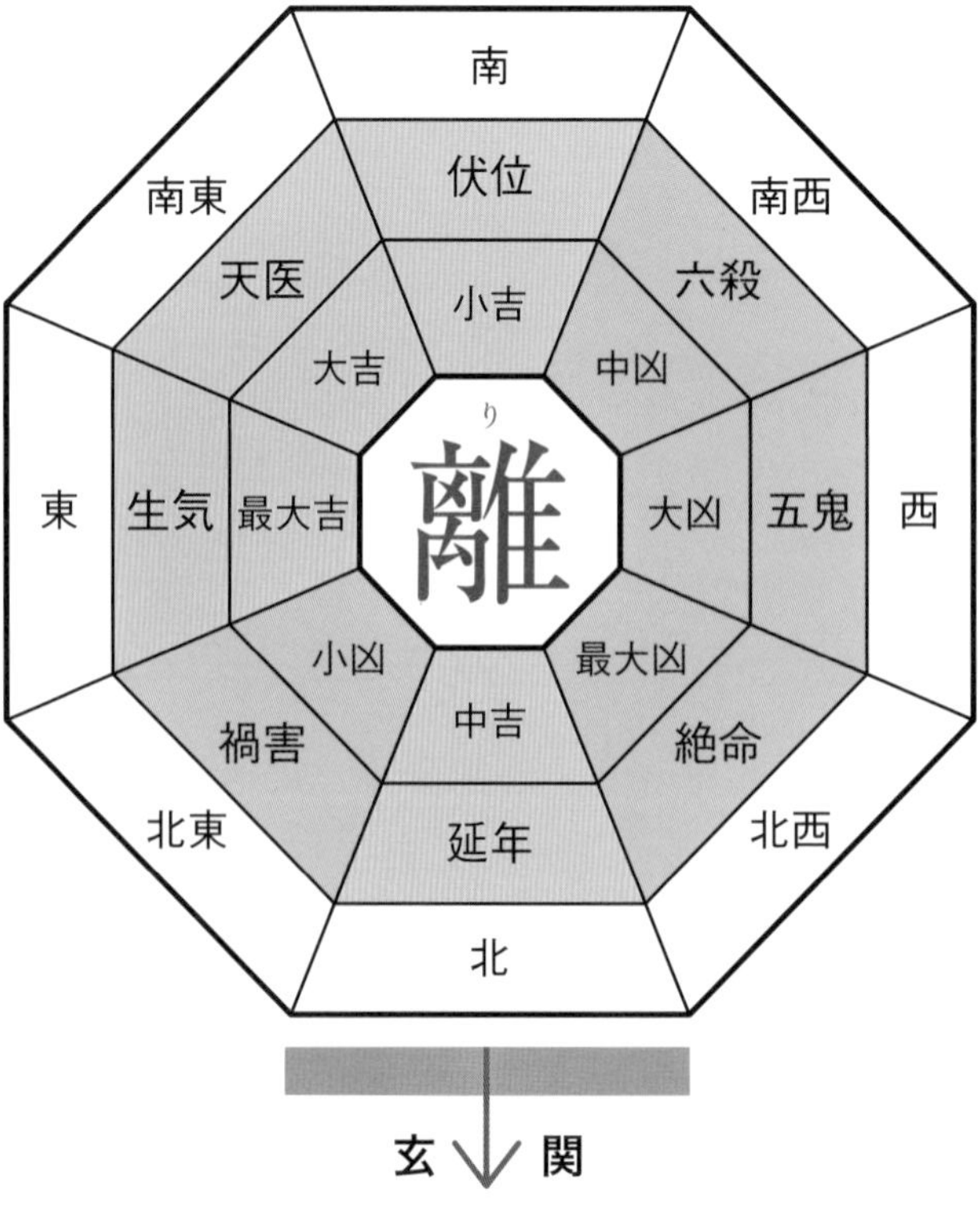

宅命八宅盤

東四命は吉作用も大きいが、凶作用も大きくなるので凶方位に注意。西四命は本命卦の吉方位を優先すること

本命卦・東四命

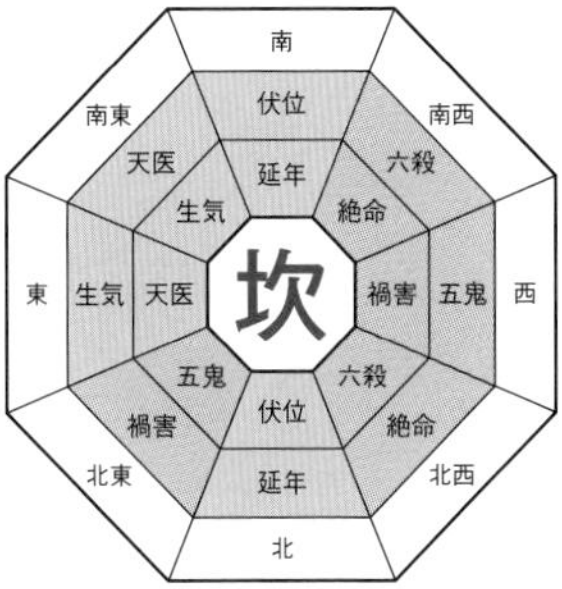

離宅 坎命タイプ

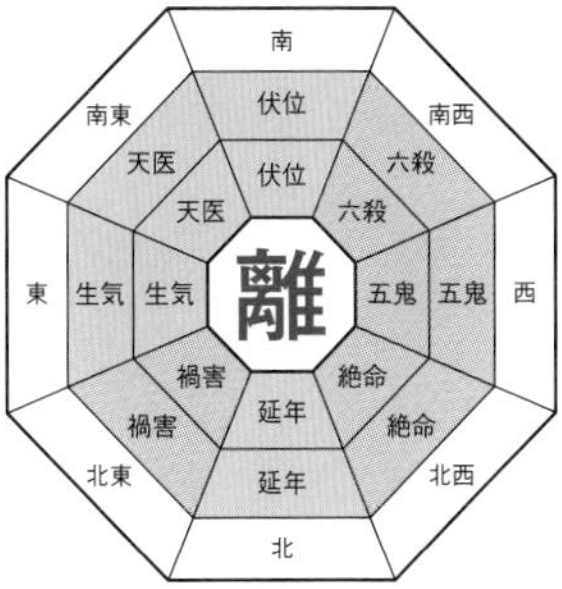

離宅 離命タイプ

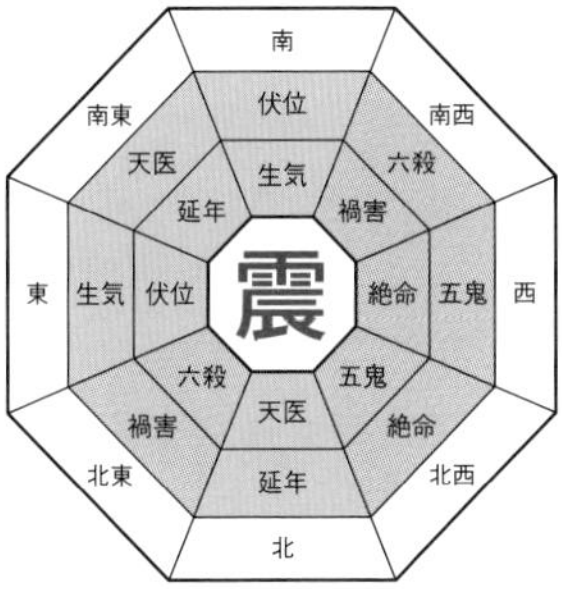

離宅 震命タイプ

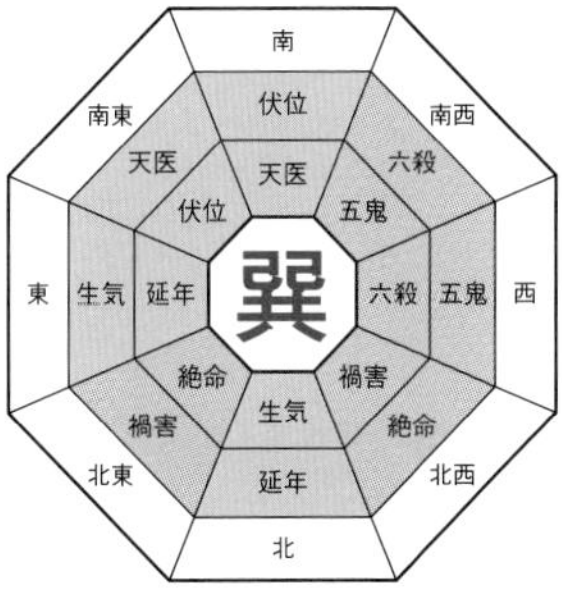

離宅 巽命タイプ

本命卦・西四命

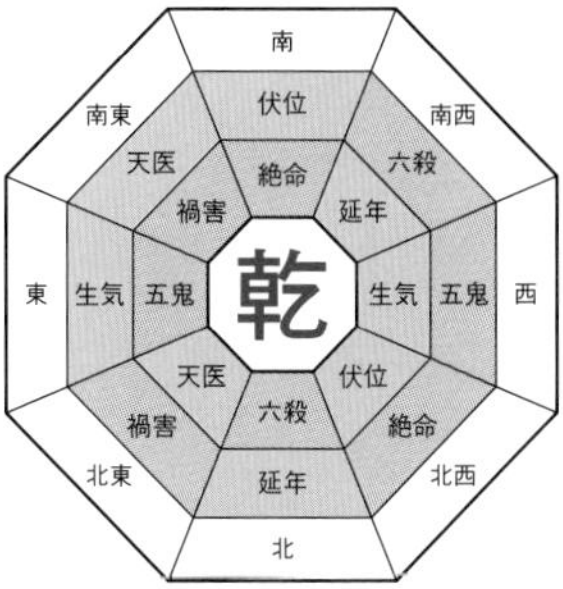

離宅 乾命タイプ

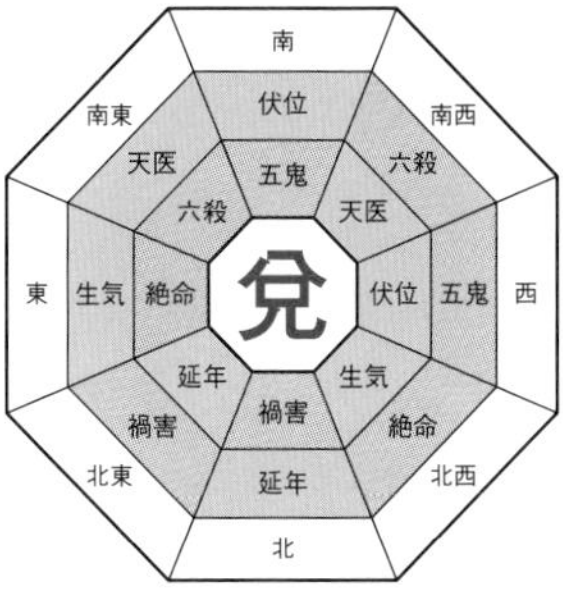

離宅 兌命タイプ

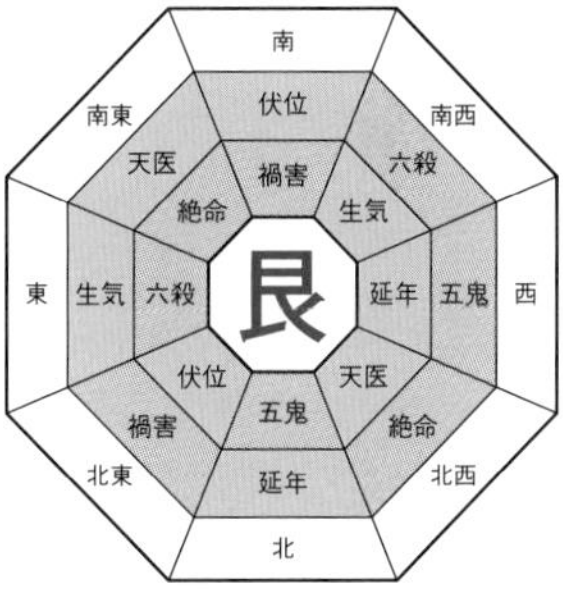

離宅 艮命タイプ

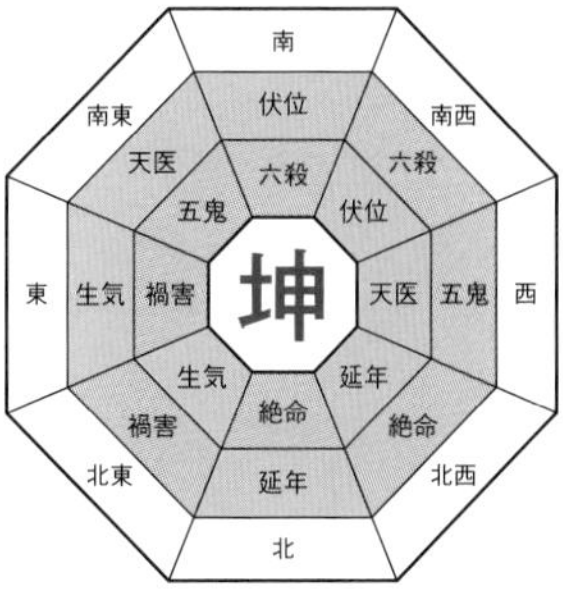

離宅 坤命タイプ

※「宅命八宅盤」は本命卦別（内側）と宅卦別（外側）を合体させた八宅盤

震《しん》宅《たく》

玄関が西を向いている

玄関が凶方位に入りやすい家
化殺と寝室位置で凶意を軽減

太極から見て、玄関が生気の南や天医の北など、吉方位にあれば良いのですが、震宅は凶方位に玄関が位置しやすいので、部屋選びの際は避けたほうが無難。玄関が禍害の南西にあれば、絶命の西や五鬼の北西よりマシですが、吉作用は期待薄。そうした家に住んでいるなら、化殺をしっかり行いましょう。

キッチンなど水回りが西（絶命）か北西（五鬼）、南西（禍害）にあれば凶意が軽減。また、寝室は南（生気）や、南東（延年）にすれば凶作用が弱まります。

本命卦が東四命の人は、吉方位が重なる宅命相配となり大吉。西四命の人は吉凶方位が相反し、相性の悪い家です。

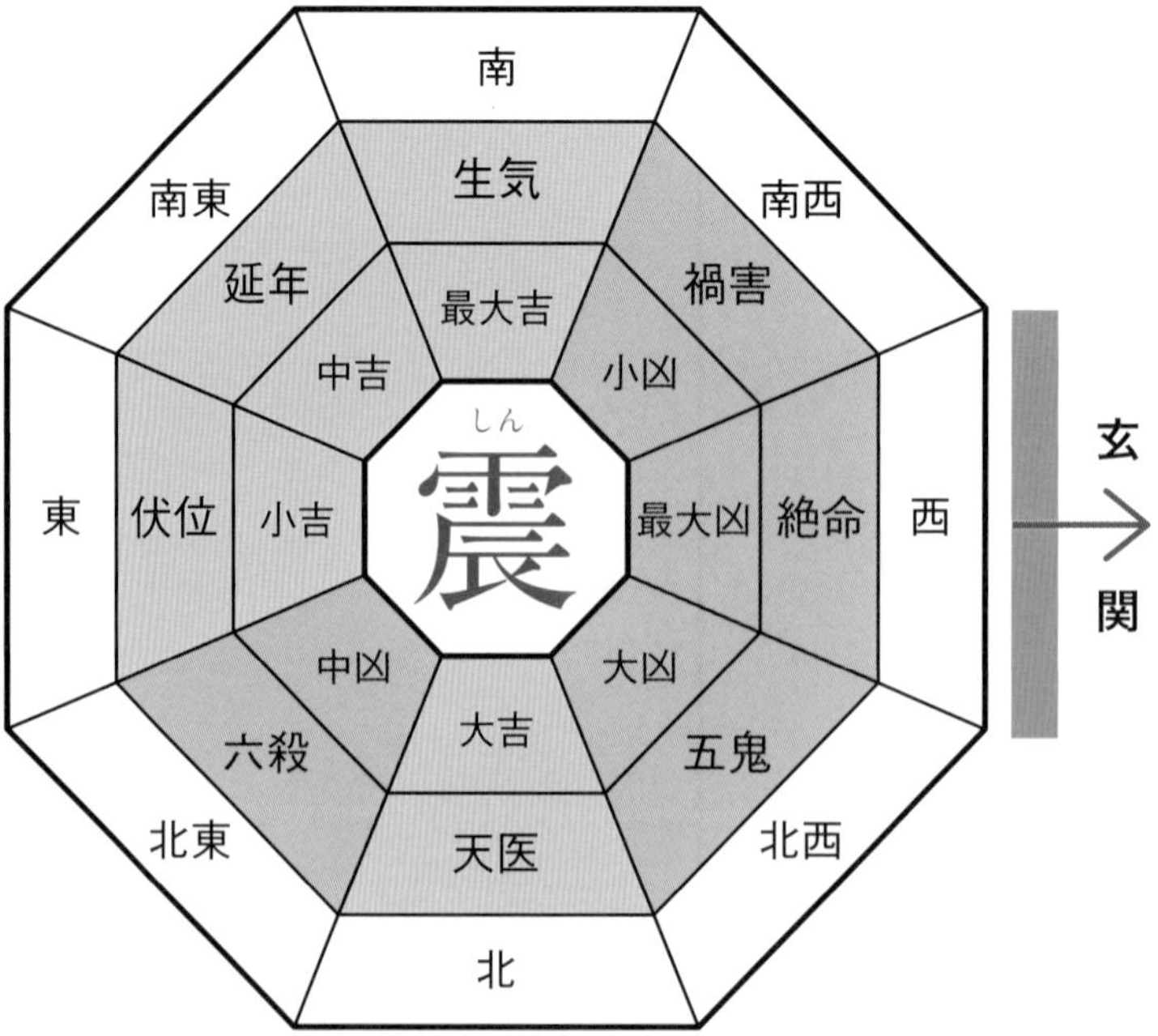

宅命八宅盤

東四命は吉作用も大きいが、凶作用も大きくなるので凶方位に注意。西四命は本命卦の吉方位を優先すること

本命卦・東四命

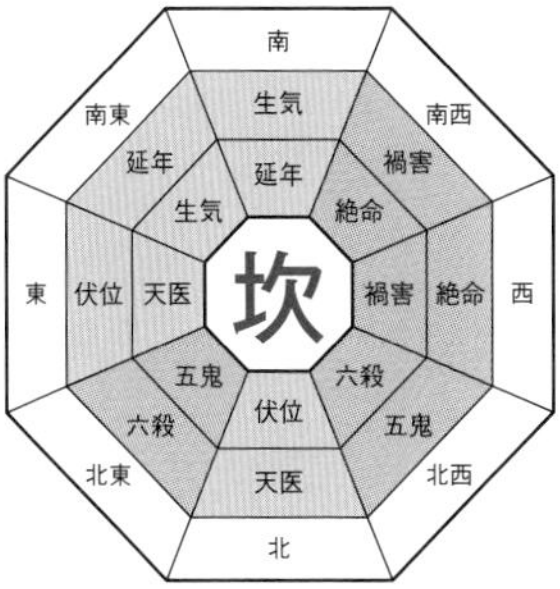

震宅 坎命タイプ

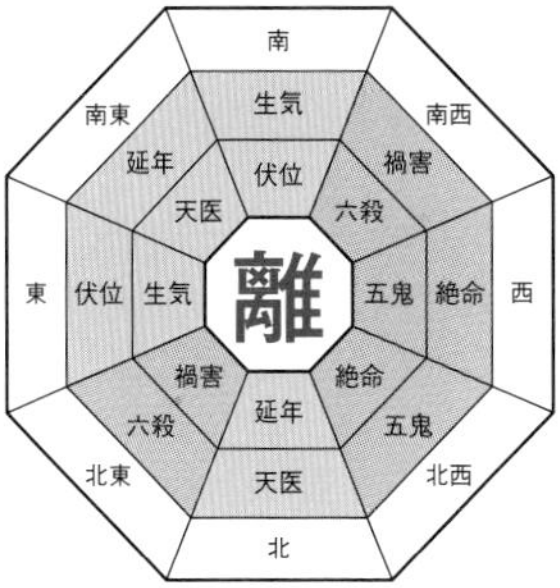

震宅 離命タイプ

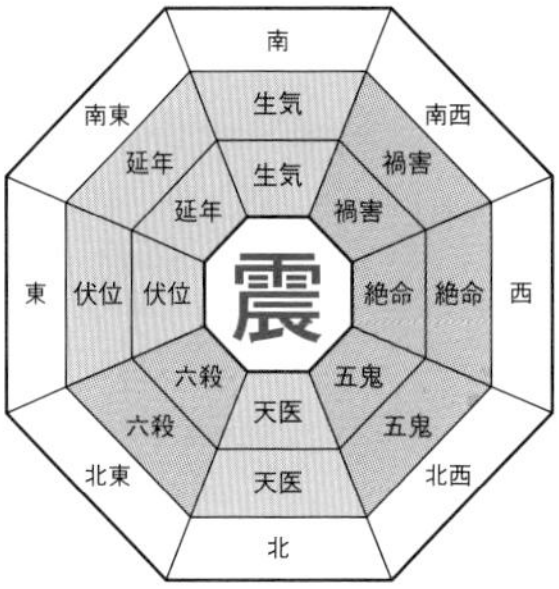

震宅 震命タイプ

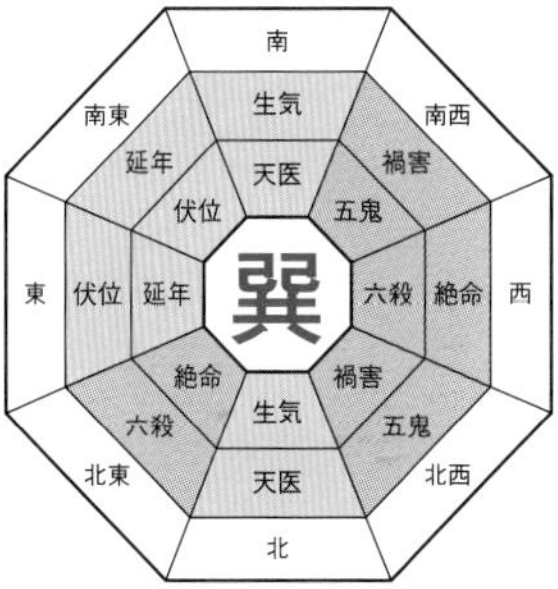

震宅 巽命タイプ

本命卦・西四命

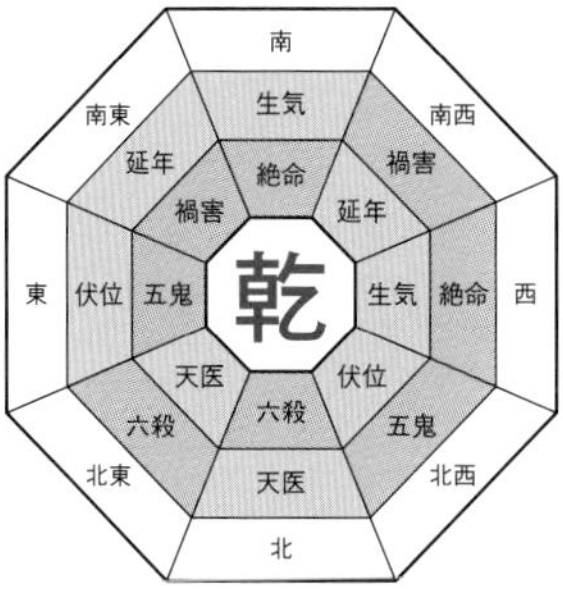

震宅 乾命タイプ

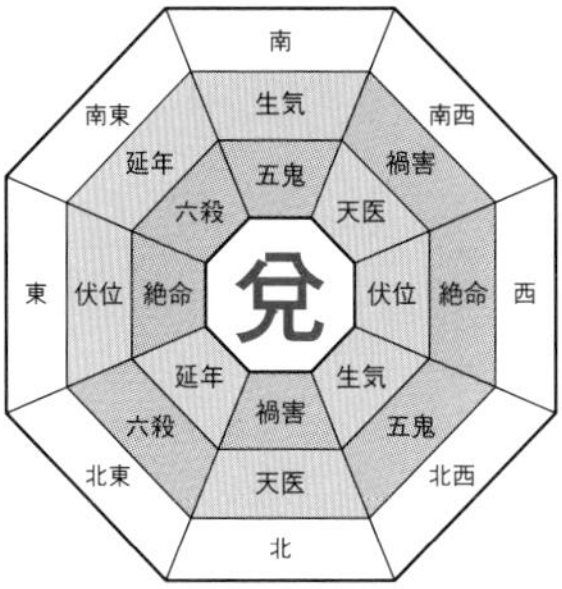

震宅 兌命タイプ

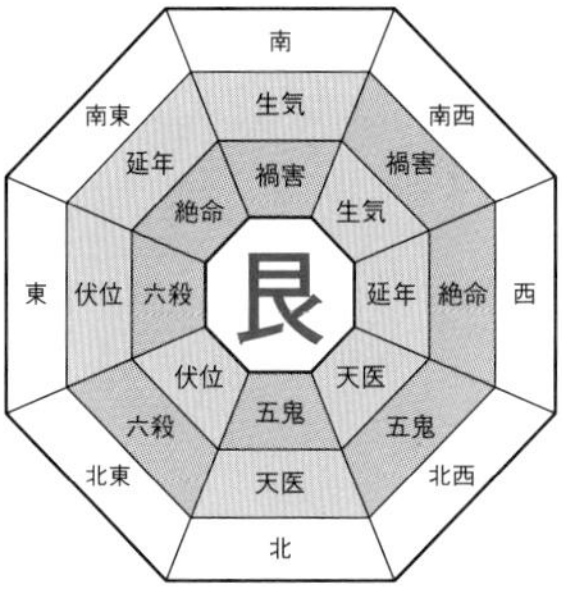

震宅 艮命タイプ

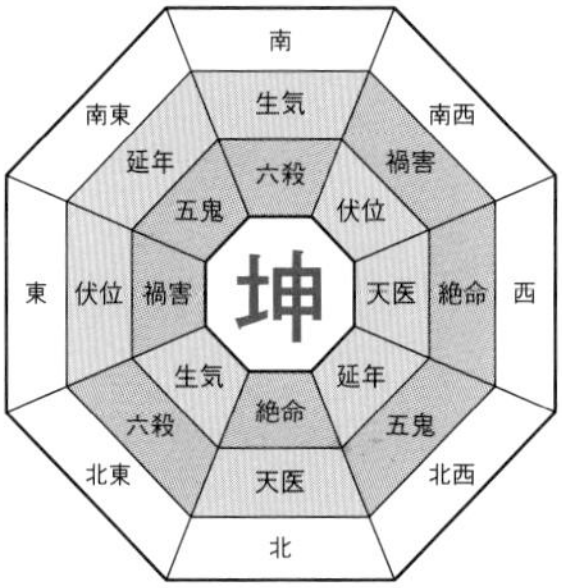

震宅 坤命タイプ

※「宅命八宅盤」は本命卦別（内側）と宅卦別（外側）を合体させた八宅盤

巽《そん》宅《たく》

玄関が北西を向いている

玄関が北にあれば吉だが北西や西だと化殺が必要

　太極から見て、玄関が生気方位の北にあれば、活気あふれる幸せな生活が送れます。延年の東や天医の南でも、運気アップが期待できます。

　しかし、禍害の北西や六殺の西などの凶方位に玄関があると良くないため、しっかり化殺するようにしてください。

　キッチンなど水回りが北東（絶命）か南西（五鬼）にあれば、凶意がやわらぎます。また、寝室を南（天医）か東（延年）にしても、凶作用を抑えられます。

　本命卦が東四命の人は、吉方位が重なる宅命相配となるので大吉。西四命の人にとっては吉凶方位が相反してしまい、相性の悪い家となってしまいます。

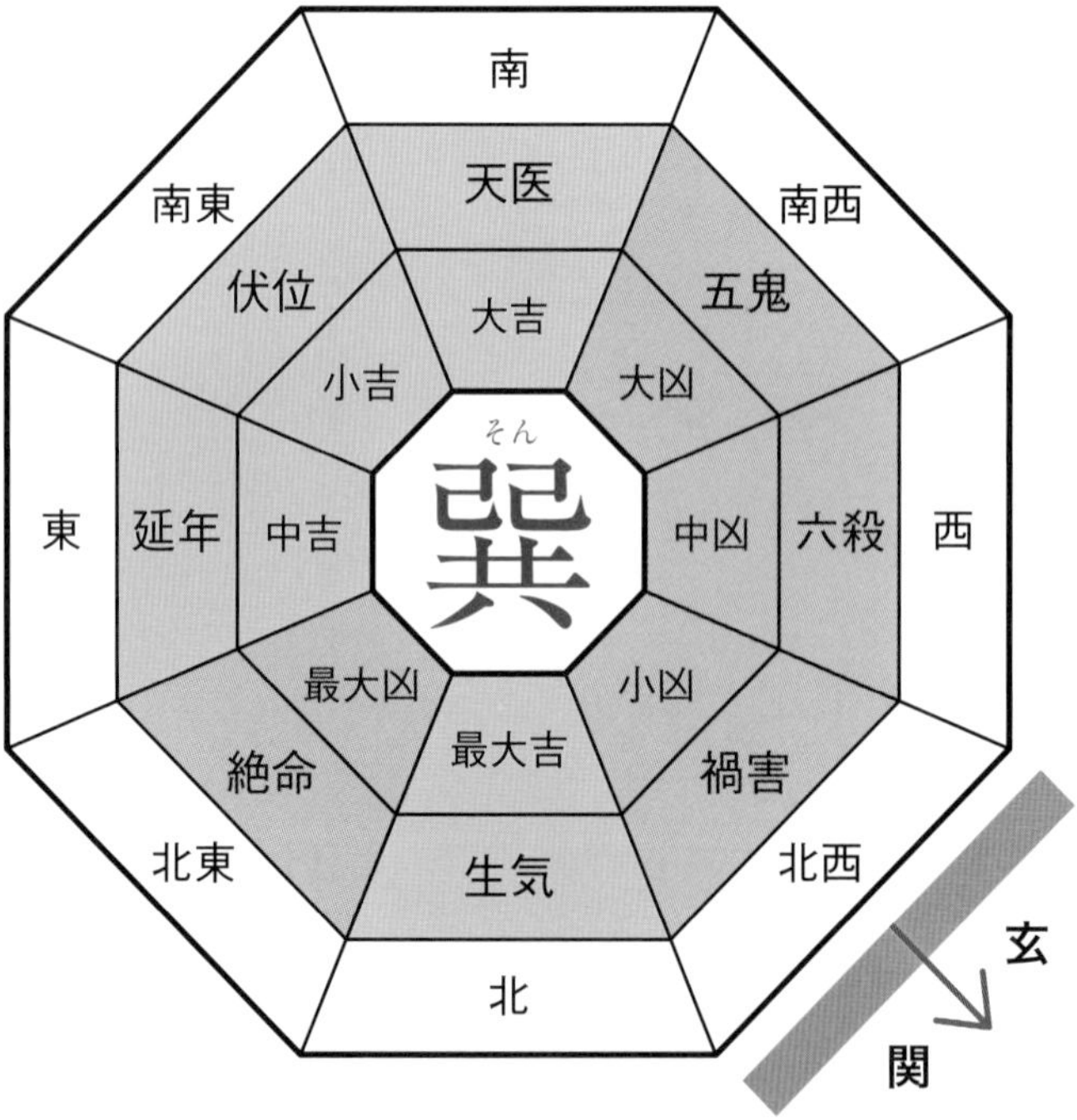

宅命八宅盤

東四命は吉作用も大きいが、凶作用も大きくなるので凶方位に注意。西四命は本命卦の吉方位を優先すること

本命卦・東四命

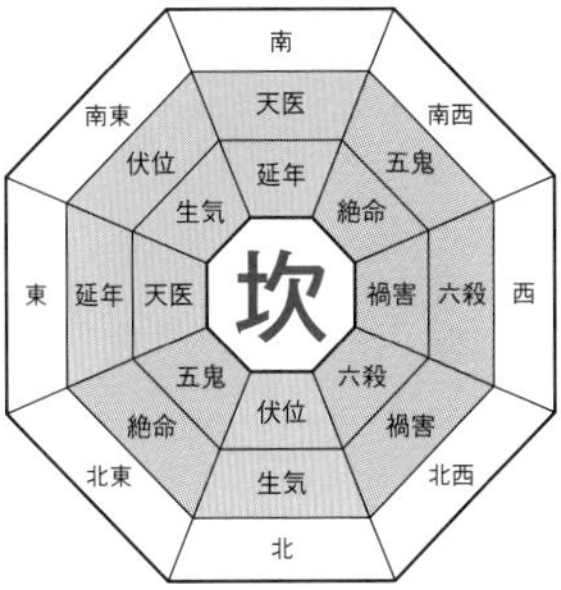

巽宅 坎命タイプ

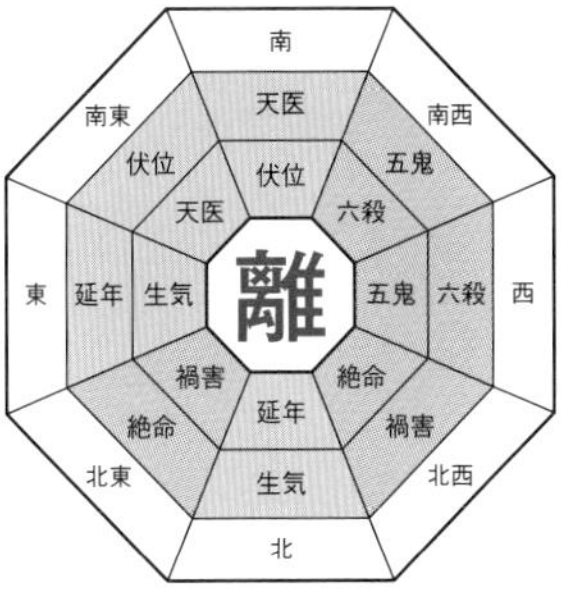

巽宅 離命タイプ

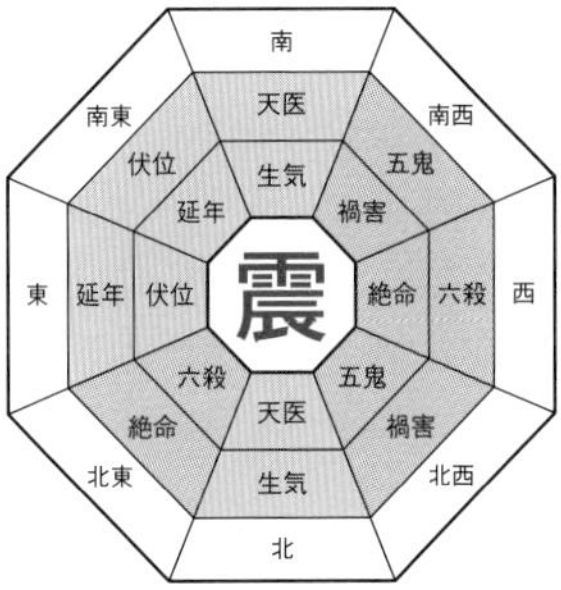

巽宅 震命タイプ

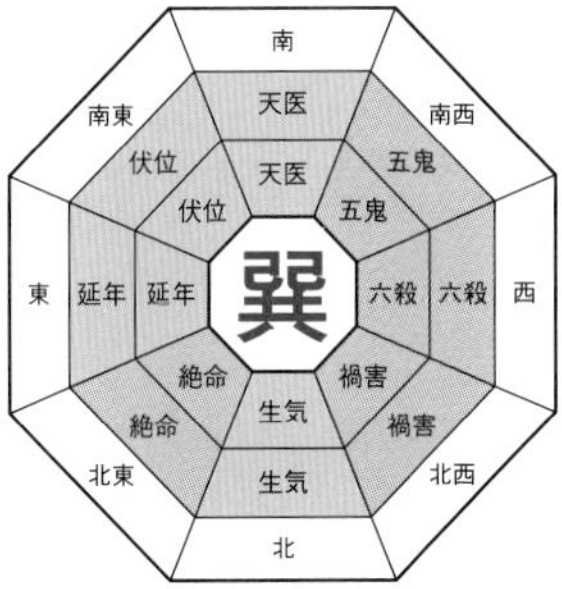

巽宅 巽命タイプ

本命卦・西四命

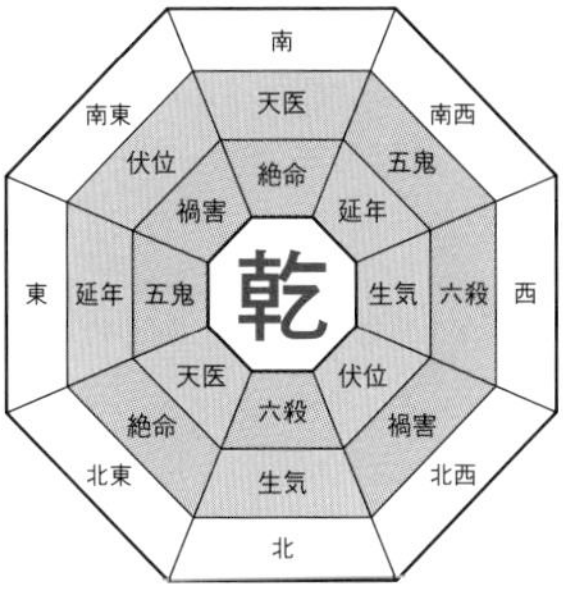

巽宅 乾命タイプ

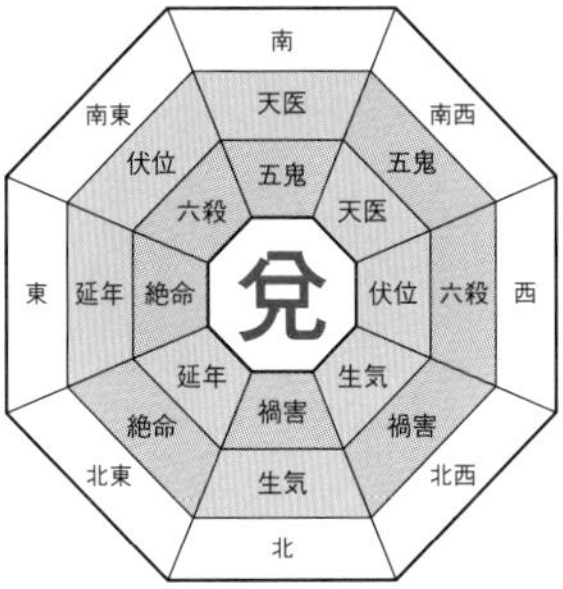

巽宅 兌命タイプ

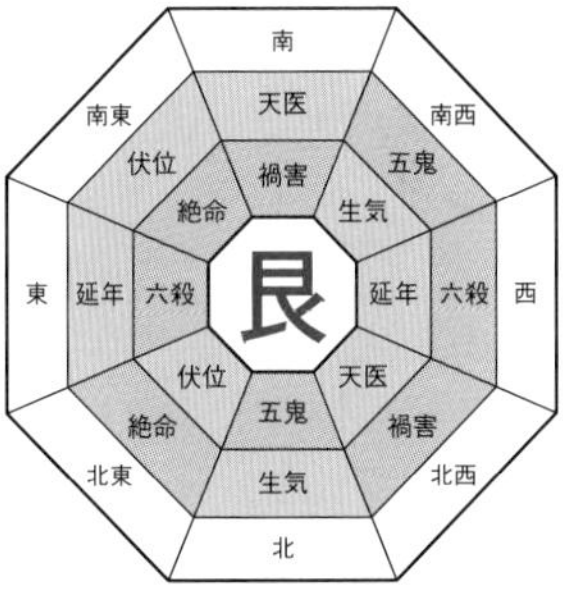

巽宅 艮命タイプ

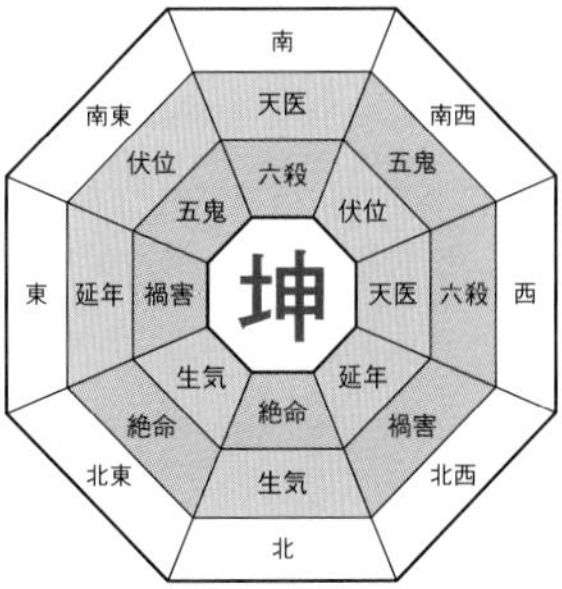

巽宅 坤命タイプ

※「宅命八宅盤」は本命卦別（内側）と宅卦別（外側）を合体させた八宅盤

坎《かん》宅《たく》

玄関が南を向いている

**玄関が南東や南なら吉
南西ならしっかり化殺を**

太極から見て、玄関が生気方位の南東にあると、開運に最適な家に。延年方位の南も人間関係が向上します。いずれにせよ吉方位なら問題ありません。

逆に、玄関が絶命の南西や五鬼の北東にある家は、部屋選びの際は避けて。禍害の西はマシですが、化殺は必須です。

ただし、キッチンなど水回りが南西（絶命）、北東（五鬼）、北西（六殺）、西（禍害）にあれば、凶作用を弱められます。寝室も東（天医）か南東（生気）、北（伏位）なら凶意が軽減します。

本命卦が東四命の人は、吉方位が重なる宅命相配となって大吉。西四命の人は吉凶方位が相反し、相性の悪い家です。

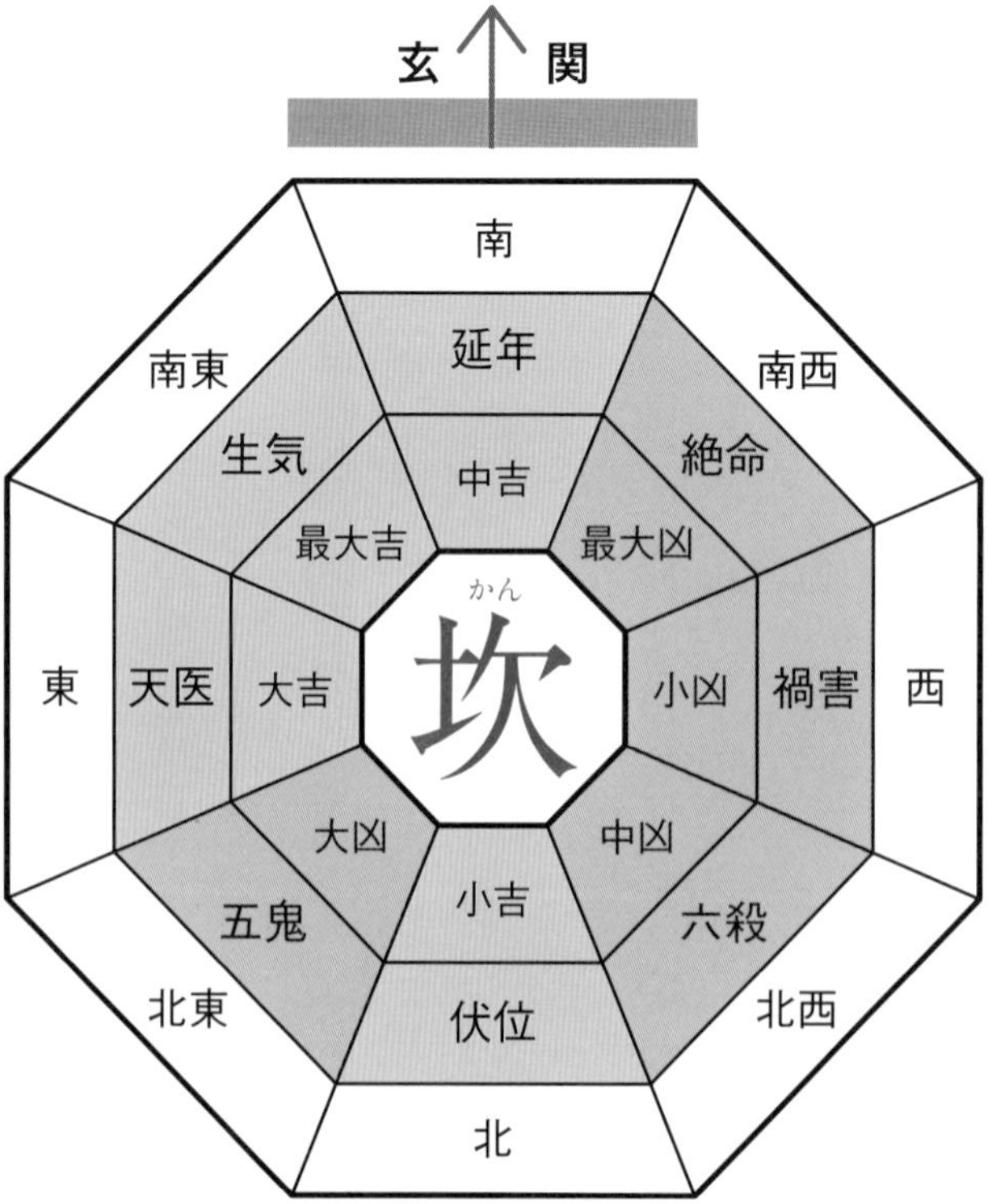

宅命八宅盤

東四命は吉作用も大きいが、凶作用も大きくなるので凶方位に注意。西四命は本命卦の吉方位を優先すること

本命卦・東四命

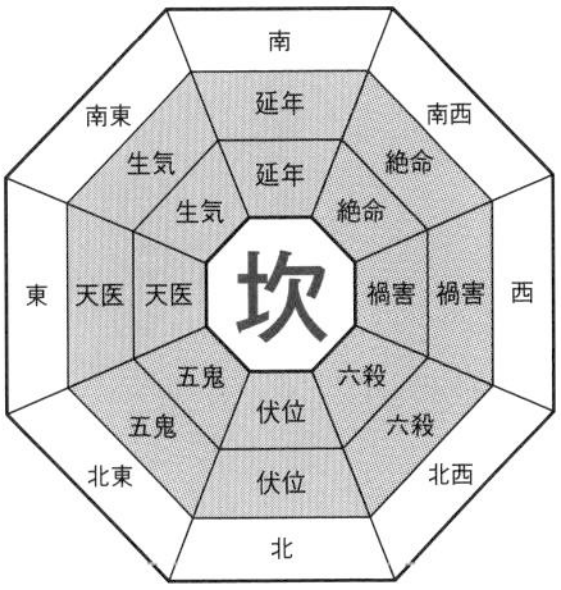

坎宅
坎命タイプ

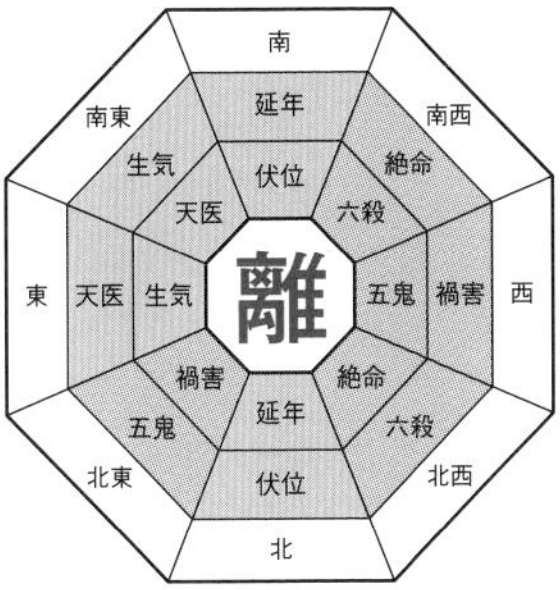

坎宅
離命タイプ

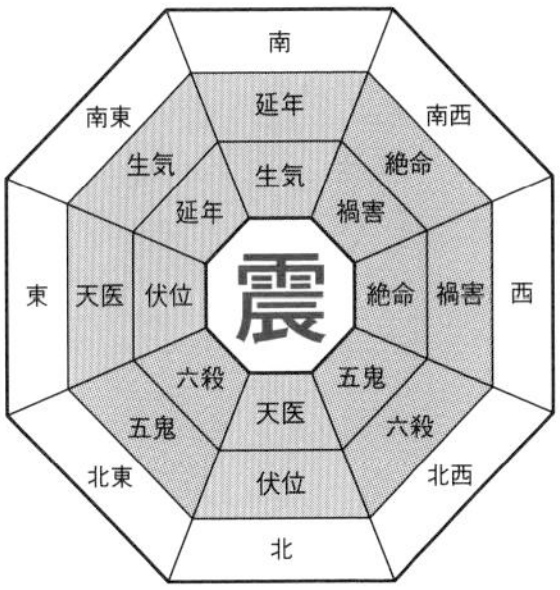

坎宅
震命タイプ

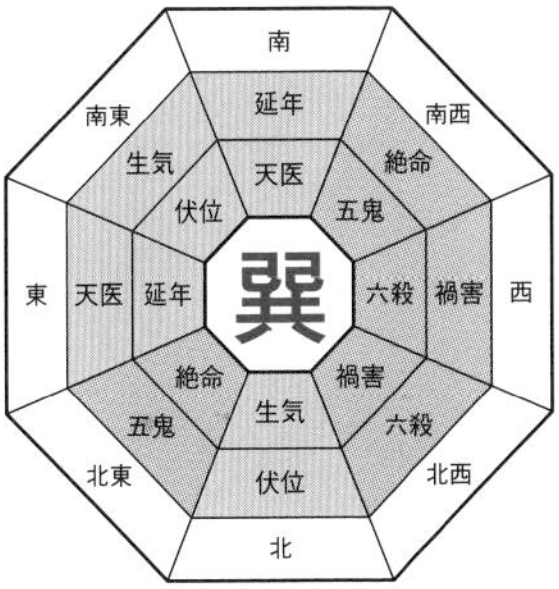

坎宅
巽命タイプ

本命卦・西四命

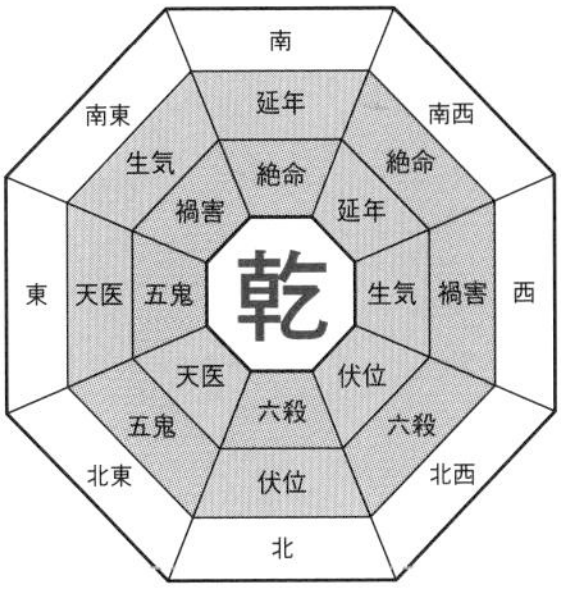

坎宅
乾命タイプ

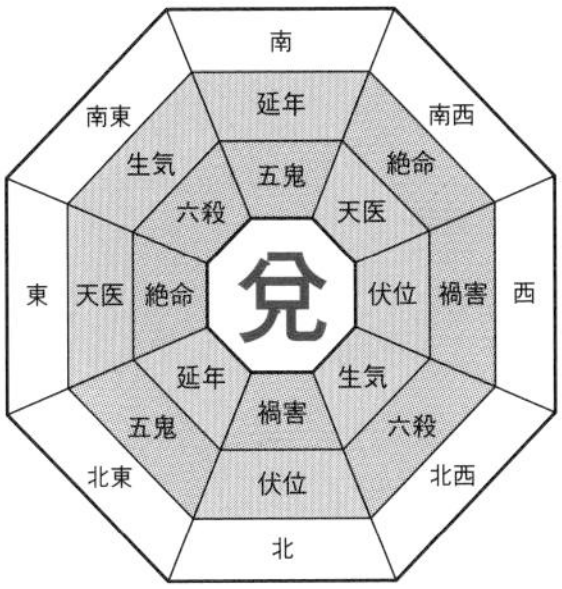

坎宅
兌命タイプ

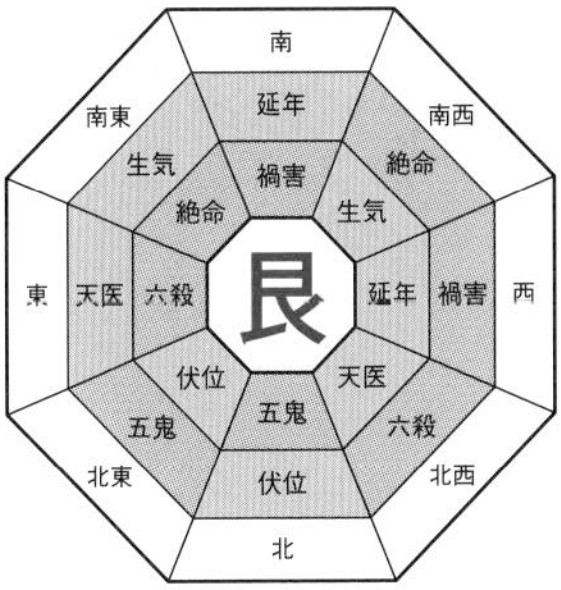

坎宅
艮命タイプ

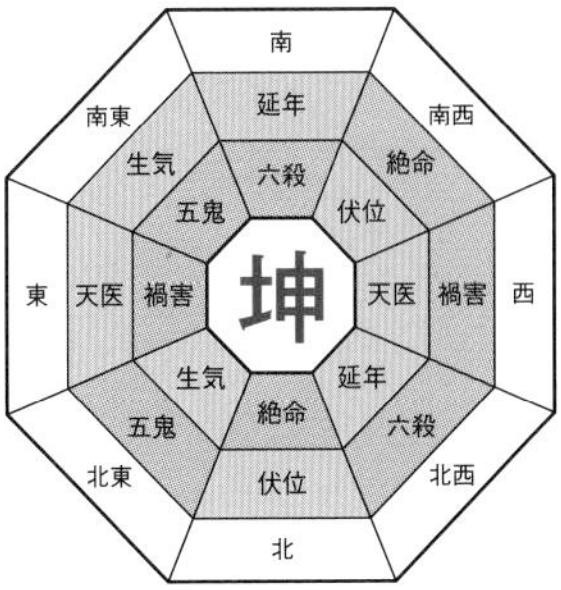

坎宅
坤命タイプ

※「宅命八宅盤」は本命卦別（内側）と宅卦別（外側）を合体させた八宅盤

艮《ごん》宅《たく》

玄関が南西を向いている

玄関が南西なら最適！
西でも吉だが、南は凶

太極から見て、生気方位の南西に玄関があると、運気アップにぴったりの家に。延年方位の西なら人間関係が順調になるなど、玄関位置は吉方位がおすすめです。逆に、禍害方位の南など、玄関が凶方位になる場合は、なるべく避けるか、今住んでいるなら化殺が必要です。

ただし、キッチンなどの水回りが南東（絶命）や北（五鬼）、東（六殺）にあれば凶意が弱まります。寝室も南西（生気）、北西（天医）、西（延年）にして、凶作用を抑えるようにしてください。

本命卦が西四命の人は、吉方位が重なる宅命相配となって大吉。東四命の人は吉凶方位が相反し、相性の悪い家です。

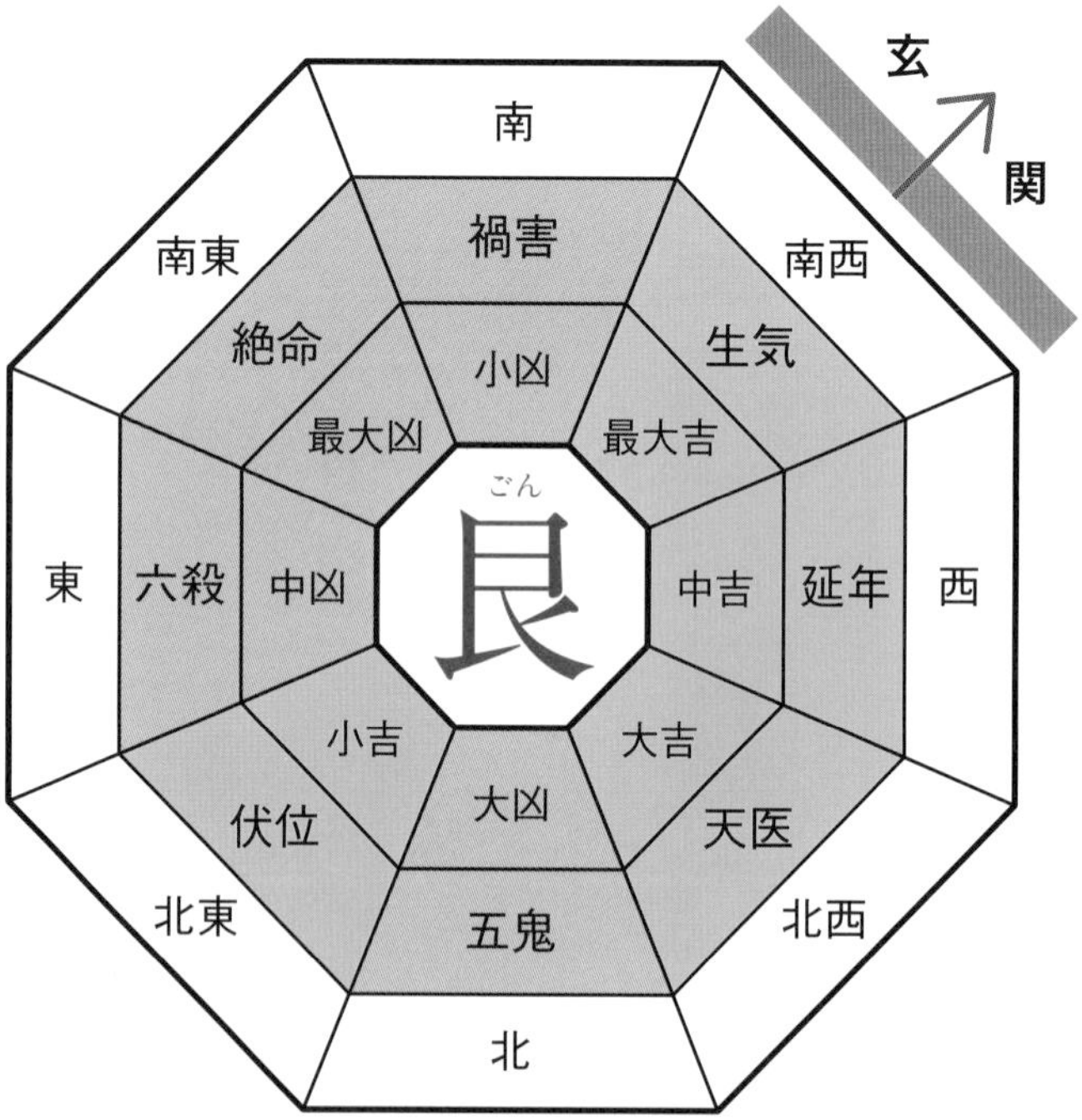

宅命八宅盤

西四命は吉作用も大きいが、凶作用も大きくなるので凶方位に注意。東四命は本命卦の吉方位を優先すること

本命卦・東四命

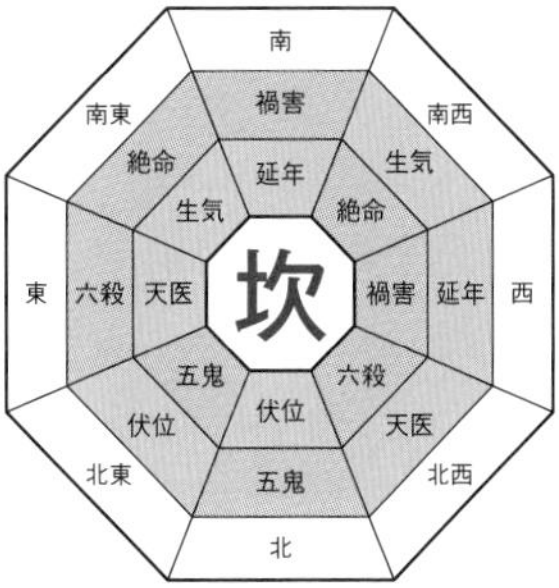

艮宅 坎命タイプ

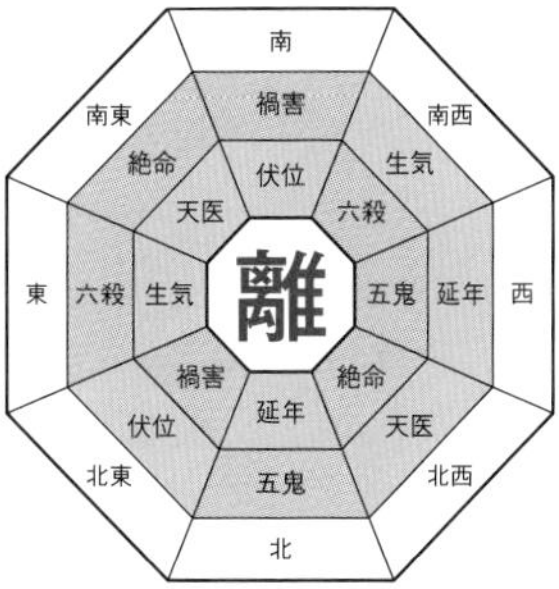

艮宅 離命タイプ

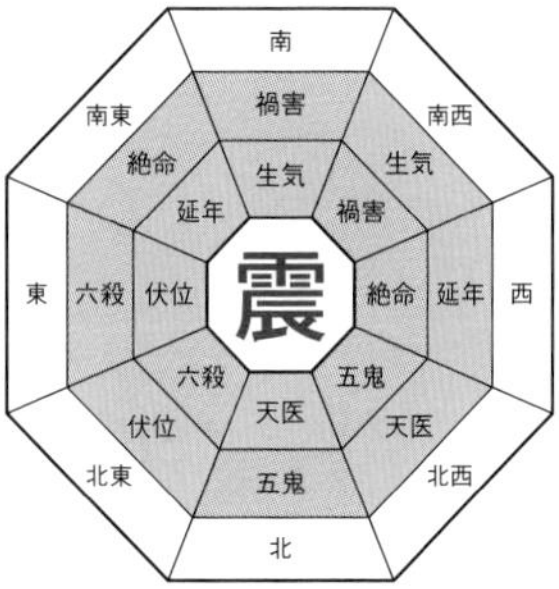

艮宅 震命タイプ

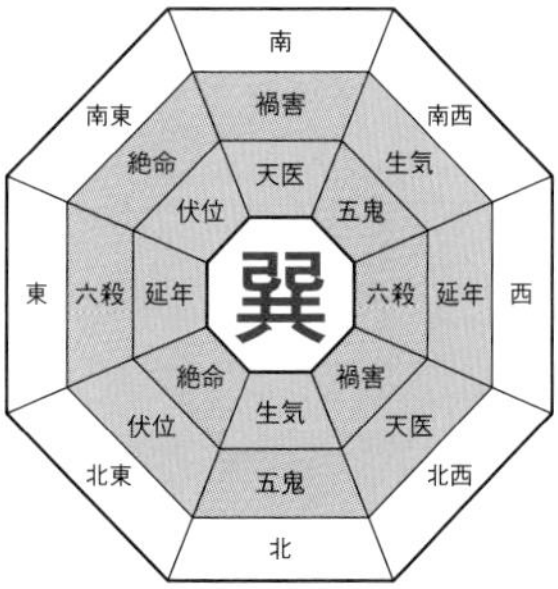

艮宅 巽命タイプ

本命卦・西四命

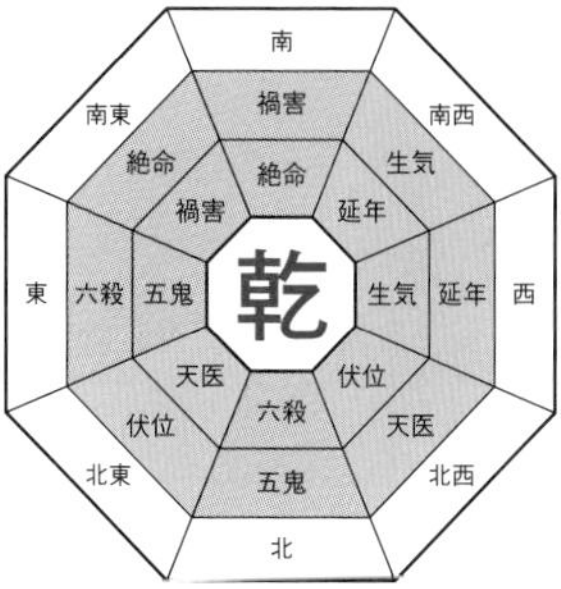

艮宅 乾命タイプ

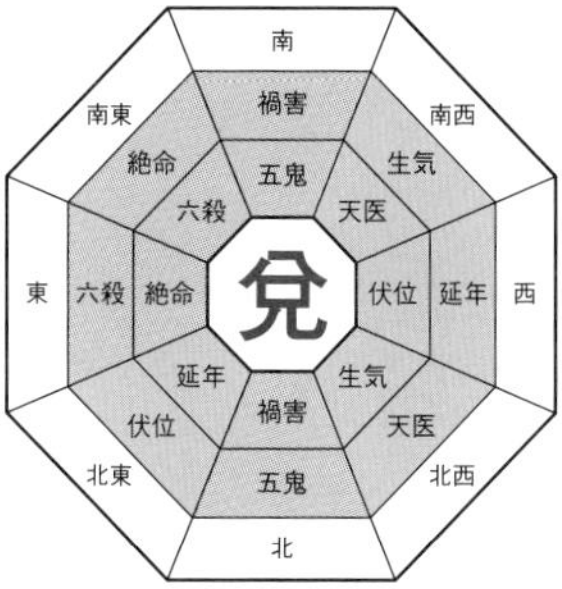

艮宅 兌命タイプ

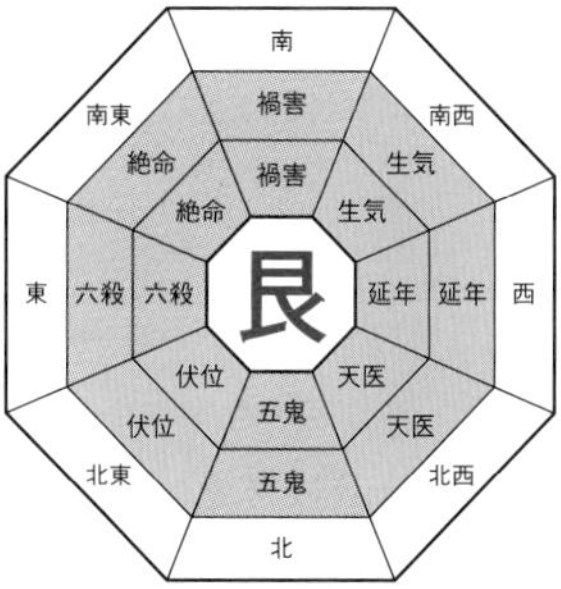

艮宅 艮命タイプ

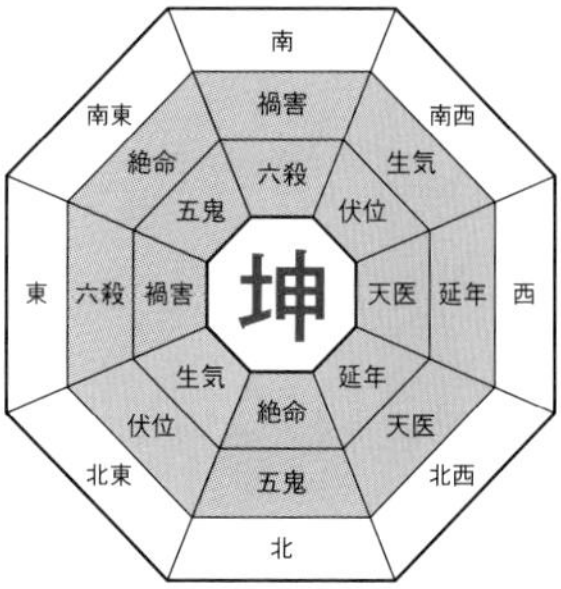

艮宅 坤命タイプ

※「宅命八宅盤」は本命卦別（内側）と宅卦別（外側）を合体させた八宅盤

坤《こん》宅《たく》

玄関が北東を向いている

玄関が北東にあれば最強
東や北ならしっかり化殺を

太極から見て、玄関の位置が生気方位の北東にあれば、運気がどんどん上がる家。吉方位なら問題ありませんが、禍害の東ならアクシデントが増加傾向に。絶命の北にある家は、部屋選びの際は避けて。もし凶方位の玄関の家に住んでいるなら、化殺が絶対条件です。

ただし、キッチンなどの水回りが北（絶命）か南東（五鬼）、南（六殺）なら、凶作用が抑えられます。さらに、寝室を西（天医）か北西（延年）、南西（伏位）にして凶意を弱めましょう。

本命卦が西四命の人は、吉方位が重なる宅命相配となり大吉。東四命の人は吉凶方位が相反し、相性の悪い家です。

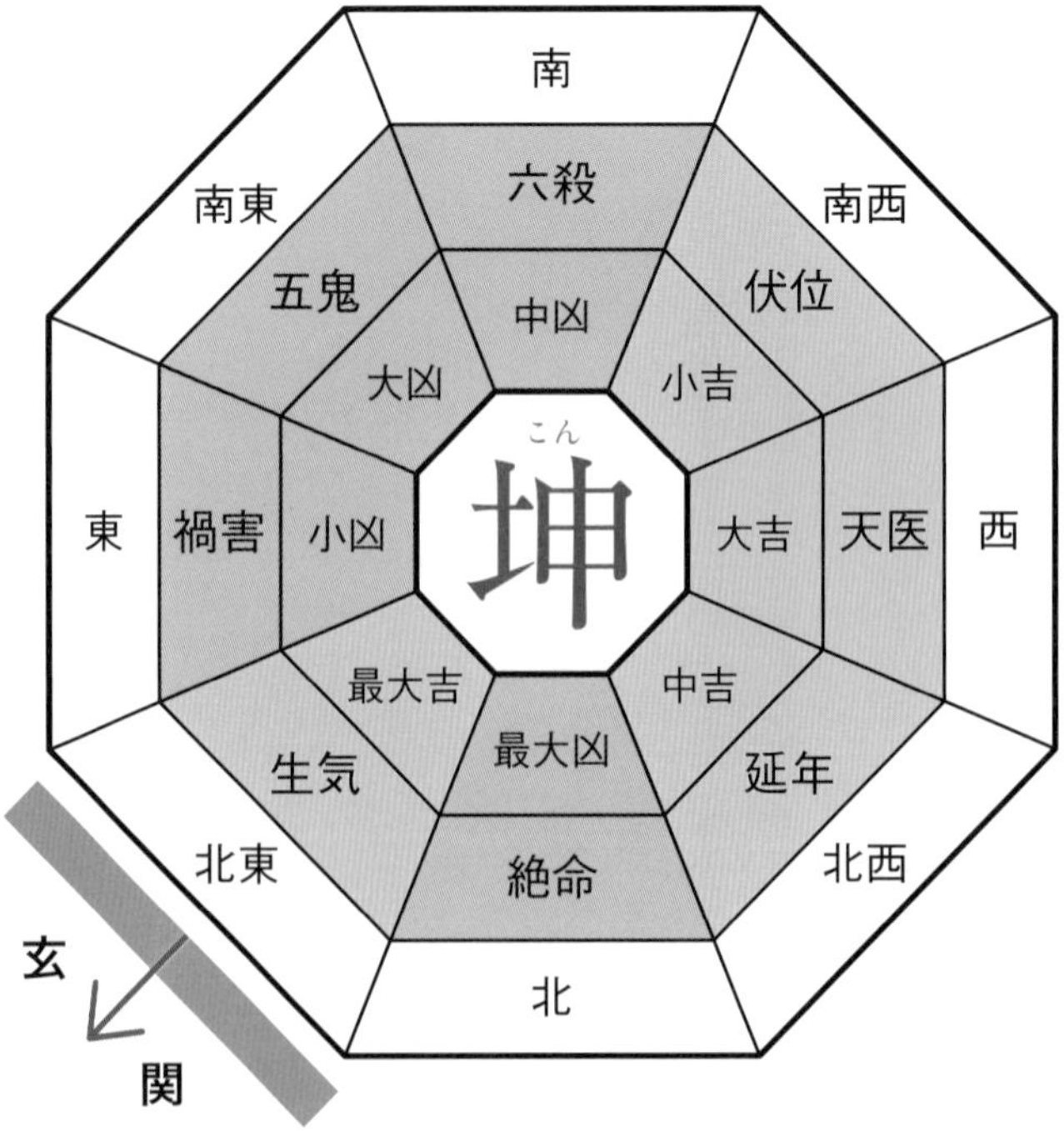

宅命八宅盤

西四命は吉作用も大きいが、凶作用も大きくなるので凶方位に注意。東四命は本命卦の吉方位を優先すること

本命卦・東四命

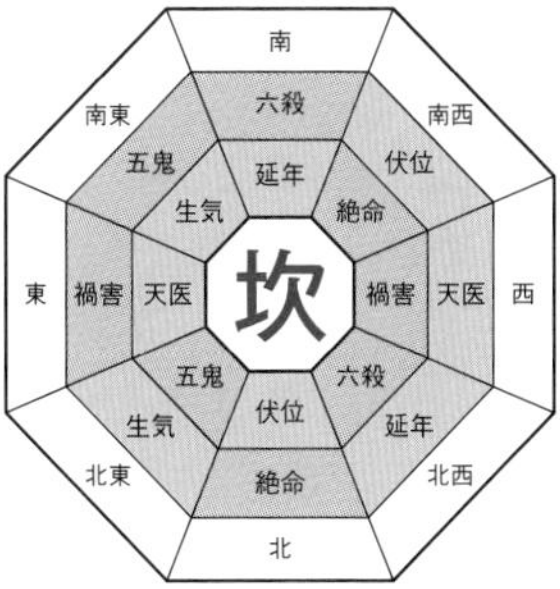

坤宅 坎命タイプ

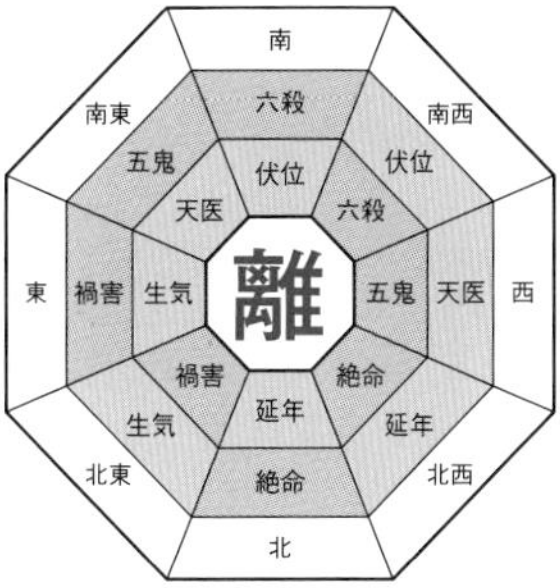

坤宅 離命タイプ

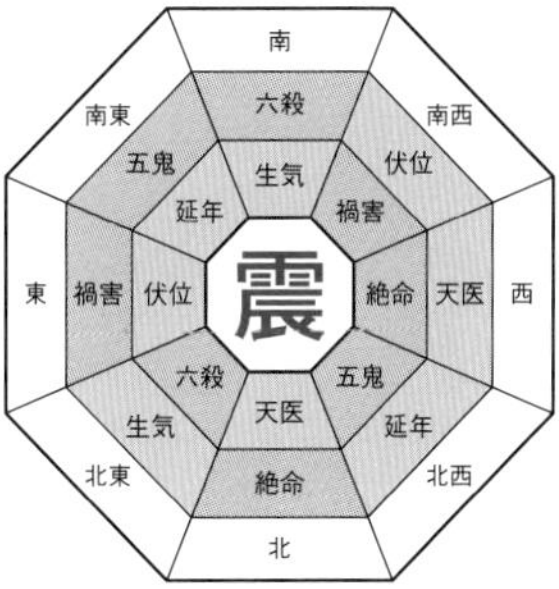

坤宅 震命タイプ

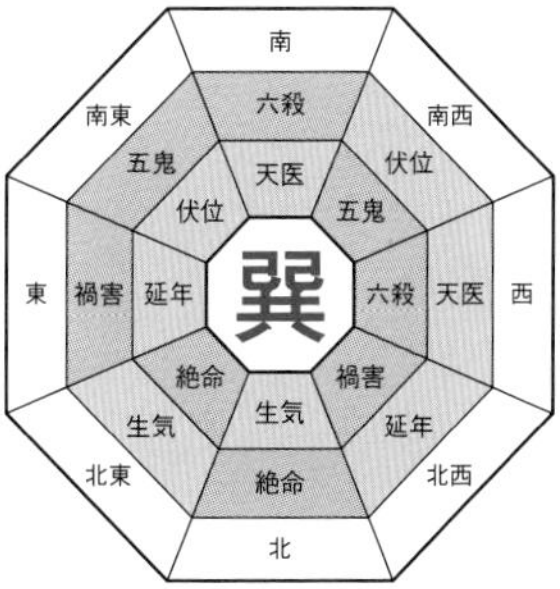

坤宅 巽命タイプ

本命卦・西四命

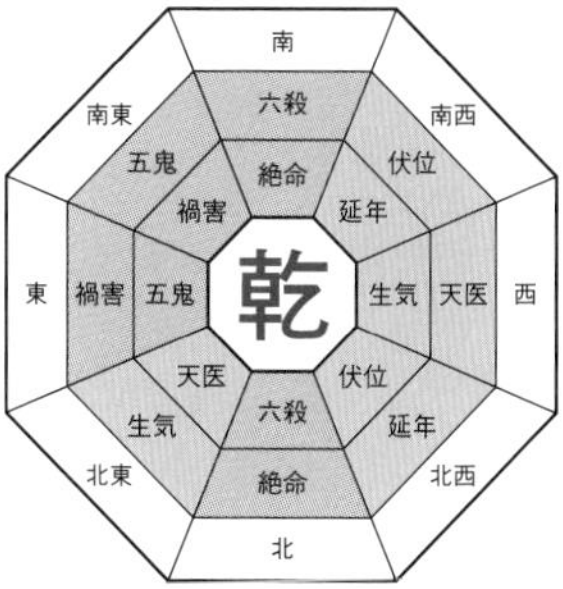

坤宅 乾命タイプ

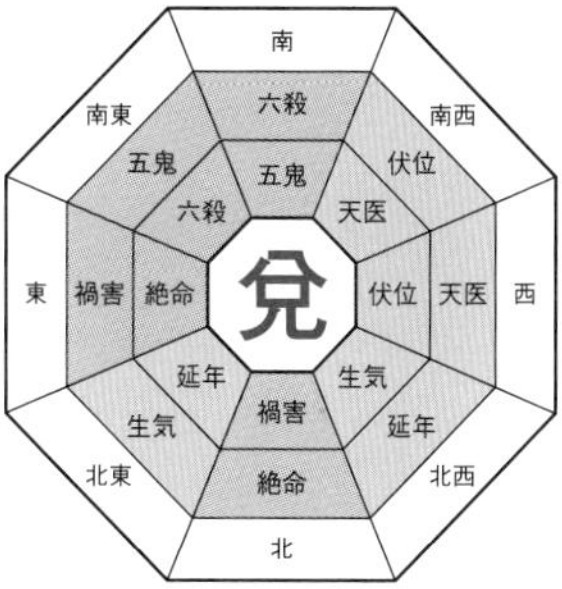

坤宅 兌命タイプ

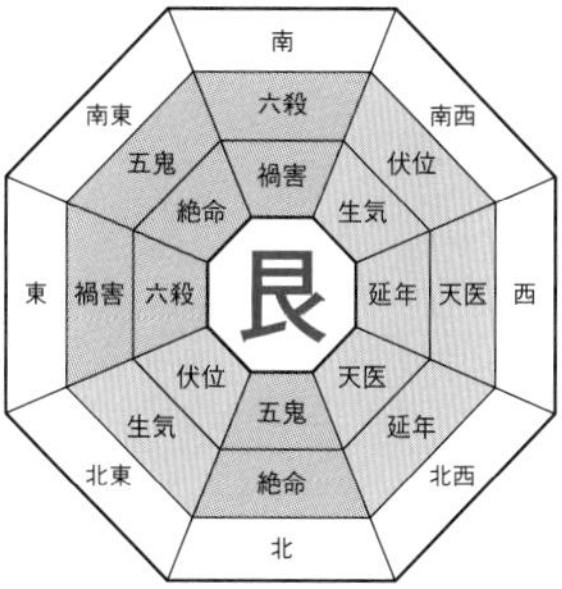

坤宅 艮命タイプ

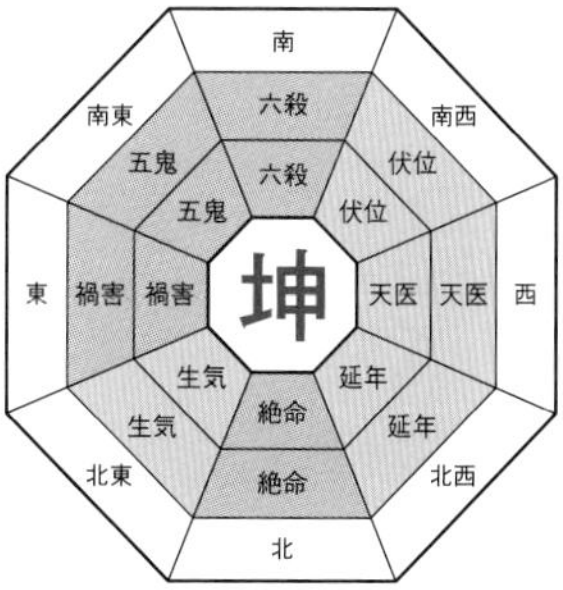

坤宅 坤命タイプ

※「宅命八宅盤」は本命卦別（内側）と宅卦別（外側）を合体させた八宅盤

集合住宅で使える風水豆知識

建物の特徴やおすすめの階数など集合住宅ならではの重要ポイント

マンションやアパートなどでは、自分の家(部屋)の形はもちろん、建物の形も重要なポイントになります。また、同じ建物の中でも、廊下のつきあたりの部屋はNGなど、良い部屋や悪い部屋があったり、集合住宅ならではのポイントもあります。

これから部屋探しをするときなどは、ぜひそうした「部屋選びのポイント」をチェックしてみてください。

また、階数によっても運気が変わるとされています。まずは、本命卦や宅卦が良い家に住むことが基本となりますが、さらに良い部屋を選ぶためにも、階数の運気を知っておきましょう。

部屋選びのポイント

1) 建物の正面方向が開けていて、圧迫感がなく、見通しが良い場所に建っていると吉

2) 欠けのない建物も吉

3) 5階以上の建物なら、エレベーターつきの建物が吉
(エレベーターは玄関的存在。また「水」の役割を果たし、エネルギーを上の階まで運んでくれる)

4) 角部屋は避ける
(風水では角部屋は「砂」がなく、気を散らすと考えるため、両隣に部屋があるほうが良い)

5) 廊下のつきあたりやT字路状の廊下の正面に玄関がある部屋は避ける(つきあたりなどにあると、人や気の流れがぶつかって良くない)

6) 部屋番号が運命数の8か1か6になる部屋は大吉

7) 部屋番号が運命数の2か5になる部屋は大凶

※運命数は部屋番号の数字を全部足し、一桁になるまで足して出た数字のこと。

例) 204 号室　2+0+4=6 で大吉

1673 号室　1+6+7+3=17、

1+7=8 で大吉

階数には五行の意味がある

集合住宅では階数によって五行別の意味を持つとされています。それぞれの階数を五行に分けると下の左表どおり。さらに、階数の五行と本命卦の五行が、どのような効果をもたらすかは右表にまとめました。ただし、12年ごとにめぐる運気によっては、効果が期待できない場合も。

階数の五行

一の位が 1か6の階 （1、6、11、16階など）	水
一の位が 2か7の階 （2、7、12、17階など）	火
一の位が 3か8の階 （3、8、13、18階など）	木
一の位が 4か9の階 （4、9、14、19階など）	金
一の位が 5か0の階 （5、10、15、20階など）	土

本命卦別の階数の五行

本命卦の五行が金（乾・兌タイプ）

健康運と出世運がアップ…「土」の階（一の位が5か0の階）
地位と金運がアップ…「金」の階（一の位が4か9の階）
努力が報われる…「木」の階（一の位が3か8の階）

本命卦の五行が火（離タイプ）

健康運と出世運がアップ…「木」の階（一の位が3か8の階）
地位と金運がアップ…「火」の階（一の位が2か7の階）
努力が報われる…「金」の階（一の位が4か9の階）

本命卦の五行が木（震・巽タイプ）

健康運と出世運がアップ…「水」の階（一の位が1か6の階）
地位と金運がアップ…「木」の階（一の位が3か8の階）
努力が報われる…「土」の階（一の位が5か0の階）

本命卦の五行が水（坎タイプ）

健康運と出世運がアップ…「金」の階（一の位が4か9の階）
地位と金運がアップ…「水」の階（一の位が1か6の階）
努力が報われる…「火」の階（一の位が2か7の階）

本命卦の五行が土（艮・坤タイプ）

健康運と出世運がアップ…「火」の階（一の位が2か7の階）
地位と金運がアップ…「土」の階（一の位が5か0の階）
努力が報われる…「水」の階（一の位が1か6の階）

12年ごとに階数の持つ運気は変わる

階数の持つ五行と、12年ごとの周期の五行との組み合わせによっても、運気は変化します。例えば、2021年は辛丑（かのとうし）で金運となり、五行の「金」の階などが発展する年になります。これからマンションの購入や転居を考えている人は、ぜひ参考にしてみてください。

周期の五行

甲子（きのえね）～乙亥（きのとい）	1984～1995年／2044～2055年	水運
丙子（ひのえね）～丁亥（ひのとい）	1996～2007年／2056～2067年	火運
戊子（つちのえね）～己亥（つちのとい）	2008～2019年／2068～2079年	木運
庚子（かのえね）～辛亥（かのとい）	2020～2031年	金運
壬子（みずのえね）～癸亥（みずのとい）	2032～2043年	土運

※いずれも2月の節入り日（P.21）から新年となる

本命卦や階数の五行から見た2031年まで栄える部屋

階数が吉でさらに建物の色も吉であれば、吉作用がさらにパワーアップします。もし階数が凶でも、建物の色が吉であれば、凶作用が中和されます。

金運となる2031年までは、土の階と木の階は凶ですが、土の階なら赤や黄色、茶系、水の階なら吉カラーである黒か白の建物のマンションであれば、凶作用が抑えられるのです。もし階数が凶で、建物の色も吉カラーでない場合は、玄関に吉カラーの物を置いて。例えば、土の5階に住み、マンションが緑色の場合は、玄関マットなどを赤や黄色、茶系にします。八宅風水で吉相と判断された家で、階も吉となれば吉作用が強まります。ただし、あくまでも八宅風水の判断が優先されるので、八宅風水で吉なら、階数の吉凶は参考程度に考えて。

金運期間（2020～2031年）の階数の持つ運気の意味

健康と出世運がアップ→水の階

運の五行が階の五行を生じるとき、健康運や出世運がアップします。2020年からの12年間は金運のため、金が生じる「水」の階、すなわち一の位が2か6の階が該当します。

金運がアップ→金の階

運の五行と階の五行が同じで比和（ひわ）するとき、財運に恵まれます。2031年までは金運のため、一の位が4か9の「金」の階が該当します。

金運や健康運がダウン→土の階

階の五行が運の五行を生じる場合は凶となり、金運や健康運がダウンしてしまいます。金を生じるのは土なので、2031年までは一の位が5か0の「土」の階は良くありません。

トラブルにあいやすい→木の階

運の五行が階の五行を剋（こく）する関係は、思いがけない事故や、災いにあいやすくなってしまいます。金は木を剋するので、2031年までは一の位が3か8の「木」の階は要注意。

苦労するものの金運はまあまあ→火の階

階の五行が運の五行を剋する関係は、吉凶が半々となり、努力すれば報われます。金を剋するのは火なので、一の位が2か7「火」の階が該当します。

インテリアに活用できる階数と色の相性

五行（階数）	吉カラー	凶カラー
水（一の位が1か6）	黒、白	黄、茶
火（一の位が2か7）	緑、赤	黒
木（一の位が3か8）	緑、黒	白

五行（階数）	吉カラー	凶カラー
金（一の位が4か9）	黄、茶、白	赤
土（一の位が5か0）	赤、黄、茶	緑

PART 5

土地と建物の見方

注意すべき形殺

自宅の風水を見るときに、真っ先に考えないといけないのが、実は土地の善し悪しです。家が建つ土台が悪ければ、少しぐらいの間取りの良さでは、悪影響を防ぎきれません。とはいえ、完璧に良い土地というのはなかなか存在せず、たとえあっても簡単に引っ越せない人も多いでしょう。現実的には、悪影響を及ぼす建物が周囲にないならOKと考えて。PART5では、注意すべき点を具体的に紹介！　問題点が見つかったら、しっかり化殺しましょう。

おすすめの環境と避けるべき環境

土地の善し悪しが大きな影響を及ぼす

風水では、建物の建っている土地の影響というのは、非常に大きいと考えます。そのため、できるだけ理想的な土地に住むのが良いとされているのです。

特に理想的とされるのは、14ページで説明した「巒頭」がしっかり生かされている土地や、16ページで紹介した「四神相応」のような場所です。また、そのほかにも、下に紹介した土地も、吉とされています。

逆に、「こういう場所だけは避けるべき」とされる土地もあります。

風水では、周囲の建物が土地や建物に悪影響を及ぼす場合を、「形殺《けいさつ》」と呼んで嫌います。そして、この形殺にあてはま

こんな土地ならおすすめ

家の背後に高い建物があり、両側に少し小さい建物があって、前が開けている（家の後ろの建物はなくても良いが、あったほうが吉）

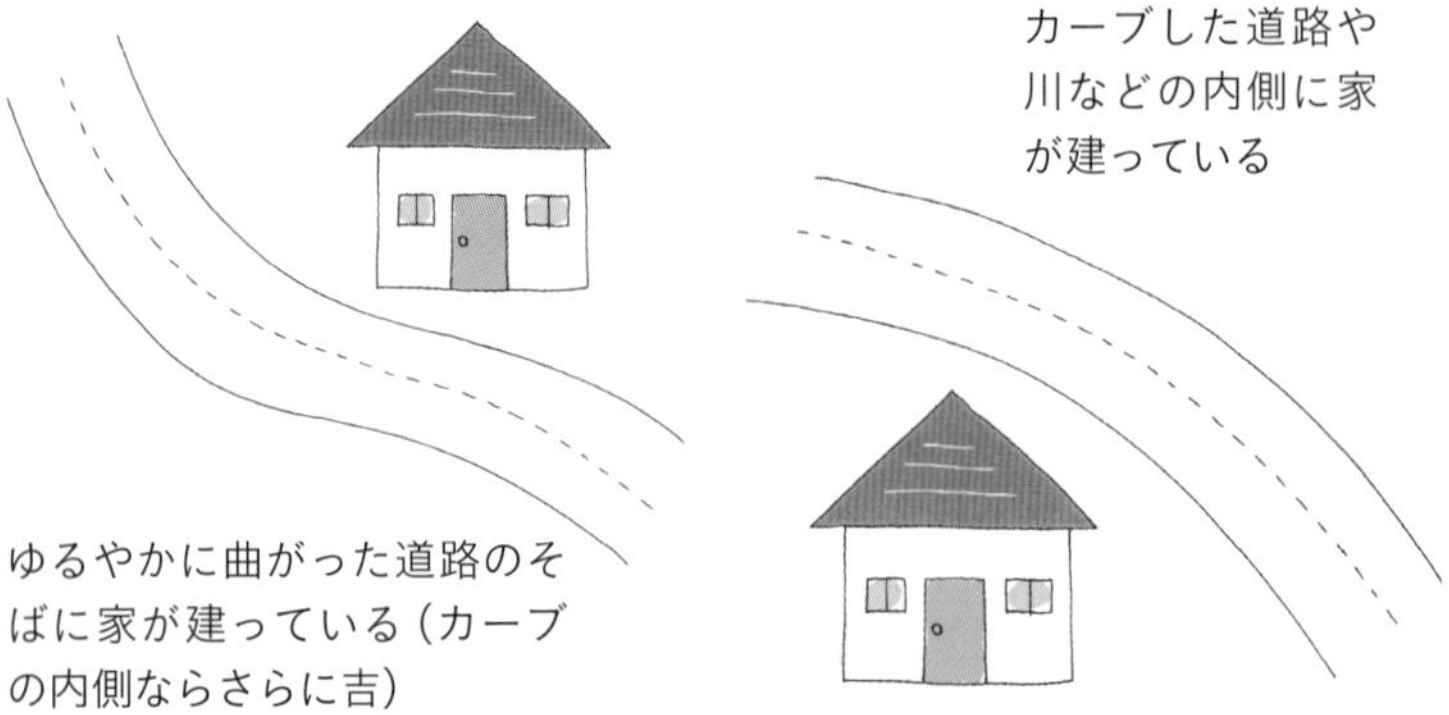

カーブした道路や川などの内側に家が建っている

ゆるやかに曲がった道路のそばに家が建っている（カーブの内側ならさらに吉）

る土地は、本来は住むべきではないとしています。

せめてこういう場所には住まないようにしたいもの

形殺はさまざまな種類がありますので、その中で主だったものを、次ページ以降で紹介していきます。

これから土地を購入したり、引っ越しする場合は、こうした形殺の特徴のあるところを選ばないほうが良いでしょう。

とはいえ、現在そのような場所に住んでいる場合は、しっかり化殺を行って、凶作用を弱めるようにしてください。ただし、土地の影響はとても大きいため、化殺はあくまでも応急処置的なものになってしまいます。

また、形殺にあてはまらなくても、なんとなく嫌な感じのする土地は、避けたほうが正解です。

家の前の道路や土地が平たんか、わずかに下り坂になっていると吉

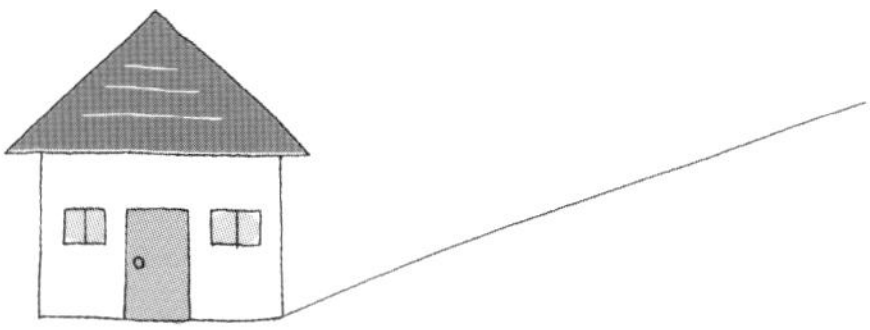

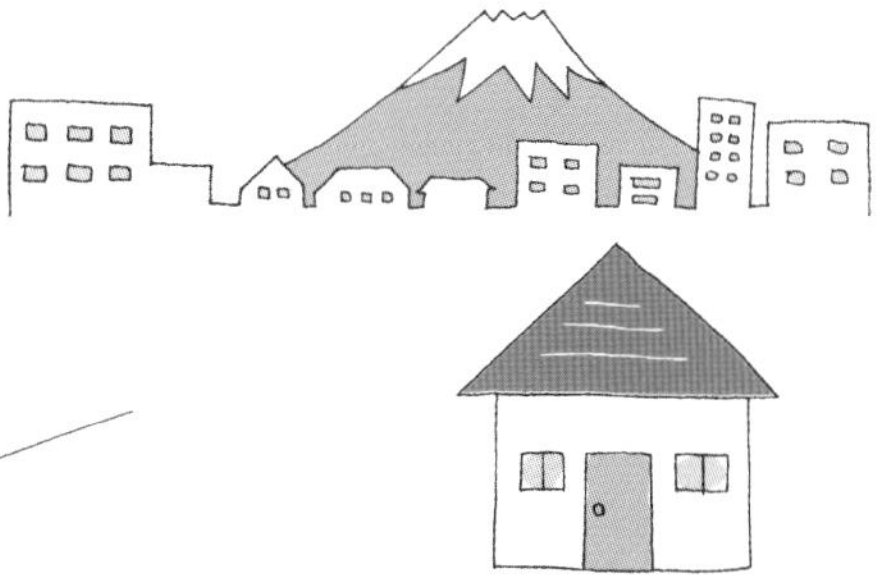

美しい山が見える（距離は関係なく、富士山などは特に吉）

山や建物がだんだん低くなって家に向かってきている

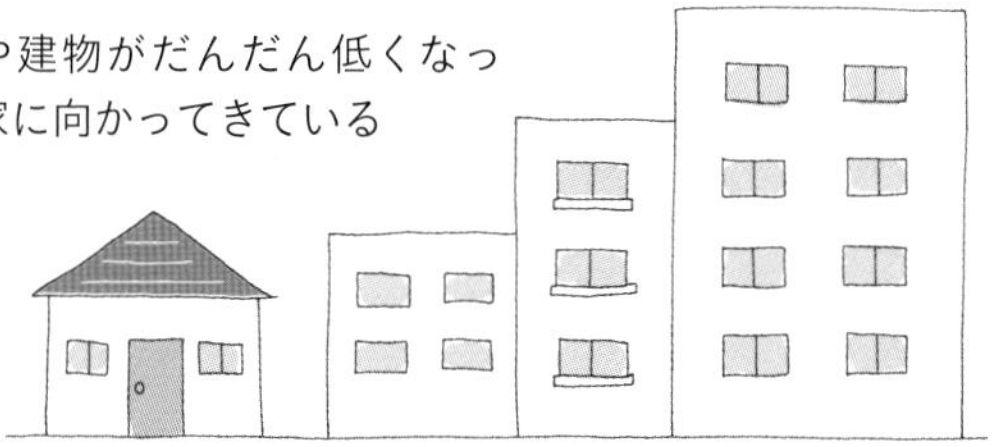

\ こんな土地も吉 /

- ◎ **裏庭が前庭より広めで、裏庭に木立がある**
- ◎ **家の敷地がカーブを描いていたり、円形になっている**
- ◎ **間口よりも奥行きが広い土地**

天《てん》斬《ざん》殺《さつ》　2つの高い建物のすき間の正面に建つ家

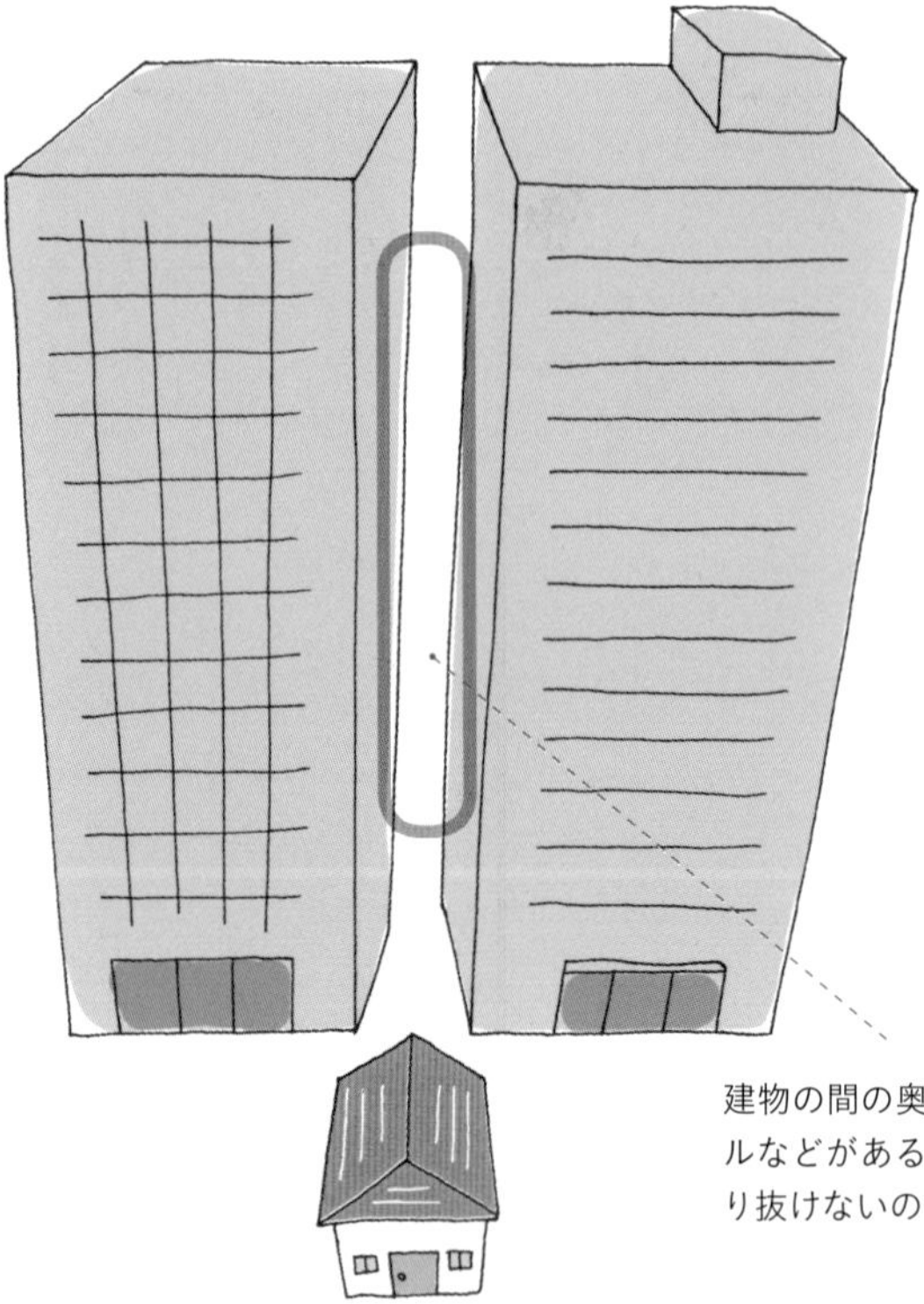
建物の間の奥に大きなビルなどがあると、風が通り抜けないので問題なし

建物の間から吹く風で良い気が散ってしまう

2つの高い建物があり、そのすき間の延長線上に低い家屋が建っているのは凶。家が刀の切っ先で天から斬られたように見えることから、「天斬殺」と呼ばれます。

高い建物の間から吹く風によって、良い気が散ってしまうとされ、特に影響が身体に出やすいといわれます。なかでも、神経痛やリウマチなど、神経系の病気にかかりやすくなるとされます。

化殺するには、鏡（風水ショップなどで売られている八卦鏡《はっけきょう》がベター）を高い建物に向かって取りつけ、気を反射させましょう。

ただ、2つの建物の奥に別の大きな建物が見えている場合は、凶作用の心配はありません。

閗《とう》門《もん》殺《さつ》 玄関がほかの家の玄関と向き合うように建っている

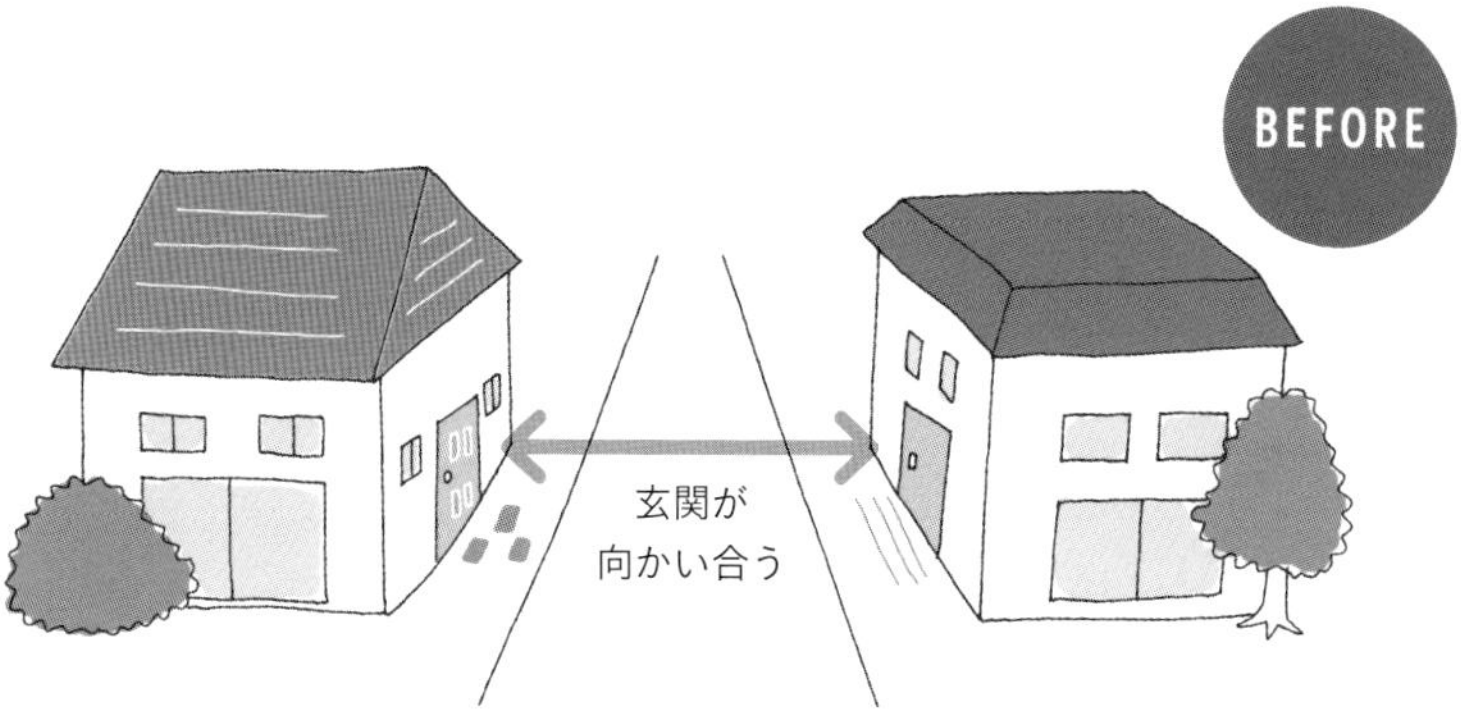
BEFORE
玄関が
向かい合う

AFTER
玄関の内側にの
れんなどをつる
し、目隠しする

人間関係のトラブルが起きやすくなる

自分の家の玄関が、ほかの家の玄関と向き合うように建っているのを、「閗門殺」といいます。

お互いが運気的に争う形となり、人間関係のトラブルが起きやすくなってしまいます。マンションなど、廊下を挟んで玄関が向き合う場合も、これに該当します。

化殺するなら、2つの玄関の間に塀や生け垣、門などを設置するか、向かいの玄関が目に入らないよう、玄関の内側にのれんやカーテンなどをつるし、目隠しして。

また、玄関先にサンキャッチャーと呼ばれるアクセサリーを取りつけ、入ってくる気を散らしたり、玄関の外に鏡をかけ、凶作用をはね返すのもおすすめです。

隔《かっ》角《かく》殺《さつ》　近くにある建物の角が家に向かってきている

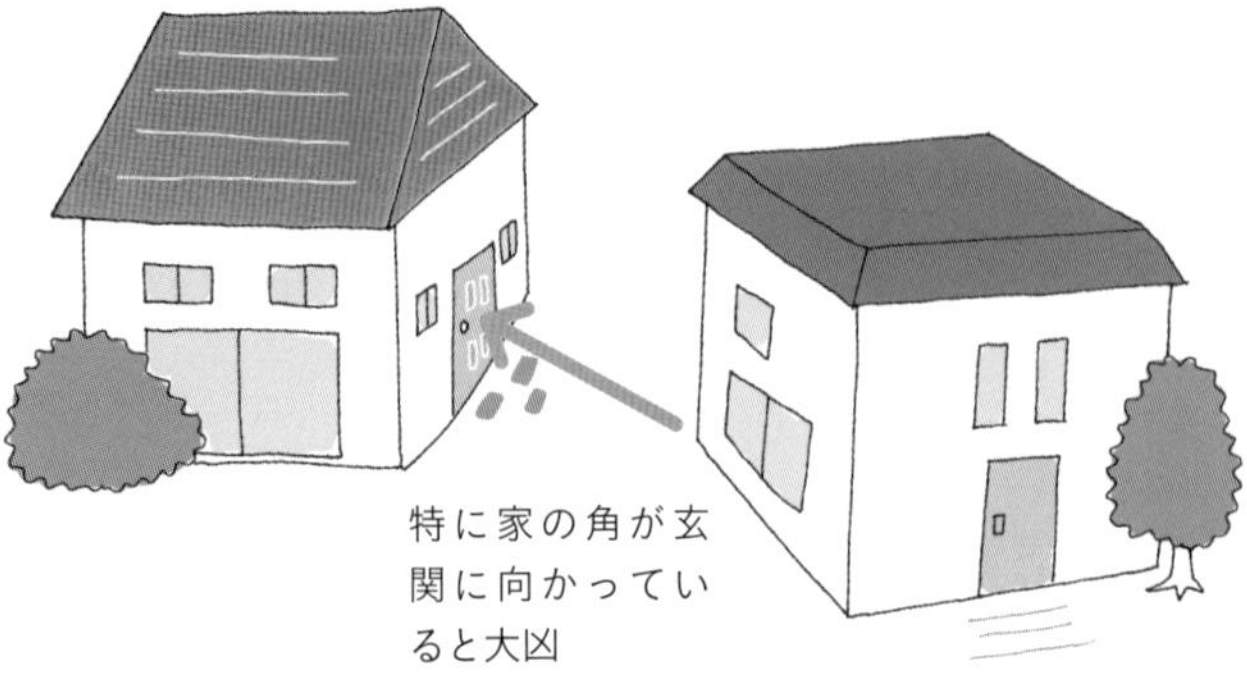

特に家の角が玄関に向かっていると大凶

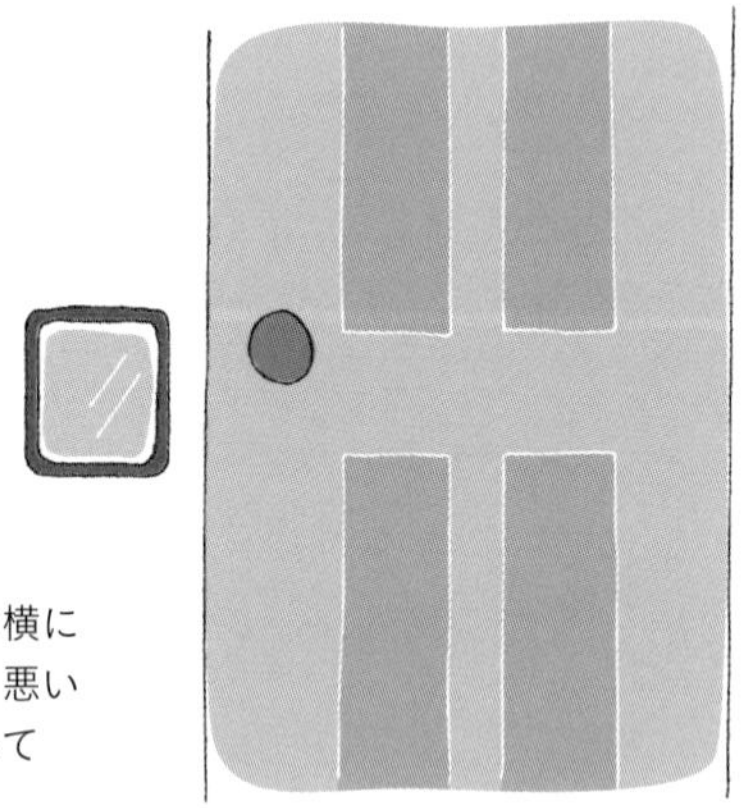

玄関のドアの横に鏡をかけて、悪い気をはね返して

精神的に落ち着かず情緒不安定になる

自分の家に対して、近くに建つ家や建物の角が向かってきている状態を、「隔角殺」といいます。

圧迫感があるため、精神的に落ち着かなくなって、運気がダウンしてしまいます。しかも、角の見える建物が大きければ大きいほど、その影響は強くなります。

なかでも、角が玄関に向かっていると、非常に悪い影響があります。ただし、その角が視界に入らなければ、問題ありません。

化殺するときは、カーテンやブラインドを取りつけたり、生け垣や高い樹木を植え、角が見えないようにしてください。また、角が映るように鏡や八卦鏡を取りつけて、悪い気をはね返しましょう。

鎌《れん》刀《とう》殺《さつ》 川や道路のカーブの外側に家がある

川や道路のカーブの外に家があり、間にさえぎる物がない。または、あっても扉や窓から通りがよく見える

外が見えないように、窓にはブラインドなどをするほか、通りに面して生け垣や塀をつくり悪い気を遮断するのもベター

カーブは内側が吉 外側が凶と覚えよう

水龍、つまり川や道路のカーブの外に家がある場合、カーブが鎌の刃となり、ばっさり斬られるような悪い影響を受けます。

本来、水龍は曲がりくねっていると良いとされますが、それは内側に家がある場合。外側に家があると、カーブに沿って流れる邪気を浴び続けることになります。

また、高速道路など高架道路の外側にあるのも良くありません。さらに、その高架のせいで見通しが悪いと、圧迫感を感じて気持ちが落ち着かなくなったり、やはり悪影響を受けます。

化殺するには、カーテンやブラインドでさえぎるか、外に鏡や八卦鏡をかけて気をはね返します。

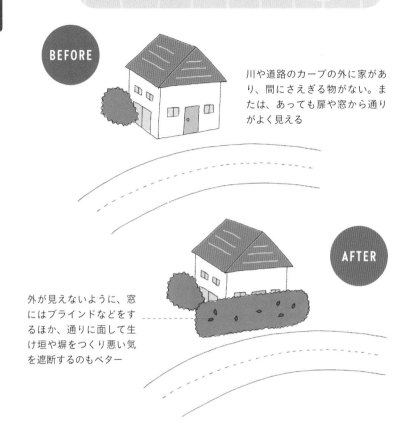

穿《せん》心《しん》殺《さつ》 電柱や街灯などが家の前に立っている

特に玄関正面に立っているのは大凶

電柱や街灯、大木などが家の真正面に立っている

電柱や街灯、道路標識といった物や大きな樹木などが、家の真正面に立っているような場合を、「穿心殺」といいます。

特に玄関の正面にこうしたものが立っていると、家の主人に悪い影響が出るとされています。例えば、健康を害してしまったり、トラブルに巻き込まれたり、苦労を背負ったりすることになるといわれています。

化殺するには、電柱や街灯などが家から見えなくなるように、カーテンやブラインドでしっかりさえぎるようにします。

また、家の外に鏡や八卦鏡をかけて、悪い気を反射させてしまうのも良い方法です。

丁《てい》字《じ》路《ろ》口《こう》 丁字路のつきあたりの正面に家が建っている

マンションなどの集合住宅の通路にも多い。L字形の道路や通路の外側にあたる角も、強い邪気が入ってくるのでNG

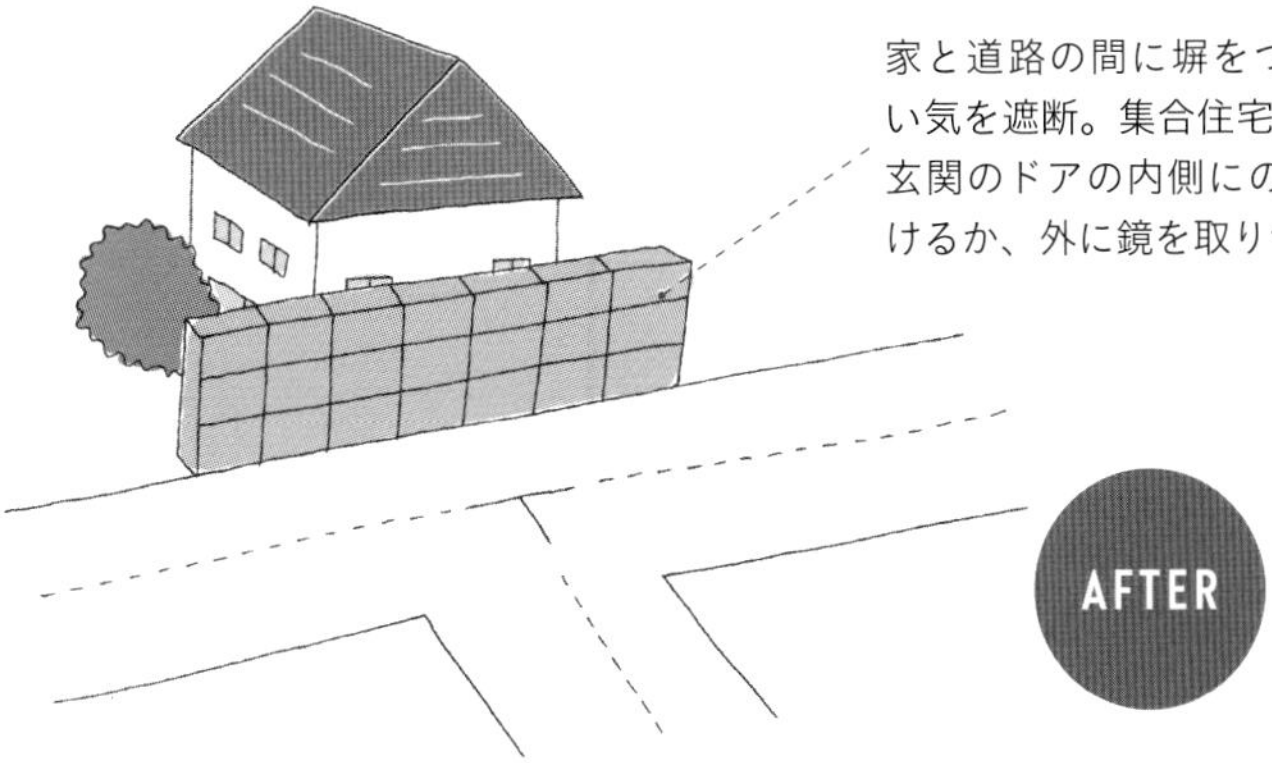

家と道路の間に塀をつくり、悪い気を遮断。集合住宅の場合は、玄関のドアの内側にのれんをかけるか、外に鏡を取りつけて

道路から邪気がまっすぐ家の中に向かってくる

丁字路（T字路）のつきあたりや、直線道路のつきあたりとなる土地に家が建っているような場合を、「丁字路口」といいます。

道路からまっすぐ向かってくる邪気が、まともに家の中に入ってくるので、凶とされています。

特にその正面に玄関がある場合は、よりその影響が強くなってしまい、突発的な事故やケガ、金銭トラブルなどにあいやすくなるとされています。

化殺するためには、家と道路の間に、塀や生け垣を設置しましょう。それが難しければ、外に鏡や八卦鏡を取りつけて、しっかり邪気をさえぎり、家に入ってこないようにしてください。

露《ろ》風《ふう》殺《さつ》 自分の住む建物だけ周囲と比べて高い

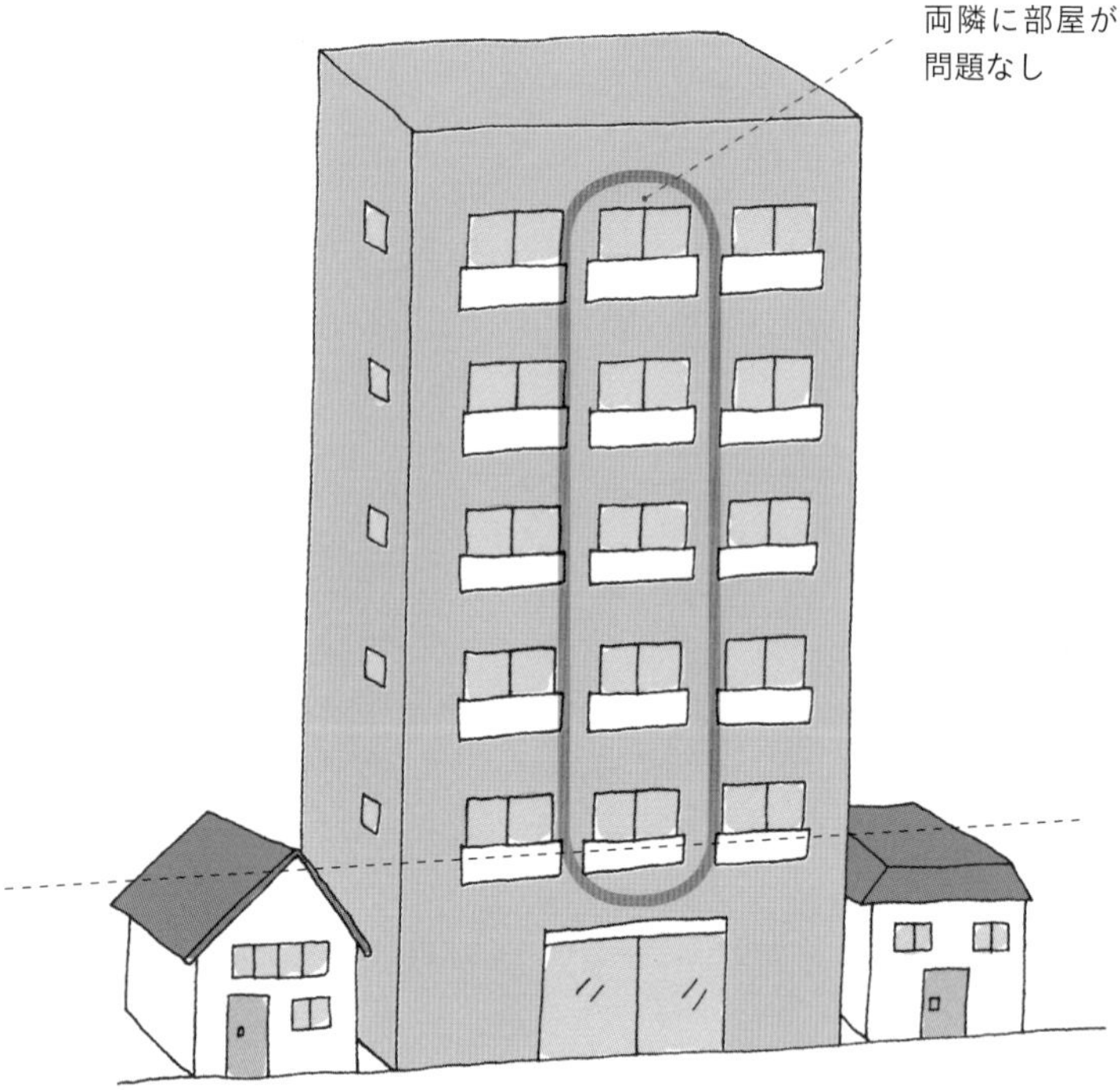

人間関係や健康面に問題を引き起こす

周囲の建物と比べてみたとき、自分の家が飛び抜けて高い場合を「露風殺」といいます。

巒頭では、住居を守る「砂」があると良いとされます。ところが、1つだけ飛び出している建物は、「砂」に守ってもらえず、強い風にさらされてしまいます。

そのため、人間関係で孤立しやすくなり、そのトラブルがもとで病気になってしまうことも。

ただし、マンションなどの集合住宅で、両隣に部屋がある場合は、悪影響の心配はありません。

もし角部屋の場合、もしくはワンフロアにひと部屋というような場合は、外に鏡や八卦鏡をかけて化殺し、邪気をはね返します。

反《はん》弓《きゅう》直《ちょく》箭《せん》 家に弓矢を射るように道路が向かってくる

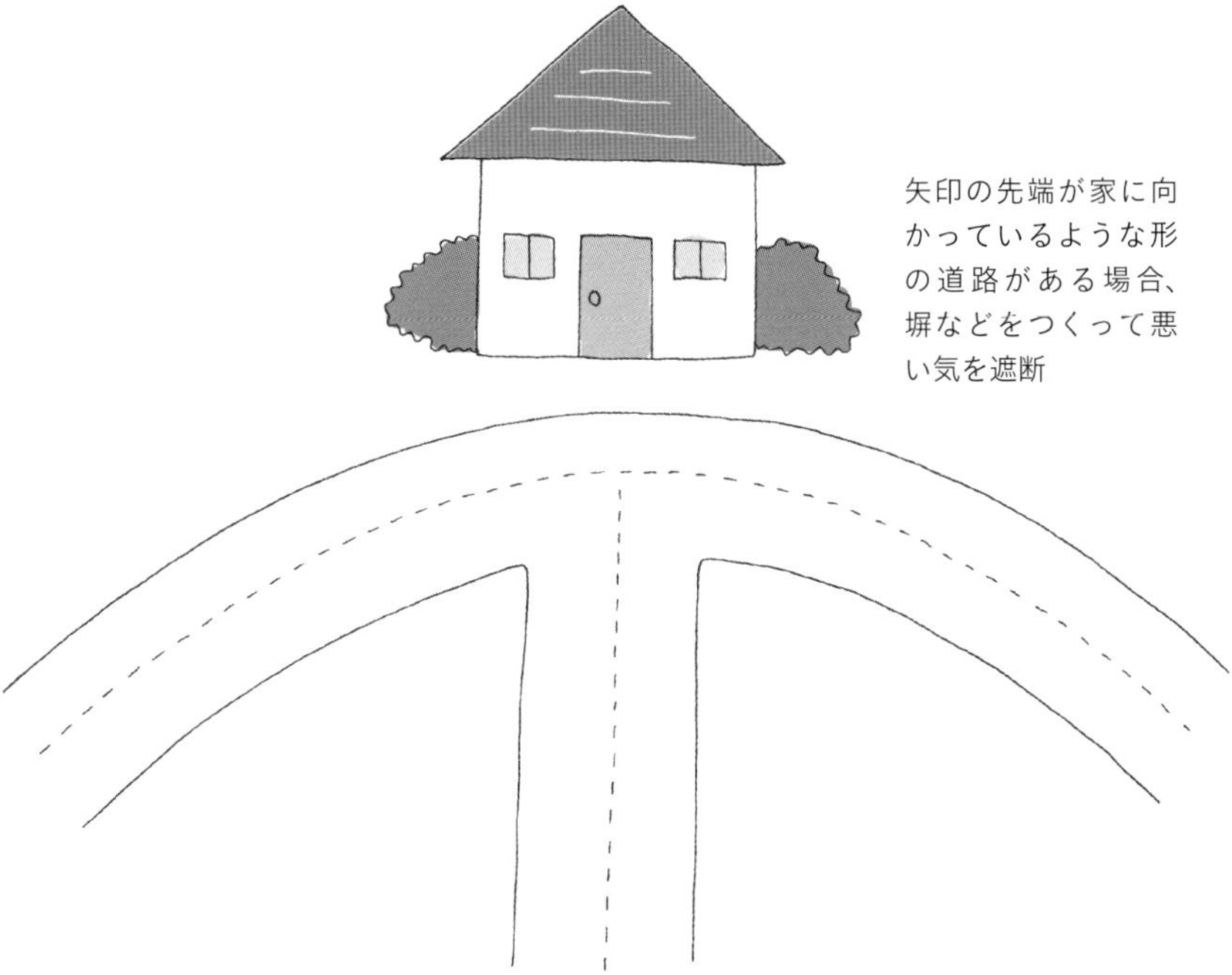

矢印の先端が家に向かっているような形の道路がある場合、塀などをつくって悪い気を遮断

丁字路口と鎌刀殺が組み合わさった土地

弓矢が家を射るような形で、道路が家に向かってきている場合を「反弓直箭」といいます。先ほど説明した「丁字路口」と、「鎌刀殺」が合わさったものになります。

道路から向かってくる邪気が、家に突き刺さるような感じがするため、常に圧迫感を感じてしまいます。そのため、気持ちが落ち着かず、精神的なトラブルを引き起こしやすくなります。

化殺するためには、家と道路の間に塀や生け垣などを設置して、邪気の流れをしっかり遮断するようにしましょう。それが難しければ、家の外の道路が映る位置に鏡や八卦鏡を取りつけて、邪気をはね返すようにしてください。

剪《せん》刀《とう》殺《さつ》 交差点の角の部分に家が建っている

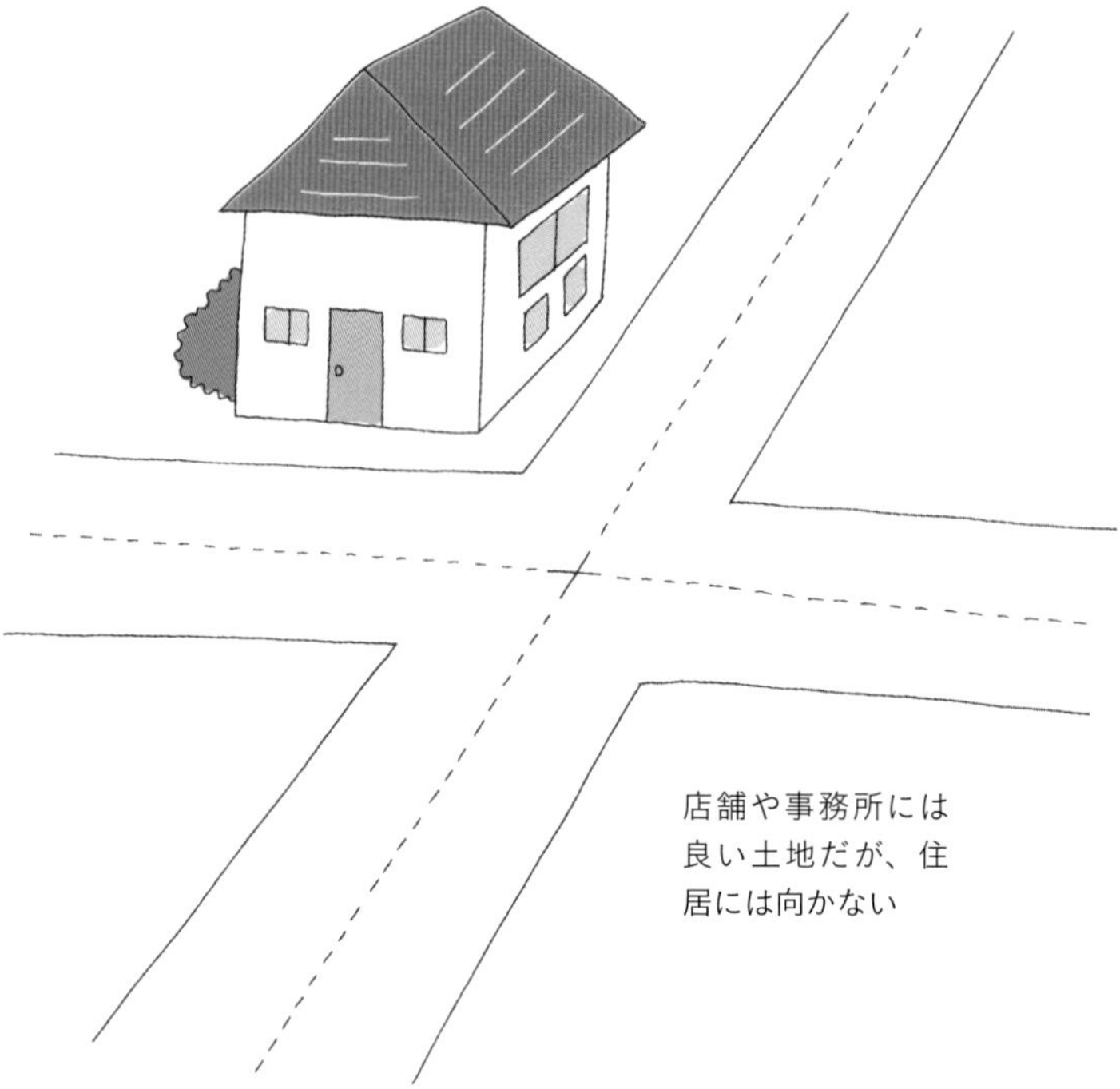

店舗や事務所には良い土地だが、住居には向かない

道路が交わる交差点は店舗なら吉、住居なら凶

交差点の角やY字路の角に家や建物が建っているのを、「剪刀殺」といいます。

店舗や事務所などの場合は、こうした土地に建っている建物は吉とされますが、住居にとっては良くありません。

特にお金のことで苦労したり、健康を損なってしまったり、金運と健康運に悪い影響が出るとされています。また、予想外のケガにも注意が必要です。

化殺するためには、鏡や八卦鏡を家の外にかけて、邪気をはね返すようにしましょう。

さらに、ブラインドを窓にかけて外が見えないようにして、しっかり凶作用を抑えて。

割《かつ》脚《きゃく》殺《さつ》

家のごく近い場所に高速道路が通っている

高速道路が家のすぐそばを通っている場合を「割脚殺」といい、避けたほうが良いとされます。散財の暗示があり、運気がダウンしてしまうのです。この場合、家の外に鏡をかけて化殺します。

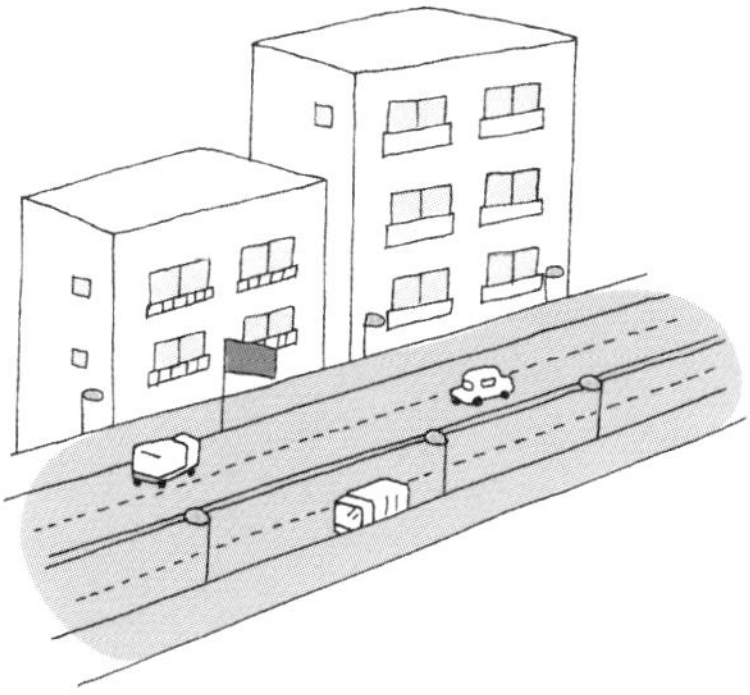

近すぎるとNG

探《たん》頭《とう》殺《さつ》

低いビルの上にわずかに高いビルが見えている

低いビル上から、背後の高いビルの上階が、まるで頭のようにわずかに見えるのを「探頭殺」といいます。盗難にあったり、子どもが不良になったりするので、家の外に鏡をかけて化殺を。

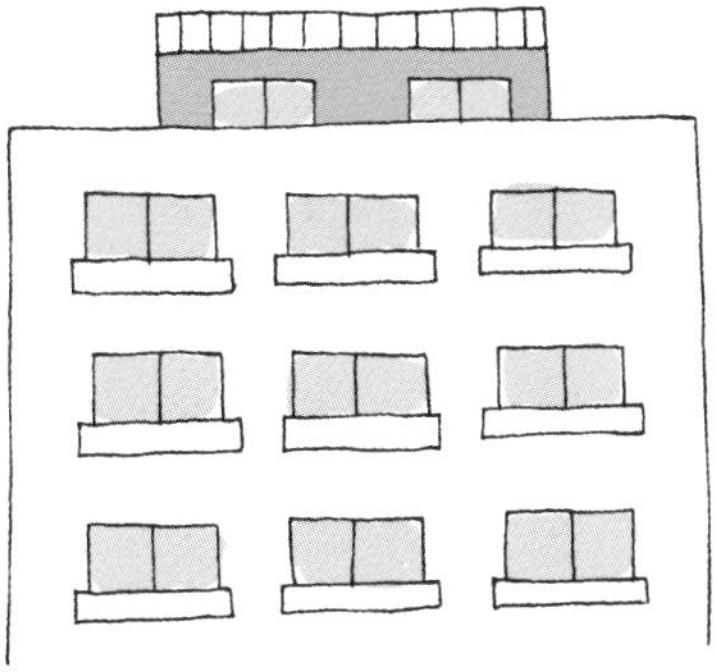

背後のビルが映る場所に鏡を設置

反《はん》光《こう》殺《さつ》

光を反射する建物が目の前に見えている

ガラス張りのビルなど、外壁が鏡のようになっている建物が目の前にある場合が「反光殺」。怒りやすくなり、トラブルを起こしてケガをすることも。ビルに向かって鏡をかけることで化殺を。

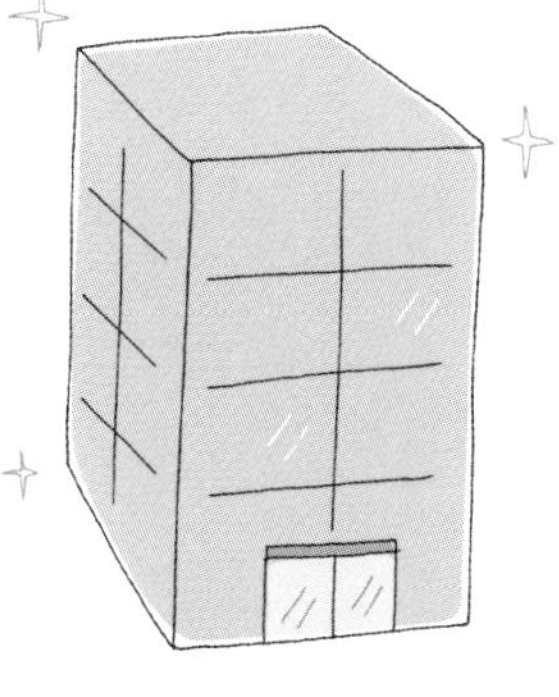

鏡で凶作用をはね返して

火《か》殺《さつ》

家から高圧線の鉄塔や尖った建物が見える

高圧線の鉄塔や尖った建物が家の正面にあったり、家から見える場合のこと。その建物が大きく、また近いほど影響が大きくなります。火災や流血事件に巻き込まれる暗示も。見えないよう遮断を。

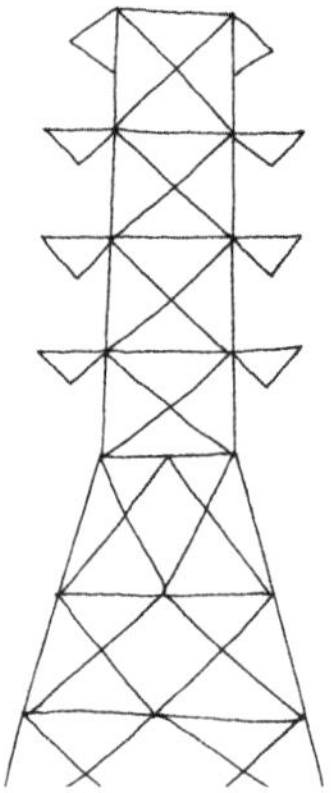

窓にカーテンなどをして、見えないようにする

沖《ちゅう》天《てん》殺《さつ》

家から工場の煙突がたくさん見える

工場の煙突が、たくさん見える場合を「沖天殺」といいます。健康を損なう可能性が高くなり、うっかりケガをすることも増えてしまいそう。煙突が見えないよう、カーテンなどで遮断して。

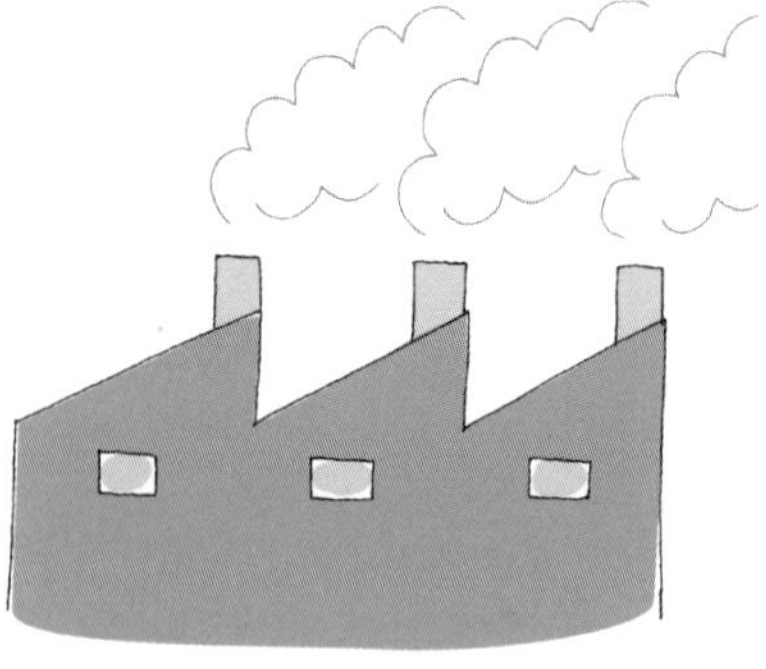

窓の開閉も控えたほうがベター

光《こう》殺《さつ》

家の正面にネオンなど光輝く看板がある

ネオンなどの看板が家の正面にあり、しかもひと晩中照明で照らされているような場合を「光殺」といいます。精神的にダメージを受け、短気になりがち。看板が見えないよう遮断しましょう。

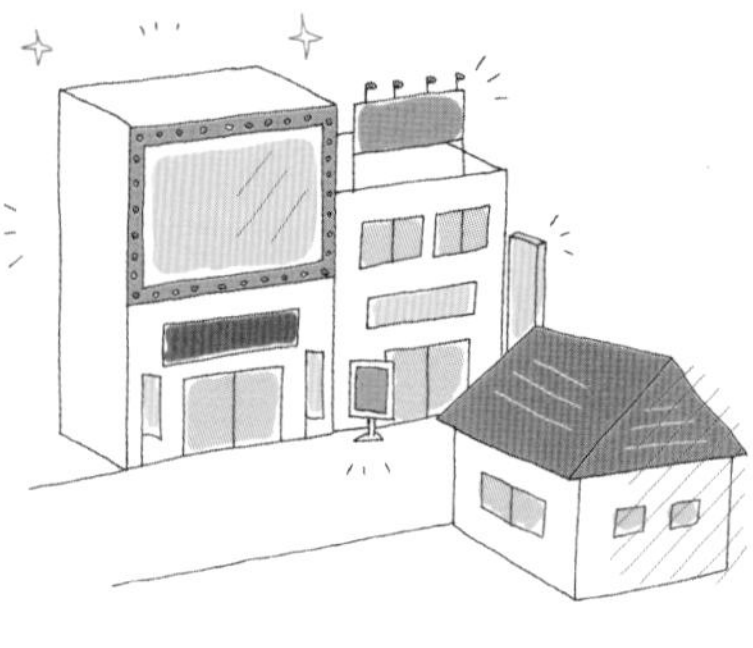

カーテンなどでネオンの光を遮断して

風《ふう》殺《さつ》

風にさらされてしまい守られることのない家

家の周囲に建物や樹木など、さえぎるものがない状態。風にさらされ、気が守られなくなります。財運に問題が起き、人の助けを受けられなくなる暗示も。木を植えたり塀をつくり家を守って。

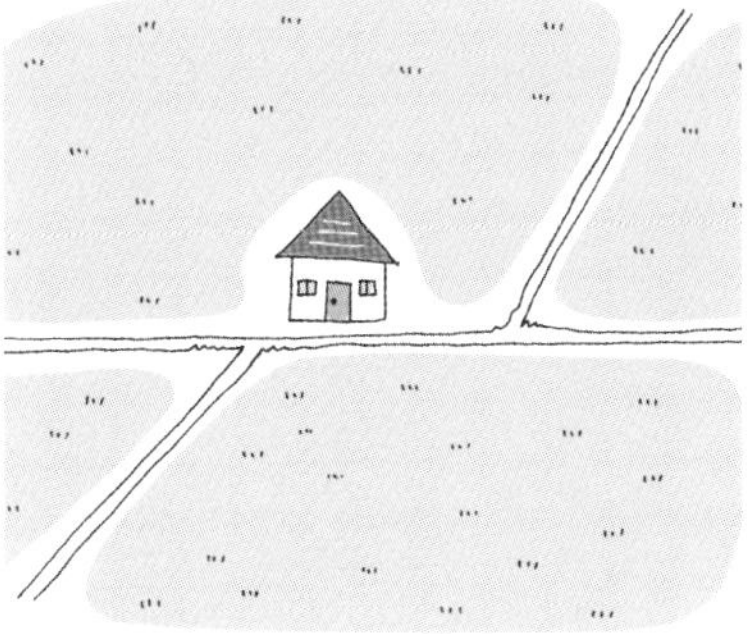

田んぼの中の一軒家的な家は注意

孤《こ》峯《ほう》独《どく》秀《しゅう》

丘や崖の上に一軒だけぽつんと家が建っている

丘の上に、一軒だけ家が建っているのを「孤峯独秀」といいます。気が流れ散ってしまい、性格が高慢になって孤独になります。人の助けを受けられなくなったり、運気が安定しなくなります。

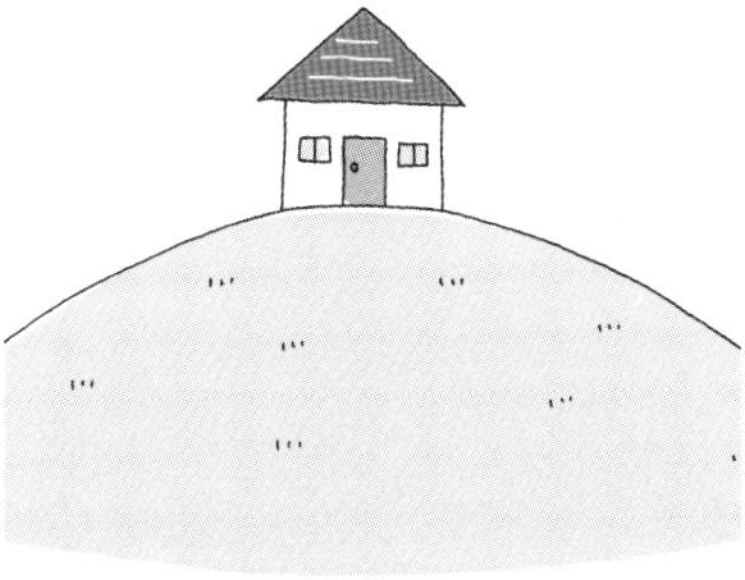

家の周囲に塀をつくるか、木を植えて

虎《こ》強《きょう》龍《りゅう》弱《じゃく》

家の右に高い建物があり左が低くなっている

家の右側が高くて左側が低い場合は、青龍白虎の関係が逆になり凶相となります。ケンカっ早くなるので、勝負ごとなどのときには、あえてこの地形を選ぶこともありますが、基本は避けて正解。

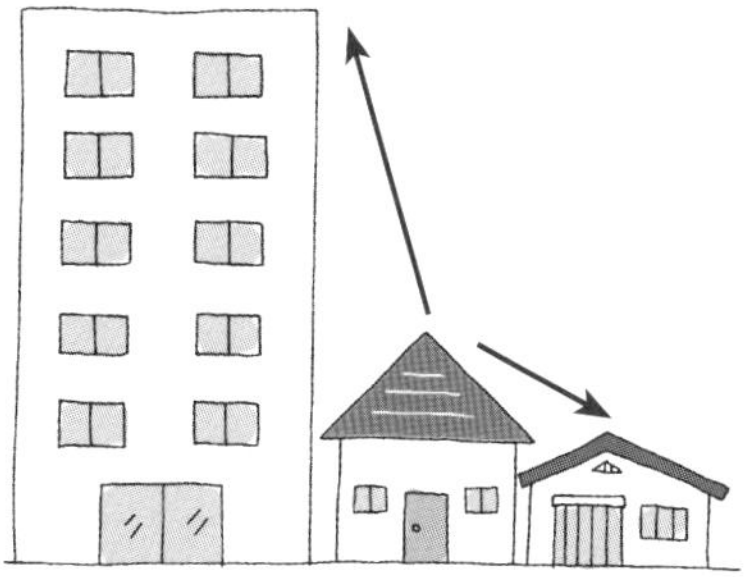

自宅から見て右隣が高く左隣が低いのはNG

COLUMN ④

旺《おう》山《ざん》旺《おう》向《こう》

建て売り住宅を買うなら 建築年と玄関の向きに注意

「玄空飛星派《げんくうひせいは》」という流派では、家が建った年と玄関の向きで家の吉凶を探ります。２００４〜２０２３年に建った家は、丑、巽、巳、未、乾、亥の方向に玄関が向いていると良いとされ、艮、寅、辰、坤、申、戌の方向だと凶になります。

また、このような玄関の向きの住居で、その背後に山や高い建物があり、正面に道路や川があると「旺山旺向」という吉格になり、財運と健康運に恵まれると考えます。逆に家の前が高く、後ろが低いと凶格になります。

これらの効果は２０２３年まで続きます。２０２４年以降については、下記を参照ください。

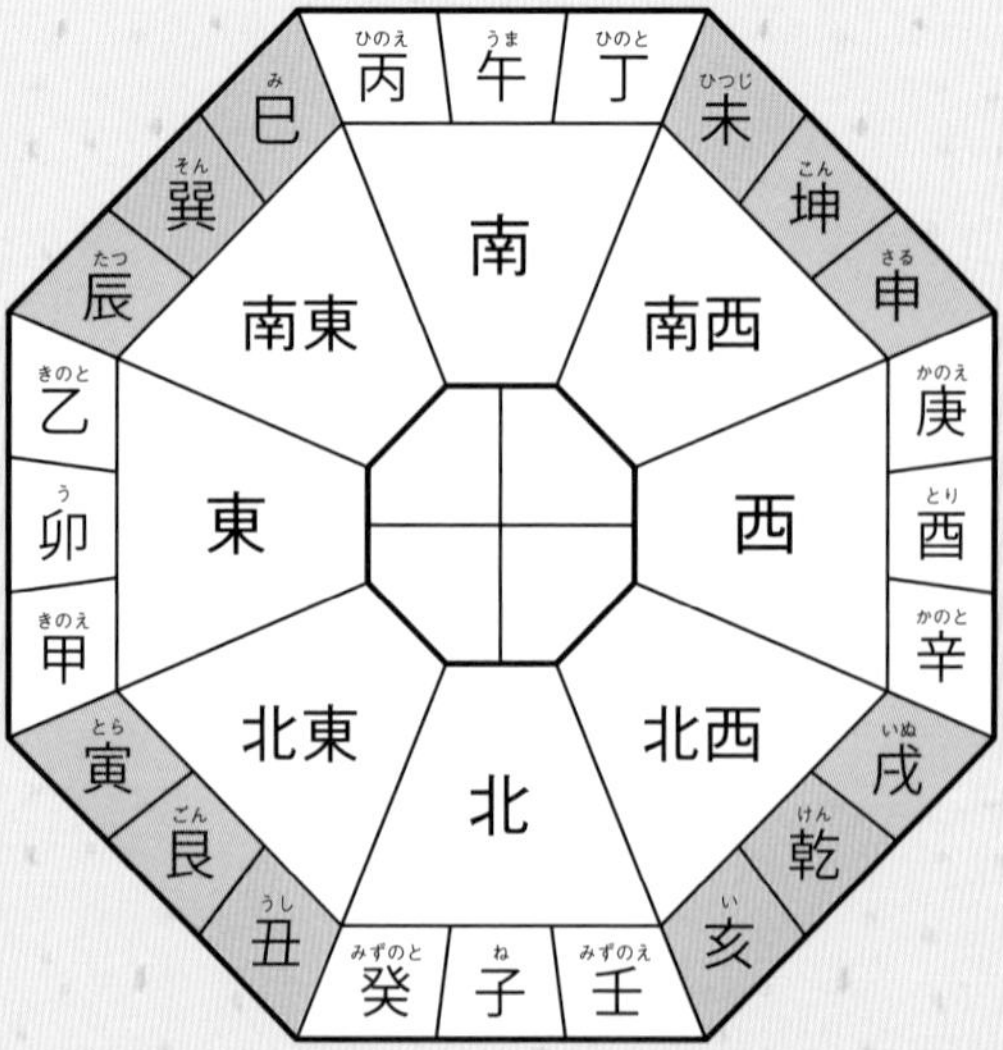

家の向きは八方位をさらにそれぞれ３分割した、二十四山方位で表します。基本的には玄関が内側から見て南を向いていれば、午方を向き、子方に座す家ということから「子山午向」の建物ということになります。2024〜2043年は旺山旺向がないため合十格というもので代用すると、乾山巽向、亥山巳向、巽山乾向、巳山亥向の家が吉となります

PART 6

新風水・金鎖玉関

「山」と「水」で簡単模様替え

2000年代に発表された「金鎖玉関」は、地形を「山」と「水」の2つに分けて考えるというシンプルなもの。簡単にいえば、高い場所は「山」、それより低い場所は「水」と考えるだけ！　難しい理論を知らなくてもできることから、風水の本場・中国で瞬く間にブームとなりました。使い方によっては、「八宅風水」以上の効果を得られます。八宅風水でなかなか良い方位や間取りが選べないときなどは、すぐに実践できる金鎖玉関を使って、運気を上げましょう。

人気急上昇中の新流派・金鎖玉関《きんさぎょくかん》

地形や家具の高低の配置で良い気の流れる場所をつくる

　近年、中国で人気が急上昇している流派の一つ「金鎖玉関」は、別名「過路陰陽《かろいんよう》」と呼ばれます。かつての王朝に使えた風水師の末裔・祁鴻飛《きこうひ》（1893〜1976）が伝えた流派です。1997年に張樹淮《ちょうじゅわい》という人物が公開教授をするようになり、一般にも広く知られるようになりました。現在、金鎖玉関で著名な風水師には呂文《りょぶん》芸《げい》などがいます。

　ほかの流派よりも、鑑定法が簡単で習得しやすいのが特徴で、そのせいか、登場してわずか10年ほどで、急速に中国全土に広まりました。日本でも近い将来、ブームとなるに違いありません。

　その鑑定法は、地形の高い場所（山）と低い場所（水）の配置により、良い気の流れる場所を選ぶというものです。主に土地選びに使われる方法ですが、家具の配置にも簡単に生かせるので、誰にでもすぐに応用することができます。

「山」と「水」の配置

自分の家の周囲を見る場合、自宅を中心に南、西、北西、北東に低いものがあり、南西、北、東、南東に高いものがあると良いとする

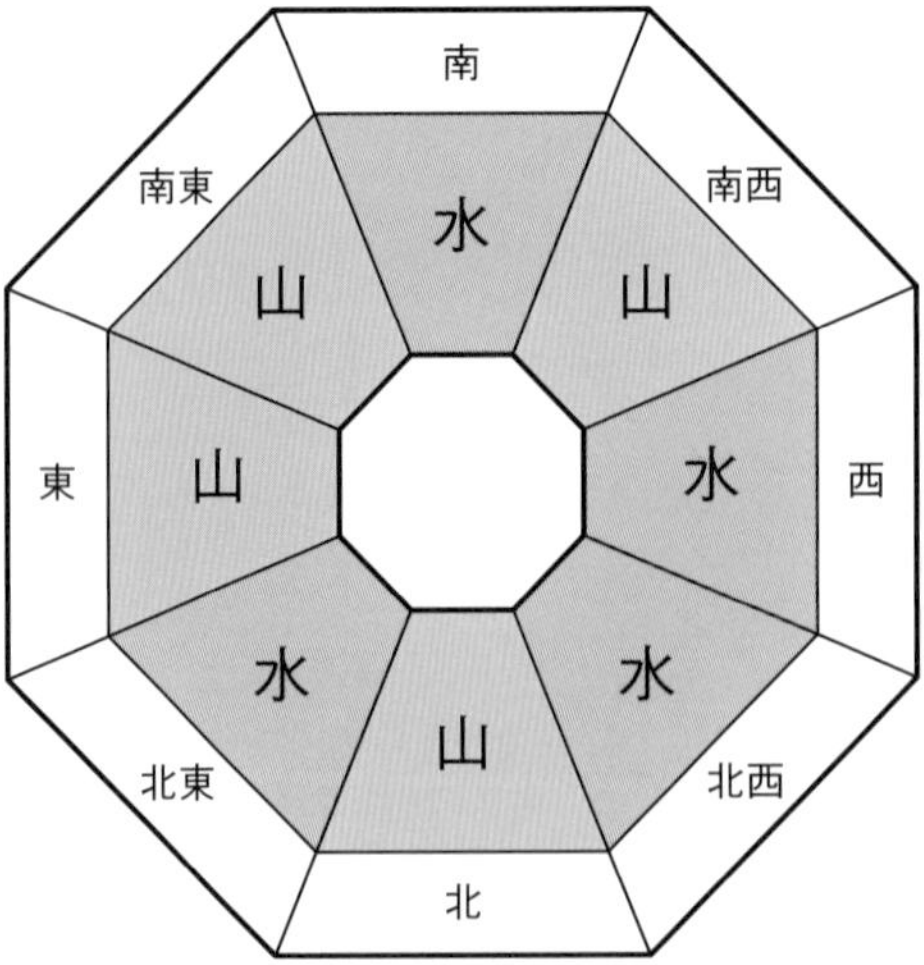

金鎖玉関で見る理想の土地とは？

周囲の地形を見る

金鎖玉関では、周囲の地形を「山」と「水」として見ます。

この「山」というのは、実際の山や丘はもちろんのこと、高層マンションなどの高い建物や、高速道路、高架の線路なども「山」にあてはまります。逆に「水」というのは、実際の川や海などの水場のほか、低い建物、開けた平地なども該当します。

金鎖玉関で理想とする地形は、自分の家から見て北、東、南西、南東に、山や高い建物などの「山」があり、南、西、北西、北東に、川や池、低い建物などの「水」があるところ。そうした土地に住んでいれば、もういうことはありません。

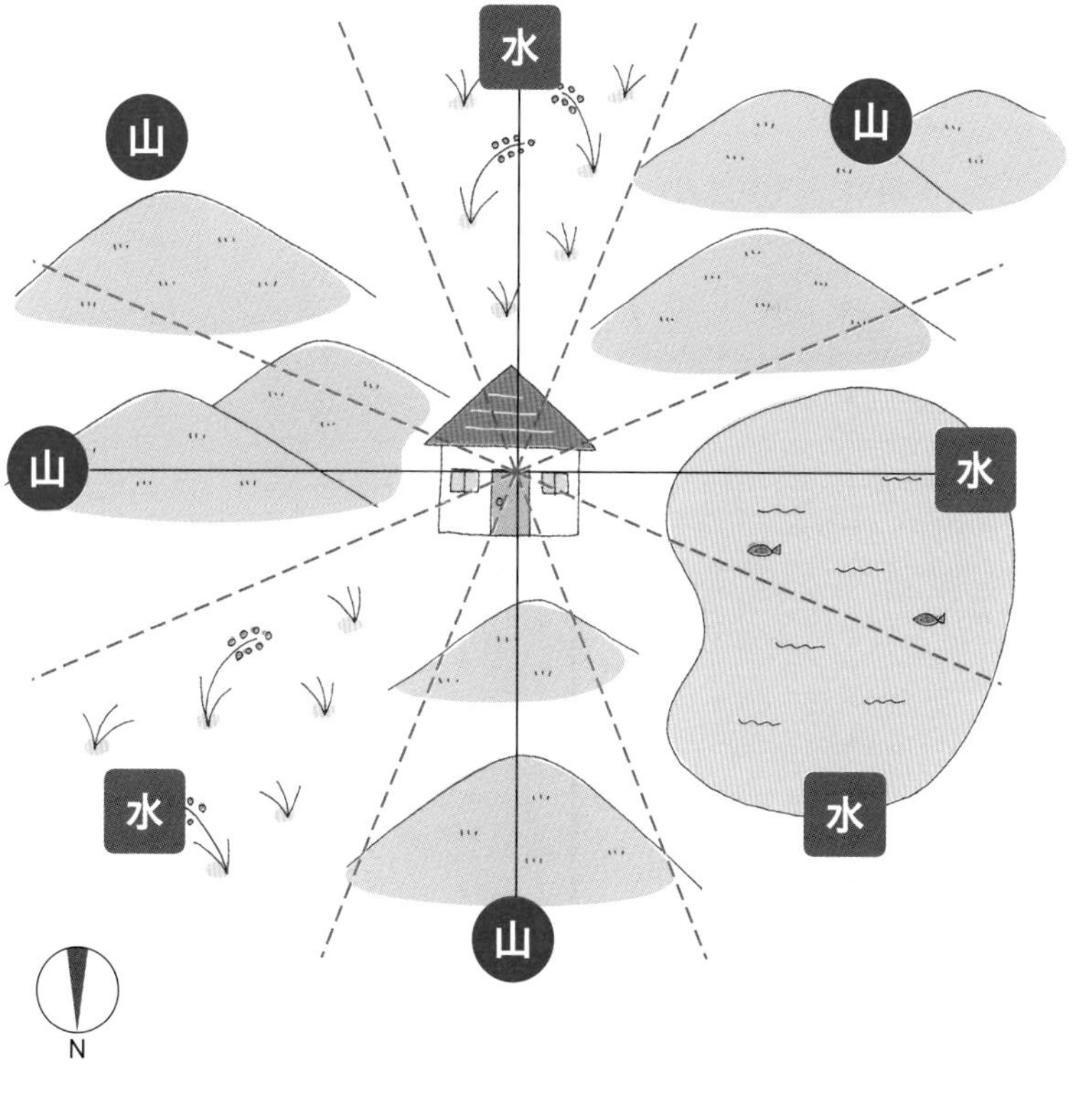

前後の高低差が重要

「山」は高いもの、「水」は低いものと考えると説明しましたが、ただ単に「山」に高いものがあれば良いわけではありません。というのも金鎖玉関では、前後の高低差をとても重要と考えるからです。

それぞれの方位を見ると、東西や南北など、中心（自分）を挟んだ前後左右が、山と水の関係になっていることがわかります。この関係を抜き出したのが下図ですが、完全に一対なので覚えやすいはず。

このとき、「山は水より、少しでも高ければ良い」と考えます。例えば、南北でいえば、南は「水」で北は「山」ですが、もし南に山があったとしても、北にもっと高い山があれば、「山」と「水」の関係が成立する、と考えるわけです。これはすべての方位にあてはまります。

「山」の反対の方位は「水」になる

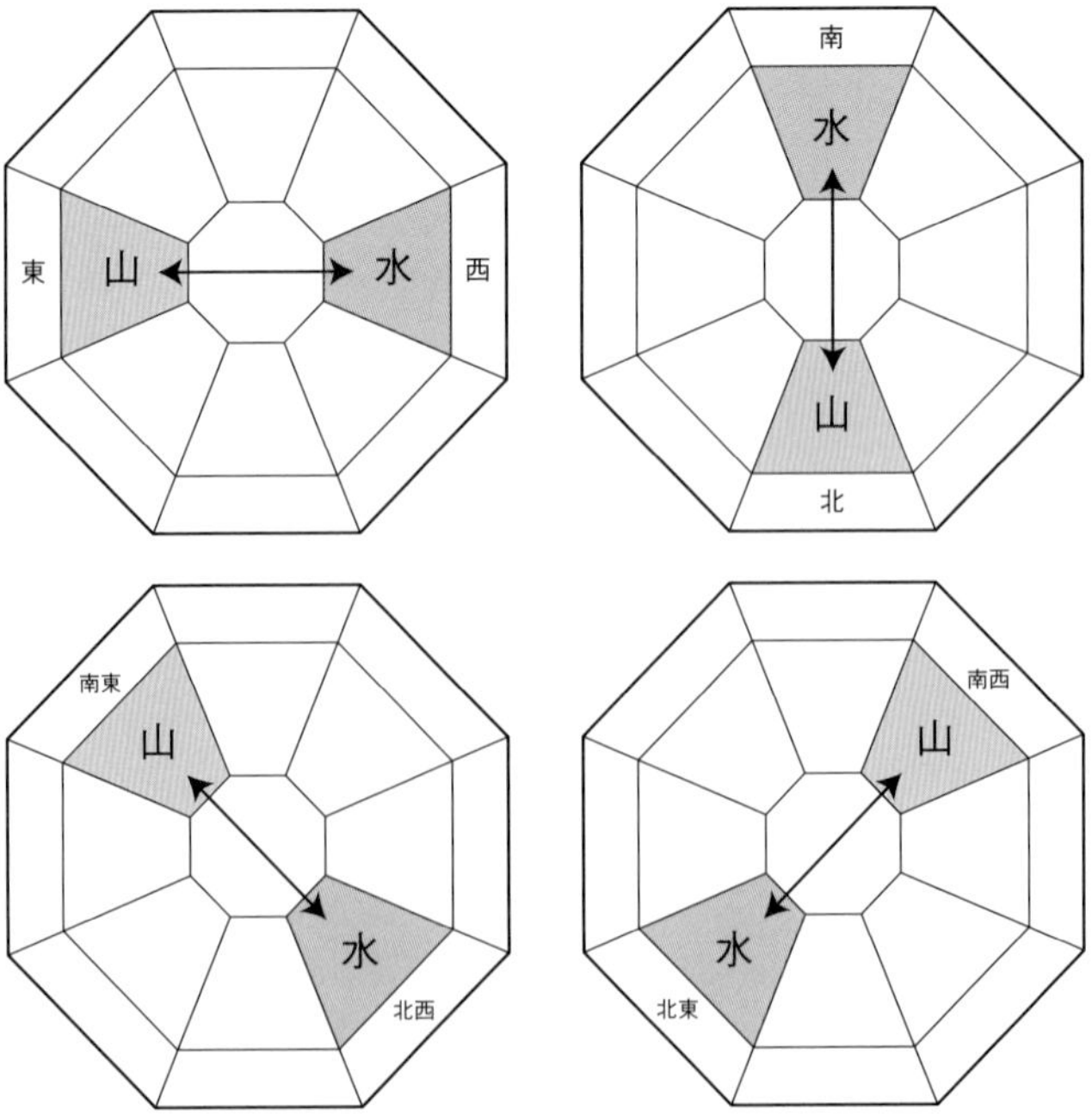

向き合う方位の高低差が大切

南と北、西と東、北東と南西、北西と南東で、対角にある方位がそれぞれ「山」と「水」になっているのがわかる。南の「水」と西の「水」など、水同士（山同士）の高低差は、特に問題ではない

見た目の印象も大切

金鎖玉関では、建物などを見たときに感じる「高さの印象」も大切です。

例えば、まったく同じ高さのビルが、家の南と北の両方にあるとしましょう。このとき、北のビルより南のビルのほうが自宅より遠方にあれば、ビルの高さは南のほうが低く見えますので、そちらを「水」と考えるのです。

また、南方位に大きな建物があっても、自宅との間に大きな道路などがあり、近くの地形が低いという印象のほうが強ければ、「水」になります。

もう1つ例をあげてみましょう。5階建てのマンションのすぐ南側に、2階建てのビルが建っているとします。

マンションの5階に住む人にとっては、南のマンションが2階までしかないので目の前が開けています。この場合、南は「水」になります。一方、1階に住む人にとっては、たとえ南のマンションが2階までしかなくても、目の前がふさがれている状態になりますので、「山」となるのです。

同じ高さで距離が異なる場合

同じ高さの建物でも、基本的には自宅より近いほうは「山」、遠いほうは「水」と考える

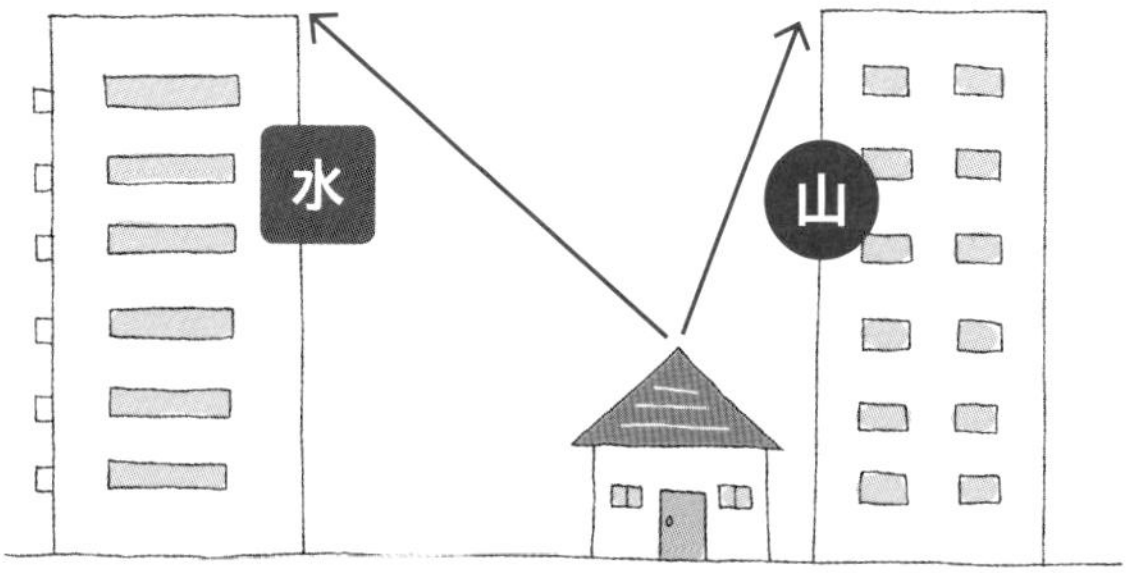

マンションの階数が異なる場合

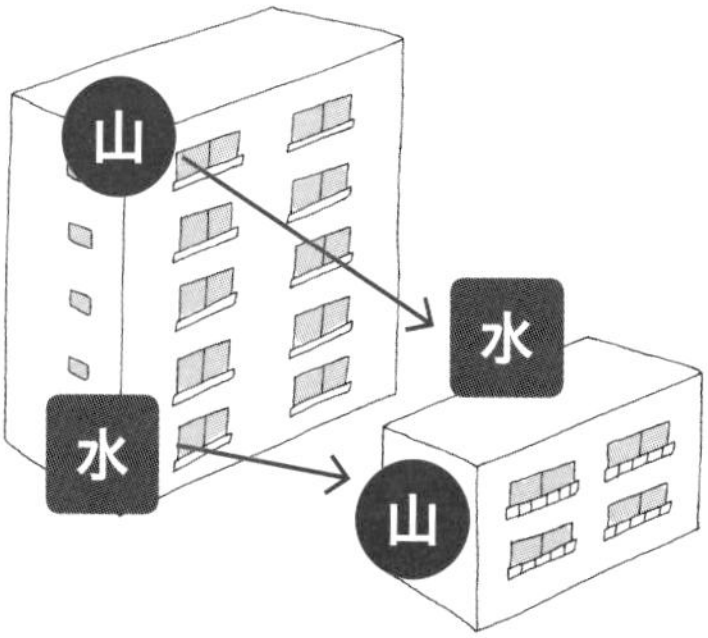

隣接するマンションの高さが問題ではなく、自宅がマンションの何階になるかで、隣のマンションが「山」か「水」か、変わってくる

強めたい方位に用いる

本来は、できるだけ「山」と「水」の関係が成立していると良いのですが、実際にはすべてが理想どおりとなる場所など、なかなかないのが実情です。

例えば、高層マンションは「山」となると説明しましたが、そこに住む人にとっては、周囲全体が「水」となってしまう、とも考えられるわけです。

そんなときは、せめて自分の目的にあった方位だけでも、金鎖玉関を取り入れましょう。それは次ページから説明する、部屋づくりにもいえることです。

それぞれの方位の意味は、下の表にまとめました。もしこれから家を買う、または引っ越すようなときは、どんな効果が欲しいかによって、条件の合う場所を選ぶようにしてください。

金鎖玉関　方位の意味

南東 山 結婚運に恵まれる、良縁に恵まれる	南 水 試験運や文章力に恵まれる。ひらめき、アイデアがあふれる	南西 山 健康運が高まる
東 山 仕事や勉強で大きく発展、成長できる	自宅 自分	西 水 恋愛運に恵まれる
北東 水 不動産運や財運に恵まれる	北 山 子どもに恵まれ、夫婦仲が円満になる	北西 水 仕事で成功する

金鎖玉関で理想とする部屋の配置

部屋づくりに生かす

今度は部屋の金鎖玉関を見ていきます。家具や家電で「山」と「水」をつくると、良い気がめぐって、運気の良い部屋とすることができます。「山」と「水」の理想の配置は、もちろん土地の場合と同じです。

このとき、中心となるのは、「八宅風水」で紹介した太極（家の中心）や小太極（部屋の中心）ではなく、人間（長い時間いる場所）になるので注意してください。

寝室ならベッドの頭の位置、リビングや書斎、勉強部屋ならソファやイスのような長時間座る位置が中心になります。そこを中心に八方位を出し、部屋内に「山」と「水」をつくっていきます。

「山」には背の高い家具、奥行きや幅があるどっしりとした家具などを置きます。本棚やクローゼットなどが良いでしょう。テレビも「山」になります。

「水」は何も置かないで、オープンスペースにするのがいちばん簡単ですが、反対側の「山」の位置にある家具よりも、高さが低い家具なら「水」となります。

風呂やトイレなどの水回りは、文字どおりもちろん「水」となります。また、ベランダやよく開け閉めする窓は「水」になりますが、開け閉めしない窓は「山」でも「水」でもありません。

ただし、あまり忠実にしすぎて家具の配置が不自然になっては本末転倒。配置が難しい場合は、自分が過ごす位置を変えるか、八宅風水などで対処しましょう。

寝室

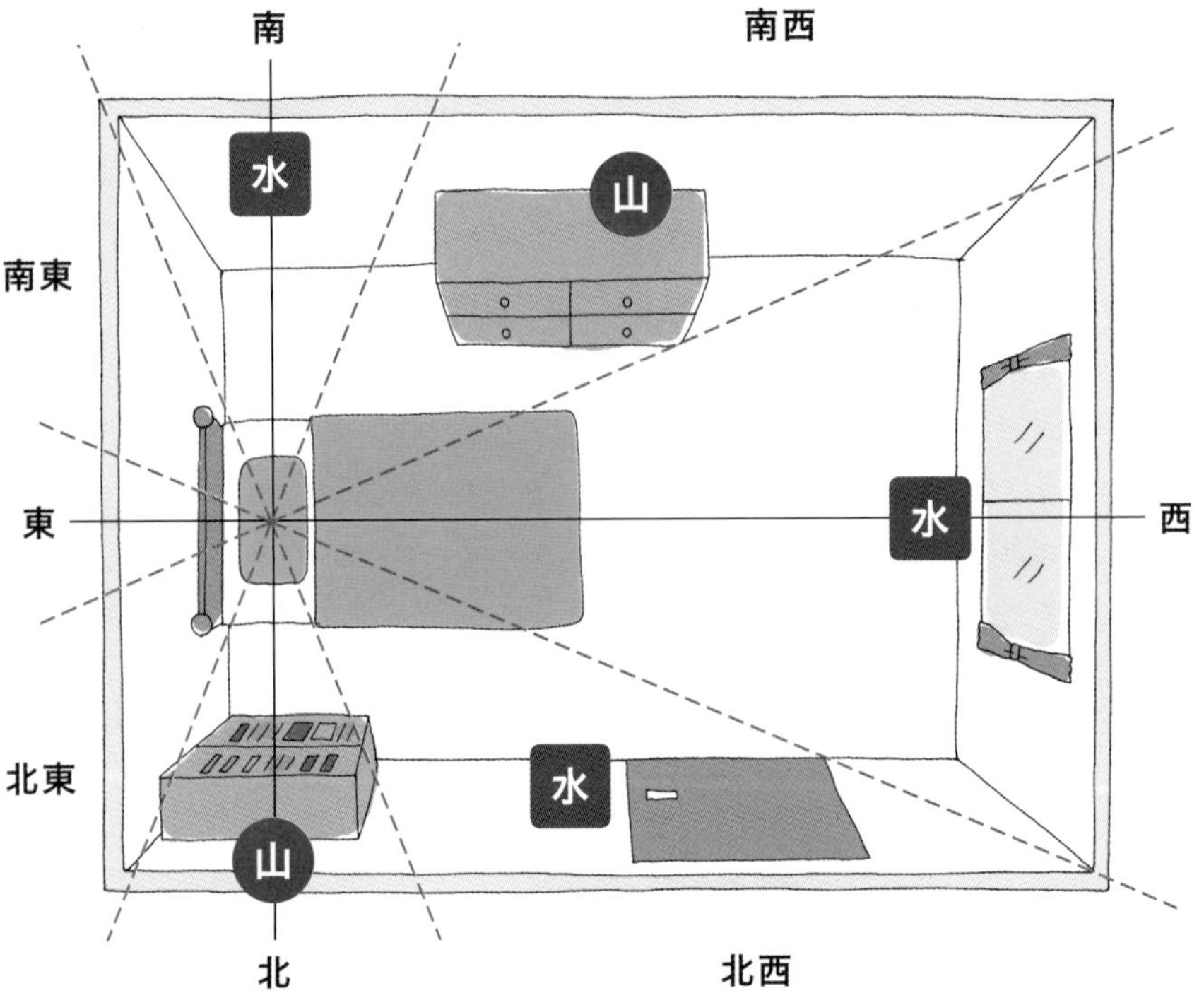

移動できないドアが山になるなどした場合は、ベッドの頭の位置を変えてみて。中心が変わると、家具などを配置しやすくなることも

ベッドや布団に寝たときの頭の位置を中心に考える

「金鎖玉関」を家の中で生かすには、まずは寝室で実践するのが良いでしょう。なぜなら就寝中は、同じ場所に長時間留まることになるからです。

北、東、南東、南西方位には、「山」をつくるために、棚やタンスなどを置いてください。そして、「水」の南、西、北西、北東には何も置かないか、対面する「山」にある家具よりも、低い家具なら置いても良いでしょう。

また、寝室のドアやよく開け閉めする窓は「水」となります。

うまく配置できない場合、180ページの表で運気を上げたい方位だけ取り入れるか、ベッドを移動し中心を変えてみましょう。

ワンルーム

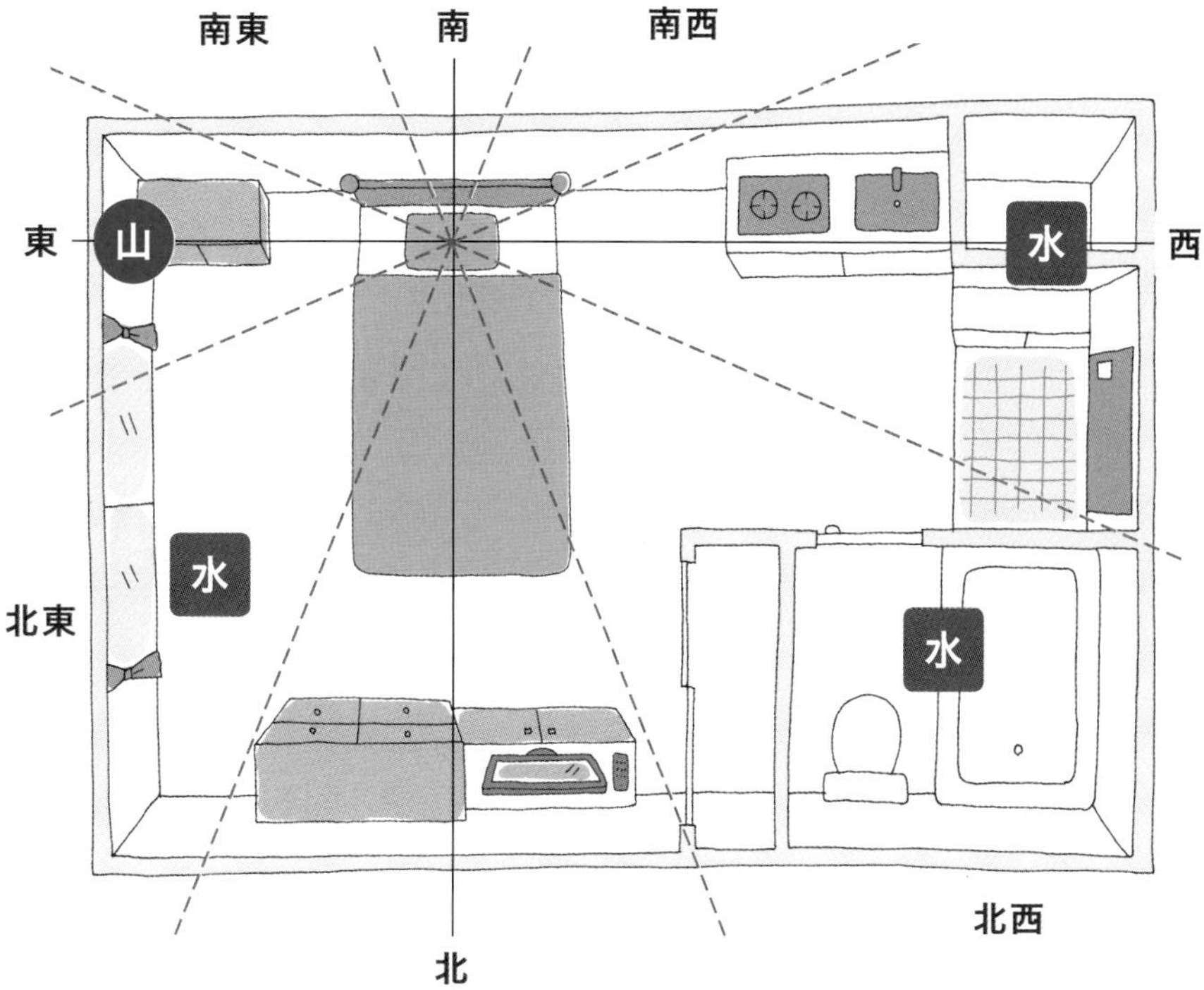

水回りなどが一部屋にあるワンルームで、完璧な金鎖玉関を実現するのは難しい。そんなときは、目的を絞って配置して

ワンルームでも基本的には寝たときの頭の位置が中心

ワンルームの場合も、寝室と同じように、基本的には寝るときの頭の位置をもとに考えます。

ただし、ベッドのほかにソファなどがあって、そちらにいる時間のほうが、就寝時間よりも圧倒的に長いようなときは、ソファの位置を中心に考えます。

「山」には棚やタンスなどの家具を置きます。テレビやパソコンも「山」となりますので、北、東、南東、南西のいずれかに置いて。

また、バスルームやトイレ、キッチンのシンクなどの水回りが「水」にあると吉。さらに、玄関やよく開け閉めする窓、ベランダも「水」になるので、南、西、北西、北東にあると良いでしょう。

仕事部屋・勉強部屋

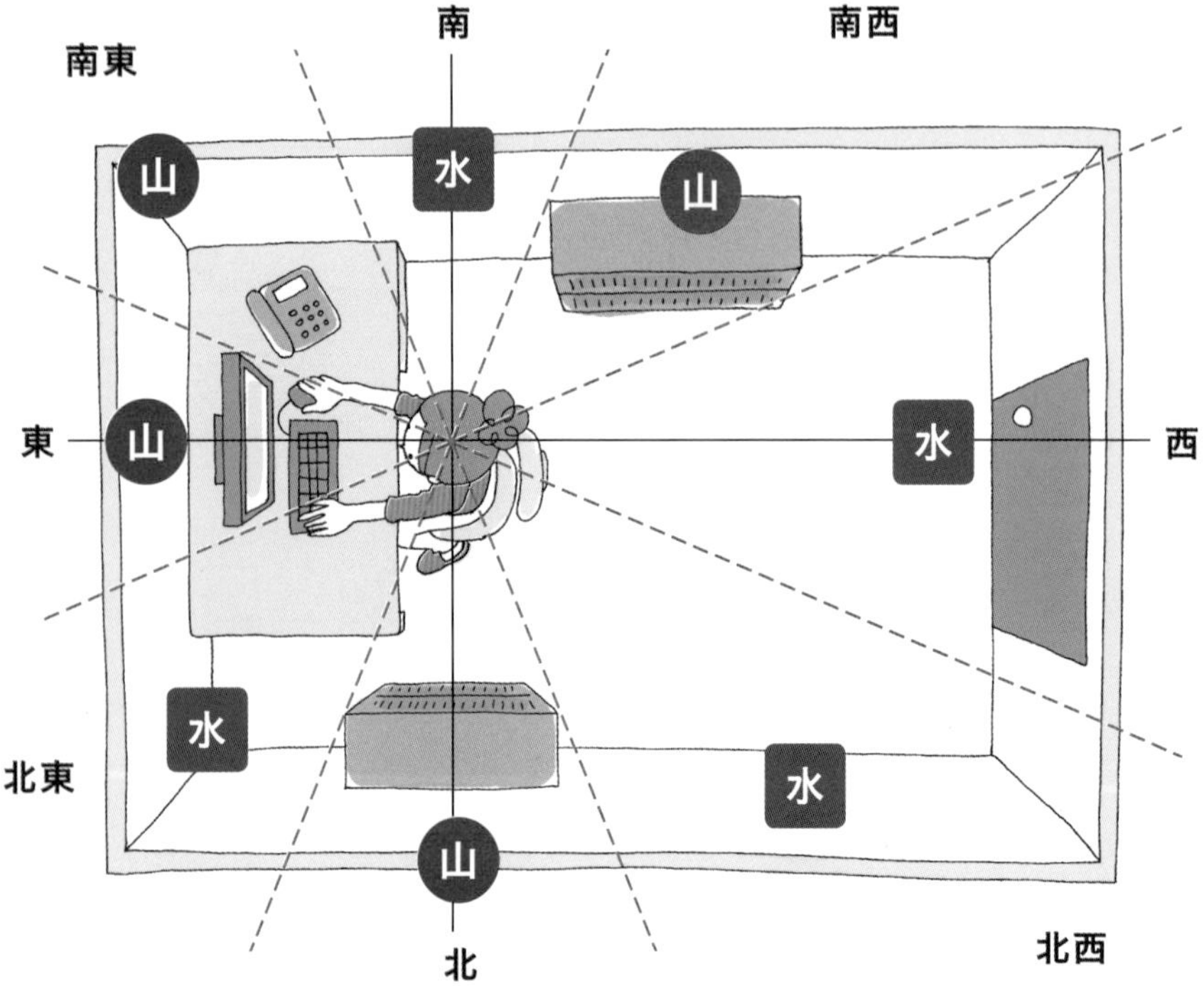

「八宅風水」では机と窓、机とドアの関係によっては、集中力を失ってしまうことがあるので、P.64～の八宅風水の「部屋別開運インテリア」も併用して

机に向かったときの頭の位置が中心になる

仕事部屋や勉強部屋も、長い時間を過ごすことが多いので、金鎖玉関を生かしやすい部屋です。

この場合は、イスに座った位置を中心に、方位を見ます。

仕事運や勉強運に良いのは、南と北西と東です。南と北西は「水」なので、何も置かないか、反対側よりも低い物を配置します。そして東は「山」なので、本棚やパソコンなどを置くと良いでしょう。

ちなみに、試験を控えていたり、文章をうまく書きたいというようなときは、南の「水」をしっかりつくりましょう。

なお、寝室も兼ねている場合は、ベッドの頭の位置を中心に、配置を考えるようにしてください。

職場のデスク

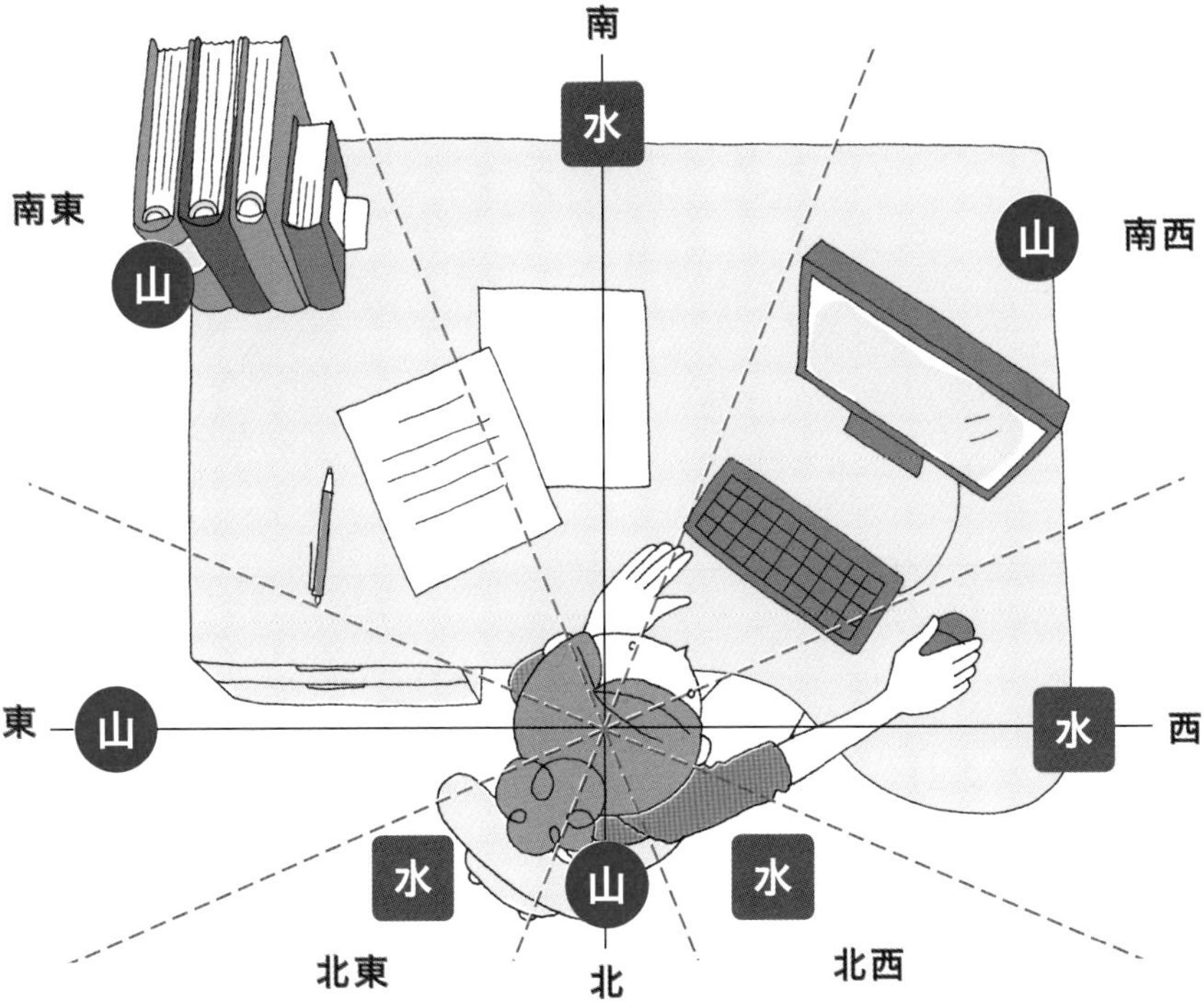

上司やライバルなどの机周りも、こっそり確認してみて。仕事運が悪い上司なら被害を受けないように注意できるし、デキる同僚なら出し抜かれないよう気を配れるはず

オフィスなどのデスクにも金鎖玉関の考えを生かす

職場のデスクなどの配置にも、できれば金鎖玉関を生かしたいもの。可能ならば、フロアの適した場所に自分のデスクの位置を移動したいところですが、実際には難しいと思います。

そこで、デスクに物を置くときに、金鎖玉関を取り入れてみましょう。やはり自分が座った位置を中心に方位を見ます。

特にアイデアがさえる南や仕事運の北西、財運の北東は「水」が良いので、自分から見たその方位のデスク上には、何も置かないようにすると良いでしょう。逆に「山」が適する仕事運の東か南東、南西、北のどこかに、パソコンや書類棚などを置くようにしてください。

COLUMN ⑤

玄空飛星《げんくうひせい》の山と水とは違う

物が動くか動かないかで山と水を判断する

金鎖玉関と同じように、土地などの吉凶を見るとき、「山」と「水」を使う流派があります。

それは、174ページのコラムでも登場した「玄空飛星派」です。ところが「山」と「水」の概念は、金鎖玉関と多少異なります。

玄空飛星派は、ものが動くか動かないかを重要視します。そして、そこから「山」か「水」かを判断します。例えば、川や海といった動くものは「水」、逆に山のように動かないものが「山」となるのです。

そのため、車が流れる道路は「水」になり、高いところを通る高速道路も「水」（金鎖玉関では「山」）です。解釈が異なるので注意してください。

ちなみに玄空飛星派は、「玄空派」という流派の中でもっとも普及し、世界中で人気の高い流派です。

その大もとである「玄空派」は、時間による吉凶の変化や、質の変化に着目し、時間の概念をとても重視します。特に180年の周期を重視し、おおむね20年ごとに時間の吉凶や質が変化すると考えます。

212ページからは、玄空飛星派の考え方を用いた「流年星を使った開運法」を紹介していますので、ぜひ活用してみてください。

PART

7

目的別の開運法

願いをかなえる風水応用術

金運、仕事運、健康運、恋愛・結婚運など、そのものズバリの運気をアップしたいときには、どんな方法を取り入れると良いのか。さまざまな風水の流派から、ぴったりの手法を紹介します。もちろんここでも、まずは八宅風水で、自宅の運気の全体を良くするのが大前提。とはいえ、特定の方位に花瓶を置くだけだったり、毎朝ベッドから踏み出す方位を変えるだけだったり、手軽にできる方法も多いので、目的に合わせて試してみて！

仕事運

金運

財の気が集まる場所に空間をつくって金運アップ

財の気が集まる「財位」は入口から対角線上にある！

財の気、つまり金運は、家の外の「水龍」（道路）を通り、玄関から家に入ってきて、部屋の隅にたまります。その場所を「財位」といいます。

財位の環境を整えてあげれば、金運がそこに落ち着き、みるみる運気が上がっていくというわけです。

この財位の位置は、部屋の入口から延びる対角線上にある隅になります。入口が中央にある場合など、詳しくは下図を見てください。

また、家全体の金運は、リビングの入口を基準にします。個人の金運なら自分の部屋の入口、店舗や事務所なら全体の出入口を基準にしてください。

財位の見つけ方

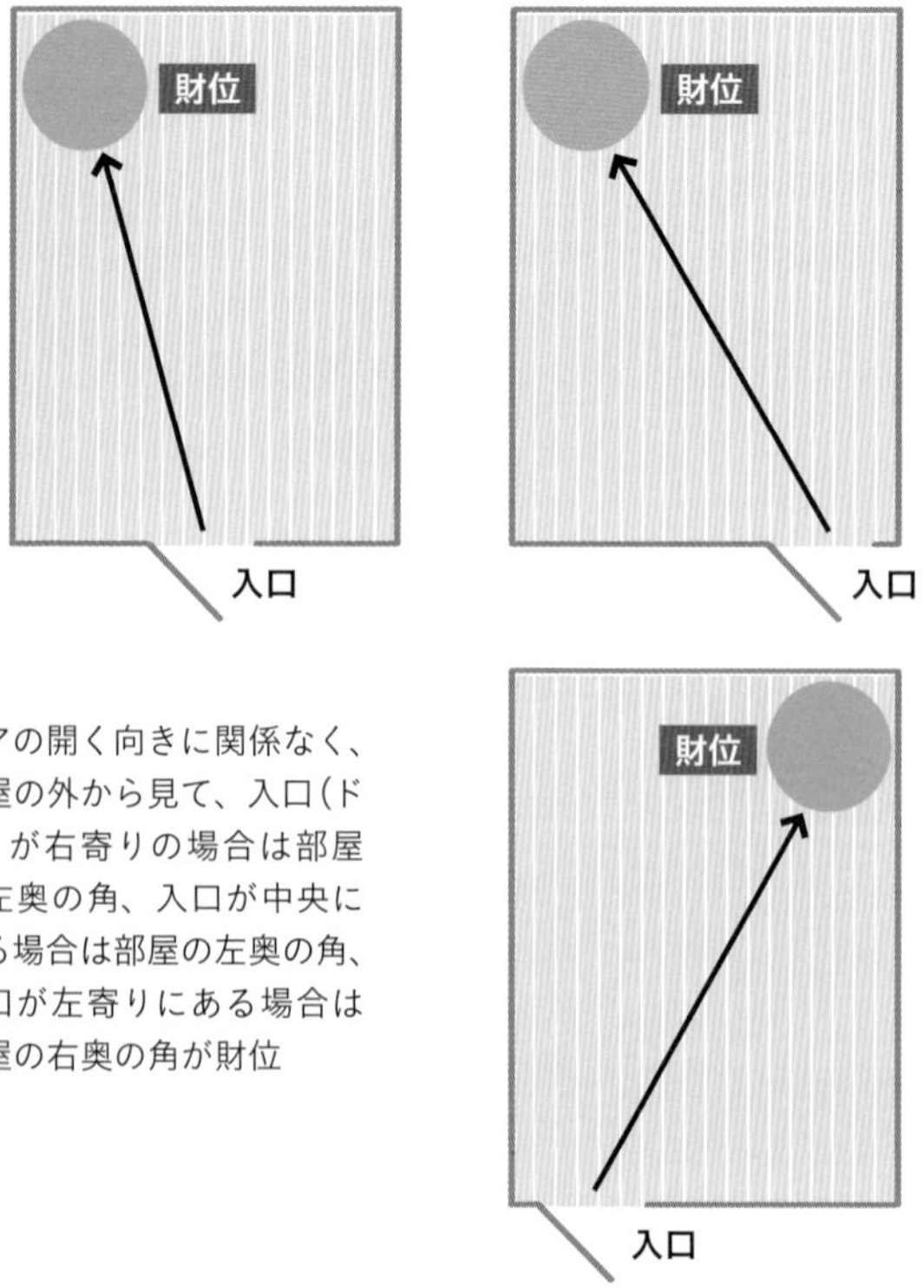

ドアの開く向きに関係なく、部屋の外から見て、入口（ドア）が右寄りの場合は部屋の左奥の角、入口が中央にある場合は部屋の左奥の角、入口が左寄りにある場合は部屋の右奥の角が財位

財位の場所がわかったら、今度は財位に適した空間づくりをしていきましょう。

財位が家具でふさがっていたり汚れていると金運は上がらない

財位に家具などがあると、場所をふさがれて、金運は散ってしまいます。

家具などは30センチメートルほど壁から離して、空きスペースを確保してください。ただし、無理にスペースをつくって、部屋が使いにくくなってしまっては意味がありませんので、うまく工夫してくださ い。加えて、財位は常に清潔にしておく必要があります。財の気は、汚れた場所には寄りつきません。

部屋の隅はただでさえほこりなどがたまりやすいので、掃除機などをかけるだけでなく、拭き掃除をしたほうが金運アップには効果的。こまめに掃除をして、清潔に保つようにしましょう。

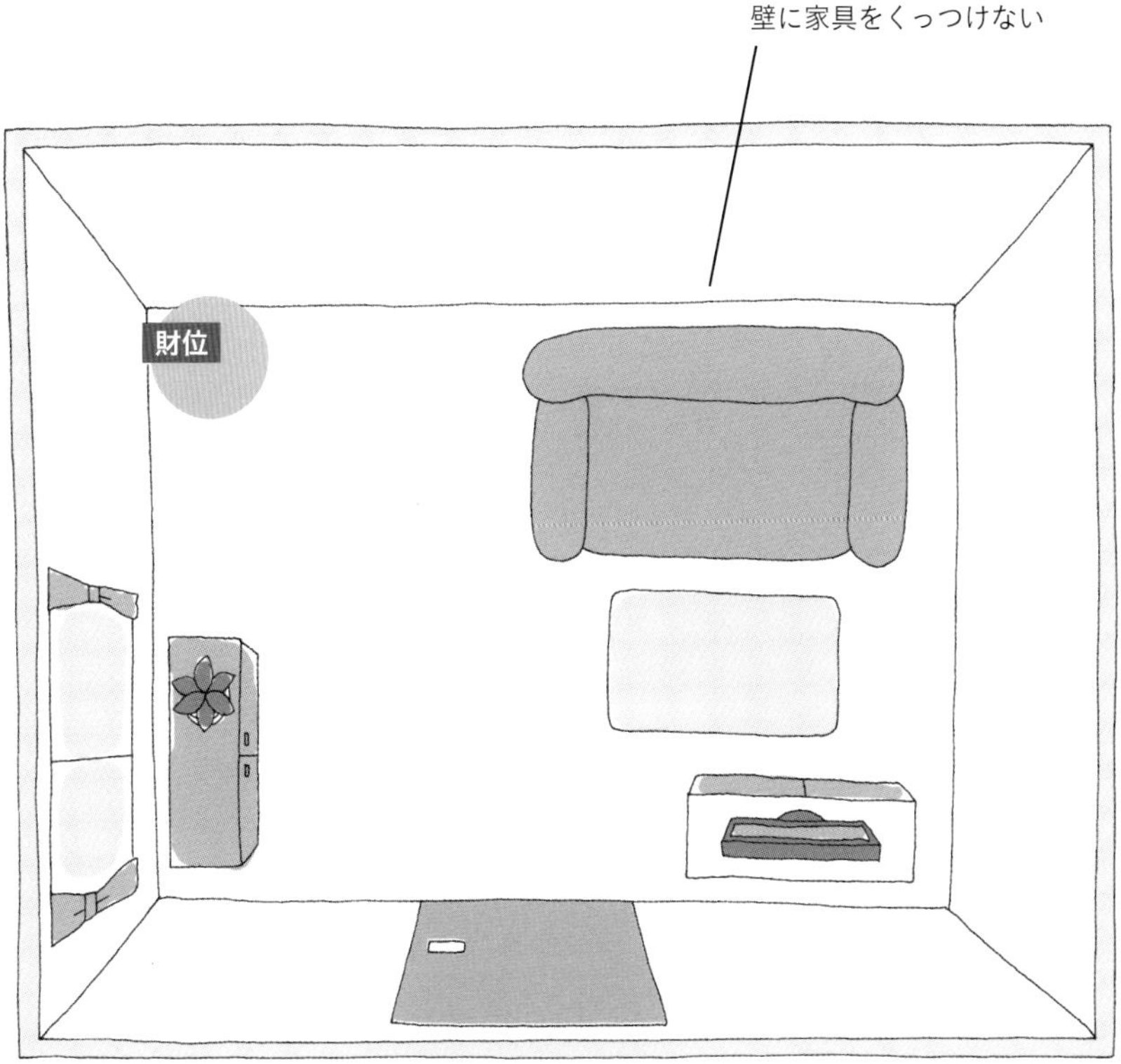

財位に柱の出っ張りがある場合は？

部屋の隅が欠けている場合は家具などを置いてみる

マンションなどで、部屋の角に大きな柱が出っ張っていたりすると、財位がどこになるのか迷うこともあるでしょう。その場合は、柱のどちらか片方のスペースに家具などを置いて、財位の位置をわかりやすくします。

ただし、家具を置いて、出費が急に増えたり、金運が下がったりしたら、それは財位をふさいでしまったことになるので、再度家具をずらして財位となるスペースをしっかり確保してください。

その効果は、約2週間で表れるので、お金の動きをよくチェックしておいて。

なお、財位は吉方位にあると、よりその効果が発揮されるといわれます。特に生気方位にあると最高です。

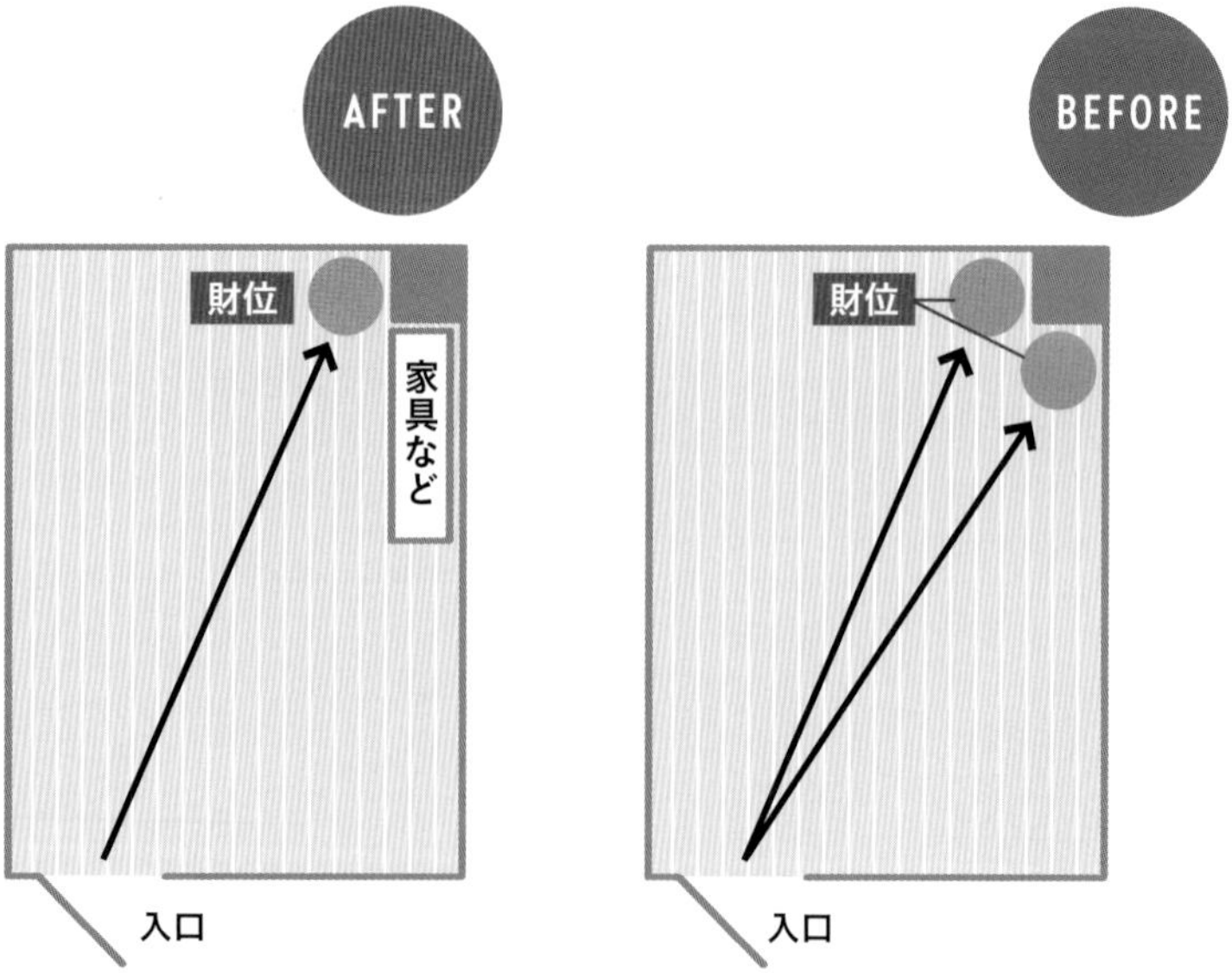

出っ張りがある場合は、どちらの財位が強力かわからないので、まずは一方に家具を置き、片側の財位をふさいで様子を見て。金運が下がるようなら、家具をもう一方に移動しましょう

財位が次の部屋へのドアになっていたら？

財位にドアや窓があったら
その前に壁をつくり財位を築く

財位の位置に、ちょうど次の部屋へのドアがあると、せっかく入ってきた金運が、次の部屋に流れていってしまいます。

そんなときはドアの前に、背の高いパーテーションや棚などを置いて。その仕切りの前に財位をつくるのです。また、棚で仕切ったときは、そこにパワーストーンを置くと、さらに金運アップに効果があるとされます。

なお、財位に窓がある場合も、金運が一直線に窓から外部へ逃げていってしまいます。金運が逃げ出さないよう、できるだけ窓は開け閉めしないこと。さらに、常にカーテンを30センチメートルほど閉めておくようにして。カーテンの前に財位をつくってあげましょう。

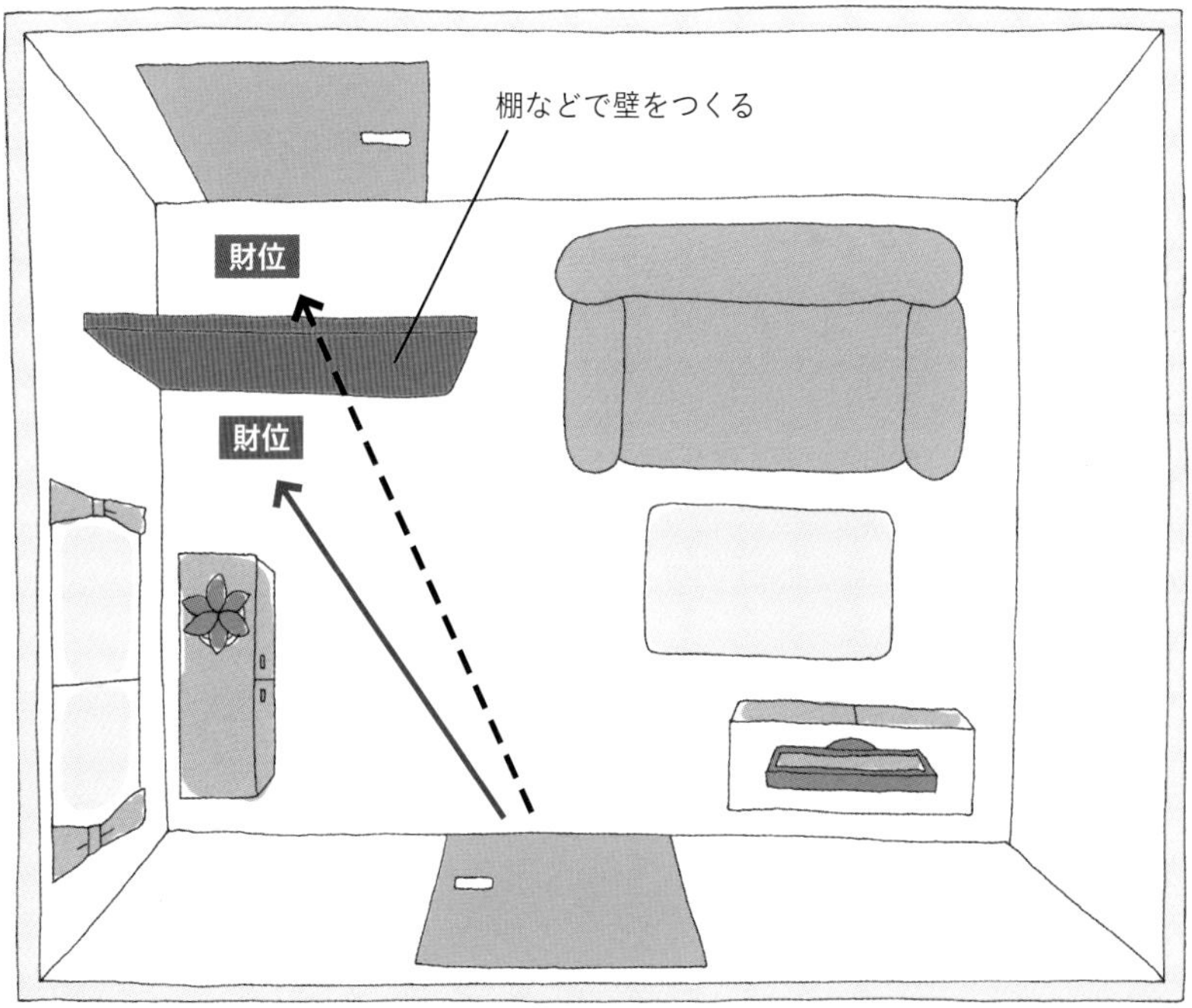

仕事運

金運

部屋のドアに向かって左側（青龍）に通帳を置く

部屋の中の青龍方向を活用し金運をアップさせる！

まずは、部屋の中の青龍方向の印象を強くします。棚などを置いたり、壁に絵を飾ったりするのも良いでしょう。

その上で、通帳や財布など、お金に関する物を青龍方向に置くと、金運に良いとされています。時計など、動いていく物を置くのも吉です。

ちなみに、青龍は「正財《せいざい》」をつかさどる神獣とされていますが、「正財」とはきちんと働いて得るお金を意味します。

逆に白虎は「横財《おうざい》」といって、ギャンブルなど不安定な金運をつかさどるので、通帳などを置いておくと、金運が不安定になり良くありません。ただし、宝くじなどを保管するなら白虎にします。

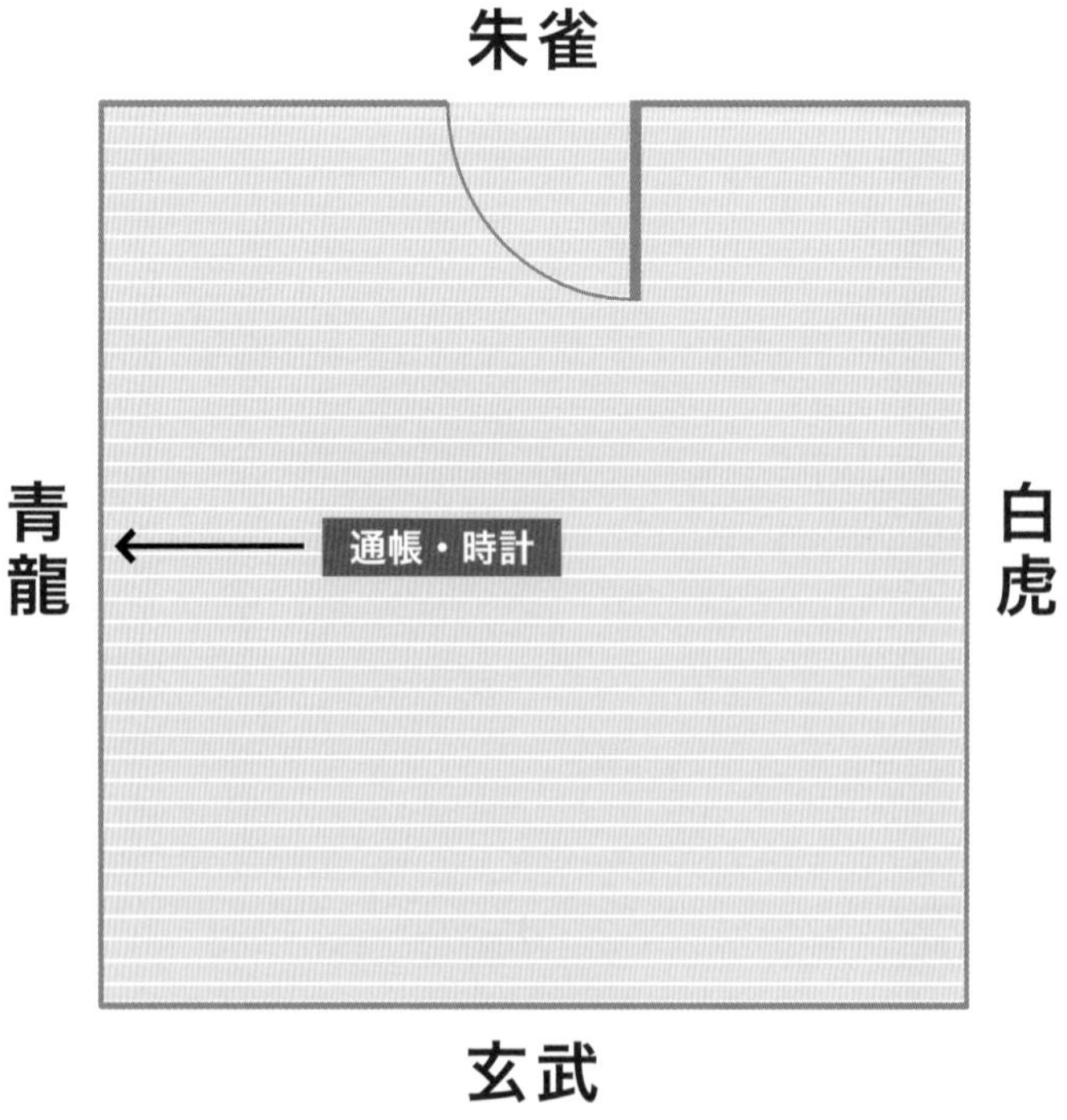

ドアから入って部屋の奥を背後＝玄武と考えるので、ドアが朱雀、玄武からドアを見て左側が青龍、右側が白虎となる

金運

キッチンを五鬼《ごき》・六殺《ろくさつ》に配して生気《せいき》・延年《えんねん》の金運をアップ

キッチンの位置と向きの方位が金運に大きく左右する！

キッチンは凶方位にあり、さらに吉方位に向いていると良いというのは、すでに紹介したとおりです。さらに、その方位を特定の方位にすることで、より金運アップが期待できます。

まず、キッチンを五鬼か六殺方位に設置します。さらにコンロのつまみなどを生気か延年方位に向けると、金運アップにとても効果的とされています。この方法は「炉《ろ》財法《ざいほう》」と呼ばれています。

ただし、すでにキッチンが別の方位にあるような場合は、47ページで紹介したように、電気ポットやトースターなどのキッチン家電を五鬼や六殺に置き、生気か延年方位に向けると良いでしょう。

キッチンを家の中心から見て五鬼・六殺に

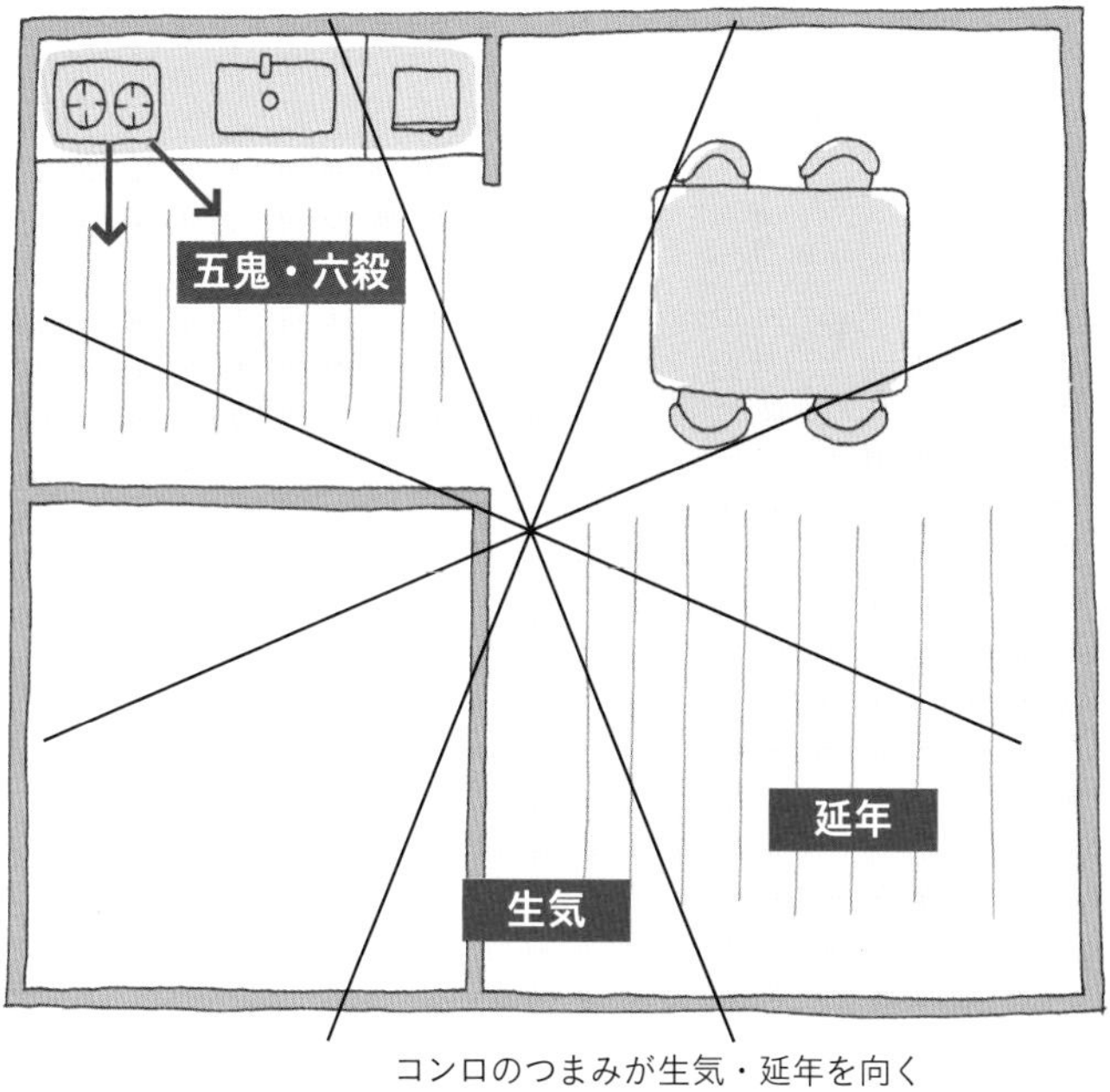

コンロのつまみが生気・延年を向く

風水では「かまど」＝キッチンが金運を大きく左右すると考える。特にガスコンロの位置と向きが重要とされる。五鬼方位などの方位は、本命卦により異なるので注意（P.20～参照）

仕事運

職種に合わせデスクの位置を変えて仕事運アップ

職種によって適した位置にデスクやパソコンなどを置いて

オフィスにも八宅風水を取り入れて、運気を高めていきましょう。

オフィスの中心から見て、自分の本命卦の吉方位にデスクを置くか、吉方位に顔が向くように座るのがベストですが、個人の意思で机の配置を変えるのは困難でしょう。その場合、吉方位で昼食をとったり、パソコンや電話を吉方位に置いたり、できる範囲で吉方位に向くように努力してみましょう。

さらに吉方位の中でも、自分の職種に合った方位を使えれば、より仕事運はアップします。左ページの表で、どの方位が最適かを調べてください。

なお、机の位置が凶方位にある場合は、その方位に適したラッキーカラーやアイテムなどを使い、化殺するようにします。考え方は、PART3「八宅風水・本命卦別編」（82ページ〜）と同じです。

もちろん、自宅兼事務所の場合や店舗などにも、どんどん取り入れてください。もし、これから事務所や店舗を探すというような場合は、まず生気方位に入口がある物件をおすすめします。デスクなども吉方位に置きましょう。

それが難しければ、せめてパソコンや電話、レジなどを吉方位に配置します。さらに、入口が凶方位にあれば、しっかり化殺しましょう。

また、会社勤めの場合は、自宅の寝室をその方位にすることも、効果があるとされています。

職種別の吉方位表

職種	営業・企画職など	技術・研究職など	事務・経理 デスクワーク など	接客・サービス業 など
仕事内容	活動力やひらめきが必要な仕事	じっくり集中力のいる仕事	コツコツ地道にこなす仕事	人と接するのがメインの仕事
八遊星 ／ 本命卦	生気	天医	伏位・天医	延年
乾	西	北東	北西・北東	南西
兌	北西	南西	西・南西	北東
離	東	南東	南・南東	北
震	南	北	東・北	南東
巽	北	南	南東・南	東
坎	南東	東	北・東	南
艮	南西	北西	北東・北西	西
坤	北東	西	南西・西	北西

本命卦の求め方はP.20参照

健康運

毎日、健康でいるために寝室を天医《てんい》方位にしよう

ゆっくり安眠するためには パワーがありすぎる方位もダメ

毎日の健康を保つには、まずはしっかり睡眠をとることが大切です。そのため、寝室は35ページでも説明したとおり、リラックスできる天医方位が最適です。ゆっくり安眠できれば、健康に恵まれて、活力もみなぎってくるはず。

太極から見た天医方位を寝室にできないなら、部屋の中心から見た天医方位に頭が入る位置で眠るか、最悪でも天医方位に頭を向けて寝るようにします。

また、たまった疲れが抜けないときや、強力なパワーが欲しいときは、あえて生気方位で寝ると良いでしょう。ただし、もともと元気な人は、かえって寝つけなくなるので避けてください。

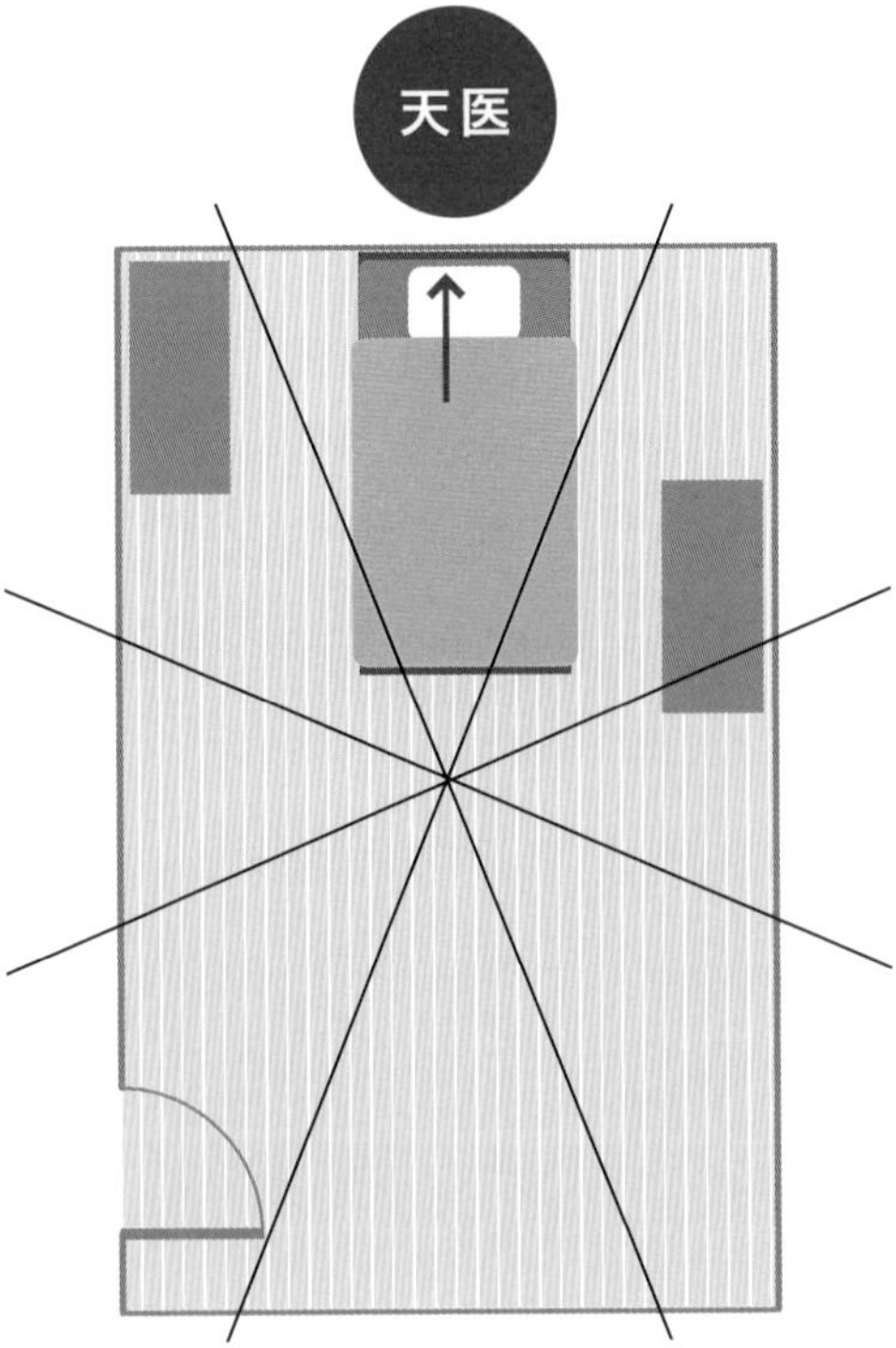

家全体から見たときに、寝室が凶方位の場合などは、図のように部屋の中心（小太極）から見て天医にベッド（頭の位置）があり、さらに頭を天医の方向に向けて眠ると良い

本命卦別の
天医方位／生気方位

乾タイプ＝北東／西
兌タイプ＝南西／北西
離タイプ＝南東／東
震タイプ＝北／南
巽タイプ＝南／北
坎タイプ＝東／南東
艮タイプ＝北西／南西
坤タイプ＝西／北東

子宝に恵まれたいなら天喜《てんき》方位に観葉植物を

鉢植えの植物で子宝を招く古代中国から伝わる方法

早く子どもが欲しい夫婦は、ベッドをご主人の生気方位に置きます。ただ、奥さんにとって絶命《ぜつめい》になると、かえって子どもができにくくなるので避けましょう。

夫婦両方にとって吉方位にベッドがあるのが理想ですが、本命卦が西四命と東四命の夫婦では無理なので、禍害《かがい》と生気など、比較的悪くない方位を選んで。

次に寝室の夫婦両方の天喜方位（下図参照）に、高さが15センチメートル程度の観葉植物を置きます。土の入った鉢植えならなんでもOK。天喜の効力を使うのに「土」が必要なので造花はNGです。天喜は「水」と相性が悪いので、水の入った花瓶も置かないようにします。

生まれ年の十二支別［天喜方位］

天喜方位は生まれた年の十二支から求める。十二支は1月1日ではなく2月4日前後の節入り日で変わるので、この前後が誕生日の人はP.21で正確に調べて

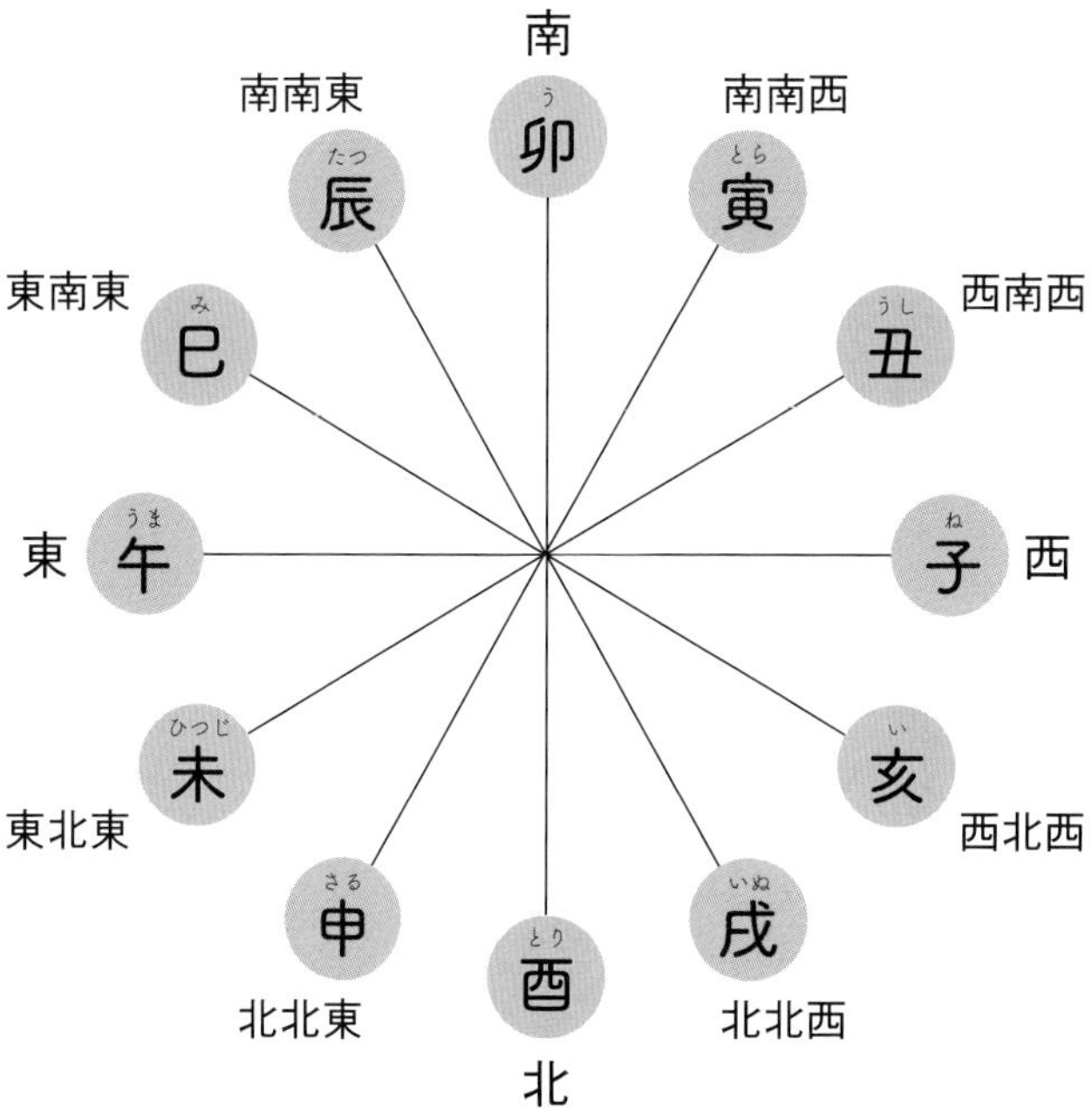

生気方位などの方位は、本命卦により異なるので注意（P.20～参照）

安眠できる&健康を損なうベッドの置き方

健康の基本となる睡眠！ベッドを正しく置いて熟睡して

寝室は吉方位が大前提。さらにベッドの置き方にも注意が必要です。これも巒頭と理気の応用で、理気が良ければ巒頭の悪さを多少カバーできると考えます。

まずは、ドアから入ってくる気の流れと、同じ方向に寝るようにしましょう。気の流れに逆らわないように眠れば、就寝中に体力や気力、良い運がたまります。

次に寝ている姿がドアから見えないようにして。もし見えてしまうなら、間にパーテーションなどを置くか、足下まで隠れる長さののれんなどで目隠しを。

頭はドアから遠い方が吉。頭が気にぶつかる位置も極力避けます。ただし、絶命ではどの置き方でも意味がありません。

大吉＝最良のベッド位置

ベッドがドアから見えず、どの部分もドアから入る気の流れにぶつからないので吉。気の流れに沿い、頭がドアから遠く、脚が近いので大吉

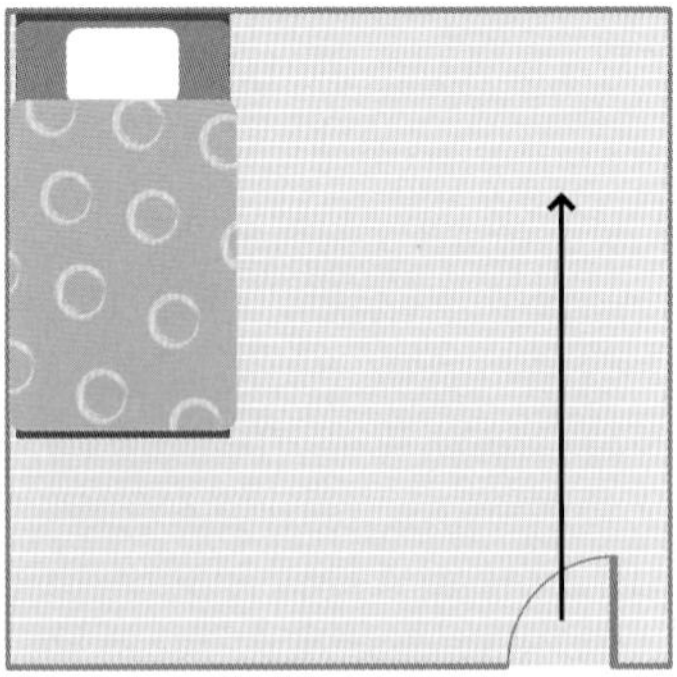

ベッドがドアから見えず、どの部分もドアから入る気の流れにぶつからないので吉。ベッドの頭部分のみ壁につき、残りの三辺がつかないのも大吉

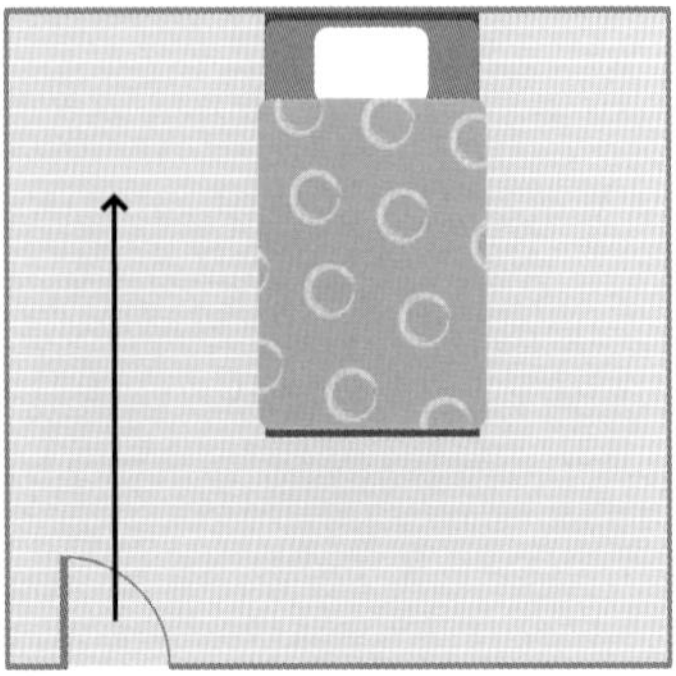

絶命方位は本命卦により異なるので注意（P.20～参照）

中吉＝これもおすすめベッド位置

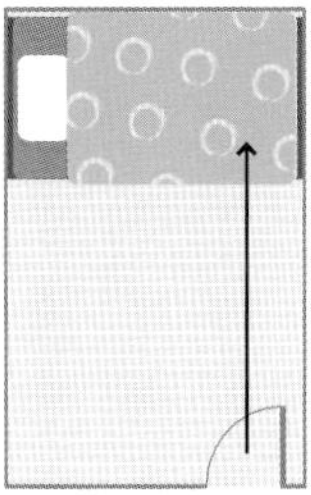

ドアからの気がぶつかるが、脚の部分なのでまし。ベッドの三辺（奇数）が壁につくのはとても良く、相殺されて中吉

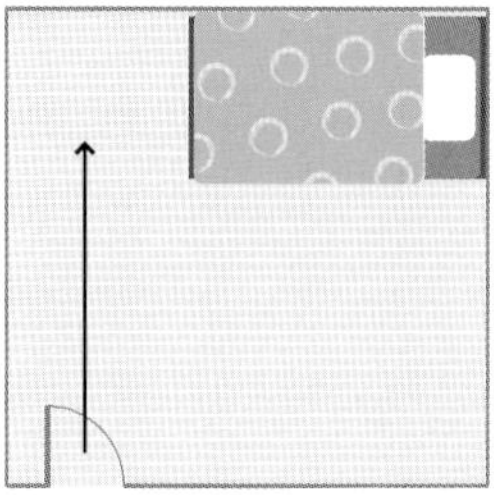

ベッドがドアから見えず、ドアから入る気の流れにぶつからないので吉。ベッドが気の流れに直角になっているので中吉

小凶＝できれば避けたいベッド位置

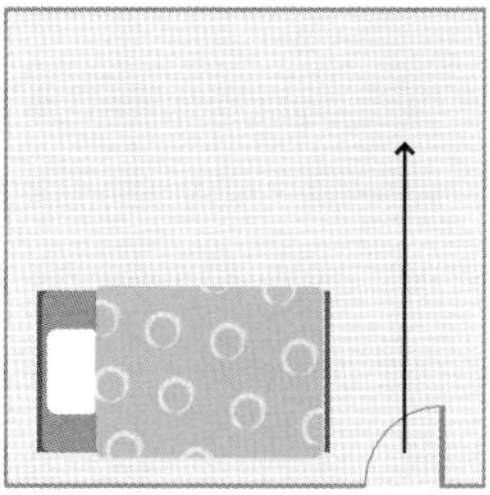

ベッドがドアから見えないのは良いが、気の流れと直角で、ドアの近くにあり、どの辺も壁から離れているので小凶

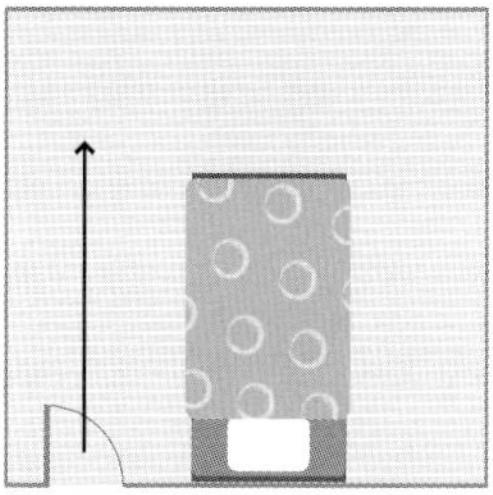

ベッドがドアから見えず、ドアから入る気の流れにぶつからないので良いが、頭がドアに近く、気の流れに逆行して小凶

大凶＝絶対避けたいベッド位置

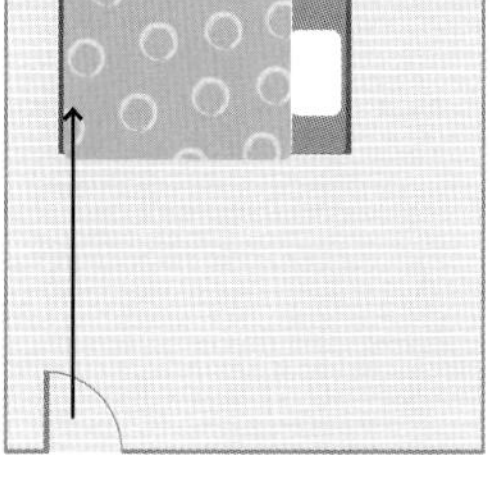

気が脚にぶつかるのはまだましだが、ベッドの頭と脚部分がどちらも壁についていないので大凶。夫婦の別れを意味する

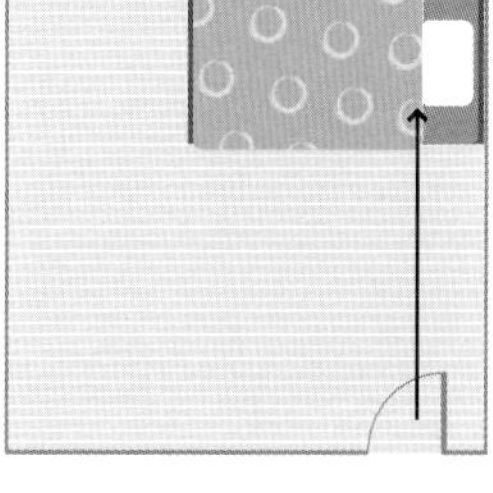

ベッドがドアの正面にあり、ドアから丸見えで、気の強い流れにぶつかるのは凶。頭にぶつかるのは特に悪く大凶

健康運

方位によって気をつけたい病気やケガがわかる

問題のある方位に関する病気やケガには要注意

家に問題がある場合、その方位に関する病気やケガが出やすいとされています。例えば、南が吉方位なのに欠けていたり、凶方位なのに玄関や寝室などがあったり、鉄塔があったりすると、南の方位が意味する健康に影響が出るのです。南に関する健康は「火傷、眼病、頭痛、心臓病、脳溢血《のういっけつ》」、となるので、そうした病気やケガが出やすくなります。

ケガをしやすい身体の部位は、別の方法でも判断できます。南を上にうつぶせで手足を広げた姿を、家の図面の八方位にあてはめます。左図のように南に頭、南西に右手、北西に右脚、北東に左脚、南東に左手が入ります。これらの方位の部屋に問題があれば、対応する部位にケガが起こりやすいというわけです。

また、各方位の十二支の年にも影響が強く出ます。例えば、２０２１年は丑年なので、年内※は「丑の方位＝北東」に関する大病や左脚にケガをしやすくなるというものです。

さらに、対角線上の方位にも悪い影響が出ます。つまり２０２１年は、北東の延長線上にある、南西方位に関する病気やケガも出やすくなりますので、胃腸の病気や右手のケガには要注意です。

さらに２０２１年は、生まれ年の十二支が北東の「丑・寅」、南西の「未・申」にあたる人、方位の解説にある年齢・性別の人も要注意。家の化殺をしっかりして、病気やケガを防ぎましょう。

※一年（十二支）の始まりは２月４日前後の節入り日からなので注意。
毎年の節入り日の正確な日時は P.21 にあります

十二支と方位&病気・ケガの関係図

十二支と病気の関係は、その方位の風水が悪いときだけでなく、毎年の十二支と生まれ年の十二支が重なる、つまり「年男・年女」にも表れる。また、年男・年女でなくても、1つの方位に十二支が2つ重なる人(「辰・巳」「未・申」「丑・寅」「戌・亥」)は、もう一方の年にも悪影響を受ける

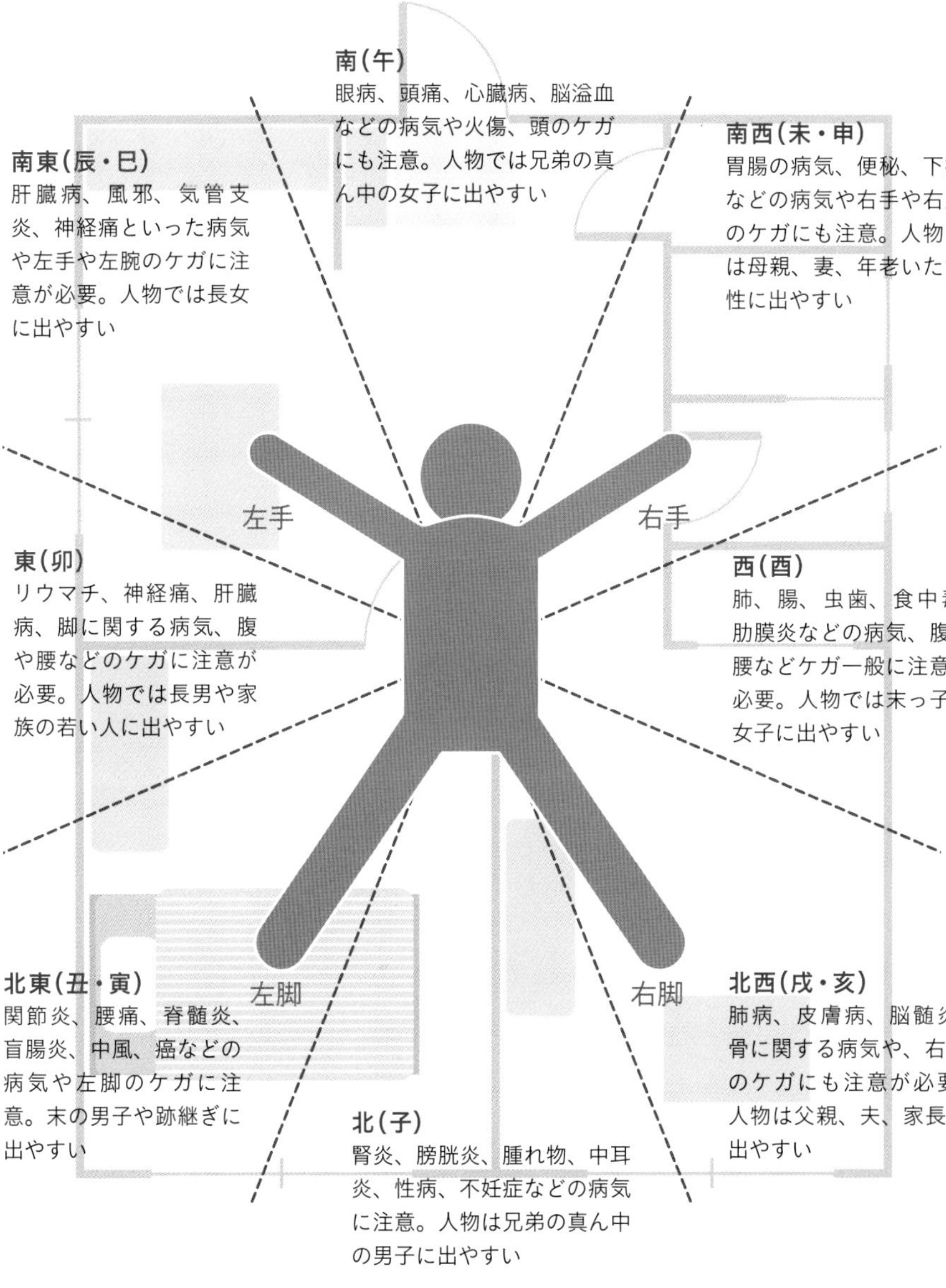

南(午)
眼病、頭痛、心臓病、脳溢血などの病気や火傷、頭のケガにも注意。人物では兄弟の真ん中の女子に出やすい

南東(辰・巳)
肝臓病、風邪、気管支炎、神経痛といった病気や左手や左腕のケガに注意が必要。人物では長女に出やすい

南西(未・申)
胃腸の病気、便秘、下痢などの病気や右手や右腕のケガにも注意。人物では母親、妻、年老いた女性に出やすい

東(卯)
リウマチ、神経痛、肝臓病、脚に関する病気、腹や腰などのケガに注意が必要。人物では長男や家族の若い人に出やすい

西(酉)
肺、腸、虫歯、食中毒、肋膜炎などの病気、腹や腰などケガ一般に注意が必要。人物では末っ子の女子に出やすい

北東(丑・寅)
関節炎、腰痛、脊髄炎、盲腸炎、中風、癌などの病気や左脚のケガに注意。末の男子や跡継ぎに出やすい

北西(戌・亥)
肺病、皮膚病、脳髄炎、骨に関する病気や、右脚のケガにも注意が必要。人物は父親、夫、家長に出やすい

北(子)
腎炎、膀胱炎、腫れ物、中耳炎、性病、不妊症などの病気に注意。人物は兄弟の真ん中の男子に出やすい

恋愛運

桃《とう》花《か》水《すい》法《ほう》で恋人をゲットする！

恋愛運を呼び込む桃花方位を活用しよう

風水では古くから、恋愛運を高めるために、「桃花方位」を使ってきました。桃花は、中国語で恋愛という意味です。

桃花方位は2種類あり、万人共通の南東方位と、人ごとに異なる方位があります。後者は自分の生まれ年の十二支から、方位を求めます（桃花水法表を参照）。この方位に水を置き、恋愛運を上げていく方法が「桃花水法」です。

もし、桃花方位に川や池、プールなどがあれば、それだけで効果があります。水場がないときは、部屋の中の桃花方位に、水の入った花瓶を置きます。

なお、これらの方位は、本命卦での吉凶方位にかかわらず使えます。

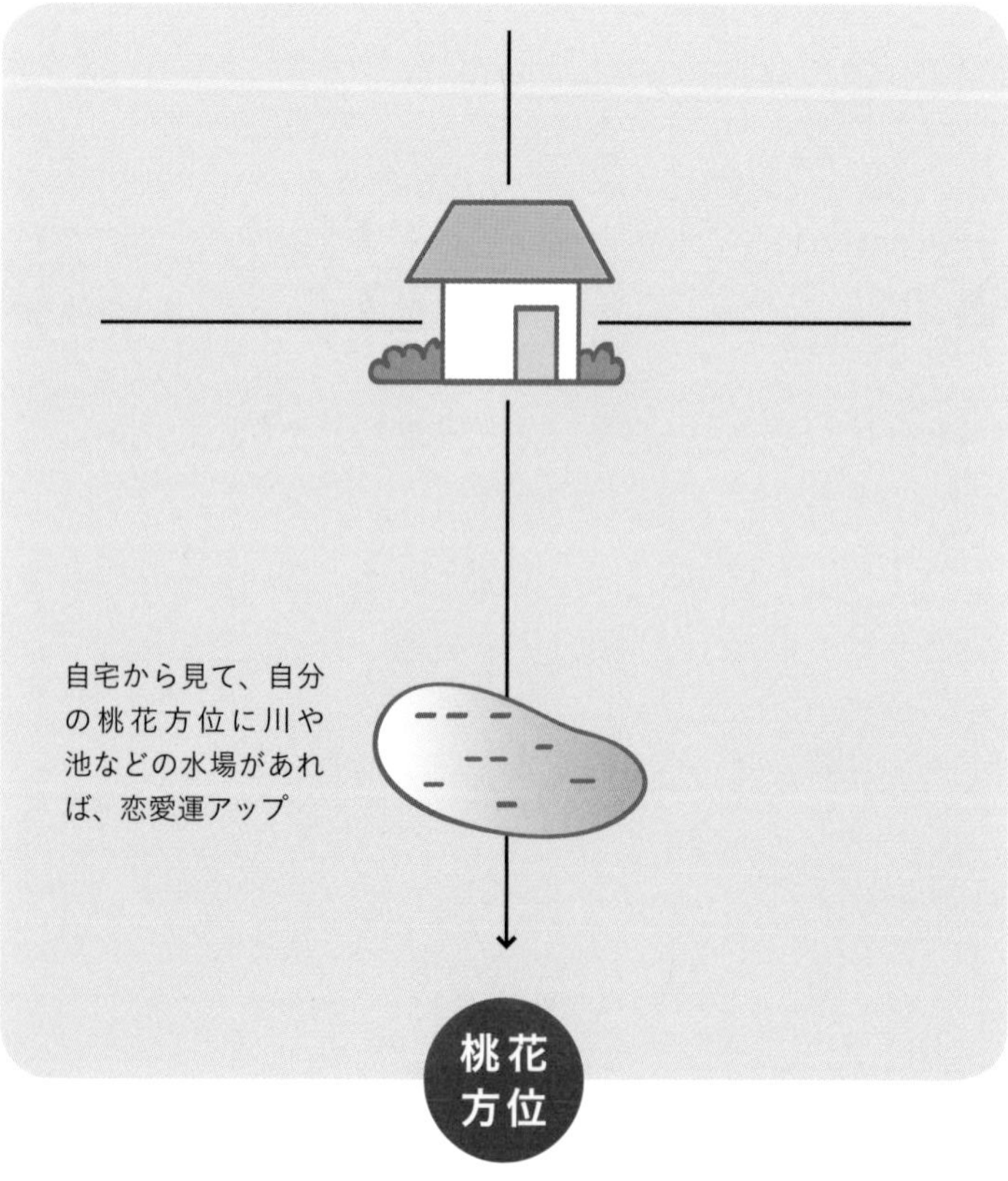
自宅から見て、自分の桃花方位に川や池などの水場があれば、恋愛運アップ
桃花方位

桃花水法のやり方

今すぐ恋人が欲しいなら、自分の寝室の桃花方位へ、適した形と色の花瓶に水を入れて置きましょう。花瓶は水を入れるだけで大丈夫ですが、花を活けるなら適した本数にしましょう。

ただし、水が入っていない花瓶は、不倫や浮気を呼び込みNG。花瓶の水が汚れたり、枯れた花や造花を飾るのも恋愛運を下げます。表の十二支は「生まれ年の十二支」だけでなく、「毎年の十二支」で効果が出やすい方位も表しています。

桃花水法の注意点

- 自分の桃花方位に空の花瓶を置くと自分の、配偶者の桃花方位に置くと配偶者の浮気が心配
- リビングなどで桃花方位を使うと、同じ十二支の家族の恋愛運も上がってしまうので注意が必要
- 夫婦それぞれの桃花方位に水の入った花瓶を置けば、夫婦仲が深まり、家族運もアップ

桃花水法表

十二支	桃花方位 花瓶を置く方位	花瓶の形	花瓶の色	花瓶に飾る花の数
申・子・辰	西	口が広く、全体的に丸みを帯びた形	白・銀・金	4本か9本
亥・卯・未	北	流線形や曲がった形	黒・グレー・青・ネイビー・透明	1本か6本
寅・午・戌	東	まっすぐな筒状の形、上から下まで同じ太さの物	緑	3本か8本
巳・酉・丑	南	三角形や尖った形、角ばった形	赤・オレンジ・ピンク・紫	2本か7本

十二支は1月1日ではなく2月4日前後の節入り日で変わるので、この前後が誕生日の人はP.21で正確に調べて

恋愛運

南東&延年方位を利用して恋愛・結婚運を上げる！

万人に共通の桃花方位・南東と縁を引き寄せる延年方位を使って

自宅の窓から桃花方位の南東に、尖った建物や荒れた墓地や建物、汚れた水場が見えるのはＮＧ。見えないように遮断したら、家の中の南東部分をきれいにして恋愛運を呼び込み、個人別（十二支別）の桃花方位を使い、さらに運気を上げて。

また、寝室を太極から見た延年にするのも、恋愛運が向上。無理なら小太極から見た延年に枕が入るようにするか、最低でも頭を延年に向けて寝てください。

キッチンやキッチン家電を六殺に置き、つまみを延年に向ければ結婚運アップに効果大。なるべく延年方位で過ごしたり、外出しても吉。さらに、２３４ページで吉凶時間を調べてから出かけましょう。

本命卦別の延年方位

乾タイプ＝南西
兌タイプ＝北東
離タイプ＝北
震タイプ＝南東
巽タイプ＝東
坎タイプ＝南
艮タイプ＝西
坤タイプ＝北西

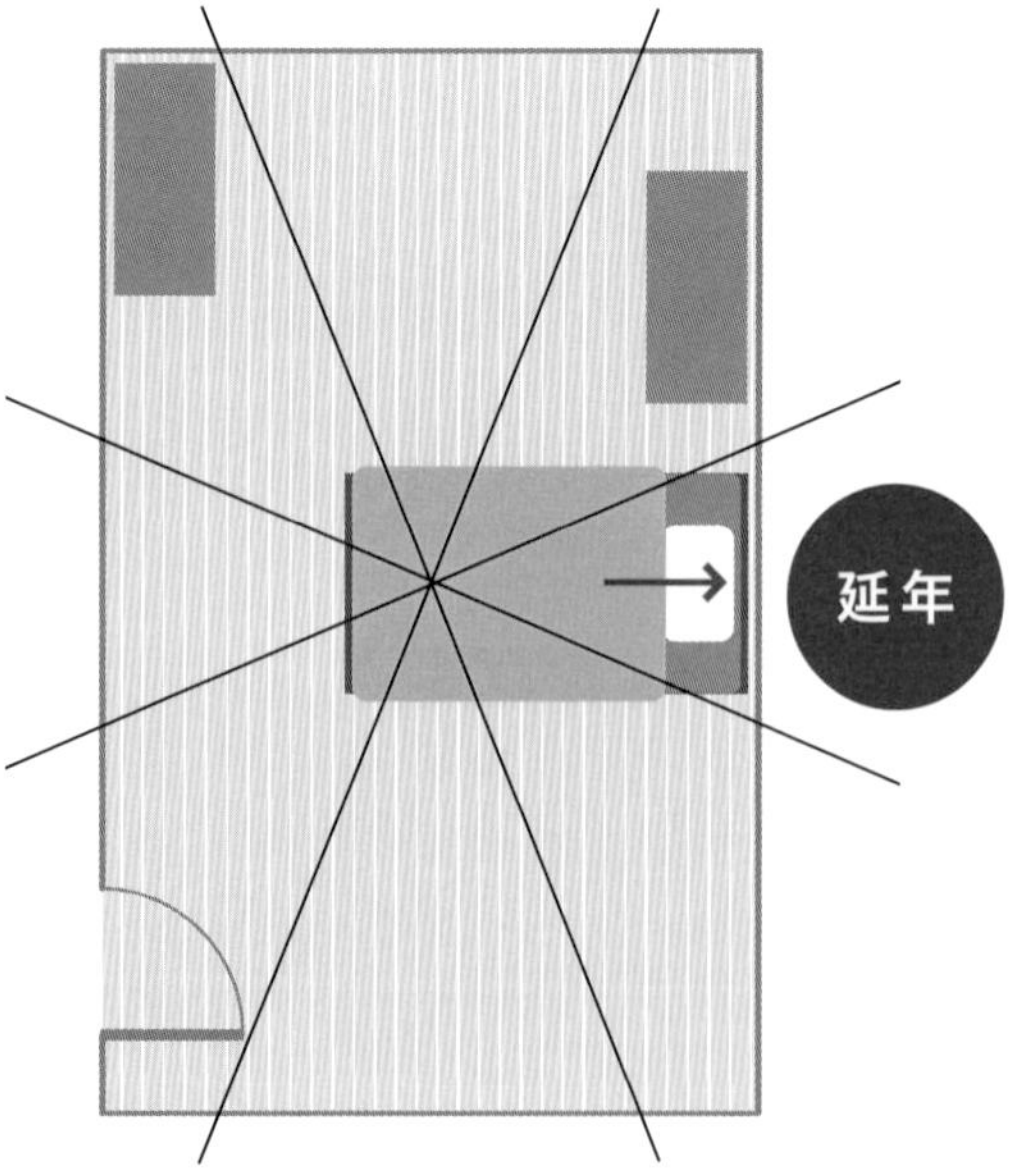

南東に見えてはいけないもの

- 煙突、先の尖った塔や建物
- 荒れた墓地や廃屋
- ドブ川、汚れた池

恋愛運

恋人と結婚したいなら紅欒《こうらん》方位に深紅の花を飾る

生気方位を寝室にしたうえに情熱的な深紅の花を飾って！

恋人と早く結婚したいという人は、寝室の中心から見て生気方位で寝るようにして。生気は発展を意味するため、恋人との関係が急発展します。

さらに、紅欒方位という結婚運を引き寄せる方位に、赤い花を飾りましょう。生花がベターですが、花瓶の水が汚れたり、枯れた花がそのままだったりすると運気が下がるので、造花や赤い花の絵で代用も◯。また、花の種類や本数、花瓶の色や形は何でも良いのですが、花の色はなるべく深紅に近いものにして。

同棲中のカップルなら、2人の紅欒方位にそれぞれ飾りましょう。桃花水法と併用すると、より効果が上がります。

生まれ年の十二支別〔紅欒方位〕

十二支は1月1日ではなく2月4日前後の節入り日で変わるので、この前後が誕生日の人はP.21で正確に調べて

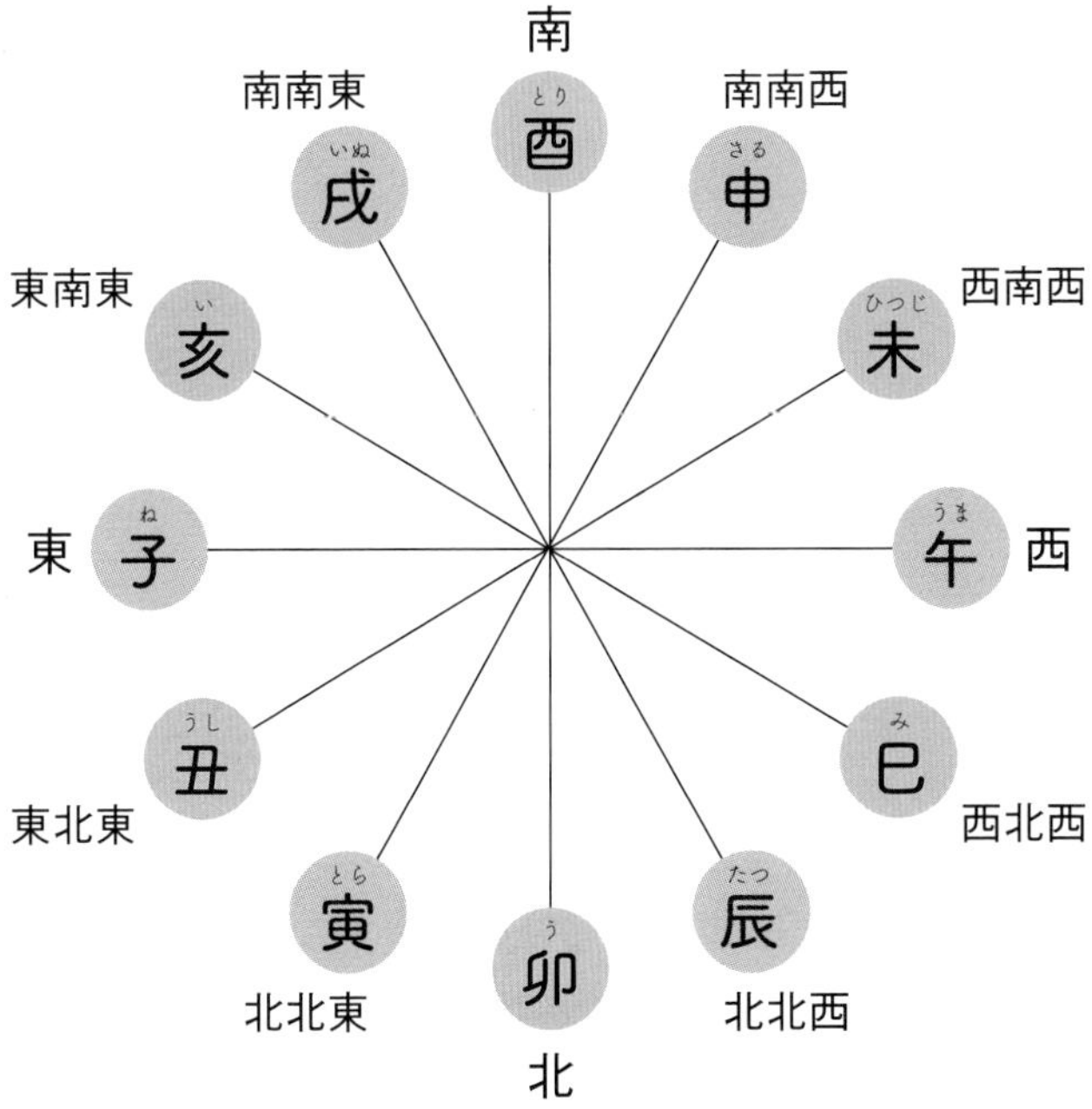

生気方位は本命卦により異なるので注意（P.20～参照）

恋愛運が上がる鏡の置き方

女性は寝室の青龍、男性は白虎へ鏡を飾って異性運をアップ！

四神の中で青龍は男性、白虎は女性を表すといわれています。そこで、それぞれの方位に鏡を飾って、恋愛運を上げる方法を伝授しましょう。

恋愛運を上げたいという女性は、男性を表す青龍方位、つまりドアに向かって左側に鏡を飾ると良いとされます。逆に男性の場合は、ドアに向かって右側の白虎方位に鏡を飾りましょう。

鏡を飾ると、そちらの空間を広げることになり、異性運がアップするのです。なお、この方法は寝室の場合に有効とされます。鏡の大きさは特に問題としません。ただし、自分の寝姿が映らないよう、注意が必要です（35ページ参照）。

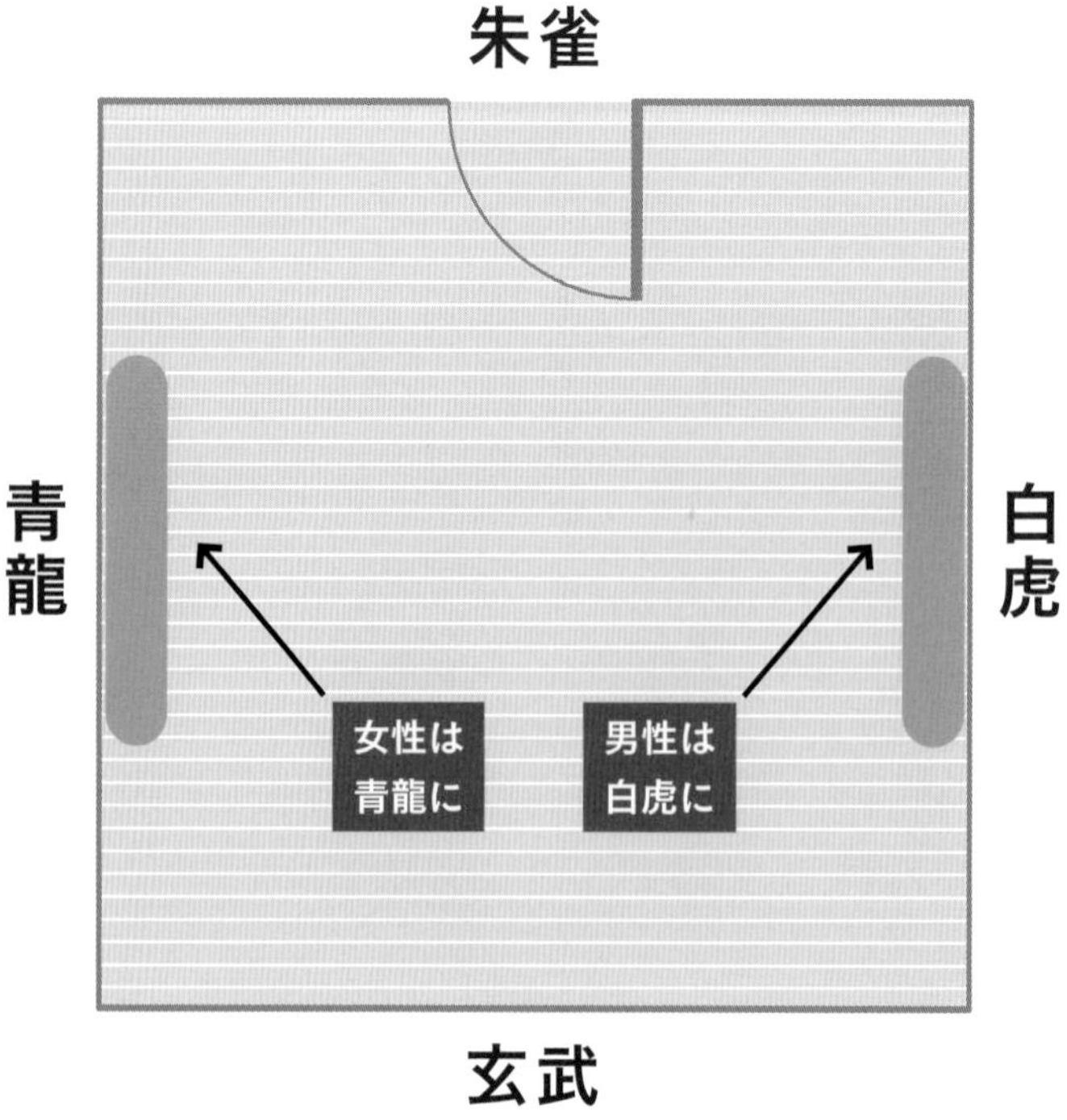

P.192同様、部屋の奥（ドア正面方向）が玄武、ドアが朱雀、玄武からドアを見て左側が青龍、右側が白虎となる

恋愛運

六殺を使用&こめかみにピンクのチークでモテ女に

凶方位をあえて使うことでセクシーさを身につける

色気がなくて悩んでいる人や、とにかくモテたいというときは、あえて六殺方位で寝るのがおすすめです。六殺は「多淫」という意味がありますが、裏を返せば「モテモテ」ということでもあります。

この方位を使っていると、色気やセクシーさが増し、異性からどんどん声をかけられるようになったり、出会いのきっかけも多くなるというわけです。

寝るときは頭を吉方位に向けること。また、五行の「水」や「金」のアイテムを使えば、さらにパワーアップします。

ただし、この方位を半年以上使うと、悪影響が出ます。六殺で異性を引き寄せたら、そのあとは延年方位で眠り、良い人間関係を築きましょう。また、不倫や体目的の相手との恋に陥りやすいので、相手をよく見極める必要もあります。

こめかみをピンク色にすると恋愛運がアップする!

こめかみは「男女宮」といわれ、色つやが良くないと、恋愛運に悪影響が出るとされています。

恋愛運を上げるためには、女性なら左のこめかみに、薄いピンク色のチークを入れてみてください。

ちなみに、男性なら右のこめかみをピンク色にすると、恋愛運が上がります。チークを入れるのには抵抗がある場合は、血行を良くするなど、工夫してみてください。

六殺方位などの方位は、本命卦により異なるので注意(P.20～参照)

毎朝ベッドから出る方位で目的別に運気アップ！

朝起きて最初の一歩の方位で思いどおりの運気アップが可能に

八宅風水では、各方位にそれぞれの運気があるとします（210ページ）。

ところが、「紫白九星《しはくきゅうせい》派」という流派では、1年ごとに、方位の吉凶や運気が変わるとしています。詳しくは、PART8「流年星を使った開運法」で解説しますが、ここではこの考え方を取り入れた、簡単な運気アップ術を紹介します。

左ページの図を参考に、毎朝の第一歩を、アップさせたい運気の方位に向かって踏み出すようにします。金運を上げたければ、金運の運気の方位からベッドを下りれば良いのです。方位はベッドや布団を中心に考ええます。もちろん、病気などの悪い運気の方位は避けましょう。

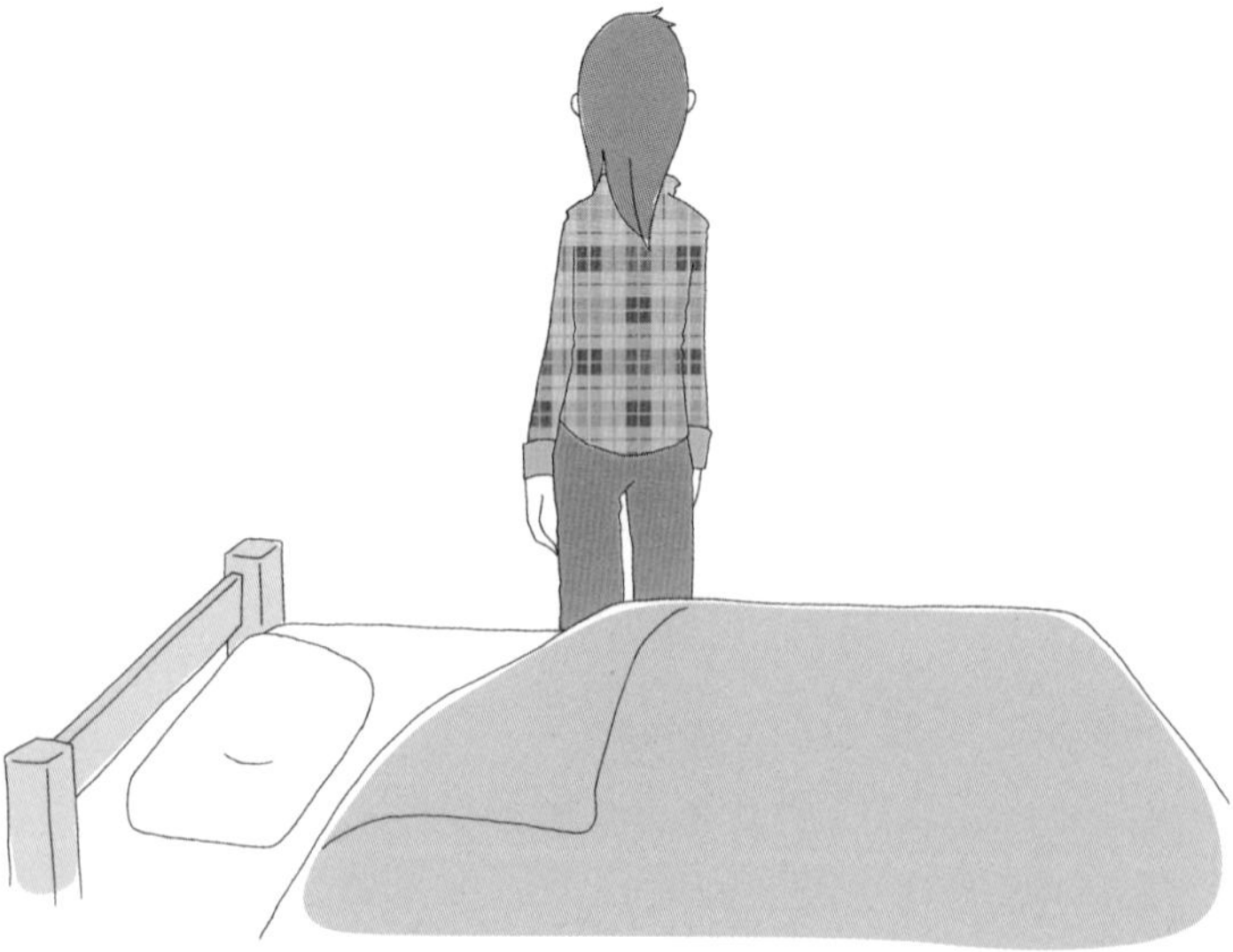

9年周期別・方位ごとの効果

図は上が南、下が北になります。例えば、2021年の場合、恋愛運を上げたいなら南か東方向、金運なら西、慶事が待っているのは北東に、第一歩を踏み出しましょう。ただし、頭が西方向を向き、壁に接して寝ていると、西の方位に向かって起きられないので、金運の方位が使えません。その場合は、ベッドの位置を変えるか、少し効果は弱まりますが、恋愛・試験運の東を使うようにします。なお、この運気のパターンは9年周期。2030年は、2021年と同じ運気のパターンになります。

恋・試＝恋愛・試験

◆2021・2030年

病気	恋・試	争い
恋・試	N	金
慶事	病気	ケガ

◆2022・2031年

恋・試	慶事	病気
争い	N	ケガ
金	恋・試	仕事

◆2023・2032年

争い	金	恋・試
病気	N	仕事
ケガ	慶事	病気

◆2024・2033年

病気	ケガ	慶事
恋・試	N	病気
仕事	金	恋・試

◆2025・2034年

恋・試	仕事	金
慶事	N	恋・試
病気	ケガ	争い

◆2026・2035年

慶事	病気	ケガ
金	N	争い
恋・試	仕事	病気

◆2027・2036年

金	恋・試	仕事
ケガ	N	病気
争い	病気	恋・試

◆2028・2037年

ケガ	争い	病気
仕事	N	恋・試
病気	恋・試	慶事

◆2029・2038年

仕事	病気	恋・試
病気	N	慶事
恋・試	争い	金

この運気は九星をベースにしているため、毎年2月4日前後の節入り日（P.21参照）に年が変わるので注意。つまり、2021年は2月4日23時59分から1年間のこと

COLUMN ⑥

八方位の象意表

八方位にはそれぞれ運気や事象、人物や健康など、さまざまな意味があります。さらに十二支や五行、九星にも対応しています。各方位の意味を知りたいときなどに、確認してみてください。

南

南東／巽(辰・巳)
運気：営業運、結婚運
事象：結婚、交渉、取引、信用、調和、成就、完成、文字での伝達・通信
時期：春～夏、午前
人物：長女
健康：肝、風邪、神経痛
五行：木　四緑木星

南／離(午)
運気：名声運
事象：知性、学問、創造、名誉、派手、華麗、離合集散
時期：夏、昼
人物：中女（真ん中の女）
健康：火傷、眼病、頭痛、心臓病、脳溢血
五行：火　九紫火星

南西／坤(未・申)
運気：家庭運
事象：家庭、勤勉、努力、忍耐、労働、苦心、誠実、従順
時期：夏～秋、午後
人物：母親、妻、老婆
健康：胃腸病、便秘、下痢
五行：土　二黒土星

東

東／震(卯)
運気：成功運、発展運
事象：開拓、発展、向上、活動、流行、騒ぎ、音での伝達、放送
時期：春、朝
人物：長男、若い人
健康：リウマチ、神経痛、肝臓病
五行：木　三碧木星

中央
八卦・十二支はなし
五行：土　五黄土星

西／兌(酉)
運気：金銭運、恋愛運
事象：金銭、物質、遊び、楽しみ、享楽、おしゃべり、恋愛
時期：秋、夕方
人物：少女（末子の女）、乙女
健康：肺、腸、ケガ、虫歯、食中毒、肋膜炎
五行：金　七赤金星

西

北東／艮(丑・寅)
運気：不動産運
事象：土地、住居、相続、貯蓄、親類、友人
時期：冬～春、暁
人物：少男（末っ子の男）、跡継ぎ
健康：胃腸病、関節炎、腰痛、脊髄炎、盲腸炎、中風、癌
五行：土　八白土星

北／坎(子)
運気：健康運、子ども運
事象：和合、交際、セックス、秘密、隠しごと、苦悩、睡眠
時期：冬、夜
人物：中男（真ん中の男）
健康：腎炎、膀胱炎、性病、腫れ物、中耳炎、不妊症
五行：水　一白水星

北西／乾(戌・亥)
運気：社会的地位運
事象：権力、権威、支配、充実、自信、高級、伝統、上司、政治、事故
時期：秋～冬、夜
人物：父親、夫、家長
健康：ケガ、故障、肺病、皮膚病、脳髄炎
五行：金　六白金星

北

PART
8

流年と択日法

年の吉凶方位と吉日選び

最後は「毎年の方位の吉凶」について紹介します。ただし、これは、毎年の運勢や旅行などの移動の方位ではなく、その年に家のどの方位が良くなるかということ。八宅風水と組み合わせて良い方位を使えば、繁栄が期待できる一年になるはずです。さらに吉日選びに最適な「択日法」として、毎日の吉凶時間も紹介。中国では移動の方位などより重要視する人が多く、引っ越しや旅行などの日や時間を選ぶのにも役立ちます。

流年×本命卦で診断！

九星の吉凶はみんなに共通

流年星を使った玄空飛星派の開運法とは

風水の一流派である「紫白九星派《しはくきゅうせいは》」は、各方位にめぐる九星（一白《ぱく》、二黒《じこく》、三碧《さんぺき》、四緑《しろく》、五黄《ごおう》、六白《ろっぱく》、七赤《しちせき》、八白《はっぱく》、九紫《きゅうし》）を使用し、年ごとに吉凶方位を出します。日本では、九星を気学や方位学に用い、引っ越しや旅行など、「移動の方位」に関する吉凶を判断します。ところが中国では、九星は主に「家の方位」の吉凶を見るのに使い、その考え方も異なりますので、注意してください。

九星にはそれぞれ意味があり、その吉凶も決まっています。星の吉凶は、生まれ年などには関係なく、誰にとっても共通の吉凶となります。なお、各星の吉凶や意味は、左表にまとめてあります。

さらに紫白九星派では、恋愛や試験運をつかさどる一白と四緑、仕事運の六白、金運の八白、慶事の九紫など、吉星の入る方位に玄関があれば、その年はその星の運気がアップすると考えます。また、窓があるならできるだけ開けて空気を入れ、なるべくその方位で過ごすことで、その星の運気をアップさせて、開運法とするのです。

逆に、病気の二黒、争いの三碧、災いの五黄、ケガの七赤など、凶星の入る方位は極力使わないか、玄関がある場合は化殺が必要となります。

この九星は毎年位置を変えるので、年ごとに吉方位と凶方位が移動します。どの方位にどの星が入るかは、214ページの流年盤でチェックしましょう。

九星の意味

九星	別名	吉凶	五行	八卦	意味
一白水星《いっぱくすいせい》	貪狼星《どんろうせい》	大吉	水	坎	勉強、試験、地位、復活、結ぶ、健康、性、愛情、秘密
二黒土星《じこくどせい》	巨門星《こもんせい》	大凶	土	坤	病気、衰弱、災い、油断、損害、頑固、労働、疲労、辛抱
三碧木星《さんぺきもくせい》	禄存星《ろくぞんせい》	小凶	木	震	ケンカ、敵、爆発、大声、争い、詐欺、ケガ、刑罰
四緑木星《しろくもくせい》	文曲星《ぶんきょくせい》	小吉	木	巽	文筆、文才、試験、勉強、信用、地位、整理、結婚、愛情
五黄土星《ごおうどせい》	廉貞星《れんていせい》	大凶	土	なし	災い、破産、難病、死傷、受難、爛熟、暴走、極端、失業
六白金星《ろっぱくきんせい》	武曲星《ぶきょくせい》	大吉	金	乾	仕事、実績、コンピューター、出世、財利、権威、高級
七赤金星《しちせききんせい》	破軍星《はぐんせい》	小凶	金	兌	口、ケンカ、不注意、ケガ、流血、浪費、泥棒、損失
八白土星《はっぱくどせい》	左輔星《さほせい》	大吉	土	艮	金銭、財産、不動産、相続、貯蓄、健康、復活、開始
九紫火星《きゅうしかせい》	右弼星《うひつせい》	小吉	火	離	慶事、出産、新築、結婚、能力、精神、火災、派手、贅沢

流年×本命卦で診断！

九星の吉凶方位のめぐり方

**流年盤で今年の吉凶方位を知り
さらに八宅盤と組み合わせる**

その年の各方位に入る九星と、そこから導かれる吉凶方位がひと目でわかるのが流年盤です。

２０２１年の「六白」の流年盤を見ると、一白、四緑、八白、九紫の方位が吉、二黒、三碧、五黄、七赤の方位が凶となるのがわかります。

さらに、八宅風水と流年盤を組み合わせると、より詳しい判断ができます。

本命卦や宅卦の吉方位に、一白などの吉星が重なる年は吉。逆に凶星が重なる年は、吉作用が出にくくなります。

本命卦や宅卦の凶方位に、二黒や五黄がめぐる年は、その方位は使わないか注意が必要。そうした関係をわかりやすくしたのが２１６ページからの一覧表です。

九星暦

2026 / 2035年	**一白水星**	2021 / 2030年	**六白金星**
2025 / 2034年	**二黒土星**	2029 / 2038年	**七赤金星**
2024 / 2033年	**三碧木星**	2028 / 2037年	**八白土星**
2023 / 2032年	**四緑木星**	2027 / 2036年	**九紫火星**
2022 / 2031年	**五黄土星**		

※以降、繰り返しになります。九星は毎年2月4日前後の節入り日（P.21参照）に年が変わるので注意

六白年盤

2021／
2030年

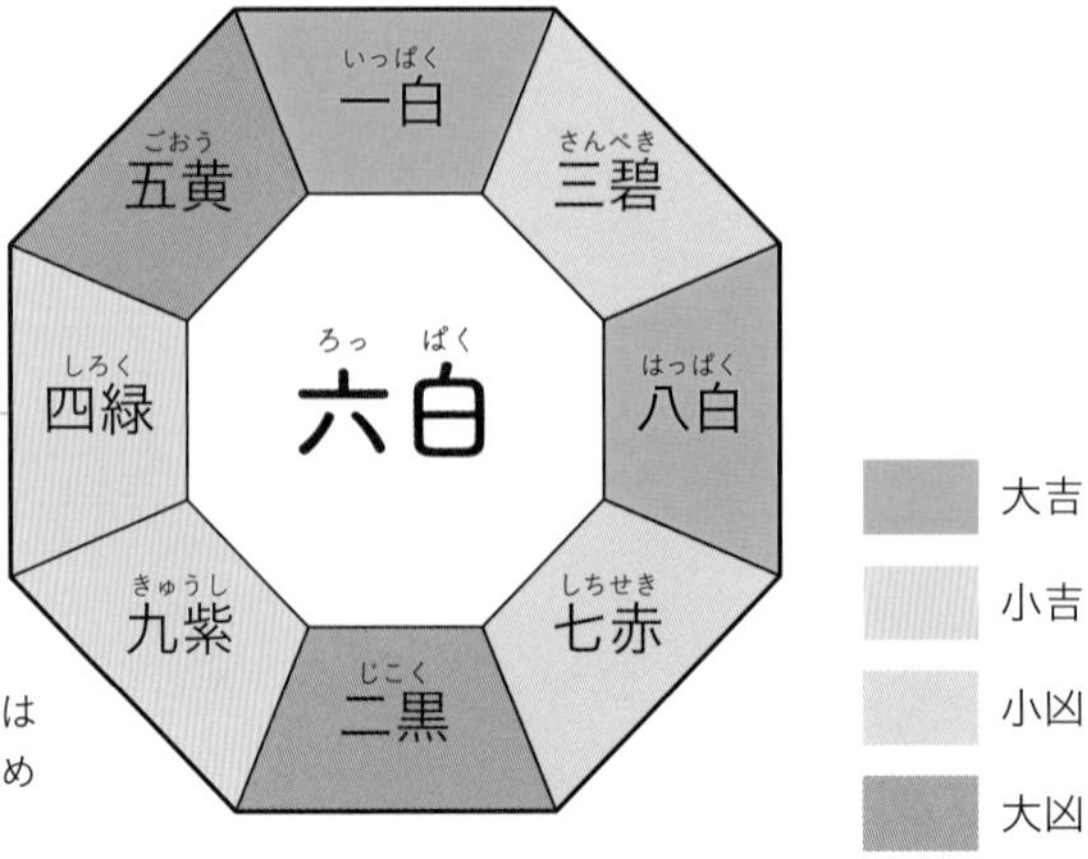

本命卦の求め方はP.20、宅卦の求め方はP.138を参照

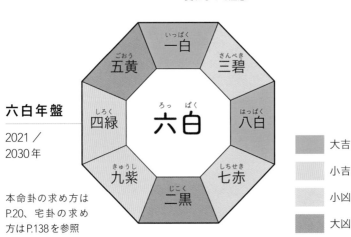

残り8つの流年盤

流年は9年周期。中心（中宮）に入った星はその年は使用できない。
八宅風水との五行が異なる場合は、原則的に流年盤の五行を優先する

五黄年盤

2022／2031年

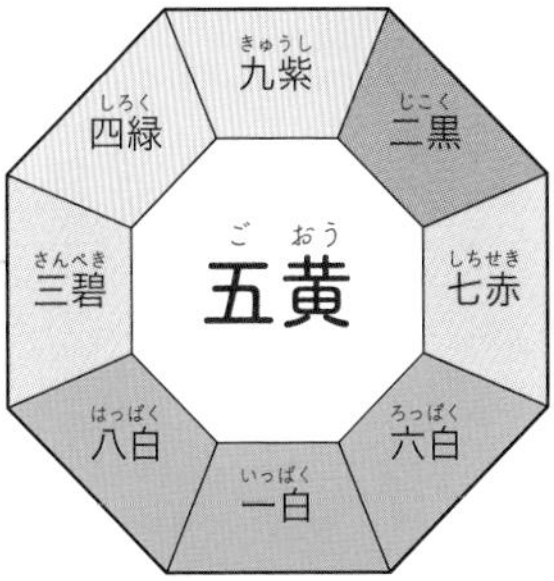

一白年盤

2026／2035年

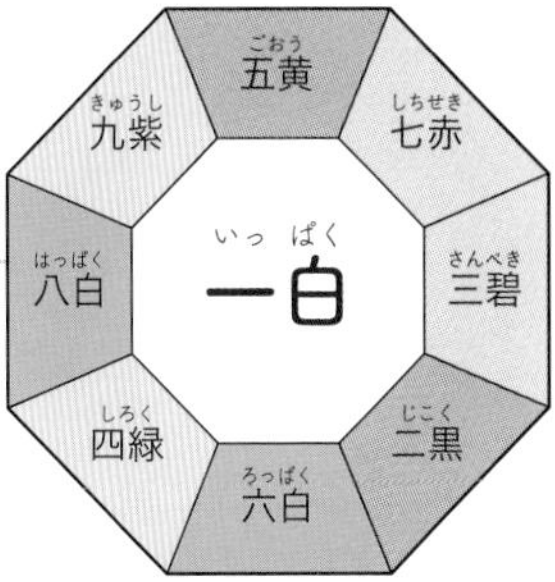

七赤年盤

2029／2038年

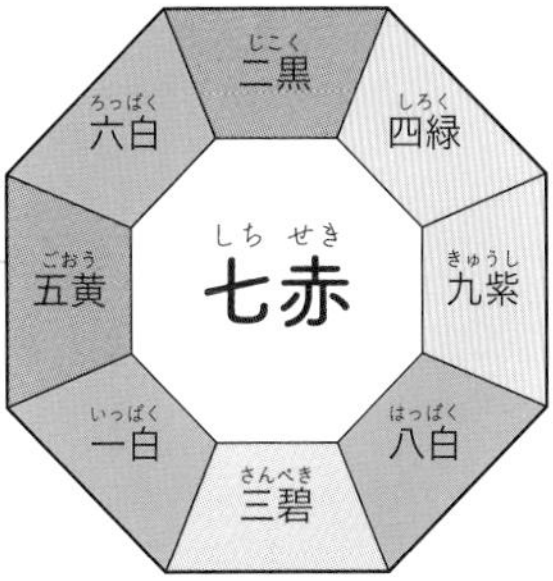

二黒年盤

2025／2034年

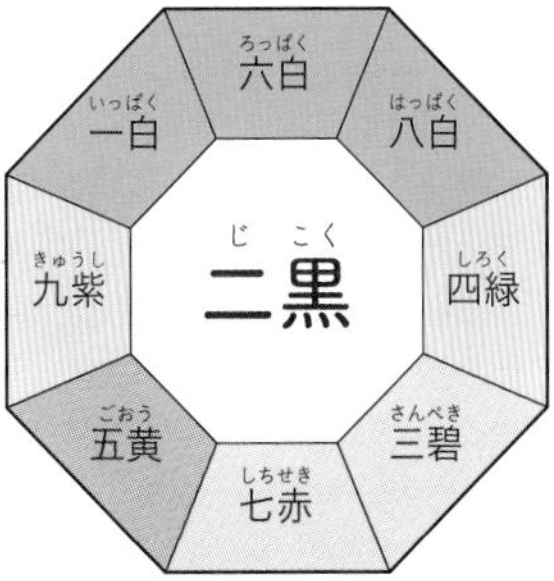

八白年盤

2028／2037年

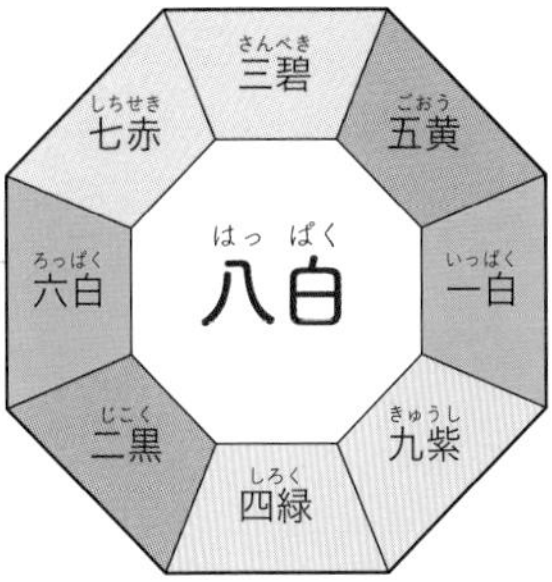

三碧年盤

2024／2033年

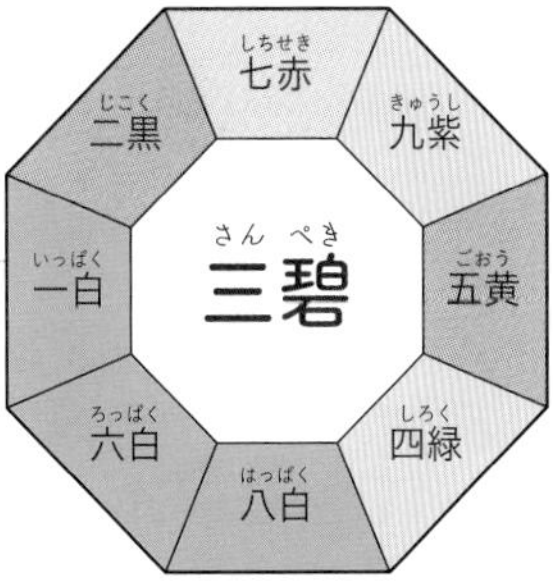

九紫年盤

2027／2036年

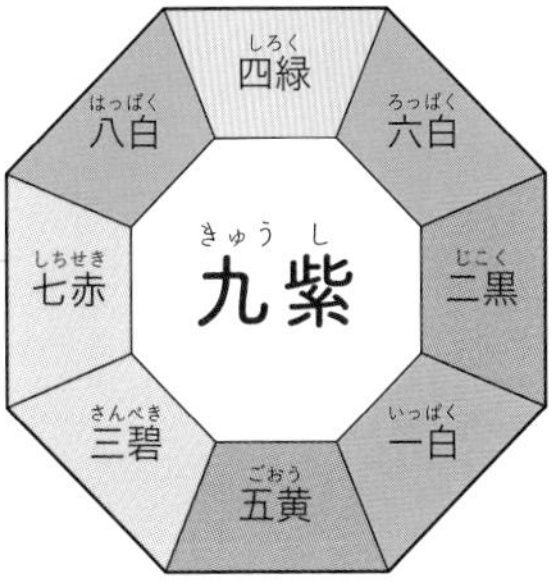

四緑年盤

2023／2032年

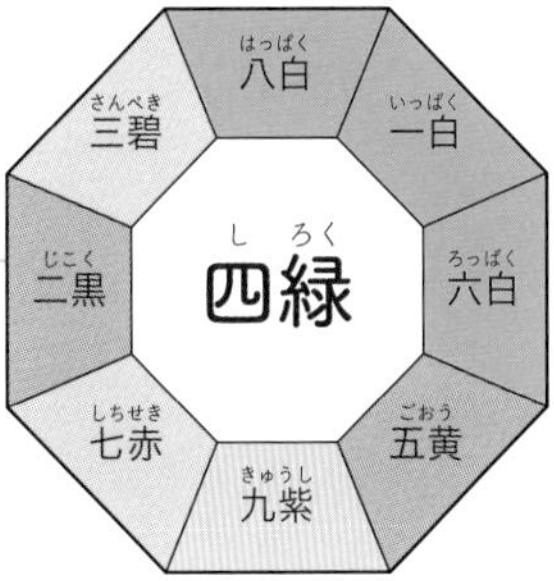

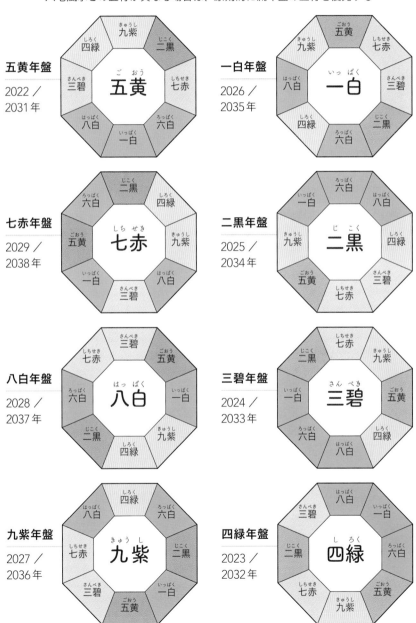

一白水星×本命卦西四命

一白水星の年＝2026年・2035年・2044年

南東 （九紫／六殺） ギャンブルにはまる、生活が派手になるなど財布のヒモがゆるみっぱなしに。ムダ遣いにも注意	**南** （五黄／五鬼） 注意が散漫になってケガをしそう。大きな交通事故の予感も。仕事などでの大ミスにも気をつけて	**南西** （七赤／天医） 治療や手術の暗示あり。ただし、良質の治療を受けられるので、手術をしたとしてもすぐに回復できる
東 （八白／絶命） 一時的な副収入や臨時収入がありそう。ただし本業では「お金が絶える」ようなことになるかも	一白 水星 兌《だ》	**西** （三碧／伏位） なにかと口ゲンカが絶えなくなるが、関係にヒビが入るほどの大ゲンカにはならず、決裂はまぬかれそう
北東 （四緑／延年） 良い出会いに恵まれ、運命の相手が出現しそう。手紙やブログなどが仲をとりもってくれることも	**北** （六白／禍害） 大きなトラブルにみまわれることはなくても、仕事でなにかとつまずくことが多くなってしまいそう	**北西** （二黒／生気） 病気の星（二黒）が入り込むが、エネルギーにあふれているので、大病にはいたらずにすみそう

南東 （九紫／禍害） 気づかないうちにちょっとした贅沢をしがち。なるべく財布のヒモをしめるよう、つねに意識して	**南** （五黄／絶命） 大病で命にかかわるかも。玄関があるなら頭や心臓の病気にも注意。この方位は使わないか要化殺	**南西** （七赤／延年） 人間関係に小さなヒビが入りやすいので注意。実際のケガもしやすいが、良い医師に出会えそう
東 （八白／五鬼） 金運はまずまずでも、うっかり財布を落としたり、出費が微増したりと、ストレスがたまりがち	一白 水星 乾《けん》	**西** （三碧／生気） この方位を長時間使うと、元気がありあまりぎみに。パワフルすぎて、周囲から煙たがられそう
北東 （四緑／天医） 小説やブログなど、文章を書くことで脚光を浴びそう。試験運にも良い方位なので勉強部屋向き	**北** （六白／六殺） 仕事運はまずまず。ただし、異性問題にまつわるスキャンダルで、地位や名誉などが失墜するかも	**北西** （二黒／伏位） 病気の星（二黒）が入り込み、疲れやすくなり軽い体調不良の暗示も。ただ、それほど心配はいらない

南東 （九紫／五鬼） 火災のトラブルの暗示。鍋のかけっぱなしやタバコの不始末など、火の扱いにはくれぐれも注意	**南** （五黄／六殺） 異性とのトラブルや賭けごとなどで、大きな借金を抱えるかも。恋愛も遊びも控えめな生活を心がけて	**南西** （七赤／伏位） 小さなケガは日常茶飯事だが、大きなケガの危険は少ないので、それほど心配する必要はない
東 （八白／禍害） 劇的な金運アップは望めないが、大出費や収入の激減はないので、それほど心配する必要はない	一白 水星 坤《こん》	**西** （三碧／天医） 集中できさえすれば結果が出せるが、飽きっぽくなる時期でもあり、ほかのことに目移りしがち
北東 （四緑／生気） 出会い運が活発になり、運命の相手にめぐり会えそう。精神的に高め合える人との出会いも期待大	**北** （六白／絶命） 長年続けていた仕事が認められそう。一方で、勤務先の倒産や地位が下がるなど、苦労の暗示も	**北西** （二黒／延年） 病気の中でも特にインフルエンザやはしかなど、感染症にかかりやすくなるので予防をしっかり

南東 （九紫／絶命） ひと夏の恋や刹那的な享楽に身をゆだねがち。後悔することになりそうなので、くれぐれも注意を	**南** （五黄／禍害） 小さなトラブルが絶えない一年に。病院へ行くほどではないが、不調に悩まされ続ける可能性も	**南西** （七赤／生気） ケガをしやすいが、活力にあふれ回復は早め。ただ、キッチンや水回りがあるならしっかり化殺を
東 （八白／六殺） 収入が増えることもあるが、そのぶん出費も増えてしまいそう。お金に対して、ルーズになりがちに	一白 水星 艮《ごん》	**西** （三碧／延年） 良くも悪くも、人間関係がにぎやかな年に。新しい友人がたくさんできるが、去っていく人も多い
北東 （四緑／伏位） 夫婦やカップルの仲が安定し絆が強まる年。ただ、恋人がいない人は、現状維持となる可能性大	**北** （六白／五鬼） 仕事運はそう悪くないが、失言やささいなミスなど、うっかりしたことで地位や評判を落としがち	**北西** （二黒／天医） 疲れや病気もすぐに回復し、小さな負担ですみそう。ただし、肺や皮膚などの病気には注意して

背景の色は左上が九星、右下が本命卦・宅卦の吉凶を表したもの（ピンク＝吉／グレー＝凶）

一白水星×本命卦東四命

一白水星の年＝2026年・2035年・2044年

南東 （九紫／天医） ひらめきやアイデアがあふれる一年。芸術関係の人がこの方位を使うと、表彰や試験合格の予感	**南** （五黄／伏位） 人間関係や仕事など、これまで安定していたことが乱されがちに。小さな病気にも注意が必要かも	**南西** （七赤／六殺） ギャンブルにはまったり、異性関係が乱れがちに。恋愛のもつれで大トラブルにみまわれるかも
東 （八白／生気） お金の動きが活発になり、金運がもっともアップする方位。ただし、ここに水回りがあるなら要化殺	一白水星 離《り》	**西** （三碧／五鬼） 気が短くキレがちな一年。うっかりしたひと言によるケンカが増えそうなので、発言には注意
北東 （四緑／禍害） 恋人との関係が発展しにくい。試験運もあまり良くないので、思うような結果が得られないかも	**北** （六白／延年） 人間関係から地位や名誉がもたらされそう。地位の高い人と出会うチャンスも。金運もまあまあ	**北西** （二黒／絶命） 大病に注意。最悪、命にかかわるかも。この方位は使わないか、玄関があればしっかり化殺を

南東 （九紫／生気） 祝いごとや昇進、出産など華やかな一年を送れそう。増収はあっても贅沢のしすぎで散財の予感	**南** （五黄／延年） 人間関係にまつわるトラブルに巻き込まれるかも。頭や心臓の病気にもなりやすいので注意が必要	**南西** （七赤／絶命） 大ケガに注意。ここに玄関がある家なら、特に右腕のケガやケンカに巻き込まれてのケガに注意して
東 （八白／天医） アイデアのひらめきや研究・勉強、仕事で成功し増収するかも。仕事部屋にするのに最適な方位	一白水星 坎《かん》	**西** （三碧／禍害） 家族や身近でささいな衝突や口ゲンカが多くなる。ただし、大きな衝突に発展することはなさそう
北東 （四緑／五鬼） 恋愛がらみの悩みが増えがち。試験勉強に集中できないなど、大ストレスを感じることも多そう	**北** （六白／伏位） 仕事や地位などが安定し、平穏無事な生活を送れそう。金運も安定し、あまり変化が見られない	**北西** （二黒／六殺） 生活習慣病などルーズな生活が原因となる病気に注意。メタボが心配ならこの方位は使わないで

南東 （九紫／伏位） 運気は安定。大きな飛躍はないが、親しい友人や親戚の間でささやかなお祝いごとが増える一年	**南** （五黄／天医） 天医方位だが五黄によって集中力が乱されるので、仕事や勉強をするのにはあまり向かない方位	**南西** （七赤／五鬼） うっかりしてケガをする可能性が大。交通事故でひどいケガをしないよう、気をつけて行動して
東 （八白／延年） 人づきあいがもとでお金を得られそう。接客業やサービス業など、人と接する仕事も増収に期待	一白水星 巽《そん》	**西** （三碧／六殺） 約束をすっぽかしたり、仕事をさぼってしまったり、ルーズな行動が原因でケンカや争いが起きがち
北東 （四緑／絶命） 悲しい別れがあるかも。試験運も低下するので、この方位の使用をやめるか、玄関があれば要化殺	**北** （六白／生気） 仕事運が活発になり、あわせて金運もアップ。転職や昇進のチャンスに恵まれ、名誉を得ることも	**北西** （二黒／禍害） 通院するほどではないが、ちょっとした病気に悩まされそう。胃腸や肺、皮膚に関する病気や頭痛に注意

南東 （九紫／延年） センスの良い人や地位の高い人など、派手な交流が増えそう。地位も上がり、結婚の道が開ける	**南** （五黄／生気） 生気の強いプラスパワーと五黄の強いマイナスエネルギーが衝突し、なにかと波乱ぶくみの一年に	**南西** （七赤／禍害） ちょっとしたケガが絶えない一年に。ただし、通院するほどの大きなケガにはいたらずにすみそう
東 （八白／伏位） 金運は安定傾向。ただし、劇的に良くなるようなことはなさそう。不動産による収入は期待できる	一白水星 震《しん》	**西** （三碧／絶命） 訴訟問題に巻き込まれたり、友人と絶交したり、取り返しのつかない大騒動が起きる暗示があり
北東 （四緑／六殺） 恋愛面では目移りしがちなとき。気持ちが浮わついて、試験勉強などにも集中しにくい一年に	**北** （六白／天医） 勉強や研究、アイデアが世間に認められるかも。昇進や賞の受賞で名誉を得られる。金運も良好	**北西** （二黒／五鬼） 強いストレスや精神的に大きなダメージを受けて、体調を崩しがち。できれば使用を避けたい方位

二黒土星×本命卦西四命

二黒土星の年＝2025年・2034年・2043年

南東 （一白／六殺） 出会いは増えても、異性関係がルーズになりがち。浮気には要注意。試験勉強もはかどりにくい	**南** （六白／五鬼） 仕事運はそう悪くないが、失言やささいなミスなど、うっかりしたことで地位や評判を落としがち	**南西** （八白／天医） アイデアのひらめきや研究・勉強、仕事で成功し増収するかも。仕事部屋にするのに最適な方位
東 （九紫／絶命） ひと夏の恋や刹那的な享楽に身をゆだねがち。後悔することになりそうなので、くれぐれも注意を	二黒 土星 兌《だ》	**西** （四緑／伏位） 夫婦やカップルの仲が安定して絆が強まる年。ただ、恋人がいない人は、現状維持となる可能性大
北東 （五黄／延年） 人間関係にまつわるトラブルに巻き込まれるかも。胃腸系や関節炎などの病気にも注意が必要に	**北** （七赤／禍害） ちょっとしたケガが絶えない一年。とはいえ、通院するほどの大きなケガにはならずにすむので安心して	**北西** （三碧／生気） この方位を長時間使うと、元気がありあまりぎみに。パワフルすぎて、周囲から煙たがられそう

南東 （一白／禍害） 出会いがあっても恋愛に発展しなかったり、恋人との仲も進展しにくい。試験勉強も進みにくい	**南** （六白／絶命） 長年続けていた仕事が認められそう。一方で、勤務先の倒産や地位が下がるなど、苦労の暗示も	**南西** （八白／延年） 人づきあいがもとでお金を得られそう。接客業やサービス業など、人と接する仕事も増収に期待
東 （九紫／五鬼） 火災のトラブルの暗示。鍋のかけっぱなしやタバコの不始末など、火の扱いにはくれぐれも注意	二黒 土星 乾《けん》	**西** （四緑／生気） 出会い運が活発になり、運命の相手にめぐり会えそう。精神的に高めあえる人との出会いも期待大
北東 （五黄／天医） 五黄によって集中力が乱されるので、天医方位でも仕事や勉強をするのにはあまり向かない方位	**北** （七赤／六殺） ギャンブルにはまったり、異性関係が乱れがちに。恋愛のもつれで大トラブルにみまわれるかも	**北西** （三碧／伏位） なにかと口ゲンカが絶えなくなるが、関係にヒビが入るほどの大ゲンカにはならず、決裂はまぬかれそう

南東 （一白／五鬼） 恋愛運や試験運は悪くないが、異性問題や試験勉強のストレスも多そう。うっかりミスにも注意	**南** （六白／六殺） 仕事運はまずまず。ただし、異性問題にまつわるスキャンダルで、地位や名誉などが失墜するかも	**南西** （八白／伏位） 金運は安定傾向。だが劇的に良くなるようなことはなさそう。不動産による収入は期待できる
東 （九紫／禍害） 気づかないうちにちょっとした贅沢をしがち。なるべく財布のヒモをしめるように、常に意識して	二黒 土星 坤《こん》	**西** （四緑／天医） 小説やブログなど、文章を書くことで脚光を浴びそう。試験運にもよい方位なので勉強部屋向き
北東 （五黄／生気） 生気の強いプラスエネルギーと五黄の強いマイナスエネルギーが衝突し、なにかと波乱ぶくみの一年に	**北** （七赤／絶命） 大ケガに注意。ここに玄関があるなら、特に下半身のケガ、ケンカに巻き込まれてのケガに注意を	**北西** （三碧／延年） 良くも悪くも、人間関係がにぎやかな年に。新しい友人がたくさんできるが、去っていく人も多い

南東 （一白／絶命） 出会いがあっても、別れの暗示。試験勉強などにもあまり向かない。この方位はなるべく使わないで	**南** （六白／禍害） 大きなトラブルにみまわれることはなくても、仕事でなにかとつまずくことが多くなってしまいそう	**南西** （八白／生気） お金の動きが活発になり、金運がもっともアップする方位。ただし、水回りがあるなら化殺が必要
東 （九紫／六殺） ギャンブルにはまる、生活が派手になるなど財布のヒモがゆるみっぱなしに。ムダ遣いにも注意	二黒 土星 艮《ごん》	**西** （四緑／延年） 良い出会いに恵まれ、運命の相手が出現しそう。手紙やブログなどが仲をとりもってくれることも
北東 （五黄／伏位） 人間関係や仕事など、これまで安定していたことが乱されがちに。小さな病気にも注意が必要かも	**北** （七赤／五鬼） うっかりしてケガをする可能性大。交通事故などでひどいケガをしないよう、気をつけて行動して	**北西** （三碧／天医） 集中できさえすれば結果が出せるが、飽きっぽくなる時期でもあり、ほかのことに目移りしがち

背景の色は左上が九星、右下が本命卦・宅卦の吉凶を表したもの（ピンク＝吉／グレー＝凶）

二黒土星×本命卦東四命

二黒土星の年＝2025年・2034年・2043年

南東 （一白／天医） 試験や勉強の成果に期待大。集中力が高まるので、受験や資格取得などコツコツ勉強するのに最適	**南** （六白／伏位） 仕事や地位などが安定し、平穏無事な生活を送れそう。金運も安定し、あまり変化が見られないかも	**南西** （八白／六殺） 収入が増えることもあるが、そのぶん出費も増えてしまいそう。お金に対して、ルーズになりがちに
東 （九紫／生気） 祝いごとや昇進、出産など華やかな一年を送れそう。増収はあっても贅沢のしすぎで散財の予感	二黒 土星 離《り》	**西** （四緑／五鬼） 恋愛がらみの悩みが増えがち。試験勉強に集中できないなど、大ストレスを感じることも多そう
北東 （五黄／禍害） 小さなトラブルが絶えない一年に。病院へ行くほどではないが、不調に悩まされ続ける可能性も	**北** （七赤／延年） 人間関係に小さなヒビが入りやすいので注意。実際のケガもしやすいが、良い医師に出会えそう	**北西** （三碧／絶命） 訴訟問題に巻き込まれたり、仲の良い友人と絶交したり、取り返しのつかない大騒動が起きる暗示が

南東 （一白／生気） 良くも悪くも異性との出会いが増え、しかも深い関係に発展しやすい。既婚者は浮気に注意して	**南** （六白／延年） 人間関係から地位や名誉がもたらされそう。地位の高い人と出会うチャンスも。金運もまあまあ	**南西** （八白／絶命） 一時的な副収入や臨時収入がありそう。ただし、本業では「お金が絶える」ようなことになるかも
東 （九紫／天医） ひらめきやアイデアがあふれる一年。芸術関係の仕事の人がここを使うと、表彰や試験合格の予感	二黒 土星 坎《かん》	**西** （四緑／禍害） 恋人との関係発展は期待できないかも。試験運もあまり良くないので、思うような結果が得にくくなる
北東 （五黄／五鬼） 注意が散漫になってケガをしそう。大きな交通事故の予感も。仕事などでの大ミスにも気をつけて	**北** （七赤／伏位） 小さなケガは日常茶飯事だが、大きなケガをする危険は少ないので、それほど心配する必要はない	**北西** （三碧／六殺） 約束をすっぽかしたり、仕事をさぼってしまったり、ルーズな行動が原因でケンカや争いが起きがち

南東 （一白／伏位） 夫婦仲などイマイチな関係が改善。恋人なら結婚にいたるかも。シングルの人は出会い運の期待薄	**南** （六白／天医） 勉強や研究、アイデアが世間に認められるかも。昇進や賞の受賞で名誉を得られる。金運も良好	**南西** （八白／五鬼） 金運はまずまずでも、うっかり財布を落としたり、出費が微増したりと、ストレスがたまりがち
東 （九紫／延年） センスの良い人や地位の高い人など、派手な交流が増えそう。地位も上がり、結婚の道が開ける	二黒 土星 巽《そん》	**西** （四緑／六殺） 恋愛ではなにかと目移りしがちなとき。気持ちが浮わついて、試験勉強などにも集中しにくい一年に
北東 （五黄／絶命） 大病で命にかかわるかも。玄関があれば胃腸や関節の病気にも注意。この方位は避けるか要化殺	**北** （七赤／生気） ケガをしやすいが、活力にあふれ回復は早め。ただ、キッチンや水回りがあるならしっかり化殺を	**北西** （三碧／禍害） 家族や身近でささいな衝突や口ゲンカが多くなる。ただし、大きな衝突に発展することはなさそう

南東 （一白／延年） 良い出会いに恵まれ、知的な交際も増加。運命の人や体の相性が良い人との出会いも期待できる	**南** （六白／生気） 仕事運が活発になり、あわせて金運もアップ。転職や昇進のチャンスに恵まれ、名誉を得ることも	**南西** （八白／禍害） 劇的な金運アップは望めないが、大出費や収入の激減はないので、それほど心配する必要はない
東 （九紫／伏位） 運気は安定。大きな飛躍はないが、親しい友人や親戚の間でささやかなお祝いごとが増える一年	二黒 土星 震《しん》	**西** （四緑／絶命） 悲しい別れがあるかも。試験運も低下するので、この方位の使用をやめるか、玄関があれば要化殺
北東 （五黄／六殺） 異性問題や賭けごとなどで、大きな借金を抱えるかも。恋愛も遊びも、控えめな生活を心がけて	**北** （七赤／天医） 治療や手術の暗示あり。ただし、良質の治療を受けられるので、手術をしたとしてもすぐに回復できる	**北西** （三碧／五鬼） 気が短くキレがちな一年。うっかりしたひと言によるケンカが増えそうなので、発言には注意

三碧木星×本命卦西四命

三碧木星の年＝2024年・2033年・2042年

南東 （二黒／六殺） 生活習慣病などルーズな生活が原因となる病気に注意。メタボが心配ならこの方位は使わないで	**南** （七赤／五鬼） うっかりしてケガをする可能性大。交通事故などでひどいケガをしないよう、気をつけて行動して	**南西** （九紫／天医） ひらめきやアイデアがあふれる一年。芸術関係の仕事の人がここを使うと、表彰や試験合格の予感
東 （一白／絶命） 出会いがあっても、別れの暗示。試験勉強などにもあまり向かない。この方位はなるべく使わないで	三碧木星 兌《だ》	**西** （五黄／伏位） 人間関係や仕事など、これまで安定していたことが乱されがちに。小さな病気にも注意が必要かも
北東 （六白／延年） 人間関係から地位や名誉がもたらされそう。地位の高い人と出会うチャンスも。金運もまあまあ	**北** （八白／禍害） 劇的な金運アップは望めないが、大出費や収入の激減はないので、それほど心配する必要はない	**北西** （四緑／生気） 出会い運が活発になり、運命の相手にめぐり会えそう。精神的に高めあえる人との出会いも期待大

南東 （二黒／禍害） 通院するほどではないが、ちょっとした病気に悩まされそう。胃腸や皮膚に関する病気にも注意	**南** （七赤／絶命） 大ケガに注意。この方位に玄関があるなら、頭のケガ、ケンカに巻き込まれて受けるケガに注意を	**南西** （九紫／延年） センスの良い人や地位の高い人など、派手な交流が増えそう。地位も上がり、結婚の道が開ける
東 （一白／五鬼） 恋愛運や試験運は悪くないが、異性問題や試験勉強のストレスも多そう。うっかりミスにも注意	三碧木星 乾《けん》	**西** （五黄／生気） 生気の強いプラスパワーと五黄の強いマイナスエネルギーが衝突し、なにかと波乱ぶくみの一年に
北東 （六白／天医） 勉強や研究、アイデアが世間に認められるかも。昇進や賞の受賞で名誉を得られる。金運も良好	**北** （八白／六殺） 収入が増えることもあるが、そのぶん出費も増えてしまいそう。お金に対して、ルーズになりがちに	**北西** （四緑／伏位） 夫婦やカップルの仲が安定し絆が強まる一年。ただ恋人がいない人は、現状維持となる可能性大

南東 （二黒／五鬼） 強いストレスや精神的に大きなダメージを受けて、体調を崩しがち。できれば使用を避けたい方位	**南** （七赤／六殺） ギャンブルにはまったり、異性関係が乱れがちに。恋愛のもつれで大トラブルにみまわれるかも	**南西** （九紫／伏位） 運気は安定。大きな飛躍はないが、親しい友人や親戚の間でささやかなお祝いごとが増える一年
東 （一白／禍害） 出会いがあっても恋愛に発展しなかったり、恋人との仲も進展しにくい。試験勉強も進まなそう	三碧木星 坤《こん》	**西** （五黄／天医） 天医方位でも五黄によって集中力が乱されるので、仕事や勉強をするのにはあまり向かない方位
北東 （六白／生気） 仕事運が活発になり、あわせて金運もアップ。転職や昇進のチャンスに恵まれ、名誉を得ることも	**北** （八白／絶命） 一時的な副収入や臨時収入がありそう。ただし、本業では「お金が絶える」ようなことになるかも	**北西** （四緑／延年） 良い出会いに恵まれ、運命の相手が出現しそう。手紙やブログなどが仲をとりもってくれることも

南東 （二黒／絶命） 大病に注意。最悪、命にかかわるかも。この方位は使わないか、玄関があればしっかり化殺を	**南** （七赤／禍害） ちょっとしたケガが絶えない一年。ただし、通院するほどの大きなケガにはならずにすむので安心して	**南西** （九紫／生気） 祝いごとや昇進、出産など華やかな一年を送れそう。増収はあっても贅沢のしすぎで散財の予感
東 （一白／六殺） 出会いは増えても異性関係がルーズになりがち。浮気には要注意。試験勉強もはかどりにくい	三碧木星 艮《ごん》	**西** （五黄／延年） 人間関係にまつわるトラブルに巻き込まれるかも。肺の病気や虫歯など口腔内の病気にも要注意
北東 （六白／伏位） 仕事や地位などが安定し、平穏無事な生活を送れそう。金運も安定し、あまり変化は見られない	**北** （八白／五鬼） 金運はまずまずでも、うっかり財布を落としたり、出費が微増したりと、ストレスがたまりがち	**北西** （四緑／天医） 小説やブログなど、文章を書くことで脚光を浴びそう。試験運にも良い方位なので勉強部屋向き

背景の色は左上が九星、右下が本命卦・宅卦の吉凶を表したもの（ピンク＝吉／グレー＝凶）

三碧木星×本命卦東四命

三碧木星の年＝2024年・2033年・2042年

南東 （二黒／天医） 疲れや病気もすぐに回復し、軽い負担ですみそう。ただ風邪や気管支炎、肝臓の病気などには注意	**南** （七赤／伏位） 小さなケガは日常茶飯事だが、大きなケガをする危険は少ないので、それほど心配する必要はない	**南西** （九紫／六殺） ギャンブルにはまる、生活が派手になるなど財布のヒモがゆるみっぱなしに。ムダ遣いにも注意
東 （一白／生気） 良くも悪くも異性との出会いが増え、しかも深い関係に発展しやすい予感。既婚者は浮気に注意を	三碧木星 離《り》	**西** （五黄／五鬼） 注意が散漫になってケガをしそう。大きな交通事故の予感も。仕事などでの大ミスにも気をつけて
北東 （六白／禍害） 大きなトラブルにみまわれることはなくても、仕事でなにかとつまずくことが多くなってしまいそう	**北** （八白／延年） 人づきあいがもとでお金を得られそう。接客業やサービス業など、人と接する仕事も増収に期待	**北西** （四緑／絶命） 悲しい別れがあるかも。試験運も低下するので、この方位の使用をやめるか、玄関があれば要化殺

南東 （二黒／生気） 病気の星（二黒）が入り込むが、エネルギーにあふれているので、大病にはいたらずにすみそう	**南** （七赤／延年） 人間関係に小さなヒビが入りやすいので注意。実際のケガもしやすいが、良い医師に出会えそう	**南西** （九紫／絶命） ひと夏の恋や刹那的な享楽に身をゆだねがち。後悔することになりそうなので、くれぐれも注意を
東 （一白／天医） 試験や勉強の成果に期待大。集中力が高まるので、受験や資格取得などコツコツ勉強するのに最適	三碧木星 坎《かん》	**西** （五黄／禍害） 小さなトラブルが絶えない一年に。病院へ行くほどではないが、不調に悩まされ続ける可能性も
北東 （六白／五鬼） 仕事運はそう悪くないが、失言やささいなミスなど、うっかりしたことで地位や評判を落としがち	**北** （八白／伏位） 金運は安定傾向で、良くも悪くもあまり変化がなさそう。ただし、不動産に関する収入は期待できる	**北西** （四緑／六殺） 恋愛ではなにかと目移りしがちなとき。気持ちが浮わついて、試験勉強などにも集中しにくい一年に

南東 （二黒／伏位） 病気の星（二黒）が入り込み、疲れやすくなり軽い体調不良の暗示も。ただ、それほど心配はいらない	**南** （七赤／天医） 治療や手術の暗示があり。ただし、良質の治療を受けられ、手術をしたとしてもすぐに回復できる	**南西** （九紫／五鬼） 火災のトラブルの暗示。鍋のかけっぱなしやタバコの不始末など、火の扱いにはくれぐれも注意
東 （一白／延年） 良い出会いに恵まれ、知的な交際も増加。運命の人や、体の相性が良い人との出会いも期待できる	三碧木星 巽《そん》	**西** （五黄／六殺） 異性問題や賭けごとなどで、大きな借金を抱えるかも。恋愛も遊びも、控えめな生活を心がけて
北東 （六白／絶命） 長年続けていた仕事が認められそう。一方で、勤務先の倒産や、地位が下がるなど苦労の暗示も	**北** （八白／生気） お金の動きが活発になり、金運がもっともアップする方位。ただし、水回りがあるなら化殺して	**北西** （四緑／禍害） 恋人との関係発展は期待薄。試験運などもあまり良くないので、思うような結果が得られないかも

南東 （二黒／延年） 病気の中でも特にインフルエンザやはしかなど、感染症にかかりやすくなるので予防をしっかり心がけて	**南** （七赤／生気） ケガをしやすいが、活力にあふれ回復は早め。ただ、キッチンや水回りがあるならしっかり化殺を	**南西** （九紫／禍害） 気がつかないうちにちょっとした贅沢をしがち。なるべく財布のヒモをしめるよう、常に意識して
東 （一白／伏位） 夫婦仲などイマイチな関係が改善。恋人なら結婚にいたるかも。シングルの人は出会い運の期待薄	三碧木星 震《しん》	**西** （五黄／絶命） 大病で命にかかわるかも。玄関があれば肺や口腔内の病気に注意。この方位は使わないか要化殺
北東 （六白／六殺） 仕事運はまずまず。ただし、異性問題にまつわるスキャンダルで、地位や名誉などが失墜するかも	**北** （八白／天医） アイデアのひらめきや研究・勉強、仕事で成功し増収するかも。仕事部屋にするのに最適な方位	**北西** （四緑／五鬼） 恋愛がらみの悩みが増えがち。試験勉強に集中できないなど、大ストレスを感じることも多そう

四緑木星×本命卦西四命

四緑木星の年＝2023年・2032年・2041年

南東（三碧／六殺）約束をすっぽかしたり、仕事をさぼってしまったり、ルーズな行動が原因でケンカや争いが起きがち	**南**（八白／五鬼）金運はまずまずでも、うっかり財布を落としたり、出費が微増したりと、ストレスがたまりがち	**南西**（一白／天医）試験や勉強の成果に期待大。集中力が高まるので、受験や資格取得などコツコツ勉強するのに最適
東（二黒／絶命）大病の暗示があり、最悪命にかかわるかも。この方位は使わないか、玄関があればしっかり化殺を	四緑木星 兌《だ》	**西**（六白／伏位）仕事や地位などが安定し、平穏無事な生活を送れそう。金運も安定し、あまり変化がなさそうな予感
北東（七赤／延年）人間関係に小さなヒビが入りやすいので注意。実際のケガもしやすいが、良い医師に出会えそう	**北**（九紫／禍害）気がつかないうちにちょっとした贅沢をしがち。なるべく財布のヒモをしめるよう、常に意識して	**北西**（五黄／生気）生気の強いプラスパワーと五黄の強いマイナスエネルギーが衝突し、なにかと波乱ぶくみの一年に

南東（三碧／禍害）家族や身近でささいな衝突や口ゲンカが多くなる。ただし、大きな衝突に発展することはなさそう	**南**（八白／絶命）一時的な副収入や臨時収入がありそう。ただし、本業では「お金が絶える」ようなことになるかも	**南西**（一白／延年）良い出会いに恵まれ、知的な交際も増加。運命の人や体の相性が良い人との出会いも期待できる
東（二黒／五鬼）強いストレスや精神的に大きなダメージを受けて、体調を崩しがち。できれば使用を避けたい方位	四緑木星 乾《けん》	**西**（六白／生気）仕事運が活発になり、あわせて金運もアップ。転職や昇進のチャンスに恵まれ、名誉を得ることも
北東（七赤／天医）治療や手術の暗示あり。ただし、良質の治療を受けられるので、手術をしたとしてもすぐに回復できる	**北**（九紫／六殺）ギャンブルにはまる、生活が派手になるなど財布のヒモがゆるみっぱなしに。ムダ遣いにも注意	**北西**（五黄／伏位）人間関係や仕事など、これまで安定していたことが乱されがちに。小さな病気にも注意が必要かも

南東（三碧／五鬼）気が短くキレがちな一年。うっかりしたひと言によるケンカが増えそうなので、発言には注意	**南**（八白／六殺）収入が増えることもあるが、そのぶん出費も増えてしまいそう。お金に対して、ルーズになりがちに	**南西**（一白／伏位）夫婦仲などイマイチな関係が改善。恋人なら結婚にいたるかも。シングルの人は出会い運の期待薄
東（二黒／禍害）通院するほどではないが、ちょっとした病気に悩まされそう。胃腸や皮膚に関する病気の心配も	四緑木星 坤《こん》	**西**（六白／天医）勉強や研究、アイデアが世間に認められるかも。昇進や賞の受賞で名誉を得られる。金運も良好
北東（七赤／生気）ケガをしやすいが、活力にあふれ回復は早め。ただ、キッチンや水回りがあるならしっかり化殺を	**北**（九紫／絶命）ひと夏の恋や刹那的な享楽に身をゆだねがち。後悔することになりそうなので、くれぐれも注意	**北西**（五黄／延年）人間関係にまつわるトラブルに巻き込まれるかも。また呼吸器や脳に関する病気にも気をつけて

南東（三碧／絶命）訴訟問題に巻き込まれたり、仲の良い友人と絶交したり、取り返しのつかない大騒動が起きる暗示が	**南**（八白／禍害）劇的な金運アップは望めないが、大出費や収入の激減はないので、それほど心配する必要はない	**南西**（一白／生気）良くも悪くも異性との出会いが増え、しかも深い関係に発展しやすい予感が。既婚者は浮気に注意
東（二黒／六殺）生活習慣病などルーズな生活が原因となる病気に注意。メタボが心配ならこの方位は使わないで	四緑木星 艮《ごん》	**西**（六白／延年）人間関係から地位や名誉がもたらされそう。地位の高い人と出会うチャンスも。金運もまあまあ
北東（七赤／伏位）小さなケガは日常茶飯事だが、大きなケガをする危険は少ないので、それほど心配する必要はない	**北**（九紫／五鬼）火災のトラブルの暗示。鍋のかけっぱなしやタバコの不始末など、火の扱いにはくれぐれも注意	**北西**（五黄／天医）天医方位だが五黄によって集中力が乱されるので、仕事や勉強をするのにはあまり向かない方位

背景の色は左上が九星、右下が本命卦・宅卦の吉凶を表したもの（ピンク＝吉／グレー＝凶）

四緑木星×本命卦東四命

四緑木星の年＝2023年・2032年・2041年

南東 （三碧／天医） 集中できさえすれば結果を出せるが、飽きっぽくなる傾向もあり、ほかに目移りしがち。気を引き締めて	**南** （八白／伏位） 金運は安定傾向。その代わり劇的な金運アップもなさそう。ただし、不動産による収入は期待できる	**南西** （一白／六殺） 出会いは増えても異性関係がルーズになりがち。浮気には注意して。試験勉強もはかどらない予感
東 （二黒／生気） 病気の星（二黒）が入り込むが、エネルギーにあふれているので、大病にはいたらずにすみそう	四緑木星 離《り》	**西** （六白／五鬼） 仕事運はそう悪くないが、失言やささいなミスなど、うっかりしたことで地位や評判を落としがち
北東 （七赤／禍害） ちょっとしたケガが絶えない一年。ただし、通院するほどの大きなケガにはならずにすむので安心して	**北** （九紫／延年） センスの良い人や地位の高い人など、派手な交流が増えそう。地位も上がり、結婚の道が開ける	**北西** （五黄／絶命） 大病で命にかかわるかも。玄関があるなら肺や脳の病気などに注意。この方位は避けるか要化殺

南東 （三碧／生気） この方位を長時間使うと、元気がありあまりぎみに。パワフルすぎて、周囲から煙たがられそう	**南** （八白／延年） 人づきあいがもとでお金を得られそう。接客業やサービス業など、人と接する仕事も増収に期待	**南西** （一白／絶命） 出会いがあっても、別れの暗示。試験勉強などにもあまり向かない。この方位はなるべく使わないで
東 （二黒／天医） 疲れや病気もすぐに回復し、小さな負担ですみそう。ただし、肝臓や足の病気には注意が必要な暗示が	四緑木星 坎《かん》	**西** （六白／禍害） 大きなトラブルにみまわれることはなくても、仕事でなにかとつまずくことが多くなってしまいそう
北東 （七赤／五鬼） うっかりしてケガをする可能性大。交通事故などでひどいケガをしないよう、気をつけて行動して	**北** （九紫／伏位） 運気は安定。大きな飛躍はないが、親しい友人や親戚の間でささやかなお祝いごとが増える一年	**北西** （五黄／六殺） 異性問題や賭けごとなどで、大きな借金を抱えるかも。恋愛も遊びも、控えめな生活を心がけて

南東 （三碧／伏位） なにかと口ゲンカが絶えなくなるが、関係にヒビが入るほどの大ゲンカにはならず、決裂はまぬかれそう	**南** （八白／天医） アイデアのひらめきや研究・勉強、仕事で成功し増収するかも。仕事部屋にするのに最適な方位	**南西** （一白／五鬼） 恋愛運や試験運は悪くないが、異性問題や試験勉強のストレスも多そう。うっかりミスにも注意
東 （二黒／延年） 病気の中でも特にインフルエンザやはしかなど、感染症にかかりやすくなるので予防をしっかり	四緑木星 巽《そん》	**西** （六白／六殺） 仕事運はまずまず。ただし、異性問題にまつわるスキャンダルで、地位や名誉などが失墜するかも
北東 （七赤／絶命） 大ケガの暗示。ここに玄関があるなら、特に左脚のケガやケンカに巻き込まれて負うケガに注意を	**北** （九紫／生気） 祝いごとや昇進、出産など華やかな一年を送れそう。増収はあっても贅沢のしすぎで散財の予感	**北西** （五黄／禍害） 小さなトラブルが絶えない一年に。病院へ行くほどではないが、不調に悩まされ続ける可能性も

南東 （三碧／延年） 良くも悪くも、人間関係がにぎやかな年に。新しい友人がたくさんできるが、去っていく人も多い	**南** （八白／生気） お金の動きが活発になり、金運がもっともアップする方位。ただし、水回りがあるなら化殺して	**南西** （一白／禍害） 出会いがあっても恋愛に発展しなかったり、恋人との仲も進展しにくい。試験勉強も進まないとき
東 （二黒／伏位） 病気の星（二黒）が入り込み、疲れやすくなり軽い体調不良の暗示も。ただ、それほど心配はいらない	四緑木星 震《しん》	**西** （六白／絶命） 長年続けていた仕事が認められそう。一方で、勤務先の倒産や地位が下がるなど苦労の暗示もあり
北東 （七赤／六殺） ギャンブルにはまったり、異性関係が乱れがちに。恋愛のもつれで大トラブルにみまわれるかも	**北** （九紫／天医） ひらめきやアイデアがあふれる一年。芸術関係の人がこの方位を使うと、表彰や試験合格の予感	**北西** （五黄／五鬼） 注意が散漫になってケガをしそう。大きな交通事故の予感も。仕事などでの大ミスにも気をつけて

五黄土星×本命卦西四命

五黄土星の年＝2022年・2031年・2040年

南東 （四緑／六殺） 恋愛面では目移りしがちなとき。気持ちが浮わついて、試験勉強などにも集中しにくい一年に	**南** （九紫／五鬼） 火災のトラブルの暗示。鍋のかけっぱなしやタバコの不始末など、火の扱いにはくれぐれも注意	**南西** （二黒／天医） 疲れや病気もすぐに回復し、小さな負担ですみそう。ただし、胃腸に関する病気には気をつけて
東 （三碧／絶命） 訴訟問題に巻き込まれたり、友人と絶交したり、取り返しのつかない大騒動が起きる暗示が	五黄土星 兌《だ》	**西** （七赤／伏位） 小さなケガは日常茶飯事だが、大きなケガをする危険は少ないので、それほど心配する必要はない
北東 （八白／延年） 人づきあいがもとでお金を得られそう。接客業やサービス業など、人と接する仕事も増収に期待	**北** （一白／禍害） 出会いがあっても恋愛に発展しなかったり、恋人との仲も進展しにくい。試験勉強も進まなそう	**北西** （六白／生気） 仕事運が活発になり、あわせて金運もアップ。転職や昇進のチャンスに恵まれ、名誉を得ることも

南東 （四緑／禍害） 恋人との関係が発展しにくそう。試験運もあまり良くないので、思うような結果が得られない	**南** （九紫／絶命） ひと夏の恋や刹那的な享楽に身をゆだねがち。後悔することになりそうなので、くれぐれも注意を	**南西** （二黒／延年） 病気の中でも特にインフルエンザやはしかなど、感染症にかかりやすくなるので予防をしっかり
東 （三碧／五鬼） 気が短くキレがちな一年。うっかりしたひと言によるケンカが増えそうなので、発言には注意して	五黄土星 乾《けん》	**西** （七赤／生気） ケガをしやすいが、活力にあふれ回復は早め。ただ、キッチンや水回りがあるならしっかり化殺を
北東 （八白／天医） アイデアのひらめきや研究・勉強、仕事で成功し増収するかも。仕事部屋にするのに最適な方位	**北** （一白／六殺） 出会いは増えても異性関係がルーズになりがち。浮気には要注意。試験勉強もはかどりにくい	**北西** （六白／伏位） 仕事や地位などが安定し、平穏無事な生活を送れそう。金運も安定し、あまり変化が見られない

南東 （四緑／五鬼） 恋愛がらみの悩みが増えがち。試験勉強に集中できないなど大きなストレスを感じることも多そう	**南** （九紫／六殺） ギャンブルにはまったり、生活が派手になったりして財布のヒモがゆるみっぱなしに。ムダ遣いにも注意	**南西** （二黒／伏位） 病気の星（二黒）が入り込み、疲れやすくなり軽い体調不良も。ただ、それほど心配はいらない
東 （三碧／禍害） 家族や身近でささいな衝突や口ゲンカが多くなる。ただし、大きな衝突に発展することはなさそう	五黄土星 坤《こん》	**西** （七赤／天医） 治療や手術の暗示あり。ただし、良質の治療を受けられるので、手術をしたとしてもすぐに回復できる
北東 （八白／生気） お金の動きが活発になり、金運がもっともアップする方位。ただし、ここに水回りがあるなら要化殺	**北** （一白／絶命） 出会いがあっても、別れの暗示か。試験勉強にもあまり向かない時期。この方位はなるべく使わないで	**北西** （六白／延年） 人間関係から地位や名誉がもたらされそう。地位の高い人と出会うチャンスも。金運もまあまあ

南東 （四緑／絶命） 悲しい別れがあるかも。試験運も低下するので、この方位の使用を止めるか、玄関があれば要化殺	**南** （九紫／禍害） 気がつかないうちにちょっとした贅沢をしがち。なるべく財布のヒモをしめるよう、常に意識して	**南西** （二黒／生気） 病気の星（二黒）が入り込むが、エネルギーにあふれているので、大病にはいたらずにすみそう
東 （三碧／六殺） 約束をすっぽかしたり、仕事をさぼってしまったり、ルーズな行動が原因でケンカや争いが起きがち	五黄土星 艮《ごん》	**西** （七赤／延年） 人間関係に小さなヒビが入りやすいので注意。実際のケガもしやすいが、良い医師に出会えそう
北東 （八白／伏位） 金運は安定傾向。だが劇的に良くなるようなことはなさそう。不動産による収入は期待できる	**北** （一白／五鬼） 恋愛運や試験運は悪くないが、異性問題や試験勉強のストレスも多そう。うっかりミスにも注意	**北西** （六白／天医） 勉強や研究、アイデアが世間に認められるかも。昇進や賞の受賞で名誉を得られる。金運も良好

背景の色は左上が九星、右下が本命卦・宅卦の吉凶を表したもの（ピンク＝吉／グレー＝凶）

五黄土星×本命卦東四命

五黄土星の年＝2022年・2031年・2040年

南東 **（四緑／天医）** 小説やブログなど、文章を書くことで脚光を浴びそう。試験運にも良い方位なので勉強部屋向き	**南** **（九紫／伏位）** 運気は安定。大きな飛躍はないが、親しい友人や親戚の間でささやかなお祝いごとが増える一年	**南西** **（二黒／六殺）** 生活習慣病などルーズな生活が原因となる病気に注意。メタボが心配ならこの方位は使わないで
東 **（三碧／生気）** この方位を長時間使うと、元気がありあまりぎみに。パワフルすぎて、周囲から煙たがられそう	五黄土星 離《り》	**西** **（七赤／五鬼）** うっかりミスでケガをする可能性大。交通事故でひどいケガをしないよう、気をつけて行動して
北東 **（八白／禍害）** 劇的な金運アップは望めないが、大出費や収入の激減はないので、それほど心配する必要はない	**北** **（一白／延年）** 良い出会いに恵まれ、知的な交際も増加。運命の人や体の相性が良い人との出会いも期待できる	**北西** **（六白／絶命）** 長年続けていた仕事が認められそう。一方で、勤務先の倒産や、地位が下がるなど苦労の暗示も

南東 **（四緑／生気）** 出会い運が活発になり、運命の相手にめぐり会えそう。精神的に高めあえる人との出会いも期待大	**南** **（九紫／延年）** センスの良い人や地位の高い人など、派手な交流が増えそう。地位も上がり、結婚の道が開ける	**南西** **（二黒／絶命）** 大病に注意。最悪、命にかかわるかも。この方位は使わないか、玄関があればしっかり化殺を
東 **（三碧／天医）** 集中できさえすれば結果が出せるが、飽きっぽくなる傾向もあり、ほかのことに目移りしやすい一年に	五黄土星 坎《かん》	**西** **（七赤／禍害）** ちょっとしたケガが絶えない一年に。ただし、通院するほどの大きなケガにはならずにすむので安心して
北東 **（八白／五鬼）** 金運はまずまずでも、うっかり財布を落としたり、出費が微増したりと、ストレスがたまりがち	**北** **（一白／伏位）** 夫婦仲などイマイチな関係が改善。恋人なら結婚にいたるかも。シングルの人は出会い運の期待薄	**北西** **（六白／六殺）** 仕事運はまずまず。ただし、異性問題にまつわるスキャンダルで、地位や名誉などが失墜するかも

南東 **（四緑／伏位）** 夫婦やカップルの仲が安定し絆が強まる一年。ただ、恋人がいない人は、現状維持となる可能性	**南** **（九紫／天医）** ひらめきやアイデアがあふれる年。芸術関係の職業の人がここを使うと、表彰や試験合格の予感	**南西** **（二黒／五鬼）** 強いストレスや精神的に大きなダメージを受けて、体調を崩しがち。できれば使用を避けたい方位
東 **（三碧／延年）** 良くも悪くも、人間関係がにぎやかな年に。新しい友人がたくさんできるが、去っていく人も多い	五黄土星 巽《そん》	**西** **（七赤／六殺）** ギャンブルにはまったり、異性関係が乱れがちに。恋愛のもつれで大トラブルにみまわれるかも
北東 **（八白／絶命）** 一時的な副収入や臨時収入がありそう。ただし、本業では「お金が絶える」ようなことになるかも	**北** **（一白／生気）** 良くも悪くも異性との出会いが増え、しかも深い関係に発展しやすい予感もあり。既婚者は浮気に注意	**北西** **（六白／禍害）** 大きなトラブルにみまわれることはなくても、仕事でなにかとつまずくことが多くなってしまいそう

南東 **（四緑／延年）** 良い出会いに恵まれ、運命の相手が出現しそう。手紙やブログなどが仲をとりもってくれることも	**南** **（九紫／生気）** 祝いごとや昇進、出産など華やかな一年を送れそう。増収はあっても贅沢のしすぎで散財の予感	**南西** **（二黒／禍害）** 通院するほどではないものの、ちょっとした病気に悩まされそう。胃腸や皮膚などの病気にも注意
東 **（三碧／伏位）** なにかと口ゲンカが絶えなくなるが、関係にヒビが入るほどの大ゲンカにはならず、決裂はまぬかれそう	五黄土星 震《しん》	**西** **（七赤／絶命）** 大ケガに注意。ここに玄関があると、胸や腹、腰などのケガやケンカに巻き込まれてのケガが心配
北東 **（八白／六殺）** 収入が増えることもあるが、そのぶん出費も増えてしまいそう。お金に対して、ルーズになりやすい	**北** **（一白／天医）** 試験や勉強の成果に期待大。集中力が高まるので、受験や資格取得などコツコツ勉強するのに最適	**北西** **（六白／五鬼）** 仕事運はそう悪くないが、失言やささいなミスなど、うっかりしたことで地位や評判を落としがち

六白金星×本命卦西四命

六白金星の年＝2021年・2030年・2039年

南東 （五黄／六殺） 異性問題や賭けごとなどで、大きな借金を抱えるかも。恋愛も遊びも、控えめな生活を心がけて	**南** （一白／五鬼） 恋愛運や試験運は悪くないが、異性問題や試験勉強のストレスも多そう。うっかりミスにも注意	**南西** （三碧／天医） 集中できさえすれば結果が出せるのに、飽きっぽくなる傾向もあり、ほかのことに目移りしがち
東 （四緑／絶命） 悲しい別れがあるかも。試験運も低下するので、この方位の使用をやめるか、玄関があれば要化殺	六白 金星 兌《だ》	**西** （八白／伏位） 金運は安定傾向。だが劇的に良くなるようなことはなさそう。不動産による収入は期待できる
北東 （九紫／延年） センスの良い人や地位の高い人など、派手な交流が増えそう。地位も上がり、結婚の道が開ける	**北** （二黒／禍害） 通院するほどではないが、ちょっとした病気に悩まされそう。胃腸や皮膚に関する病気にも注意	**北西** （七赤／生気） ケガをしやすいが、活力にあふれ回復は早め。ただ、キッチンや水回りがあるならしっかり化殺を

南東 （五黄／禍害） 小さなトラブルが絶えない一年に。病院へ行くほどではないが、不調に悩まされ続ける可能性も	**南** （一白／絶命） 出会いがあっても、別れの暗示。試験勉強などにもあまり向かない。この方位はなるべく使わないで	**南西** （三碧／延年） 良くも悪くも、人間関係がにぎやかな年に。新しい友人がたくさんできるが、去っていく人も多い
東 （四緑／五鬼） 恋愛がらみの悩みが増えがち。試験勉強に集中できないなど、大ストレスを感じることも多そう	六白 金星 乾《けん》	**西** （八白／生気） お金の動きが活発になり、金運がもっともアップする方位。ただし、水回りがあるなら化殺が必要
北東 （九紫／天医） ひらめきやアイデアがあふれる一年。芸術関係の仕事の人がここを使うと、表彰や試験合格の予感	**北** （二黒／六殺） 生活習慣病などルーズな生活が原因となる病気に注意。メタボが心配ならこの方位は使わないで	**北西** （七赤／伏位） 小さなケガは日常茶飯事だが、大きなケガをする危険は少ないので、それほど心配する必要はない

南東 （五黄／五鬼） 注意が散漫になってケガをしそう。大きな交通事故の予感も。仕事などでの大ミスにも気をつけて	**南** （一白／六殺） 出会いは増えても、異性関係がルーズになりがち。浮気には要注意。試験勉強もはかどりにくい	**南西** （三碧／伏位） 口ゲンカが絶えなくなるが、関係にヒビが入るほどの大ゲンカにはならずにすみ、決裂はまぬかれそう
東 （四緑／禍害） 恋人との関係が発展しにくそう。試験運もあまり良くないので、思うような結果が得られない	六白 金星 坤《こん》	**西** （八白／天医） アイデアのひらめきや研究・勉強、仕事で成功し増収するかも。仕事部屋にするのに最適な方位
北東 （九紫／生気） 祝いごとや昇進、出産など華やかな一年を送れそう。増収はあっても贅沢のしすぎで散財の予感	**北** （二黒／絶命） 大病に注意。最悪、命にかかわるかも。この方位は使わないか、玄関があればしっかり化殺を	**北西** （七赤／延年） 人間関係に小さなヒビが入りやすいので注意。実際のケガもしやすいが、良い医師に出会えそう

南東 （五黄／絶命） 大病で命にかかわるかも。玄関があれば肝臓や呼吸器の病気に注意。この方位は避けるか要化殺	**南** （一白／禍害） 出会いがあっても恋愛に発展しなかったり、恋人との仲も進展しにくい。試験勉強も進まなそう	**南西** （三碧／生気） この方位を長時間使うと、元気がありあまりぎみに。パワフルすぎて、周囲から煙たがられるかも
東 （四緑／六殺） 恋愛ではなにかと目移りしがちなとき。気持ちが浮わついて、試験勉強などにも集中しにくい一年に	六白 金星 艮《ごん》	**西** （八白／延年） 人づきあいがもとでお金を得られそう。接客業やサービス業など、人と接する仕事も増収に期待
北東 （九紫／伏位） 運気は安定。大きな飛躍はないが、親しい友人や親戚の間でささやかなお祝いごとが増える一年	**北** （二黒／五鬼） 強いストレスや精神的に大きなダメージを受けて、体調を崩しがち。できれば使用を避けたい方位	**北西** （七赤／天医） 治療や手術の暗示あり。ただし、良い治療を受けられるので、手術をしたとしてもすぐに回復できる

背景の色は左上が九星、右下が本命卦・宅卦の吉凶を表したもの（ピンク＝吉／グレー＝凶）

六白金星×本命卦東四命

六白金星の年＝2021年・2030年・2039年

南東 **(五黄／天医)** 天医方位だが五黄によって集中力が乱されるので、仕事や勉強をするのにはあまり向かない方位	**南** **(一白／伏位)** 夫婦仲などイマイチな関係が改善。恋人なら結婚にいたるかも。シングルの人は出会い運の期待薄	**南西** **(三碧／六殺)** 約束をすっぽかしたり、仕事をさぼってしまったり、ルーズさが原因でケンカや争いが起きがち
東 **(四緑／生気)** 出会い運が活発になり、運命の相手にめぐり会えそう。精神的に高めあえる人との出会いも期待大	六白金星 離《り》	**西** **(八白／五鬼)** 金運はまずまずでも、うっかり財布を落としたり、出費が微増したりと、ストレスがたまりがち
北東 **(九紫／禍害)** 気がつかないうちにちょっとした贅沢をしがち。なるべく財布のヒモをしめるよう、常に意識して	**北** **(二黒／延年)** 病気の中でも特にインフルエンザやはしかなど、感染症にかかりやすくなるので予防をしっかり	**北西** **(七赤／絶命)** 大ケガに注意。ここに玄関があるなら、特に右脚のケガやケンカに巻き込まれてケガをしやすいので注意を

南東 **(五黄／生気)** 生気の強いプラスパワーと五黄の強いマイナスエネルギーが衝突し、なにかと波乱ぶくみの一年に	**南** **(一白／延年)** 良い出会いに恵まれ、知的な交際も増加。運命の人や、体の相性が良い人との出会いも期待できる	**南西** **(三碧／絶命)** 訴訟問題に巻き込まれたり、仲の良い友人と絶交したり、取り返しのつかない大騒動が起きる暗示が
東 **(四緑／天医)** 小説やブログなど、文章を書くことで脚光を浴びそう。試験運にも良い方位なので勉強部屋向き	六白金星 坎《かん》	**西** **(八白／禍害)** 劇的な金運アップは望めないが、大出費や収入の激減はないので、それほど心配する必要はない
北東 **(九紫／五鬼)** 火災のトラブルの暗示。鍋のかけっぱなしやタバコの不始末など、火の扱いにはくれぐれも注意	**北** **(二黒／伏位)** 病気の星(二黒)が入り込み、疲れやすくなり軽い体調不良の暗示も。ただ、それほど心配はいらない	**北西** **(七赤／六殺)** ギャンブルにはまったり、異性関係が乱れがちに。恋愛のもつれで大トラブルにみまわれるかも

南東 **(五黄／伏位)** 人間関係や仕事など、これまで安定していたことが乱されがちに。小さな病気にも気をつけたいとき	**南** **(一白／天医)** 試験や勉強の成果に期待大。集中力が高まるので、受験や資格取得などコツコツ勉強するのに最適	**南西** **(三碧／五鬼)** 気が短くキレがちな一年。うっかりしたひと言によるケンカが増えそうなので、発言には注意
東 **(四緑／延年)** 良い出会いに恵まれ、運命の相手が出現しそう。手紙やブログなどが仲をとりもってくれることも	六白金星 巽《そん》	**西** **(八白／六殺)** 収入が増えることもあるが、そのぶん出費も増えてしまいそう。お金に対して、ルーズになりがちに
北東 **(九紫／絶命)** ひと夏の恋や刹那的な享楽に身をゆだねがち。後悔することになりそうなので、くれぐれも注意を	**北** **(二黒／生気)** 病気の星(二黒)が入り込むが、エネルギーにあふれているので、大病にはいたらずにすみそう	**北西** **(七赤／禍害)** ちょっとしたケガが絶えない一年。ただし、通院するほどの大きなケガにはならずにすむので安心を

南東 **(五黄／延年)** 人間関係にまつわるトラブルに巻き込まれるかも。肝臓や風邪、呼吸器系の病気にも注意が必要な暗示が	**南** **(一白／生気)** 良くも悪くも異性との出会いが増え、しかも深い関係に発展しやすい。既婚者は浮気に注意すること	**南西** **(三碧／禍害)** 家族や身近でささいな衝突や口ゲンカが多くなる。ただし、大きな衝突に発展することはなさそう
東 **(四緑／伏位)** 夫婦やカップルの仲が安定し絆が強まる年。ただ、恋人がいない人は、現状維持となる可能性大	六白金星 震《しん》	**西** **(八白／絶命)** 一時的な副収入や臨時収入がありそう。ただし、本業では「お金が絶える」ようなことになるかも
北東 **(九紫／六殺)** ギャンブルにはまる、生活が派手になるなど財布のヒモがゆるみっぱなしの予感が。ムダ遣いが心配	**北** **(二黒／天医)** 疲れや病気もすぐに回復し、小さな負担ですみそう。ただし、腎臓や耳、下半身の病気には注意	**北西** **(七赤／五鬼)** うっかりしてケガをする可能性大。交通事故などでひどいケガをしないよう、気をつけて行動して

七赤金星×本命卦西四命

七赤金星の年＝2029年・2038年・2047年

南東 （六白／六殺） 仕事運はまずまず。ただし、異性問題にまつわるスキャンダルで、地位や名誉などが失墜するかも	**南** （二黒／五鬼） 強いストレスや精神的に大きなダメージを受けて、体調を崩しがち。できれば使用を避けたい方位	**南西** （四緑／天医） 小説やブログなど、文章を書くことで脚光を浴びそう。試験運にも良い方位なので勉強部屋向き
東 （五黄／絶命） 大病で命にかかわるかも。玄関があるなら肝臓や足の病気に注意。この方位は使わないか要化殺	七赤 金星 兌《だ》	**西** （九紫／伏位） 運気は安定。大きな飛躍はないが、親しい友人や親戚の間でささやかなお祝いごとが増える一年
北東 （一白／延年） 良い出会いに恵まれ、知的な交際も増加。運命の人や、体の相性が良い人との出会いも期待できる	**北** （三碧／禍害） 家族や身近でささいな衝突や口ゲンカが多くなる。ただし、大きな衝突に発展することはなさそう	**北西** （八白／生気） お金の動きが活発になり、金運がもっともアップする方位。ただし、水回りがあるなら化殺が必要

南東 （六白／禍害） 大きなトラブルにみまわれることはなくても、仕事でなにかとつまずくことが多くなってしまいそう	**南** （二黒／絶命） 大病に注意。最悪、命にかかわるかも。この方位は使わないか、玄関があればしっかり化殺を	**南西** （四緑／延年） 良い出会いに恵まれ、運命の相手が出現しそう。手紙やブログなどが仲をとりもってくれることも
東 （五黄／五鬼） 注意が散漫になってケガをしそう。大きな交通事故の予感も。仕事などでの大ミスにも気をつけて	七赤 金星 乾《けん》	**西** （九紫／生気） 祝いごとや昇進、出産など華やかな一年を送れそう。増収はあっても贅沢のしすぎで散財の予感
北東 （一白／天医） 試験や勉強の成果に期待大。集中力が高まるので、受験や資格取得などコツコツ勉強するのに最適	**北** （三碧／六殺） 約束をすっぽかしたり、仕事をさぼってしまったり、ルーズさが原因でケンカや争いが起きがち	**北西** （八白／伏位） 金運は安定傾向。だが劇的によくなるようなことはなさそう。不動産による収入は期待できる

南東 （六白／五鬼） 仕事運はそう悪くないが、失言やささいなミスなど、うっかりしたことで地位や評判を落としがち	**南** （二黒／六殺） 生活習慣病などルーズな生活が原因となる病気に注意。メタボが心配ならこの方位は使わないで	**南西** （四緑／伏位） 夫婦やカップルの仲が安定し絆が強まる年。ただ、恋人がいない人は、現状維持となる可能性大
東 （五黄／禍害） 小さなトラブルが絶えない一年に。病院へ行くほどではないが、不調に悩まされ続ける可能性も	七赤 金星 坤《こん》	**西** （九紫／天医） ひらめきやアイデアがあふれる一年。芸術関係の人がこの方位を使うと、表彰や試験合格の予感
北東 （一白／生気） 良くも悪くも異性との出会いが増え、しかも深い関係に発展しやすい予感が。既婚者は浮気に注意	**北** （三碧／絶命） 訴訟問題に巻き込まれたり、仲の良い友人と絶交したり、取り返しのつかない大騒動が起きる暗示が	**北西** （八白／延年） 人づきあいがもとでお金を得られそう。接客業やサービス業など、人と接する仕事も増収に期待

南東 （六白／絶命） 長年続けていた仕事が認められそう。一方で、勤務先の倒産や、地位が下がるなど苦労の暗示も	**南** （二黒／禍害） 通院するほどではないものの、ちょっとした病気に悩まされそう。胃腸や皮膚に関する病気にも注意	**南西** （四緑／生気） 出会い運が活発になり、運命の相手にめぐり会えそう。精神的に高めあえる人との出会いも期待大
東 （五黄／六殺） 異性問題や賭けごとなどで、大きな借金を抱えるかも。恋愛も遊びも、控えめな生活を心がけて	七赤 金星 艮《ごん》	**西** （九紫／延年） センスの良い人や地位の高い人など、派手な交流が増えそう。地位も上がり、結婚の道が開ける
北東 （一白／伏位） 夫婦仲などイマイチな関係が改善。恋人なら結婚にいたるかも。シングルの人は出会い運の期待薄	**北** （三碧／五鬼） 気が短くキレがちな一年。うっかりしたひと言によるケンカが増えそうなので、発言には注意	**北西** （八白／天医） アイデアのひらめきや研究・勉強、仕事で成功し増収するかも。仕事部屋にするのに最適な方位

背景の色は左上が九星、右下が本命卦・宅卦の吉凶を表したもの（ピンク＝吉／グレー＝凶）

七赤金星×本命卦東四命

七赤金星の年＝2029年・2038年・2047年

南東 **（六白／天医）** 勉強や研究、アイデアが世間に認められるかも。昇進や賞の受賞で名誉を得られる。金運も良好	**南** **（二黒／伏位）** 病気の星（二黒）が入り込み、疲れやすくなり軽い体調不良の暗示も。ただ、それほど心配はいらない	**南西** **（四緑／六殺）** 恋愛ではなにかと目移りしがちなとき。気持ちが浮わついて、試験勉強などにも集中しにくい一年に
東 **（五黄／生気）** 生気の強いプラスパワーと五黄の強いマイナスエネルギーが衝突し、なにかと波乱ぶくみの一年に	七赤 金星 離《り》	**西** **（九紫／五鬼）** 火災のトラブルの暗示。鍋のかけっぱなしやタバコの不始末など、火の扱いにはくれぐれも注意
北東 **（一白／禍害）** 出会いがあっても恋愛に発展しなかったり、恋人との仲も進展しにくい。試験勉強も進まなそう	**北** **（三碧／延年）** 良くも悪くも、人間関係がにぎやかな年に。新しい友人がたくさんできるが、去っていく人も多い	**北西** **（八白／絶命）** 一時的な副収入や臨時収入がありそう。ただし、本業では「お金が絶える」ようなことになるかも

南東 **（六白／生気）** 仕事運が活発になり、あわせて金運もアップ。転職や昇進のチャンスに恵まれ、名誉を得ることも	**南** **（二黒／延年）** 病気の中でも特にインフルエンザやはしかなど、感染症にかかりやすくなるので予防をしっかり	**南西** **（四緑／絶命）** 悲しい別れがあるかも。試験運も低下するので、この方位の使用をやめるか、玄関があれば要化殺
東 **（五黄／天医）** 天医方位だが五黄によって集中力が乱されるので、仕事や勉強をするのにはあまり向かない方位	七赤 金星 坎《かん》	**西** **（九紫／禍害）** 気がつかないうちにちょっとした贅沢をしがち。なるべく財布のヒモをしめるよう、常に意識して
北東 **（一白／五鬼）** 恋愛運や試験運は悪くないが、異性問題や試験勉強のストレスも多そう。うっかりミスにも注意	**北** **（三碧／伏位）** なにかと口ゲンカが絶えなくなるが、関係にヒビが入るほどの大ゲンカにはならず、決裂はまぬかれそう	**北西** **（八白／六殺）** 収入が増えることもあるが、そのぶん出費も増えてしまいそう。お金に対して、ルーズになりがちに

南東 **（六白／伏位）** 仕事や地位などが安定し、平穏無事な生活を送れそう。金運も安定し、あまり変化が見られない	**南** **（二黒／天医）** 疲れや病気もすぐに回復し、小さな負担ですみそう。ただし頭や目、心臓の病気には気をつけて	**南西** **（四緑／五鬼）** 恋愛がらみの悩みが増えがち。試験勉強に集中できないなど、大ストレスを感じることも多そう
東 **（五黄／延年）** 人間関係にまつわるトラブルに巻き込まれるかも。肝臓や足の病気にもなりやすいので注意が必要	七赤 金星 巽《そん》	**西** **（九紫／六殺）** ギャンブルにはまる、生活が派手になるなど財布のヒモがゆるみっぱなしに。ムダ遣いにも注意
北東 **（一白／絶命）** 出会いがあっても、別れの暗示。試験勉強などにもあまり向かない。この方位はなるべく使わないで	**北** **（三碧／生気）** この方位を長時間使うと、元気がありあまりぎみに。パワフルすぎて、周囲から煙たがられそう	**北西** **（八白／禍害）** 劇的な金運アップは望めないが、大出費や収入の激減はないので、それほど心配する必要はない

南東 **（六白／延年）** 人間関係から地位や名誉がもたらされそう。地位の高い人と出会うチャンスも。金運もまあまあ	**南** **（二黒／生気）** 病気の星（二黒）が入り込むが、エネルギーにあふれているので、大病にはいたらずにすみそう	**南西** **（四緑／禍害）** 恋人との関係が発展しにくそう。試験運もあまり良くないので、思うような結果が得られないかも
東 **（五黄／伏位）** 人間関係や仕事など、これまで安定していたことが乱されがちに。小さな病気にも注意が必要かも	七赤 金星 震《しん》	**西** **（九紫／絶命）** ひと夏の恋や刹那的な享楽に身をゆだねがち。後悔することになりそうなので、くれぐれも注意を
北東 **（一白／六殺）** 出会いは増えても、異性関係がルーズになりがち。浮気には要注意。試験勉強もはかどりにくい	**北** **（三碧／天医）** 集中できさえすれば結果が出せるが、飽きっぽくなる傾向もあるため、ほかのことに目移りしがち	**北西** **（八白／五鬼）** 金運はまずまずでも、うっかり財布を落としたり、出費が微増したりと、ストレスがたまりがち

八白土星×本命卦西四命

八白土星の年＝2028年・2037年・2046年

南東 （七赤／六殺） ギャンブルにはまったり、異性関係が乱れたりしがち。恋愛のもつれで大トラブルにみまわれそう	**南** （三碧／五鬼） 気が短くキレがちな一年。うっかりしたひと言によるケンカが増えそうなので、発言には注意	**南西** （五黄／天医） 天医方位だが五黄によって集中力が乱されるので、仕事や勉強をするのにはあまり向かない方位
東 （六白／絶命） 長年続けていた仕事が認められそう。一方で、勤務先の倒産や、地位が下がるなど苦労の暗示も	八白土星 兌《だ》	**西** （一白／伏位） 夫婦仲などイマイチな関係が改善。恋人なら結婚にいたるかも。シングルの人は出会い運の期待薄
北東 （二黒／延年） 病気の中でも特にインフルエンザやはしかなど、感染症にかかりやすくなるので予防をしっかり	**北** （四緑／禍害） 恋人との関係が発展しにくそう。試験運もあまりよくないので、思うような結果が得られないかも	**北西** （九紫／生気） 祝いごとや昇進、出産など華やかな一年を送れそう。増収はあっても贅沢のしすぎで散財の予感

南東 （七赤／禍害） ちょっとしたケガが絶えない一年に。ただし、通院するほどの大きなケガにはならずにすむので安心を	**南** （三碧／絶命） 訴訟問題に巻き込まれたり、仲の良い友人と絶交したり、取り返しのつかない大騒動が起きる暗示が	**南西** （五黄／延年） 人間関係にまつわるトラブルに巻き込まれるかも。胃腸の病気にもなりやすいので、注意が必要な時期
東 （六白／五鬼） 仕事運はそう悪くないが、失言やささいなミスなど、うっかりしたことで地位や評判を落としがち	八白土星 乾《けん》	**西** （一白／生気） 良くも悪くも異性との出会いが増え、しかも深い関係に発展しやすい。既婚者は浮気に気をつけて
北東 （二黒／天医） 疲れや病気もすぐに回復し、小さな負担ですみそう。ただし、関節炎や鼻、胃腸の病気には注意	**北** （四緑／六殺） 恋愛ではなにかと目移りしがちなとき。気持ちが浮わついて、試験勉強などにも集中しにくい一年に	**北西** （九紫／伏位） 運気は安定。大きな飛躍はないが、親しい友人や親戚の間でささやかなお祝いごとが増える一年

南東 （七赤／五鬼） うっかりしてケガをする可能性大。交通事故などでひどいケガをしないよう、気をつけて行動して	**南** （三碧／六殺） 約束をすっぽかしたり、仕事をさぼってしまったり、ルーズな行動が原因でケンカや争いが起きがち	**南西** （五黄／伏位） 人間関係や仕事など、これまで安定していたことが乱されがちに。小さな病気にも注意が必要かも
東 （六白／禍害） 大きなトラブルにみまわれることはなくても、仕事でなにかとつまずくことが多くなってしまいそう	八白土星 坤《こん》	**西** （一白／天医） 試験や勉強の成果に期待大。集中力が高まるので、受験や資格取得などコツコツ勉強するのに最適
北東 （二黒／生気） 病気の星（二黒）が入り込むが、エネルギーにあふれているので、大病にはいたらずにすみそう	**北** （四緑／絶命） 悲しい別れがあるかも。試験運も低下するので、この方位の使用を止めるか、玄関があれば要化粧	**北西** （九紫／延年） センスの良い人や地位の高い人など、派手な交流が増えそう。地位も上がり、結婚の道が開ける

南東 （七赤／絶命） 大ケガに注意。ここに玄関があると、特に左腕のケガやケンカに巻き込まれてのケガをするので注意して	**南** （三碧／禍害） 家族や身近でささいな衝突や口ゲンカが多くなる。ただし、大きな衝突に発展することはなさそう	**南西** （五黄／生気） 生気の強いプラスパワーと五黄の強いマイナスエネルギーが衝突し、なにかと波乱ぶくみの一年に
東 （六白／六殺） 仕事運はまずまず。ただし、異性問題にまつわるスキャンダルで、地位や名誉などが失墜するかも	八白土星 艮《ごん》	**西** （一白／延年） 良い出会いに恵まれ、知的な交際も増加。運命の人や体の相性が良い人との出会いも期待できる
北東 （二黒／伏位） 病気の星（二黒）が入り込み、疲れやすくなり軽い体調不良の暗示も。ただ、それほど心配はいらない	**北** （四緑／五鬼） 恋愛がらみの悩みが増えがち。試験勉強に集中できないなど、大ストレスを感じることも多そう	**北西** （九紫／天医） ひらめきやアイデアがあふれる一年。芸術関係の仕事の人がここを使うと、表彰や試験合格の予感

背景の色は左上が九星、右下が本命卦・宅卦の吉凶を表したもの（ピンク＝吉／グレー＝凶）

八白土星×本命卦東四命

八白土星の年＝2028年・2037年・2046年

南東 （七赤／天医） 治療や手術の暗示あり。ただし、良質の治療を受けられるので、手術をしたとしてもすぐに回復できる	**南** （三碧／伏位） なにかと口ゲンカが絶えなくなるが、関係にヒビが入るほどの大ゲンカにはならず、決裂はまぬかれそう	**南西** （五黄／六殺） 異性問題や賭けごとなどで、大きな借金を抱えるかも。恋愛も遊びも、控えめな生活を心がけて
東 （六白／生気） 仕事運が活発になり、あわせて金運もアップ。転職や昇進のチャンスに恵まれ、名誉を得ることも	八白 土星 離《り》	**西** （一白／五鬼） 恋愛運や試験運は悪くないが、異性問題や試験勉強のストレスも多そう。うっかりミスにも注意
北東 （二黒／禍害） 通院するほどではないが、ちょっとした病気に悩まされそう。胃腸や皮膚に関する病気にも注意	**北** （四緑／延年） 良い出会いに恵まれ、運命の相手が出現しそう。手紙やブログなどが仲をとりもってくれることも	**北西** （九紫／絶命） ひと夏の恋や刹那的な享楽に身をゆだねがち。後悔することになりそうなので、くれぐれも用心を

南東 （七赤／生気） ケガをしやすいが、活力にあふれ回復は早め。ただ、キッチンや水回りがあるならしっかり化殺を	**南** （三碧／延年） 良くも悪くも、人間関係がにぎやかな年に。新しい友人がたくさんできるが、去っていく人も多い	**南西** （五黄／絶命） 大病で命にかかわるかも。玄関があるなら胃腸に関する病気に注意。この方位は使わないか要化殺
東 （六白／天医） 勉強や研究、アイデアが世間に認められるかも。昇進や賞の受賞で名誉を得られる。金運も良好	八白 土星 坎《かん》	**西** （一白／禍害） 出会いがあっても恋愛に発展しなかったり、恋人との仲も進展しにくい。試験勉強も進まなそう
北東 （二黒／五鬼） 強いストレスや精神的に大きなダメージを受けて、体調を崩しがち。できれば使用を避けたい方位	**北** （四緑／伏位） 夫婦やカップルの仲が安定し絆が強まる年。ただ、恋人がいない人は、現状維持となる可能性大	**北西** （九紫／六殺） ギャンブルにはまる、生活が派手になるなど財布のヒモがゆるみっぱなしに。ムダ遣いにも注意

南東 （七赤／伏位） 小さなケガは日常茶飯事だが、大きなケガの危険は少ないので、それほど心配する必要はなさそう	**南** （三碧／天医） 集中できさえすれば結果が出せるときなのに、飽きっぽくなる傾向もあり、ほかのことに目移りしがち	**南西** （五黄／五鬼） 注意が散漫になってケガをしそう。大きな交通事故の予感も。仕事などでの大ミスにも要注意
東 （六白／延年） 人間関係から地位や名誉がもたらされそう。地位の高い人と出会うチャンスも。金運もまあまあ	八白 土星 巽《そん》	**西** （一白／六殺） 出会いは増えても、異性関係がルーズになりがち。浮気には要注意。試験勉強もはかどりにくい
北東 （二黒／絶命） 大病に注意。最悪、命にかかわるかも。この方位は使わないか、玄関があればしっかり化殺を	**北** （四緑／生気） 出会い運が活発になり、運命の相手にめぐり会えそう。精神的に高めあえる人との出会いも期待大	**北西** （九紫／禍害） 気がつかないうちにちょっとした贅沢をしがち。なるべく財布のヒモをしめるよう、常に意識して

南東 （七赤／延年） 人間関係に小さなヒビが入りやすいので注意。実際のケガもしやすいが、良い医師に出会えそう	**南** （三碧／生気） この方位を長時間使うと、元気がありあまりぎみに。パワフルすぎて、周囲から煙たがられそう	**南西** （五黄／禍害） 小さなトラブルが絶えない一年に。病院へ行くほどではないが、不調に悩まされ続ける可能性も
東 （六白／伏位） 仕事や地位などが安定し、平穏無事な生活を送れそう。金運も安定し、あまり変化が見られない	八白 土星 震《しん》	**西** （一白／絶命） 出会いがあっても、別れの暗示。試験勉強などにもあまり向かない。この方位はなるべく使わないで
北東 （二黒／六殺） 生活習慣病などルーズな生活が原因となる病気に注意。メタボが心配ならこの方位は使わないで	**北** （四緑／天医） 小説やブログなど、文章を書くことで脚光を浴びそう。試験運にも良い方位なので勉強部屋向き	**北西** （九紫／五鬼） 火災のトラブルの暗示。鍋のかけっぱなしやタバコの不始末など、火の扱いにはくれぐれも注意

九紫火星×本命卦西四命

九紫火星の年＝2027年・2036年・2045年

南東 （八白／六殺） 収入が増えることもあるが、そのぶん出費も増えてしまいそう。お金に対して、ルーズになりがちに	**南** （四緑／五鬼） 恋愛がらみの悩みが増えがち。試験勉強に集中できないなど、大ストレスを感じることも多そう	**南西** （六白／天医） 勉強や研究、アイデアが世間に認められるかも。昇進や賞の受賞で名誉を得られる。金運も良好
東 （七赤／絶命） 大ケガに注意。ここに玄関があると、特に胸や腹、腰のケガや、ケンカに巻き込まれてのケガに注意を	九紫火星 兌《だ》	**西** （二黒／伏位） 病気の星（二黒）が入り込み、疲れやすくなり軽い体調不良の暗示も。ただ、それほど心配はいらない
北東 （三碧／延年） 良くも悪くも、人間関係がにぎやかな年に。新しい友人がたくさんできるが、去っていく人も多い	**北** （五黄／禍害） 小さなトラブルが絶えない一年に。病院へ行くほどではないが、不調に悩まされ続ける可能性も	**北西** （一白／生気） 良くも悪くも異性との出会いが増え、しかも深い関係に発展しやすい予感が。既婚者は浮気に注意

南東 （八白／禍害） 劇的な金運アップは望めないが、大出費や収入の激減はないので、それほど心配する必要はない	**南** （四緑／絶命） 悲しい別れがあるかも。試験運も低下するので、この方位の使用をやめるか、玄関があれば要化殺	**南西** （六白／延年） 人間関係から地位や名誉がもたらされそう。地位の高い人と出会うチャンスも。金運もまあまあ
東 （七赤／五鬼） うっかりしてケガをする可能性大。交通事故などでひどいケガをしないよう、気をつけて行動して	九紫火星 乾《けん》	**西** （二黒／生気） 病気の星（二黒）が入り込むが、エネルギーにあふれているので、大病にはいたらずにすみそう
北東 （三碧／天医） 集中できさえすれば結果が出せるときなのに、飽きっぽくなる傾向もあり、ほかのことに目移りしがち	**北** （五黄／六殺） 異性問題や賭けごとなどで、大きな借金を抱えるかも。恋愛も遊びも、控えめな生活を心がけて	**北西** （一白／伏位） 夫婦仲などイマイチな関係が改善。恋人なら結婚にいたるかも。シングルの人は出会い運の期待薄

南東 （八白／五鬼） 金運はまずまずでも、うっかり財布を落としたり、出費が微増したりと、ストレスがたまりがち	**南** （四緑／六殺） 恋愛ではなにかと目移りしがちなとき。気持ちが浮わついて、試験勉強などにも集中しにくい一年に	**南西** （六白／伏位） 仕事や地位などが安定し、平穏無事な生活を送れそう。金運も安定し、あまり変化が見られない
東 （七赤／禍害） ちょっとしたケガが絶えない一年。ただし、通院するほどの大きなケガにはならずにすむので安心して	九紫火星 坤《こん》	**西** （二黒／天医） 疲れや病気もすぐに回復し、小さな負担ですみそう。ただし、肺の病気や口腔内の病気には注意
北東 （三碧／生気） この方位を長時間使うと、元気がありあまりぎみに。パワフルすぎて、周囲から煙たがられそう	**北** （五黄／絶命） 大病で命にかかわるかも。玄関があるなら腎臓や下半身の病気に注意。この方位は避けるか要化殺	**北西** （一白／延年） 良い出会いに恵まれ、知的な交際も増加。運命の人や体の相性が良い人との出会いも期待できる

南東 （八白／絶命） 一時的な副収入や臨時収入がありそう。ただし、本業のほうで「お金が絶える」ような可能性もあり	**南** （四緑／禍害） 恋人との関係が発展しにくそう。試験運もあまり良くないので、思うような結果が得られないかも	**南西** （六白／生気） 仕事運が活発になり、あわせて金運もアップ。転職や昇進のチャンスに恵まれ、名誉を得る予感
東 （七赤／六殺） ギャンブルにはまったり、異性関係が乱れたりしがち。恋愛のもつれによる大トラブルにも要注意	九紫火星 艮《ごん》	**西** （二黒／延年） 病気の中でも特にインフルエンザやはしかなど、感染症にかかりやすくなるので予防をしっかり
北東 （三碧／伏位） なにかと口ゲンカが絶えなくなるが、関係にヒビが入るほどの大ゲンカにはならず、決裂はまぬかれそう	**北** （五黄／五鬼） 注意が散漫になってケガをしそう。大きな交通事故の予感も。仕事などでの大ミスにも気をつけて	**北西** （一白／天医） 試験や勉強の成果に期待大。集中力が高まるので、受験や資格取得などコツコツ勉強するのに最適

背景の色は左上が九星、右下が本命卦・宅卦の吉凶を表したもの（ピンク＝吉／グレー＝凶）

九紫火星×本命卦東四命

九紫火星の年＝2027年・2036年・2045年

南東 (八白／天医) アイデアのひらめきや研究・勉強、仕事で成功し増収するかも。仕事部屋にするのに最適な方位	**南** (四緑／伏位) 夫婦やカップルの仲が安定し絆が強まる年。ただ、恋人がいない人は、現状維持となる可能性大	**南西** (六白／六殺) 仕事運はまずまず。ただし、異性問題にまつわるスキャンダルで、地位や名誉などが失墜するかも
東 (七赤／生気) ケガをしやすいが、活力にあふれ回復は早め。ただ、キッチンや水回りがあるならしっかり化殺を	九紫火星 離《り》	**西** (二黒／五鬼) 強いストレスや精神的に大きなダメージを受けて、体調を崩しがち。できれば使用を避けたい方位
北東 (三碧／禍害) 家族や身近でささいな衝突や口ゲンカが多くなる。ただし、大きな衝突に発展することはなさそう	**北** (五黄／延年) 人間関係にまつわるトラブルに巻き込まれるかも。腎臓や下半身の病気にもなりやすいので注意	**北西** (一白／絶命) 出会いがあっても、別れの暗示。試験勉強などにもあまり向かない。この方位はなるべく使わないで

南東 (八白／生気) お金の動きが活発になり、金運がもっともアップする方位。ただし、水回りがあるなら化殺が必要	**南** (四緑／延年) 良い出会いに恵まれ、運命の相手が出現しそう。手紙やブログなどが仲をとりもってくれることも	**南西** (六白／絶命) 長年続けていた仕事が認められそう。一方で、勤務先の倒産や、地位が下がるなど苦労の暗示
東 (七赤／天医) 治療や手術の暗示あり。ただし、良質の治療を受けられるので、手術をしたとしてもすぐに回復できる	九紫火星 坎《かん》	**西** (二黒／禍害) 通院するほどではないが、ちょっとした病気に悩まされそう。胃腸や皮膚に関する病気にも注意
北東 (三碧／五鬼) 気が短くキレがちな一年。うっかりしたひと言によるケンカが増えそうなので、発言には注意	**北** (五黄／伏位) 人間関係や仕事など、これまで安定していたことが乱されがちに。小さな病気にも気を抜かないで	**北西** (一白／六殺) 出会いは増えても、異性関係がルーズになりがち。浮気には要注意。試験勉強もはかどりにくい

南東 (八白／伏位) 金運は安定傾向。だが劇的に良くなるようなことはなさそう。不動産による収入は期待できる	**南** (四緑／天医) 小説やブログなど、文章を書くことで脚光を浴びそう。試験運にも良い方位なので勉強部屋向き	**南西** (六白／五鬼) 仕事運はそう悪くないが、失言やささいなミスなど、うっかりしたことで地位や評判を落としがち
東 (七赤／延年) 人間関係に小さなヒビが入りやすいので注意。実際のケガもしやすいが、良い医師に出会えそう	九紫火星 巽《そん》	**西** (二黒／六殺) 生活習慣病などルーズな生活が原因となる病気に注意。メタボが心配ならこの方位は使わないで
北東 (三碧／絶命) 訴訟問題に巻き込まれたり、仲の良い友人と絶交したり、取り返しのつかない大騒動が起きる暗示が	**北** (五黄／生気) 生気の強いプラスパワーと五黄の強いマイナスエネルギーが衝突し、なにかと波乱ぶくみの一年に	**北西** (一白／禍害) 出会いがあっても恋愛に発展しなかったり、恋人との仲も進展しにくい。試験勉強も進まなそう

南東 (八白／延年) 人づきあいがもとでお金を得られそう。接客業やサービス業など、人と接する仕事も増収に期待	**南** (四緑／生気) 出会い運が活発になり、運命の相手にめぐり会えそう。精神的に高めあえる人との出会いの予感も	**南西** (六白／禍害) 大きなトラブルにみまわれることはなくても、仕事でなにかとつまずくことが多くなってしまいそう
東 (七赤／伏位) 小さなケガは日常茶飯事だが、大きなケガの危険は少ないので、それほど心配する必要はなさそう	九紫火星 震《しん》	**西** (二黒／絶命) 大病に注意。最悪、命にかかわるかも。この方位は使わないか、玄関があればしっかり化殺を
北東 (三碧／六殺) 約束をすっぽかしたり、仕事をさぼってしまったり、ルーズな行動が原因でケンカや争いが起きがち	**北** (五黄／天医) 天医方位だが五黄によって集中力が乱されるので、仕事や勉強をするのにはあまり向かない方位	**北西** (一白／五鬼) 恋愛運や試験運は悪くないが、異性問題や試験勉強のストレスも多そう。うっかりミスにも注意

黄《こう》黒《こく》道《どう》十二神法で診断！

今日の時間の吉凶がわかる

1日の吉時間と凶時間を知り タイミングをみて行動して

中国では、引っ越しなど大切なことを行うとき、択日《じつ》師という人に、良い日にちと良い時間を選んでもらいます。

このとき使われるのが、「黄《こう》黒《こく》道《どう》十二神法」という、時間の吉凶を判断する方法です。吉とされる時間に物事をスタートすると、うまくいくとされています。

引っ越しであれば、吉時間に引っ越し先の家や部屋に入るようにします。

この方法では、その日の十二支から吉時間を割り出します。日の十二支は、12日間で一巡しており、暦やインターネットなどでも調べられますが、計算でも出すことができますので、その方法を紹介しましょう。

A 年数表

2021年	9
2022年	2
2023年	7
2024年	0
2025年	6
2026年	11
2027年	4
2028年	9
2029年	3
2030年	8

B 月数表

月	平年	閏年
1月	0	0
2月	7	7
3月	11	0
4月	6	7
5月	0	1
6月	7	8
7月	1	2
8月	8	9
9月	3	4
10月	9	10
11月	4	5
12月	10	11

C 干支表

1	子(ね)
2	丑(うし)
3	寅(とら)
4	卯(う)
5	辰(たつ)
6	巳(み)
7	午(うま)
8	未(ひつじ)
9	申(さる)
10	酉(とり)
11	戌(いぬ)
12	亥(い)

診断方法

例／2025年7月15日の場合

①「A年数表」から、吉凶を知りたい年の欄を見る。
例の場合、表から2025年の年数は「6」であることがわかります。

② 次に、吉凶を知りたい月の「月数」を「B月数表」で調べます。
例の場合、閏（うるう）年ではなく平年なので、7月の月数は「1」になります。

③ 吉凶を知りたい日は、そのまま「日数」となります。
例の場合、15日は「15」となります。

④ ①〜③で求めた数字をすべて足します。
例の場合、「6＋1＋15＝22」です。

⑤ ④で求めた数字が、なんの十二支にあたるか「C十二支表」で調べます。合計数が12より小さい場合は、そのまま「C十二支表」を見てください。もし、12以上なら12で割り、あまった数で「C十二支表」を見ます。
例の場合、「22」で12以上なので、22÷12＝1あまり10。「C十二支表」では「酉」になります。

⑥ 吉凶時間を調べるには、「D吉凶時間表」から⑤で調べた十二支の欄を見ます。
例の場合、酉の日の吉時間は、1時〜2時59分、3時〜4時59分などであることがわかります。

D 吉凶時間表

時間　　十二支	子	丑	寅	卯	辰	巳	午	未	申	酉	戌	亥
前日23時〜0時59分※	吉	凶	吉	凶	凶	吉	吉	凶	吉	凶	凶	吉
1時〜2時59分	吉	凶	吉	吉	吉	凶	吉	凶	吉	吉	吉	凶
3時〜4時59分	凶	吉	凶	吉	吉	吉	凶	吉	凶	吉	吉	吉
5時〜6時59分	吉	吉	凶	凶	凶	凶	吉	吉	凶	凶	凶	凶
7時〜8時59分	凶	凶	吉	吉	凶	吉	凶	凶	吉	吉	凶	吉
9時〜10時59分	吉	吉	吉	凶	吉	吉	吉	吉	吉	凶	吉	吉
11時〜12時59分	吉	凶	凶	吉	吉	凶	吉	凶	凶	吉	吉	凶
13時〜14時59分	凶	吉	吉	吉	凶	吉	凶	吉	吉	吉	凶	吉
15時〜16時59分	吉	吉	凶	凶	吉	吉	吉	吉	凶	凶	吉	吉
17時〜18時59分	吉	凶	吉	吉	凶	凶	吉	凶	吉	吉	凶	凶
19時〜20時59分	凶	吉	吉	吉	吉	凶	凶	吉	吉	吉	吉	凶
21時〜22時59分	凶	吉	凶	凶	吉	吉	凶	吉	凶	凶	吉	吉

※十二支における1日の区切りは23時のため、表内の「23時〜0時59分」は、「前日23時〜0時59分」になります。例で求めた「15日」は「酉」の日になりますが、表内の「23時〜0時59分」は、「14日23時〜15日0時59分」にあたります。「15日」の夜23時〜の吉凶を知りたいときは、「酉」の次の十二支「戌」の欄の「23時〜0時59分」を見ます。

その日の大凶時間

五不遇時《ごふぐうじ》で診断！

新しく始めると事故や失敗の危険が！

大切なイベントのある日はこの時間の外出は避けて

「黄黒道十二神法」とは別に、物事を始めるのには避けたほうが良い大凶の時間帯に、「五不遇時」があります。

この五不遇時に新しい行動を起こしたり、特別なことを始めたりすると、なぜかトラブルを含むことが多いとされます。例えば、旅行に出かける時間が五不遇時に重なると、道に迷ったり、忘れ物をしたりするので、黄黒道十二神法で吉時でも外出は控えたほうが無難です。

普通に日常生活を送っているぶんには、ほとんど問題ないのですが、新しくスタートすることや、大きなイベントごとがあるときには、その時間に家を出るのは避けてください。毎日の通勤なら気

診断方法

①「表1 十干月数表」から、旅行やイベントなどに利用する月数を出します。
② ①で求めた数字に、当日の日付を加えます。
③「表2 十干・五不遇時対応表」で②で求めた数字の一の位を探します。該当する時間が、五不遇時です。ちなみに、カレンダーなどでその日の十干がわかっている場合は、この表から直接、五不遇時を求められます。

例／2030年7月19日

①「表1 十干月数表」を見ると、2030年7月は「3」になります。
②「3」に日付の「19」を加えます。結果「22」になります。この一の位の数字を使います。
③「表2 十干・五不遇時対応表」の「22」の一の位の数字「2」の欄を見ると、9時～10時59分が五不遇時だとわかります。

表1 十干月数表

	1月	2月	3月	4月	5月	6月	7月	8月	9月	10月	11月	12月
2021年	5	6	4	5	5	6	6	7	8	8	9	9
2022年	0	1	9	0	0	1	1	2	3	3	4	4
2023年	5	6	4	5	5	6	6	7	8	8	9	9
2024年	0	1	0	1	1	2	2	3	4	4	5	5
2025年	6	7	5	6	6	7	7	8	9	9	0	0
2026年	1	2	0	1	1	2	2	3	4	4	5	5
2027年	6	7	5	6	6	7	7	8	9	9	0	0
2028年	1	2	1	2	2	3	3	4	5	5	6	6
2029年	7	8	6	7	7	8	8	9	0	0	1	1
2030年	2	3	1	2	2	3	3	4	5	5	6	6

にする必要はありませんが、出張や重要なプレゼンなど、いつもと違った出来事があると、新しい行動やイベントとみなされるので注意が必要になります。

五不遇時になる前に出かけてしまえば、その最中は特に心配ありません。

ただし、旅行などでは、家を出る時間を注意するだけでなく、飛行機や新幹線などの「出発時間」も、ここから再スタートと考えるので、五不遇時と重ならないようにする必要があります。

五不遇時は、計算式で簡単に割り出すことができます。旅行はもちろん、初めてのデートやお見合い、引っ越しや車の納車、大きな商談など、大切なイベントを控えているなら、その日の五不遇時を調べて、その時間に家を出るのは避けてください。また、大切な人への連絡やメールも、五不遇時からずらすことをおすすめします。

表２十干・五不遇時対応表

1の日	（甲・きのえ）	11時〜12時59分
2の日	（乙・きのと）	9時〜10時59分
3の日	（丙・ひのえ）	7時〜8時59分
4の日	（丁・ひのと）	5時〜6時59分
5の日	（戊・つちのえ）	3時〜4時59分
6の日	（己・つちのと）	1時〜2時59分／21時〜22時59分
7の日	（庚・かのえ）	前日23時〜0時59分／19時〜20時59分
8の日	（辛・かのと）	17時〜18時59分
9の日	（壬・みずのえ）	15時〜16時59分
0の日	（癸・みずのと）	13時〜14時59分

十二支と十干《じっかん》とは？

子丑寅…で始まる十二支を「えと」と呼んだりしますが、干支とは本来、十干と十二支を組み合わせた六十干支《ろくじっかんし》をさします。「甲乙丙丁戊己庚辛壬癸」で表される十干は、もともと日付の単位で、ひとめぐりを「旬《じゅん》」と呼び、上旬・中旬・下旬の3回でひと月となります。対する十二支は日付のほか、時刻や月を表すときに用いられました。六十干支は「甲子《きのえね》、乙丑《きのとうし》…」などと表記し、60日（年）でもとの甲子に戻ります。数え年61歳で還暦になるのは、一周してもとの干支に戻るからなのです。

風水との上手なつきあい方

特定の流派にこだわらないのが本場の風水！

本書では、一つの流派にこだわらず、複数の流派の判断法を用いて総合的に判断しました。実際、風水の本場である台湾や香港では、数種類の流派を組み合わせることで、より効果が上がる方法を研究、実践しています。「八宅風水」だけでも難しいのに、と感じる方もいるでしょう。けれど、いろんな角度から土地や建物を見ることで、一方では悪い結果でも他方では良いなど、より実践の場が広がることも多いのです。

最後に、私が講師を務める黒門アカデミーでは「奇門風水学院」という、初心者の方からプロを目指す方までを対象とした占術教室があります。本書で風水に興味を持たれた方、ほかの技法も学んでみたい方など、ぜひご参加ください。

黒門

黒門（こくもん）

1958年生まれ。東洋占術家。中国・国際劉氏奇門遁甲発展応用中心研究員。10代の頃、中国占術と出合い、以来、奇門遁甲と風水を中心に四柱推命や紫微斗数《しびとすう》、六壬神課《りくじんしんか》など、さまざまな中国占術を特定の流派に属さず独自の立場で研究。韓国・チベット・東南アジアなどの中国周辺に伝わる占術の研究のほか、これらの占術と中国占術との歴史的関係も研究対象としている。真の鑑定士の養成と技法の正しい伝達を目的とした「奇門風水学院」の講師を務め、著書に『運を引き寄せる黒門流風水』（日本文芸社）、『チベット占星術序説』（東洋書院）などがあるほか、ラジオ、TV、雑誌など各メディアにも多数出演。

お問い合わせ先

公式サイト「黒門アカデミー」https://kokumon.com/

メールアドレス　info@kokumon.com

編集・執筆協力	石川 夏子（株式会社グレイル） 秋月 美和
本文デザイン	八木 孝枝
DTP	株式会社グレイル
本文イラスト	カモ
校正	株式会社 聚珍社

※本書は当社既刊の『間取りとインテリアで幸せを呼び込む　風水・家相』に新たな情報を加え、リニューアルしたものです。

改訂版

間取りとインテリアで幸せを呼び込む

風水・家相

監修者　黒門

発行者　池田士文

印刷所　有限会社精文社

製本所　株式会社新寿堂

発行所　株式会社池田書店

〒162-0851　東京都新宿区弁天町43番地

電話 03-3267-6821（代）／振替 00120-9-60072

落丁・乱丁はおとりかえいたします。

ISBN978-4-262-15548-7

24014010

巻末付録の使い方

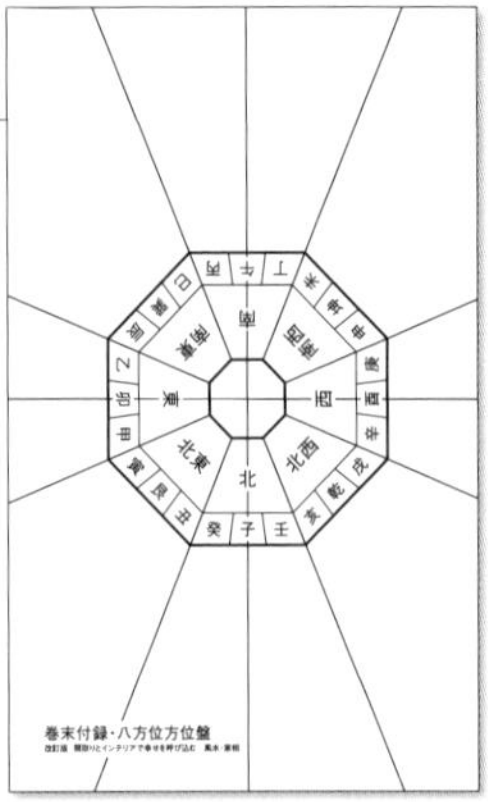

付録の八方位方位盤はキリトリ線に沿って切り取り、家や部屋の中心を基準にした、八方位の境界を求めるときに使います。分度器などがなくても、方位を８つに正確に分けられるので便利です。なお、家や部屋の中心の求め方はP.22を参照してください。

1 図面上に家（部屋）の中心（太極・小太極）を書き込んだら、方位磁石などで北を正確に求めて、南北の線を図面に記します。

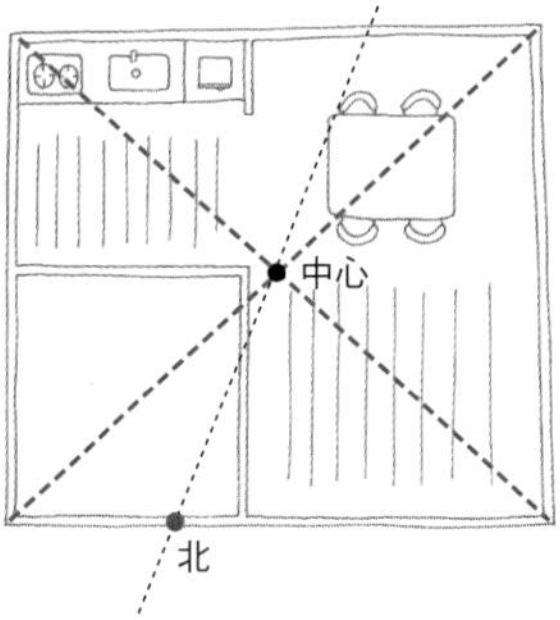

2 次に、切り取った付録の方位盤の中心と北を、図面の中心と北に重ねます。

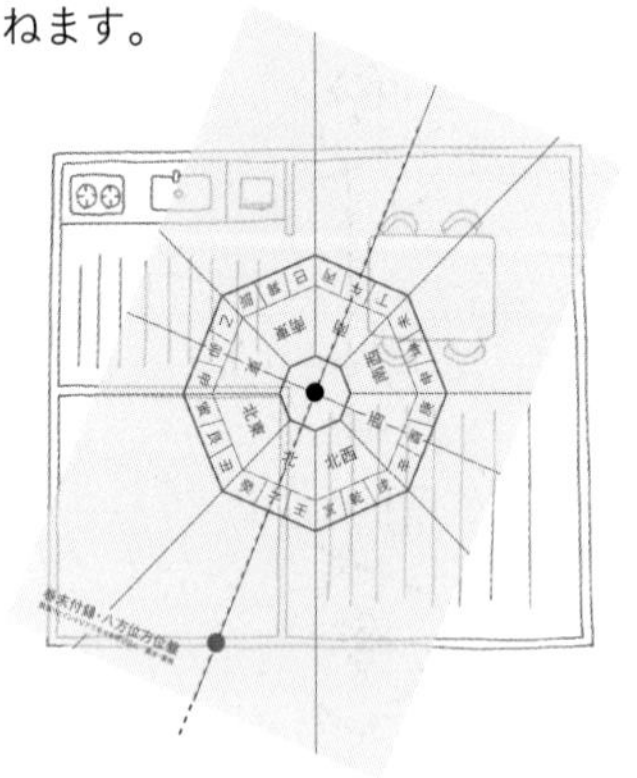

3 付録の方位盤の外周にある８つの方位の境界を、図面上に書き込みます。点などの目印程度でOKです。

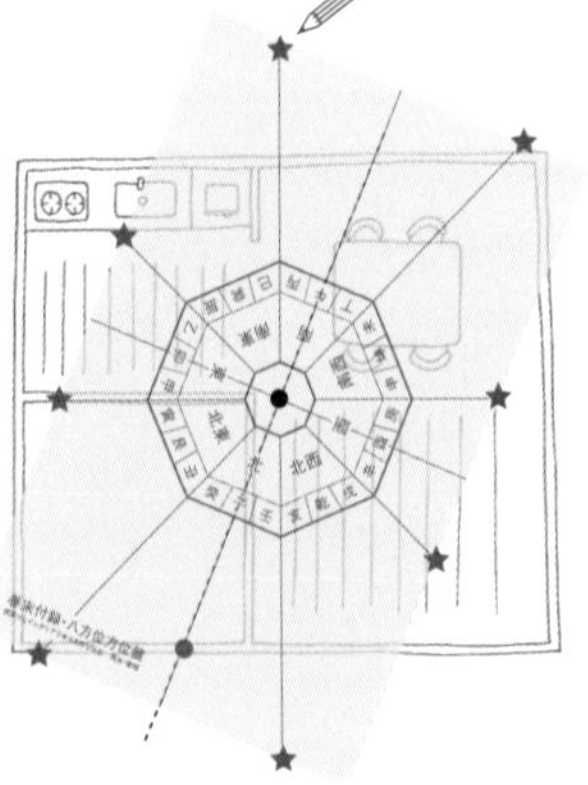

4 図面上の方位の境界の目印と、家（部屋）の中心を線で結びます。これが八方位になります。

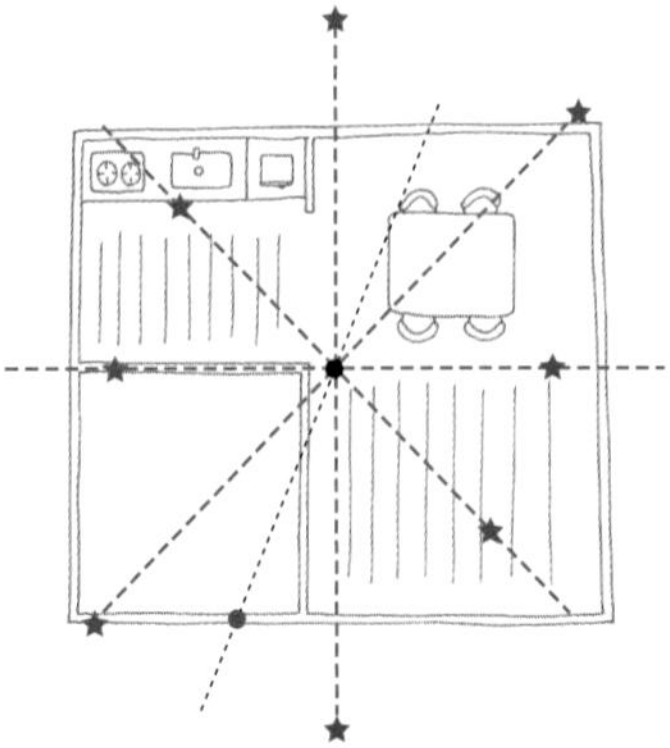

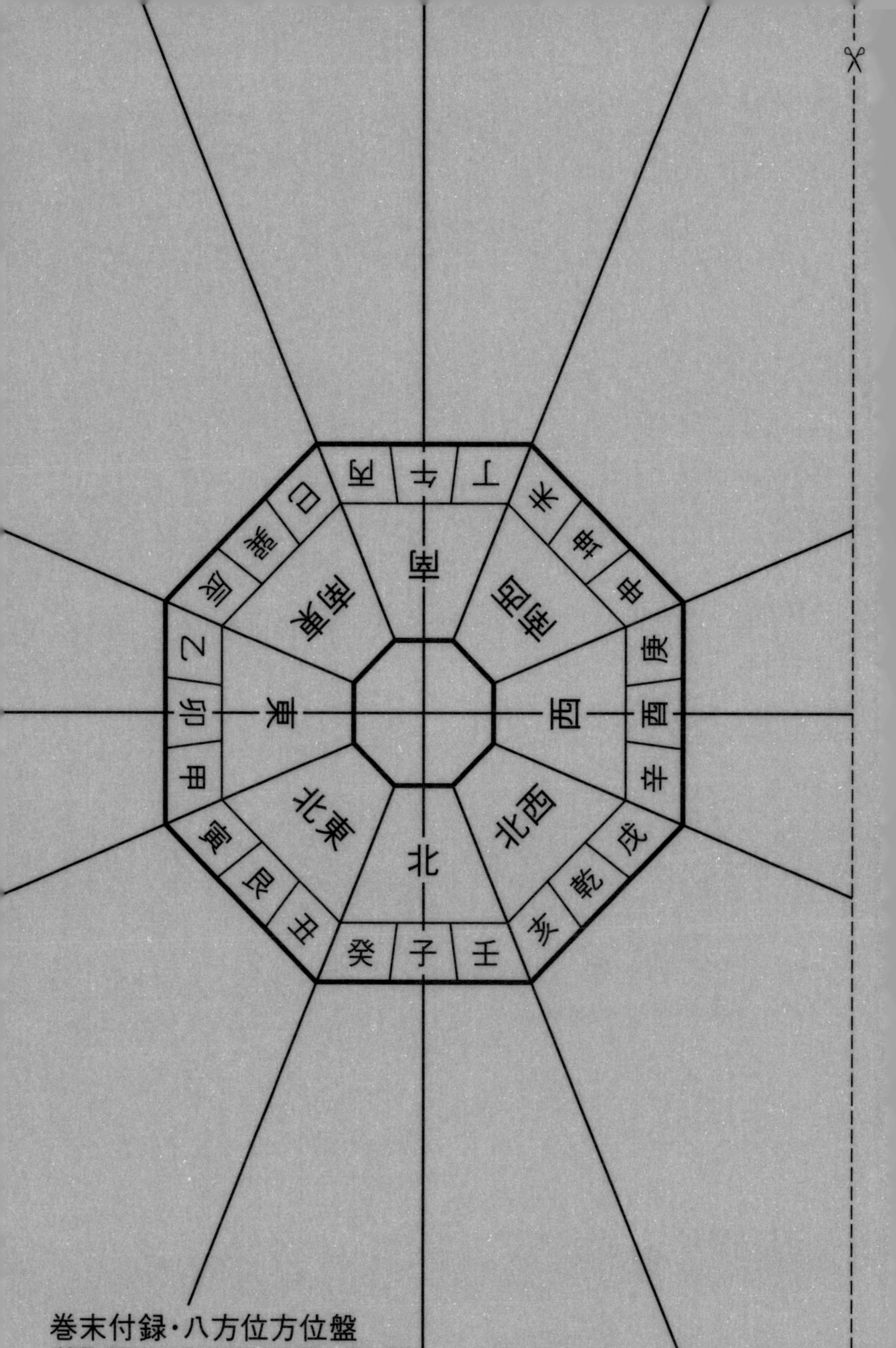

巻末付録・八方位方位盤

改訂版　間取りとインテリアで幸せを呼び込む　風水・家相

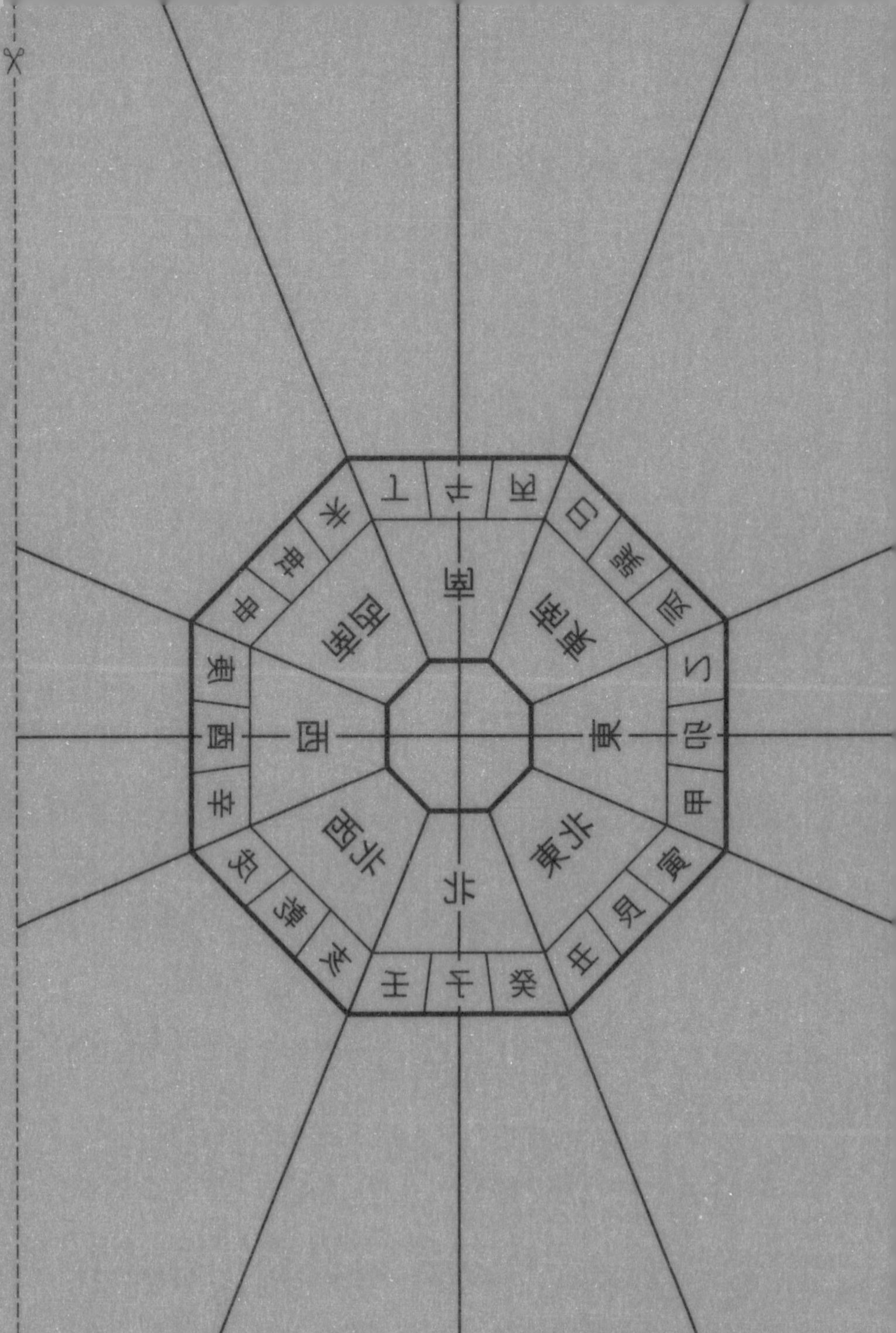

巻末付録・八方位方位盤

改訂版 間取りとインテリアで幸せを呼び込む 風水・家相